Peter Bleckmann · Anja Durdel (Hrsg.)

Lokale Bildungslandschaften

Peter Bleckmann
Anja Durdel (Hrsg.)

unter Mitarbeit von
Mario Tibussek und Jürgen Bosenius

Lokale Bildungslandschaften

Perspektiven für Ganztagsschulen und Kommunen

VS VERLAG FÜR SOZIALWISSENSCHAFTEN

Bibliografische Information der Deutschen Nationalbibliothek
Die Deutsche Nationalbibliothek verzeichnet diese Publikation in der
Deutschen Nationalbibliografie; detaillierte bibliografische Daten sind im Internet über
<http://dnb.d-nb.de> abrufbar.

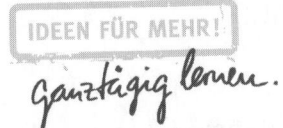

„Ideen für mehr! Ganztägig lernen." ist ein Programm der
Deutschen Kinder- und Jugendstiftung, gefördert durch das
Bundesministerium für Bildung und Forschung und den
Europäischen Sozialfonds.

   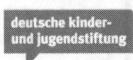

1. Auflage 2009

Alle Rechte vorbehalten
© VS Verlag für Sozialwissenschaften | GWV Fachverlage GmbH, Wiesbaden 2009

Lektorat: Monika Mülhausen

VS Verlag für Sozialwissenschaften ist Teil der Fachverlagsgruppe
Springer Science+Business Media.
www.vs-verlag.de

Das Werk einschließlich aller seiner Teile ist urheberrechtlich geschützt. Jede
Verwertung außerhalb der engen Grenzen des Urheberrechtsgesetzes ist
ohne Zustimmung des Verlags unzulässig und strafbar. Das gilt insbesondere
für Vervielfältigungen, Übersetzungen, Mikroverfilmungen und die Einspeicherung und Verarbeitung in elektronischen Systemen.

Die Wiedergabe von Gebrauchsnamen, Handelsnamen, Warenbezeichnungen usw. in diesem
Werk berechtigt auch ohne besondere Kennzeichnung nicht zu der Annahme, dass solche
Namen im Sinne der Warenzeichen- und Markenschutz-Gesetzgebung als frei zu betrachten
wären und daher von jedermann benutzt werden dürften.

Umschlaggestaltung: KünkelLopka Medienentwicklung, Heidelberg
Druck und buchbinderische Verarbeitung: Krips b.v., Meppel
Gedruckt auf säurefreiem und chlorfrei gebleichtem Papier
Printed in the Netherlands

ISBN 978-3-531-16354-3

Inhalt

Peter Bleckmann/Anja Durdel
Einführung: Lokale Bildungslandschaften – die zweifache Öffnung 11

**Teil 1
Lokale Bildungslandschaften: Eine Antwort auf gesellschaftliche
Herausforderungen**

Ulrike Baumheier/Günter Warsewa
Vernetzte Bildungslandschaften: Internationale Erfahrungen und Stand
der deutschen Entwicklung 19

Stephan Maykus
Neue Perspektiven für Kooperation: Jugendhilfe und Schule gestalten
kommunale Systeme von Bildung, Betreuung und Erziehung 37

Wolfgang Mack
Bildung in sozialräumlicher Perspektive. Das Konzept Bildungslandschaften 57

Rita Süssmuth
Integration und schulische Förderung von Kindern mit
Migrationshintergrund: Von Verdrängung zu aktiver Zukunftsgestaltung 67

Peter Bleckmann
Lokale Bildungslandschaften: Ein Weg zur Demokratisierung von Bildung 77

Teil 2
Ganztägiges Lernen in lokalen Bildungslandschaften

Thomas Coelen
Ganztagsbildung im Rahmen einer Kommunalen Kinder- und Jugendbildung..... 89

Heinz-Jürgen Stolz
Gelingensbedingungen lokaler Bildungslandschaften.
Die Perspektive der dezentrierten Ganztagsbildung 105

Anja Durdel
Ganztagsschulen als Teil von Bildungslandschaften.
Zwischen Bereicherung und Überforderung 121

Gerald Tuschner
Erfolgreiche Vernetzung von Ganztagsschule und Kommune.
Das Ostseegymnasium Rostock 135

Teil 3
Lokale Bildungslandschaften aus Sicht von Kindern und Jugendlichen

Kees Vreugdenhil
Warum Kinder zum Lernen auch das Gemeinwesen brauchen 145

Oggi Enderlein
„Um groß zu werden, braucht man als Kind ein ganzes Dorf."
Bildungslandschaften im Interesse der Kinder und Jugendlichen 159

Jürgen Bosenius/Wolfgang Edelstein
„Um uns geht es ja eigentlich …" – Bildungslandschaften als
Beteiligungslandschaften 179

Josef Kohorst
Ein modernes Laboratorium in Berlin-Neukölln.
Der Lokale Bildungsverbund Reuterkiez in Kooperation mit dem
Projekt „Ein Quadratkilometer Bildung" 193

Teil 4
Steuerung lokaler Bildungslandschaften und Rollen relevanter Akteure

Mario Tibussek
Netzwerkmanagement: Steuerung in Bildungslandschaften 203

Klaus Hebborn
Bildung in der Stadt: Bildungspolitik als kommunales Handlungsfeld 221

Klaus Schäfer
Herausforderungen bei der Gestaltung kommunaler Bildungslandschaften 233

Heike Kahl
Bildungslandschaften und Zivilgesellschaft – ein stiftungspolitischer
Exkurs 251

Ulrike Süss/Carmen Harmand/Susanne Felger
Auf dem Weg zur lokalen Bildungslandschaft.
Integriertes Bildungsmanagement in Weinheim 265

Peter Bleckmann/Anja Durdel
Resümee: Vom gesellschaftlichen Wert zielgerichteten Netzwerkens 285

Die Autorinnen und Autoren 293

Dank

Die Herausgeber danken allen Autorinnen und Autoren dieses Buchs für ihre exzellenten fachlichen Beiträge. Verbindlichen Dank an Jürgen Bosenius und Mario Tibussek, die die Herausgeber bei ihrer Arbeit unterstützt und beraten haben. Ein ganz besonderer Dank gilt schließlich der Lektorin, Frau Dr. Angela Borgwardt, die mit hoher Professionalität und sprachlichem Fingerspitzengefühl die Produktion dieses Buchs begleitet hat.

Diese Veröffentlichung erfolgt im Rahmen des Programms „Ideen für mehr! Ganztägig lernen.", das vom Bundesministerium für Bildung und Forschung aus Mitteln des ESF und 15 Bundesländern finanziert wird. Die Jacobs Foundation hat im Rahmen des Programms „Lebenswelt Schule" einen Teil der Kosten dieses Buchs übernommen.

Einführung: Lokale Bildungslandschaften – die zweifache Öffnung

Peter Bleckmann/Anja Durdel

Der massive öffentlich geförderte Ausbau von Ganztagsschulen in Deutschland und deren fachliche Unterstützung durch das Begleitprogramm „Ideen für mehr! Ganztägig lernen." haben das schon in der Vergangenheit diskutierte Thema der Öffnung von Schulen ins Gemeinwesen auf die aktuelle bildungspolitische Agenda zurückgeholt: Viele der neuen Ganztagsschulen kooperieren mit außerschulischen Partnern in der Kommune, um die zusätzlichen Aufgaben zu erfüllen, die sie im Vergleich zu Halbtagsschulen haben. Sie stehen somit vor der Herausforderung, von autonomen Institutionen zu Partnern im Sozialraum zu werden.

Parallel zu dieser Öffnung von Ganztagsschulen in ihren jeweiligen Sozialraum hinein passiert eine zweite, dazu komplementäre Öffnung: Kommunen öffnen sich dem Thema Bildung. Sie nehmen nicht nur ihre baulichen Aufgaben wahr, sondern verstärkt auch die Qualität „ihrer" Schulen in den Blick, weil Bildung ein wichtiger Standortfaktor wird. Das hohe Interesse vieler Kommunen am Bundesprogramm „Lernen vor Ort" ist ein aktuelles Indiz dafür, dass ein gutes Bildungsangebot nicht als „fremd gesteuerter" Luxus verstanden wird, sondern als mitgestaltbar. Eine Kommune, die Kindern und Jugendlichen eine hochwertige Bildung anbieten kann, ist auch für deren Eltern attraktiv. Bildungsorientierte Familien fühlen sich in einer bildungsorientierten Kommune eher zu Hause. Eine Kommune, die es schafft, Kinder und Jugendliche aus bildungsfernen Schichten angemessen zu fördern, vergrößert deren Chancen auf dem Arbeitsmarkt und verringert dadurch langfristig die eigenen Ausgaben für Sozialtransfers. Kommunen, die auf das Thema Bildung setzen, sind für den demografischen Wandel besser gerüstet. Aus diesem vitalen Interesse heraus formulieren Kommunen Ansprüche an die Qualität des Bildungssystems vor Ort, unter anderem auch an die Ganztagsschulen, stellen zum Teil aber auch – über das formal Notwendige hinaus – Ressourcen zur Verfügung und werden so zunehmend zu bildungspolitisch relevanten Akteuren und Partnern von Schule. Dabei nutzen sie ihre Zuständigkeiten für Jugendhilfeplanung und erweitern den Begriff der Schulträgerschaft um inhaltliche Komponenten.

Die in den vergangenen Jahren zu beobachtende Konjunktur des Begriffs „lokale (oder kommunale) Bildungslandschaft" und die damit verbundene lokale

Praxis wurde wesentlich durch diese zweifache Öffnung vorangebracht. Zusammengenommen stehen diese Entwicklungen – Ausbau ganztägigen Lernens und Aufbau lokaler Bildungslandschaften – für ein bedeutendes Fenster für Bildungsreformen in Deutschland. Gleichzeitig wachsen die Herausforderungen, denn dieser Innovationsprozess verläuft nicht ohne Reibungen und Komplikationen. Zum Zeitpunkt des Erscheinens dieses Buchs sind diese Entwicklungen noch nicht abgeschlossen, und es ist daher jetzt eine gute Gelegenheit, sowohl die Chancen als auch die Herausforderungen zu beleuchten, die in dieser zweifachen Öffnung bisher zu erkennen sind. So ist dieses Buch als Zwischenbilanz und als Anregung zum Weiterdenken zu verstehen.

Was sind „lokale Bildungslandschaften"?

Die Idee der lokalen (oder auch: kommunalen) Bildungslandschaft fordert nicht nur die Menschen in der Praxis heraus, sondern auch die Fachleute in der definierenden Wissenschaft: Am einen Ende der Skala steht ein offenes Verständnis, nach dem lokale Bildungslandschaften immer schon da sind, unabhängig von besonderen Merkmalen, wie etwa Kooperation. Im Extremfall von völlig fehlenden Kooperationsbeziehungen zwischen den Bildungseinrichtungen an einem Ort würde man dann von einer fragmentierten lokalen Bildungslandschaft sprechen. Auf der anderen Seite steht die gegenläufige Tendenz, den Begriff möglichst eng zu fassen, mit bestimmten Qualitäten zu verknüpfen und so eine Verwässerung zu vermeiden. Wir plädieren für die zweite Variante: eine klare Definition mit spezifischen Qualitätsmerkmalen. Entsprechend schlagen wir eine Arbeitsdefinition vor, die die Ausführungen der Autorinnen und Autoren dieses Bands zur Orientierung nimmt. Danach sind „lokale Bildungslandschaften"

- langfristige,
- professionell gestaltete,
- auf gemeinsames, planvolles Handeln abzielende,
- kommunalpolitisch gewollte Netzwerke zum Thema Bildung, die –
- ausgehend von der Perspektive des lernenden Subjekts –
- formale Bildungsorte und informelle Lernwelten umfassen und
- sich auf einen definierten lokalen Raum beziehen.

Die Begriffe „lokale" und „kommunale" Bildungslandschaften werden in diesem Buch weitgehend synonym verwendet, lediglich mit der Besonderheit, dass der räumliche Bezug im Begriffspaar „kommunale Bildungslandschaft" konkreter auf die Gebietskörperschaft Kommune bezogen wird. Die kommunalpolitische Unterstützung ist unserer Auffassung nach ein zentrales Kriterium für die Definition einer Bildungslandschaft; mit dem Adjektiv „kommunal" klingt diese Unterstützung im Namen stärker an. Das bedeutet aber nicht, dass darauf zu verzichten wäre, wenn man stattdessen von „lokalen Bildungslandschaften" spricht.

Über dieses Buch

Das Buch ist interdisziplinär angelegt, denn die Komplexität der Thematik erfordert es, sie aus unterschiedlichen fachlichen Perspektiven zu beleuchten. Schließlich geht es

- um die gesellschaftlichen Herausforderungen, vor denen das Bildungssystem steht,
- um die Entwicklungsaufgaben für Bildungsinstitutionen und ihre Netzwerke,
- um die individuelle Perspektive des Lernenden auf den Bildungsprozess und darum, welche strukturellen Anforderungen sich daraus ergeben, und
- um Fragen der Steuerung von Bildungslandschaften angesichts der fragmentierten Zuständigkeiten im föderalen System der Bundesrepublik.

Daher sind in diesem Buch Beiträge aus erziehungswissenschaftlicher, soziologischer, entwicklungspsychologischer und politikwissenschaftlicher Perspektive versammelt. Neben Wissenschaftlerinnen und Wissenschaftlern unterschiedlicher Disziplin kommen handelnde Akteure aus Bildungspraxis, Zivilgesellschaft und öffentlicher Verwaltung zu Wort. Sie ergänzen die fachwissenschaftlichen Beiträge um angewandtes Wissen aus der Praxis lokaler Bildungslandschaften und ihre Reflexionen über Gelingensbedingungen und hindernde Faktoren.

Aufbau des Buchs

Dieses Fachbuch ist in vier Teile untergliedert; jeder Teil steht für eine spezifische Sichtweise auf die beiden miteinander zusammenhängenden Hauptthemen des Buchs: „Ganztägiges Lernen" und „Lokale Bildungslandschaften".
    Die Autorinnen und Autoren des *ersten Teils – Bildungslandschaften als Antwort auf gesellschaftliche Herausforderungen* – nehmen eine Außenperspektive ein und beschreiben gesellschaftliche Herausforderungen, denen sich das System Bildung stellen muss. Sie benennen damit einerseits die Aufgaben, vor denen das Bildungssystem steht, andererseits entwickeln sie die Begründungszusammenhänge für eine stärkere Interaktion von Schulen, insbesondere Ganztagsschulen, mit ihrem Sozialraum. BAUMHEIER und WARSEWA kritisieren die oft fehlende Integration der Schule in ihr jeweiliges Umfeld. Sie beschreiben einige

positive Beispiele aus Großbritannien und den Niederlanden, aber auch aus Deutschland, kommen aber insgesamt zu dem Schluss, dass es an einer funktionierenden Integration der Schule in sozialräumliche Netzwerke noch mangele, etwa im Kontext des Programms „Soziale Stadt". Im Beitrag von SÜSSMUTH geht es ebenfalls um das Thema Integration. Sie macht deutlich, dass die gelingende Integration von Zuwanderern stark davon abhängen wird, wie sehr Schulen ihr Selbstverständnis weiterentwickeln und bewusst zu Schulen in der Einwanderungsgesellschaft werden.

Der Zwölfte Kinder- und Jugendbericht der Bundesregierung (2005) liefert ganz wesentliche fachliche Begründungen, die im Zusammenhang des Themas „lokale Bildungslandschaften" eine zentrale Rolle spielen. Der Bericht setzt sich intensiv mit der Thematik auseinander, wie Kinder und Jugendliche formale Bildungsorte und informelle Lernwelten im Verlauf ihrer Bildungsbiografie nutzen. Der Bericht enthält ein klares Plädoyer für „kommunal abgestimmte Konzepte von Bildung, Betreuung und Erziehung", die wesentlich von den Systemen Schule, Jugendhilfe und anderen relevanten Akteuren geplant und gestaltet werden sollen. MAYKUS bezieht sich in seinem Text intensiv auf diesen Bericht und beschreibt davon ausgehend wichtige Systemstellschrauben für die Neujustierung des Erziehungs- und Bildungswesens.

Auch MACK bezieht sich auf diesen Bericht, fokussiert dabei aber die Rolle des Sozialraums, insbesondere des städtischen Umfelds für Bildungsprozesse von Kindern und Jugendlichen. Er erläutert, wie eine kinder- und jugendfreundliche Stadtentwicklung aussehen könnte und kritisiert die Kluft zwischen Schule und Lebenswelten der Lernenden, die er in seinen Untersuchungen festgestellt hat. Diese Kluft ist auch Ausgangspunkt der Argumentation von BLECKMANN, der in historischer Perspektive nachvollzieht, wie es zu dieser Kluft kam und welche Rolle Bildungslandschaften bei ihrer Überwindung spielen könnten. In seinem Text geht es auch um die Frage, wie Bildung demokratischer werden könnte – also zu einem Thema des öffentlichen Diskurses und transparenter Entscheidungen im Gemeinwesen.

Während im ersten Teil gesellschaftliche Erwartungen an das Bildungssystem formuliert werden, wird im *zweiten Teil – Ganztägiges Lernen* – die umgekehrte Perspektive eingenommen: Hier wird vom Bildungssystem aus argumentiert. Eine wichtige Frage ist dabei, ob Bildungslandschaften vor allem vom System Ganztagsschule aus gedacht und entwickelt werden sollen, oder ob es eher dezentrale Netzwerke sind, denen unterschiedliche Akteure – darunter auch Schulen – angehören.

COELEN plädiert für ein kooperationsorientiertes Selbstverständnis unterschiedlicher Bildungseinrichtungen, die im Bewusstsein ihrer spezifischen Aufgaben und Grenzen mit komplementären Einrichtungen zusammenarbeiten. Diesen Ansatz bezeichnet er als „Ganztagsbildung", die er von Ansätzen abgrenzt, die Ganztagsschulen zum Mittelpunkt des lokalen Bildungsraums machen wollen. In ähnlicher Weise argumentiert auch STOLZ, der sich gegen Konzepte ausspricht, die zu stark die Einzelschule als Ansatzpunkt der Entwicklung lokaler Bildungsnetzwerke sehen. Er warnt in diesem Zusammenhang vor Überforderung und plädiert stattdessen für dezentrale Systeme lokaler Steuerung, die, so sein Argument, zu Kooperationen zwischen unterschiedlichen Partnern auf Augenhöhe beitragen können.

DURDEL weist in expliziter Übernahme der Perspektive der Ganztagsschulen auf die sich überlappenden und zum Teil widersprechenden politischen Erwartungen an Ganztagsschulen hin, die innovativen Lehr- und Lernformen oft entgegenstehen. Sie hebt das Ausmaß der in den letzten Jahren erfolgreich bewältigten Öffnungsprozesse hin zu multiprofessionellen Teams innerhalb der Ganztagsschulen hervor und macht deutlich, wie Entwicklungsprozesse von Ganztagsschulen typischerweise verlaufen. TUSCHNER, Leiter einer Ganztagsschule in Rostock, beschreibt am Beispiel seiner Schule, wie ein solcher Prozess erfolgreich verlaufen kann.

Ähnlich wie die ersten beiden Teile stehen auch der dritte und der vierte Teil in einem komplementären Verhältnis zueinander: Während die Beiträge des dritten Teils konsequent die Perspektive des Einzelnen einnehmen, also „von unten", aus der Perspektive des Kindes und des Jugendlichen auf den Bildungsprozess schauen und von dort aus Anforderungen an integrierte Konzepte entwickeln, geht es im vierten Teil um die Steuerung und damit um die Perspektive „von oben" auf das Thema Bildung.

Am Anfang des *dritten Teils – Lokale Bildungslandschaften aus Sicht von Kindern und Jugendlichen* – zeigt VREUGDENHIL anhand von Forschungsergebnissen aus Entwicklungspsychologie und Hirnforschung, warum Kinder zum Lernen auch das Gemeinwesen brauchen. Noch grundsätzlicher stellt ENDERLEIN die Frage, um was es beim Aufbau lokaler Bildungslandschaften eigentlich gehen sollte: Um ein noch besser durchgeplantes und durchstrukturiertes System, das letztlich alle Freiräume des selbsttätigen Erkundens aufgibt, oder die Schaffung von Lern- und Freiräumen, die den altersgemäßen Bedürfnissen der Kinder und Jugendlichen angemessen sind? EDELSTEIN und BOSENIUS diskutieren in ihrem Beitrag, wie demokratische Aushandlungsprozesse, die sich im Kontext von Ganztagsschulen nach und nach etablieren, auch im Kontext lokaler Bildungslandschaften eine Rolle spielen könnten. Anhand eines Praxisbeispiels aus Berlin-Neukölln führt KOHORST aus, wie ein sozialräumliches Bildungsnetz aussieht, das ganz auf der Philosophie aufbaut, dass kein Kind „verloren gehen" soll und somit die Begleitung der Individuen zu seinem Leitmotiv gemacht hat.

Im *vierten Teil* geht es schließlich um die Fragen der *Steuerung lokaler Bildungslandschaften und Rollen relevanter Akteure*. TIBUSSEK untersucht dabei, wie Netzwerkstrukturen gestaltet sein müssen, die der Komplexität von Bildungslandschaften und den unterschiedlichen Steuerungsanforderungen auf operativer, strategischer und normativer Ebene gerecht werden. HEBBORN erläutert in seinem Beitrag die Position des Deutschen Städtetags, der seit dem Aachener Kongress im Jahr 2007 zum Thema „Bildung in der Stadt" zunehmend als bildungspolitischer Akteur sichtbar wird. Er erläutert die schon jetzt bestehenden kommunalen Handlungsmöglichkeiten und zeigt mögliche Perspektiven für die Zukunft auf. SCHÄFER beschreibt zentrale Steuerungs- und Entwicklungsaufgaben bei der Gestaltung kommunaler Bildungslandschaften und macht dabei auch nicht vor einem Thema Halt, das sicher zu den härtesten Nüssen bei der Entwicklung von Bildungslandschaften gehört: nämlich die Art und Weise, wie Ressourcen aus unterschiedlichen Ressorts so eingesetzt werden können, dass sie einem gemeinsamen Konzept und einer übergreifenden Zielsetzung dienen. Nach diesen beiden Beiträgen staatlicher Akteure weist KAHL auf die besondere Rolle hin, die die Zivilgesellschaft und insbesondere Stiftungen beim Aufbau lokaler Bildungslandschaften spielen können. Sie verweist dabei auf die Strukturen des neuen Bundesprogramms „Lernen vor Ort", bei dem Staat und Stiftungen auf kommunaler und auf Bundesebene eng kooperieren. Schließlich erläutert sie, warum Bildungslandschaften das Potenzial haben, zu Innovationsmotoren zu werden. SÜSS, HARMAND und FELGER zeigen am Beispiel der Kommune Weinheim, wie kommunale Steuerung und zivilgesellschaftliches Engagement bei der Entwicklung der sogenannten Weinheimer Bildungskette ineinandergreifen.

Die Herausgeber formulieren am Ende des Buchs in Form von Thesen die *Schlussfolgerungen*, die sich aus ihrer Sicht aus den Beiträgen dieses Buchs für die weitere Entwicklung in Bildungspolitik und Praxis ergeben.

Teil 1
Lokale Bildungslandschaften: Eine Antwort auf gesellschaftliche Herausforderungen

Vernetzte Bildungslandschaften: Internationale Erfahrungen und Stand der deutschen Entwicklung[1]

Ulrike Baumheier/Günter Warsewa

Bildung und soziale Integration – zwei Seiten einer Medaille

Schulen können eine zentrale Instanz der sozialen Integration sein. Seit einigen Jahren scheint auch in Deutschland das Verständnis für diese wichtige Funktion von Schule zu wachsen. Die einschlägigen Erfahrungen und Erkenntnisse über die reale Schulpraxis zeichnen allerdings noch ein anderes Bild: Demnach ist das Bildungsniveau der Schulabsolventen und -absolventinnen im Durchschnitt unzureichend und die institutionellen Selektions- und Verteilungsmechanismen wirken als frühe und kaum revidierbare biografische Festlegungen (vgl. Allmendinger u. a. 2008). Überdies begünstige und verstärke die zunehmende Schulsegregation vor allem in Städten Tendenzen der sozialräumlichen Desintegration und sozialen Exklusion (vgl. Häußermann 2002, S. 78 f.). Mit anderen Worten: Schulen wirken in räumlicher und sozialer Hinsicht als ein Mechanismus harter Segregation, dessen Effekte sich nicht zuletzt auch in unbefriedigenden Bildungsergebnissen ausdrücken.

Diese Funktionsdefizite erscheinen umso dramatischer, als Bildung mit dem Übergang in die Wissens- und Informationsgesellschaft zur bedeutendsten Produktivkraft wird. In heutigen Gesellschaften ist eine angemessene Bildungsgrundlage – mehr noch als in der Vergangenheit – eine unerlässliche Voraussetzung für eine gelingende Berufsbiografie. Eine wichtige Ursache für den Bedeutungszuwachs der Bildung liegt im grundlegenden Wandel von Wirtschaft und Arbeitswelt. Er ist mit vielfältigen neuen und gravierenden Herausforderungen verbunden, auf die auch das Schulsystem reagieren muss. Viele gesellschaftliche Bereiche – wie Familie, Arbeit oder Nachbarschaft – funktionierten ehemals als wirksame Mechanismen der sozialen Integration. Der soziale Wandel hat jedoch dazu geführt, dass sie ihre integrativ-sozialisatorischen Funktionen in vielen Fällen nicht mehr erfüllen können. Dadurch vergrößert sich der Druck auf die

---

1 Die folgenden Ausführungen beruhen auf internationalen Vergleichsstudien im Rahmen des Hanse Passage-Projekts Modern School (EU-Interreg IIIc-Projekt) sowie auf den konzeptionellen Vorarbeiten für das Projekt „Stadtteilbezogene Vernetzung von Ganztagsschulen", das am Institut Arbeit und Wirtschaft (IAW) der Universität Bremen durchgeführt und im Rahmen des Investitionsprogramms „Zukunft Bildung und Betreuung" (IZBB) durch das Bundesministerium für Bildung und Forschung gefördert wird.

Bildungs- und Betreuungseinrichtungen, neue Aufgaben zu übernehmen, wie zum Beispiel eine stabile Persönlichkeitsentwicklung zu fördern, soziale Kompetenzen zu vermitteln und auf soziale Integration hinzuwirken. Diese Aufgaben müssen als schulische Kernaufgaben begriffen werden, damit die Institution Schule ihren Bildungsauftrag wieder sinnvoll erfüllen kann.

Eine Institution kann aber nur dann zur sozialen Integration von Personen oder Gruppen beitragen, wenn sie selbst gesellschaftlich integriert und offen für unterschiedliche Einflüsse und Entwicklungen ist; zudem muss sie angemessen reagieren können (vgl. Lepenies 2003). Das Schulsystem wie auch jede Einzelschule kann somit nicht länger als geschlossenes System funktionieren, sondern muss sich auf vielfältige Weise öffnen. Es werden weit reichende Umorientierungen auf der Ebene der Behörden und Schulträger wie auch bei den einzelnen Schulen notwendig. Im Mittelpunkt steht dabei der Gedanke, dass die verschiedenen Bildungsakteure eine aktive Rolle in übergreifenden lokalen Verantwortungsgemeinschaften übernehmen müssen.

Bindungskraft der Schule im Quartier

Auf der Grundlage ähnlicher Überlegungen ist bereits in den 1920er- und 1930er-Jahren in Großbritannien und den USA das Konzept der Community School als eines sozialen Zentrums des Stadtteils entwickelt worden. Dieses Konzept ist auch in Deutschland seit den 1970er-Jahren – allerdings ohne nennenswerte Konsequenzen – diskutiert worden (vgl. die informative Übersicht bei Buhren 1997 sowie Coelen in diesem Band). Für die USA stellte der Bildungsökonom Martin Carnoy fest, dass Schulen eine zentrale Bedeutung beim Community Building und bei der Überwindung von sozialer Ungleichheit zukommt: Die Bindung der Bewohner/innen an ihren Stadtteil habe sich zwar tendenziell verringert, doch sei angesichts des hohen Stellenwerts von Bildung die Bindung der Eltern an die Schule ihrer Kinder in allen sozialen Schichten deutlich gestiegen (vgl. Carnoy 2000, S. 182–189).

Für Deutschland ist der Befund einer wachsenden Bindung an „die Schule" bzw. „den Schulstandort" nicht ohne Weiteres zu übernehmen. Doch deuten die erheblich gestiegene Aufmerksamkeit für Bildungsfragen und die zunehmende Heftigkeit bildungspolitischer Auseinandersetzungen seit der ersten Hälfte der 2000er-Jahre darauf hin, dass auch hier das Interesse an der Weiterentwicklung des Bildungssystems insgesamt und der Einzelschulen wächst. Allerdings spielt der Gedanke der Stadtteilvernetzung sowohl in öffentlichen Debatten als auch in fachpolitischen Überlegungen und Konzepten nur eine geringe Rolle. Zwar sind in Deutschland schon seit etwa 25 Jahren viele positive Erfahrungen mit verschiedenen Formen der kleinteiligen Stadtentwicklungspolitik, mit Quartiersmanagement, aktivierenden, mobilisierenden, beteiligenden und vernetzenden Initiativen auf lokaler Ebene gemacht worden, und vielerorts hat sich daraus auch eine funktionierende Quartierspolitik und eine erfolgreiche Zusammenarbeit diverser Institutionen und Organisationen vor Ort entwickelt. Doch gerade die Schulen waren (und sind) bislang nur selten ein aktiver Teil jener lokalen Verantwortungsgemeinschaften. Stattdessen bilden sie (mitsamt den zugehörigen Behörden, Lehrerbildungseinrichtungen, Beratungs- und Fachdiensten etc.) in der Tradition des deutschen Bildungswesens ein geschlossenes System, das darauf ausgerichtet ist, in konzentrierter Form Bildung – im Sinne von Wissen – zu vermitteln. Alternativen, die durchaus in vielfacher Form und mit unterschiedlichen inhaltlichen Zielen und Schwerpunkten ausprobiert wurden, konnten sich gegenüber dieser dominierenden Systemlogik nicht durchsetzen. Bis heute begreift sich die Institution Schule meist nicht als Bestandteil einer sozialräumlich orientierten Sozial- oder Stadtentwicklungspolitik.

Demgegenüber wurde zum Beispiel in vielen Projekten des Bundesprogramms „Soziale Stadt" Bildung als Schlüsselfaktor für eine nachhaltige und integrative Quartiersentwicklung identifiziert (vgl. Olejniczak/Schaarschmidt 2005). Dabei wird zunächst auf die negativen Auswirkungen des gegenwärtigen Bildungssystems aufmerksam gemacht: In Deutschland ist die Wahl der Schule zum Mechanismus für soziale Entmischungsprozesse geworden. Soziale Entmischung erweist sich wiederum als ernste Gefährdung der kulturellen und sozialen Integration in Städten, weil Schulsegregation die soziale Zusammensetzung von Stadtquartieren nachhaltig verändere und damit in beträchtlichem Maß die Auflösung von sozialen Bindekräften befördert (vgl. Häußermann 2002, S. 78 f.). Derartige Entwicklungen tragen zur bekannten Abwärtsspirale bei: Familien der Mittelschicht verlassen bestimmte Stadtteile, die sozial immer homogener werden und zunehmend verarmen. Geschäftsleute und Immobilienbesitzer investieren immer weniger, was auch sichtbar zu Verfallserscheinungen führt. Soziale Verwahrlosungserscheinungen kommen hinzu. Die diskriminierende Etikettierung solcher Stadtteile verstärkt noch die soziale Ausgrenzung der dort Wohnenden. Für die Schulen in den betreffenden Regionen ergibt sich aus dieser Entwicklung ein wachsendes Problem: Einerseits müssen sie steigende Anforderungen erfüllen, andererseits schrumpfen ihre Ressourcen und Handlungsmöglichkeiten. Im Ergebnis können diese Schulen ihren Bildungsauftrag nur noch unzulänglich erfüllen. Vielmehr tragen sie noch dazu bei, dass sich die ohnehin schon benachteiligenden Lebensbedingungen weiter verstärken.

Wenn freilich Schulen eine wichtige Rolle bei sozialen Benachteiligungs- und Desintegrationsprozessen spielen, „dann könnten sie auch ein zentraler Ansatzpunkt für Integrationspolitik sein..." (Häußermann 2002, S. 78). Schulen können ihren Bildungsauftrag heute und in Zukunft nur adäquat erfüllen, wenn sie gleichzeitig als Instanzen gelingender sozialer Integration und Persönlichkeitsentwicklung funktionieren. Daher lautet eine zentrale Frage für die Modernisierung unseres Bildungssystems: Wie können Schulen tatsächlich eine Rolle als Integrationsinstanz übernehmen – obwohl sie dafür in Deutschland traditionell nicht vorgesehen, nicht konstruiert und nicht ausgestattet sind? Mit anderen Worten: Wie können sie sich an die Zusammenarbeit mit anderen gesellschaftlichen Instanzen gewöhnen und selbst das „Lernen in Nachbarschaften" (Baumheier 2007) erlernen?

Unter Rückgriff auf Erfahrungen aus den Niederlanden, Großbritannien und aktuelle Entwicklungen in Deutschland werden im Folgenden einige Überlegungen vorgestellt, wie das Schulsystem auf die neuen Anforderungen reagieren könnte.

Schulen in lokalen Bildungsnetzwerken

Ganztagsschulen: Erste Schritte zur Kooperation

In letzter Zeit mehren sich die Hinweise, dass Schulen auf die dargestellten Entwicklungen reagieren und sich auch zunehmend auf quartiersbezogene Kooperationen einlassen. Dieser Prozess der Öffnung von Schulen in ihr Umfeld wird durch die voranschreitende Einrichtung von Ganztagsschulen begünstigt. Im Unterschied zu den klassischen Halbtagsschulen sind in Ganztagsschulen die Ressourcen „Zeit" und „Kompetenzen für Sozialraumarbeit" in sehr viel größerem Ausmaß vorhanden. Schulen müssen über ausreichend Zeit und hinreichende professionelle Kompetenzen verfügen, wenn sie die neuen Aufgaben erfüllen wollen und neue Kooperationen im Rahmen einer Öffnung von Schule anstreben. Im Rahmen der Studie zur Entwicklung von Ganztagsschulen (StEG) haben etwa zwei Drittel der befragten Schulen angegeben, den Ganztagsbetrieb zusammen mit Kooperationspartnern zu gestalten (vgl. Holtappels u. a. 2007, S. 369). Dennoch scheint ein entspannter Optimismus kaum gerechtfertigt, weil diese Kooperationen meist noch additiven Charakter haben: Die Partner liefern Dienstleistungen für den bestehenden Schulbetrieb – insbesondere in Form von ergänzenden Nachmittagsangeboten –, während der Unterricht als Kerngeschäft der Schule weiterhin in Eigenregie von den einzelnen Schulen durchgeführt wird (vgl. Lipski 2007). Nur wenige Kooperationen sind durch Verträge oder Koordinierungsgremien strukturell verankert; der Anteil von Partnern mit Kooperationsvertrag ist zwischen den beiden StEG-Erhebungswellen 2005 und 2007 sogar leicht zurückgegangen (Deutsches Institut für Internationale Pädagogische Forschung u. a. 2008).

Es deutet also einiges darauf hin, dass auch dort, wo eine gewisse institutionelle und individuelle Bereitschaft zum Umdenken vorhanden ist, noch gravierende Probleme zu überwinden sind: Zunächst gehen die notwendigen Umorientierungen sicherlich mit Anforderungen an die Schulen einher, denen die dort tätigen Personen angesichts der aktuell wirksamen Rahmenbedingungen – Sparzwänge, Geld- und Personalknappheit, unzureichende Qualifizierung etc. – kaum gerecht werden können. Viele Lehrkräfte und Schulleiter/innen befürchten, dass die Öffnung von Schule bzw. die Etablierung von Kooperationsbeziehungen mit zusätzlichen Belastungen und Überforderung einhergeht.

Entgegen diesen Befürchtungen kann gelingende Kooperation aber zu einer deutlichen Entlastung der beteiligten Akteure führen, da „die Schule" die neuen Aufgaben und Funktionen dann nicht mehr alleine übernehmen muss. Wichtig ist dabei die Erkenntnis, dass eine einzelne Schule die vielfältigen Herausforderungen auch nicht mehr alleine bewältigen *kann*.

Erste Erfahrungen in Großbritannien und den Niederlanden

In diesem Sinne wurde das britische Extended Schools (Erweiterte Schulen)-Programm unter das Motto gestellt: „An extended school is a school, that recognizes, that it cannot work alone." (Eine erweiterte Schule ist eine Schule, die erkennt, dass sie nicht allein arbeiten kann.) Dieses 2003 gestartete landesweite Programm der britischen Regierung zielt darauf, die Entwicklung von Kindern zu fördern und ihre Lebenschancen zu verbessern. Ausgangspunkt waren einige besonders Aufsehen erregende Fälle von Kindesmisshandlung, die auch einen weitgehenden Umbau des Schulsystems nahelegten. Grundlage ist die Agenda „Every Child Matters" (Jedes Kind zählt) – eine programmatische Konzeption mit vier Hauptzielen: Gesundheit („be healthy"), Sicherheit („stay safe"), Freude am Lernen („enjoy and achieve"), gesellschaftliches Engagement von Kindern und Jugendlichen („make a positive contribution"), wirtschaftliche Absicherung („achieve economic well-being"). Mit dieser Konzeption war es erstmals möglich, eine gemeinsame Sprache von Bildungs-, Betreuungs- und Beratungsinstitutionen und eine Orientierung an gemeinsamen Ziel- und Bewertungsmaßstäben herzustellen. Bei der praktischen Umsetzung dieser Ziele hat sich die Every Child Matters-Agenda als ein wichtiger Katalysator für die Integration von Schulen und anderen kinder-, jugend- und familienbezogenen Dienstleistungen erwiesen. Bis 2010 soll es in jedem Schulbezirk mindestens eine erweiterte Schule geben, die das gesamte Spektrum der folgenden Angebote bereitstellt, sowie weitere Primar- und Sekundarschulen, die einen Teil davon anbieten:

- qualitativ hochwertige Kinderbetreuung vor und nach dem Unterricht, auch in den Ferien (8 bis 18 Uhr),
- Zugang zu einem breiten Spektrum von Aktivitäten, einschließlich Hausaufgabenhilfe bzw. Nachhilfe, Sport, Musikunterricht etc.,
- Unterstützung der Eltern, z. B. durch Informationsabende bei Schulübergängen und durch Familienbildungsangebote,
- bei Bedarf schnelle Vermittlung von Kindern, Jugendlichen und ihren Eltern zu spezialisierten Beratungs- und Therapieangeboten wie Sprachtherapie, Erziehungsberatung etc.
- Angebote für den Stadtteil, z. B. Computerarbeitsplätze, Sport- und Kunstangebote, Erwachsenenbildung.

Hier zeigen sich Parallelen zu aktuellen Ansätzen in Deutschland, die für die Schaffung lokaler Bildungslandschaften plädieren: Gefordert wird die Entwicklung gemeinsamer Konzepte von Schule und Jugendhilfe in Form einer integrierten Schulentwicklungs- und Jugendhilfeplanung (vgl. Maykus 2007), aber auch das Einbeziehen anderer Politikfelder – wie z. B. Gesundheits- und Stadtentwicklungspolitik –, um die Bildungsbedingungen und -gelegenheiten nachhaltig zu verbessern und kommunale Räume als Orte der Bildung für Kinder und Jugendliche zu gestalten. Erste Beispiele wie in Dortmund knüpfen an den klassischen Zuständigkeiten der Kommunen als Schulträger an, setzen darüber hinaus jedoch auch inhaltliche Positionen zur Schulgestaltung um (vgl. Stadt Dortmund 2007). Der Versuch, die alleinige Zuständigkeit einzelner Institutionen zu überwinden, trifft allerdings nicht überall auf ungeteilte Zustimmung. Viele Beteiligte sehen die Gefahr, ihre Eigenständigkeit und originären Kompetenzen zu verlieren. Derartige Bedenken sind verständlich, doch zeigen erste Praxiserfahrungen – nicht nur mit den britischen Extended Schools, sondern auch mit den niederländischen Vensterscholen (Fensterschulen) –, dass sich durchaus eine funktionierende Balance zwischen institutioneller Eigenständigkeit und enger Abstimmung zwischen verschiedenen Institutionen herstellen lässt.

Die Fensterschulen in Groningen sind eine weit entwickelte Variante der in vielen Teilen der Niederlande vertretenen „Brede Scholen" („breite Schulen"). Dabei handelt es sich nicht um einzelne Schulen, sondern um Netzwerke aus mindestens einer Grundschule (in den Niederlanden für Kinder im Alter von vier bis zwölf Jahren) und Partnerinstitutionen, deren Tätigkeitsschwerpunkt auf Kinderbetreuung oder Freizeit- und Beratungsangeboten für Kinder und Familien liegt. Schule und Kooperationspartner sind zum Teil in einem gemeinsamen Gebäude untergebracht, aber auch auf mehrere Gebäude im jeweiligen Stadtteil verteilt. Die Kooperation ist durch das Grundprinzip „Einheit in Vielfalt" geprägt: Ähnlich wie in Großbritannien orientieren sich alle Fensterschulen an einem – allerdings weniger konkret ausformulierten – gemeinsamen und verbindlichen Grundkonzept, doch verfügen sie innerhalb dieses Rahmens über genügend Freiraum, um sich an die Bedürfnisse des Stadtteils und der beteiligten Institutionen anzupassen. In sozialen Brennpunktstadtteilen kann der Schwerpunkt zum Beispiel darauf gelegt werden, Kindern aus sozial schwachen Familien die Teilnahme an kulturellen oder sportlichen Angeboten zu ermöglichen. Auch können die verschiedenen Zuständigkeiten rund um eine angemessene Einbeziehung von Eltern und Familien gezielt gebündelt werden. Es bleibt jedoch in der eigenen Verantwortung der beteiligten Akteure – etwa der Erzieher/innen, Sozialpädagogen und -pädagoginnen, Lehrer/innen, Gesundheitsberater/innen –, wie sie ihren Anteil bei dieser Zusammenarbeit ausführen möchten.

Auch in Großbritannien ist trotz der zentralen Vorgaben der Spielraum für lokale Eigenheiten und flexible Lösungen relativ groß. So kann die Schulbibliothek, die auch Spielzeug und Spiele bereitstellt, beispielsweise als ein zentrales Instrument für die spezifische Betreuung einer Familie oder die gezielte Unterstützung eines einzelnen Kindes ebenso genutzt werden wie für die Gestaltung unspezifischerer Angebote wie etwa Familienspielnachmittage. In jedem Falle stimmen die Lehrer/innen, Sozialpädagogen und -pädagoginnen und Bibliotheksmitarbeiter/innen ihr Vorgehen miteinander ab und lassen gleichwohl die professionellen Kompetenzen und institutionellen Eigenheiten aller Beteiligten zum Zuge kommen.

Integration entlang der Biografien von Kindern und Jugendlichen

Die ersten internationalen Erfahrungen zeigen, dass Schulen einen entscheidenden Beitrag zu einer sozial-integrativen Stadtteil- bzw. Quartiersentwicklung leisten können. Darüber hinaus basieren aktuelle Forderungen zur Einbindung von Schulen in lokale Sozial- und Bildungszusammenhänge auch auf entwicklungspsychologischen und pädagogischen Erkenntnissen, die die Bedeutung von Schulen in einer individuell-biografischen Entwicklungsdimension begründen (vgl. dazu auch Vreugdenhil in diesem Band). Kinder lernen nicht nur in der Schule, sondern auch an vielen weiteren Lernorten oder über die Medien. So belegen Fend u. a. (2004), dass außerschulische Bildungsangebote (z. B. von Vereinen oder Musikschulen) vielfältige Bildungsprozesse befördern und auf diese Weise zentrale Erfahrungen für den weiteren Lebensverlauf ermöglichen.

Bildung entwickelt sich im Wechselspiel von formellen und informellen Prozessen und in unterschiedlichen sozialen Zusammenhängen. Auch aus diesem Grund sind bessere Bildungschancen und Bildungsergebnisse bei einem funktionierenden Zusammenspiel verschiedener Institutionen zu erwarten (vgl. Mack

2006, S. 170). Besonders wichtig sind dabei – gemäß den Ergebnissen der sozialwissenschaftlichen Lebenslaufforschung – die „benachbarten" Institutionen, die in jeder biografischen Phase die individuelle Entwicklung steuern und regulieren (vgl. Krüger 2005). Im Falle des Aufwachsens von Kindern und Jugendlichen sind das neben der Familie und der Schule mit ihren angelagerten Ergänzungsleistungen (z. B. schulpsychologischer Dienst) etwa auch Einrichtungen der Kinderbetreuung, der Jugendhilfe, der Sozialberatung und sozialen Unterstützung oder die Gesundheitsdienste. Alle diese Institutionen werden in verschiedenen Organisationsformen und Trägerschaften betrieben.

Eine verbesserte Abstimmung und gemeinsame Orientierung der professionellen Arbeit an den Bedürfnissen der Kinder und Jugendlichen in ihren verschiedenen Lebensphasen kann für alle beteiligten Institutionen eine wesentliche Qualitätsverbesserung ihrer eigenen Arbeit bewirken. Dieser Zusammenhang wird am Beispiel der niederländischen Fensterschulen besonders deutlich: Vorrangiges Ziel ist dort die optimale Förderung aller Kinder im Stadtteil durch eine „continuous line of learning and upbringing", also eine durchgängige Linie von Bildung und Erziehung. Primäre Zielgruppe sind Kinder zwischen 0 und 15 Jahren; die Eltern und auf Wunsch auch andere Stadtteilbewohner/innen werden so weit wie möglich in die Aktivitäten eingebunden. Im konkreten Fall kann biografische Orientierung übrigens auch bedeuten, keine zu enge Familienbindung herzustellen. Das Projekt „Wohnzimmer" in einer Fensterschule bietet beispielsweise Jugendlichen eine strukturierte und sichere Umgebung, in der sie jeden Tag nach der Schule gemeinsam mit Sozialarbeiter/innen sinnvolle Freizeitaktivitäten organisieren. Hauptziele sind dabei die Förderung eines positiven Sozialverhaltens und eines gesünderen Lebensstils.

Stärkenorientierung durch Kooperation mit professionellen Partnern

Die Nutzung unterschiedlicher professioneller Kompetenzen ist unverzichtbar, wenn die spezifischen Stärken einzelner Schüler/innen eine besondere Aufmerksamkeit und Förderung erfahren sollen (vgl. Bittlingmayer/Bauer o. J.). Aus diesem Grund sind die Fensterschulen in den Niederlanden durch einen hohen Professionalisierungsgrad gekennzeichnet. Allerdings handelt es sich bei den beteiligten Kooperationspartnern überwiegend um staatliche Einrichtungen, wie beispielsweise Kindergarten, Erziehungsberatungsstelle, Gesundheitsamt oder Bücherei. Diese Institutionen behalten auch in engen Kooperationsbeziehungen ihre jeweilige Spezialisierung bei und erledigen ihre Kernaufgaben nach wie vor in eigener Verantwortung. Die Fensterschulen bieten ihnen zwei Vorteile: Zum einen stellen sie ihnen eine Infrastruktur zur Erfüllung ihrer regulären Aufgaben bereit, zum anderen erleichtern sie durch räumliche Nähe und Koordinationsinstanzen die Entwicklung gemeinsamer Aktivitäten mit den anderen beteiligten Institutionen. Auf diese Weise lassen sich die Stärken der jeweiligen Institution, ihrer Organisationsform, ihrer Kompetenzen, ihres fachlichen Selbstverständnisses, ihres Personals etc. gezielt und abgestimmt für die individuelle Förderung der Kinder und Jugendlichen einsetzen.

Das britische Modell der Extended Schools ist weniger stark auf den engeren Bereich der staatlichen Institutionen konzentriert. Deshalb bieten sich hier noch mehr Möglichkeiten im Hinblick auf die Vielfalt der Angebote und die professionelle Weckung und Förderung unterschiedlicher individueller Begabungen. So werden in verschiedenen Extended Schools Projekte durchgeführt, an denen z. B. ansässige Geschäftsleute, Hebammen oder Künstler/innen beteiligt sind. In einer übergreifenden Evaluation wird eine Ursache genannt, warum sich solche Beziehungen auf die Kinder positiv auswirken: Sie erhalten Kontakt zu Erwachsenen, die sie nicht durch die „Lehrerbrille" betrachten und so individuelle Stärken aufdecken und unterstützen können, die bislang im Schulalltag keine Rolle spielten (vgl. Cummings u. a. 2007, S. 53).

Insofern mag es kein Zufall sein, dass solche Lern- und Entwicklungsprojekte, wie sie in dem international stark beachteten Dokumentarfilm „Rhythm is it" (2004) vorgestellt werden, ihren Ausgang in Großbritannien genommen haben. Mittlerweile wird auch in Deutschland mit einer ganzen Reihe von ähnlichen Ansätzen experimentiert. Und auch hier scheint es ein gemeinsames Kennzeichen zu sein, dass die Kooperation mit hoch qualifizierten außerschulischen Profis eingegangen wird, die bei ihrer Arbeit mit den Kindern und Jugendlichen hohe fachliche Maßstäbe anlegen.

Zwei Beispiele aus Bremen

Zwei Beispiele aus sozialen Brennpunktquartieren in Bremen zeigen sehr deutlich, wie groß das Potenzial kultureller Bildung für die Entwicklung von Sozialkompetenz und Persönlichkeit ist.

In Bremen-Gröpelingen wird von dem Verein „Kultur vor Ort" ein Netzwerk für kulturelle Bildung organisiert. Gemeinsam mit Stadtbibliothek, Volkshochschule, Bürgerhaus, Schulen und Kindergärten wird die Entwicklung eines „Bildungsquartiers" angestrebt, um Kinder und Jugendliche bei der Entwicklung neuer Perspektiven zu unterstützen. Die Kulturprojekte, die in Kooperation mit Schulen und Kitas durchgeführt und von Künstler/innen geleitet werden, ermöglichen einen stärkenorientierten Ansatz: Indem spezifische Begabungen offengelegt und weiterentwickelt werden, soll das Selbstbewusstsein von Kindern und

Jugendlichen gestärkt werden. Gleichzeitig erhalten sie dadurch die Gelegenheit, Personen aus anderen sozialen Milieus kennenzulernen. Die Ergebnisse werden zum Teil in hochrangigen Kultureinrichtungen in der Innenstadt ausgestellt und ermöglichen dort den Austausch mit Schulen aus anderen Stadtteilen, Fachleuten aus Politik und Verwaltung sowie Kunstinteressierten.

In Bremen-Osterholz hat ein international renommiertes Orchester, die Deutsche Kammerphilharmonie Bremen, im Jahr 2007 Proben- und Aufführungsräume in einer Gesamtschule bezogen. Seitdem arbeitet das Orchester im Rahmen von Probenbesuchen von Schüler/innen, gemeinsamen Projekten und Aufführungen eng mit der Schule zusammen. Vonseiten der Lehrkräfte wird bereits berichtet, dass sich die Schüler/innen bei diesen gemeinsamen Aktivitäten stärker als im normalen Unterricht „ernst genommen" fühlen und der Stolz auf „ihr Orchester" auch zu einer positiveren Einstellung gegenüber der Schule führt.

Einbeziehung und Beteiligung lokaler Interessengruppen

In zahlreichen Studien wird „der Schule" eine zentrale Rolle bei der Umsetzung einer kleinräumig wirksamen Politik sozialer Integration zugewiesen (vgl. Auernheimer 2001; Gonzales 2002; Faller u. a. 2005). Dort, wo die Veränderungen der Beziehungsmuster zwischen Arbeits- und Lebenswelt (Entgrenzung der Arbeit) zu neuen Anforderungen an zukunftsfähige soziale Infrastrukturen führen, sind netzwerkartige Bildungs- und Betreuungsstrukturen eine sinnvolle Antwort auf die damit verbundenen Herausforderungen. Läpple/Stohr (2006) zeigen, dass Schulen – insbesondere Grundschulen – in diesem Kontext zwei wichtige Funktionen übernehmen: Sie sind zum einen räumliche Ankerpunkte für die Kinder berufstätiger Eltern als auch Schnittstellen und Orte der Überlagerung verschiedener sozialer Milieus. Die Mindestvoraussetzung dafür ist freilich ein Dienstleistungsangebot, das sich tatsächlich an den Bedürfnissen der „Kundschaft" orientiert. Schulen sollten sich daher mit einem ausgedehnten und zeitlich flexiblen Angebot an den im Umfeld lebenden und arbeitenden Menschen ausrichten und sich zu „Kristallisationskernen und Informationsschnittstellen für lokale Bildungs- und Betreuungsnetzwerke" (Läpple/Stohr 2006, S. 187) weiter entwickeln. Sowohl die Fensterschulen als auch die Extended Schools setzen daher bei der Organisation von Zeitstrukturen einen starken Akzent und streben an, möglichst bedarfsgerechte Öffnungszeiten anzubieten. Vor allem in Stadtteilen mit einem hohen Anteil von Doppelverdiener/innen bemühen sich etwa die Fensterschulen vorrangig um eine Verbesserung der Vereinbarkeit von Familie und Beruf, zum Beispiel durch lange Öffnungszeiten von 8 bis 18 Uhr oder eine Verzahnung von Betreuung und Angeboten der Sportvereine, Musikschulen etc.

Grundsätzlich wird bei all diesen Beispielen sehr deutlich: Die Gestaltung von „Schule" darf nicht nur Gegenstand von Aushandlungen zwischen einer Behörde bzw. einem Arbeitgeber einerseits und einem Kollegium bzw. den Arbeitnehmer/innen andererseits sein – auch wenn dies bestenfalls zum Wohle Dritter, nämlich der Kinder und Jugendlichen geschieht. Je mehr sich die Institution Schule nach außen öffnet, desto wichtiger wird es, Eltern und weitere gesellschaftliche Gruppen nicht nur inhaltlich einzubeziehen, sondern ihnen auch substanzielle Mitwirkungsrechte einzuräumen. Schulangelegenheiten werden durch die Öffnungsprozesse der Schule ins Umfeld zu Angelegenheiten des Stadtteils bzw. des Quartiers und müssen deshalb auch auf dieser Ebene verhandelt und entschieden werden. Damit ist selbstverständlich die Frage gestellt, welche Handlungs- und Entscheidungsspielräume auf dieser Ebene gegeben sind, beispielsweise im Hinblick auf Personalentscheidungen oder Ressourceneinsatz. Die Debatten über die Frage, in welchem Umfang die Schulautonomie weiter ausgebaut werden sollte, müssen vor diesem Hintergrund thematisch erweitert werden: Es geht darum, die geeigneten Organisations- und Entscheidungsstrukturen für den gesamten institutionellen Zusammenhang zu klären.

Die britische Regierung steuert die Entwicklung der Extended Schools mit mehreren Instrumenten: Sie gibt die zentralen Zielsetzungen und Bewertungsmaßstäbe vor, stellt Finanzmittel – insbesondere Starthilfen – zur Verfügung, bietet ein nationales Informationssystem und führt regelmäßige Evaluationen durch (s. u.). Gleichzeitig haben die Verantwortlichen in den Kommunen einen beträchtlichen Handlungsspielraum, um das Programm flexibel an lokale Bedürfnisse und Bedingungen anzupassen. Dazu gehört zum Beispiel die Aufgabe, in Abstimmung mit den Schulen und anderen lokalen Partnern eine Strategie zur Ressourcenverteilung zu entwickeln. Um sicherzustellen, dass lokale Bedürfnisse auch tatsächlich berücksichtigt werden, verpflichtet das britische Schulgesetz (Education Act) von 2002 die Schulen, vor der Bereitstellung zusätzlicher Angebote Eltern, Kinder und die kommunalen Behörden zu konsultieren. Die Konsultierung kann auf unterschiedliche Weise erfolgen, etwa im Rahmen des Schülerrats, von Elternforen, Lehrer-Elterngruppen oder über die Schulwebsite.

Neue institutionelle Arrangements

Die Konzepte von Bildungslandschaften oder Bildungsnetzwerken beinhalten somit den Aspekt, dass die Schulen nicht alle notwendigen, sinnvollen oder wünschenswerten erweiterten Dienstleistungen selbst erbringen müssen. Vielmehr können sie mit lokalen privaten oder sozialen Dienstleistern zusammenarbeiten und sich zudem mit anderen Schulen in Clustern zusammenschließen. Das bedeutet auch, dass nicht alle Aktivitäten auf dem Schulgelände angesiedelt sein müssen. Sowohl in Großbritannien als auch in den Niederlanden wird diese Frage recht pragmatisch behandelt und je nach den konkreten lokalen Gegebenheiten unterschiedlich beantwortet. Insofern gibt es bei *Vensterscholen* und *Extended Schools* eine breite Skala verschiedener Formen: von solchen, die als Netzwerk räumlich verteilter Einrichtungen und Angebote funktionieren, bis hin zu solchen, bei denen die beteiligten Partner an zentralen Standorten räumlich konzentriert und gebündelt arbeiten. Die Organisation dieser Kooperationsformen erfordert allerdings in jedem Falle einen erheblichen Managementaufwand sowie die Bearbeitung von Konflikten, die zum Beispiel aus unterschiedlicher Bezahlung, dem ungleichen Status der beteiligten Professionen oder möglicherweise divergierenden fachlichen Auffassungen entstehen können.

Die bisherigen Erfahrungen zeigen daher auch, dass die Herstellung von funktionierenden und belastbaren Kooperationsbeziehungen zwischen unterschiedlichen Institutionen und Professionen eine anspruchs- und voraussetzungsvolle Aufgabe ist, die bewusst gestaltet werden muss. Zumindest für die Einrichtungs- und Stabilisierungsphase scheint es erforderlich zu sein, vor Ort ein Netzwerkmanagement zu etablieren, das für ein breites Aufgabenspektrum – von der Supervision bis zur Lösung von organisatorischen Problemen – zuständig sein sollte. In den Niederlanden wie in Großbritannien war man sich von Anfang an darüber einig, dass die Organisation von zusätzlichen Angeboten keine Mehrbelastung für die Schulleiter/innen darstellen dürfe. Eine Reihe von Regionen hat deshalb die von der Zentralregierung bereitgestellte finanzielle Starthilfe zur Einstellung von Koordinatoren genutzt, die die Vernetzung von Extended Schools mit lokalen Partnern vorantreiben und zusätzliche Angebote entwickeln sollen. Das schließt weitere Aufgaben ein, etwa die Ermittlung lokaler Bedürfnisse durch Befragung und Konsultation, die Bildung arbeitsfähiger Partnerschaften oder das Einwerben von Finanzmitteln. Für die Fensterschulen wurde die zusätzliche und dauerhafte Funktion des „Location Managers" zur Initiierung und Steuerung von Kooperation geschaffen, was angesichts der Wichtigkeit dieser Aufgabe durchaus angemessen ist.

Die Beispiele machen allerdings auch deutlich, dass der Übergang von einem „lehrplangesteuerten zu einem eher kontextgesteuerten Lernen" (Lipski 2007, S. 21) nicht allein von den Akteuren auf der Ebene „vor Ort" bewältigt werden kann: Angesichts der vielfältigen „einschränkenden und regulierenden Vorgaben" muss die konkrete Kooperation und Integration auf den übergeordneten politischen und administrativen Ebenen flankiert und unterstützt werden (ebd.).

Das betrifft zum Beispiel die schwierige Frage, wie die zusätzlich erforderlichen Finanzmittel mobilisiert werden können. Die niederländischen Fensterschulen haben hier eine pragmatische und – auf der Ebene einzelner Politik- oder

Verwaltungsressorts – kooperative Lösung gefunden: Sowohl die Investitions- als auch die Betriebsausgaben konnten im Wesentlichen durch eine Kombination vorhandener Mittel der beteiligten Institutionen finanziert werden. Lediglich für das Location Management und eine gezielte Ausweitung der Infrastruktur, zum Beispiel die Einrichtung einer neuen Stadtteilbibliothek, waren zusätzliche städtische Mittel notwendig. Der Start einer Fensterschule wurde möglichst mit der Umsetzung von Sanierungsplänen für eine Reihe von Grundschulen zusammengelegt, sodass die städtischen Investitionsmittel als Grundstock für einen Neu- oder Umbau zur Fensterschule genutzt werden konnten. Zur Finanzierung von Neu- oder Umbauten werden inzwischen auch Formen von öffentlich-privaten Partnerschaften mit Wohnungsbauunternehmen erprobt. Das gesamte Konzept beruht darauf, dass im laufenden Betrieb Einsparungen durch die gemeinsame Nutzung von Infrastruktureinrichtungen wie Eingangsbereich, Toiletten, Küche etc. und durch die multifunktionale Nutzung von Räumen erzielt werden können.

Mindestens ebenso wichtig wie die Ressourcenproblematik ist die Frage der vertikalen Kooperation, also der Kooperation zwischen den Akteuren der „Vor-Ort-Ebene" und den Akteuren auf der Ebene des Schulträgers, der freien Träger, der Landesbehörde bzw. der zuständigen Ministerialbürokratien. Die niederländische Stadt Groningen betont die zentrale Bedeutung einer Bottom-up-Entwicklung: „A Community School has a good chance of success if the first discussions are held at neighbourhood level – thus not with a policy staff member for childcare, but with the head of the nursery in the neighbourhood."[2] (Stadt Groningen o. J., S. 8) Dennoch wäre die erfolgreiche Umsetzung des Programms ohne die Kombination mit einem Top-down-Ansatz nicht möglich gewesen: Die erhebliche Unterstützung durch die politische Führungsebene war für den Entwicklungsprozess von entscheidender Bedeutung. Heute beruht das Fensterschulensystem sowohl auf Stadtteilebene als auch auf städtischer Ebene auf stabilen Koordinationsstrukturen. An jeder Fensterschule gibt es neben dem Location Manager eine lokale Planungsgruppe, in der alle beteiligten Institutionen und die Eltern vertreten sind. Auf städtischer Ebene wird der Prozess durch einen Projektleiter und eine Ressort übergreifende Steuerungsgruppe gesteuert. Auf Verwaltungsebene wird die Zusammenarbeit dadurch erleichtert, dass die für die Fensterschulen zentralen Zuständigkeiten für Bildung und Soziales in einem Ressort konzentriert sind.

Im Unterschied zum niederländischen Beispiel wurde das Konzept der Extended Schools sogar auf einer nationalstaatlichen Ebene entwickelt und imple-

---

2 „Eine Fensterschule hat gute Erfolgschancen, wenn die ersten Diskussionen auf Quartiersebene geführt werden – also nicht mit dem/der Behördenreferenten/in für Kinderbetreuung, sondern mit dem/der Leiter/in der Kindertagesstätte im Quartier." (Übers. d. Verf.).

mentiert. Gleichwohl ist in der Konstruktion der Extended Schools eine starke dezentrale Komponente vorgesehen, die einer Bottom-up-Entwicklung jedes einzelnen Standortes bzw. Netzwerkes viel Raum lässt. Eine der größten Herausforderungen für Schulen und ihre Partner ist es, bei der Einrichtung von Extended Schools finanzielle und strukturelle Nachhaltigkeit zu erreichen: Da die zentralstaatlich bereitgestellte finanzielle Starthilfe auf drei Jahre begrenzt ist und nur einen Teil der Kosten der Extended Schools abdeckt, müssen die erweiterten Angebote von vornherein so entwickelt werden, dass sie dauerhaft finanzierbar sind. Das ist aber nur möglich, wenn die beteiligten Institutionen ihre jeweiligen Eigenmittel gebündelt einsetzen. Hier haben die britischen Schulen aufgrund ihrer weitreichenden Budgetautonomie mehr Handlungsspielräume als beispielsweise deutsche Schulen. So können auch ergänzend Drittmittel, etwa aus Programmen von Stiftungen wie Children's Trust, Mietzahlungen und Gebühren für Dienste wie Kinderbetreuung, eingeworben werden.

Deutlich wird, dass die vielfältigen institutionellen Probleme bei derart weitreichenden Umgestaltungen des Bildungssystems weder durch einen Bottom-up-Ansatz noch durch eine Top-down-Strategie allein befriedigend zu lösen sind. Insofern gehört die ständige Organisation und Moderation von Aushandlungs- und Verständigungsprozessen zwischen einer politisch-administrativen „Institutionenlogik" und einer persönlich-inhaltlichen „Vor-Ort-Logik" ebenfalls zu den wichtigen Erfolgsbedingungen von lokalen Bildungslandschaften oder -netzwerken.

Erfahrungen mit regionalen Bildungsnetzwerken im Berufsbildungsbereich (vgl. Solzbacher/Minderop 2007) sowie mit einigen lokalen Pilotprojekten im Kontext der Sozialen Stadt (vgl. Olejniczak/Schaarschmidt 2005) geben für die deutsche Entwicklung wichtige Hinweise: Voraussetzung für eine erfolgreiche Vernetzung von Schule und Stadtteil ist die Auseinandersetzung mit den strukturellen Problemen, die sich zum einen aus der relativ geringen Budget- und Personalautonomie deutscher Schulen ergeben, zum anderen aus der traditionellen Trennung der Systeme von Schule und Jugendhilfe sowie der inneren und äußeren Schulaufsicht. Konsequenterweise hat der Deutsche Städtetag (2007) in seiner Aachener Erklärung die Schaffung kommunaler Bildungslandschaften als vernetzte Systeme von Bildung, Erziehung und Betreuung gefordert.

Qualitätssicherung

Angesichts der vielfältigen „Stolpersteine" bei der Zusammenarbeit unterschiedlicher Institutionen und Professionen kommt dem frühzeitigen Einsatz von Qualitätssicherungsverfahren eine besondere Bedeutung zu. In Großbritannien hat die „Every Child Matters-Agenda" nicht nur eine wichtige Katalysator- und Orientierungsfunktion, sondern sie dient auch als zentrales Steuerungsinstrument für die Schulentwicklung. Ein detaillierter Zielkatalog – ergänzt um vielfältige Vorschläge für konkrete Umsetzungsmaßnahmen und Aktivitäten – liefert einen Maßstab für die Bewertung von Qualität und Entwicklungsfortschritten der einzelnen Schulen bzw. Netzwerke und bietet eine Grundlage für regelmäßige Evaluationen. Da die Mittelzuweisungen an die einzelnen Schulen oder Netzwerke zum Teil von den Ergebnissen dieser Evaluationen abhängig gemacht werden, fungieren sie als ein starker Anreizmechanismus zur Erreichung der angestrebten Qualitätsstandards.

Die in Großbritannien und den Niederlanden eingeleiteten Prozesse zur Einrichtung und Verbreitung von Fensterschulen und Extended Schools scheinen mithin erfolgreiche Beispiele dafür zu sein, wie durch die Integration von kinder- und familienbezogenen Bildungs-, Betreuungs-, Beratungs- und Freizeitangeboten eine bessere Ausrichtung auf Lebenslagen und -situationen von Kindern und Jugendlichen erreicht werden kann. So hat die Evaluation des britischen Programms klare Anhaltspunkte dafür ergeben, dass sich die Einführung von Extended Schools nicht nur förderlich auf die Schulleistungen von Kindern – besonders mit Lernschwierigkeiten – auswirkt (Ofsted 2008, S. 14, 18 f.). Extended Schools zeigen auch positive Effekte für Familien und andere Stadtteilbewohner/innen und tragen zur Verbesserung des Schulimages bei (Cummings u. a. 2007, S. 56–60, 67–69).

In Deutschland werden zurzeit alternativ Selbstevaluationsmethoden als Instrument der Qualitätsentwicklung erprobt. So wurde in Nordrhein-Westfalen als Arbeitsinstrument für die Teams im offenen Ganztag das Qualitätsentwicklungsverfahren QUIGS (Qualität in offenen Ganztagsschulen) entwickelt, das auch die sozialräumliche Verankerung der Schulen umfasst (vgl. Serviceagentur 2007). Dabei hat sich gezeigt: Solche freiwilligen und selbstverantwortlich durchgeführten Verfahren fördern Kooperation und Teambildung. Sie bieten die Chance, dass sich die unterschiedlichen am Ganztag beteiligten Professionen auf gemeinsame Zielsetzungen und Umsetzungsstrategien verständigen und die pädagogische Arbeit zusammen weiterentwickeln können.

Fazit: Bildungslandschaften brauchen eine doppelte Integrationsleistung

Die bisherigen Erfahrungen und Befunde sprechen dafür, dass Schulen dann einen wirksamen Beitrag zu sozialer Integration leisten können, wenn sie in die Lage versetzt werden, sich selbst in lokale Bildungsnetze bzw. Verantwortungsgemeinschaften zu integrieren. Kooperation und Abstimmung zwischen den beteiligten Institutionen sind dabei keineswegs ein Selbstzweck: In dem Maße, in dem es gelingt, lokale Bildungsnetze zu etablieren und funktionsfähig zu gestalten, lassen sich Ansehen und Akzeptanz von Schulen in ihrem sozialen Umfeld steigern. Dadurch kann auch die Abwanderungsneigung der Bewohner/innen verringert werden, ebenso die häufig belastenden Stress-, Gewalt- und Konfliktpotenziale in diesen Stadtteilen. Schließlich ist zu erwarten, dass sich auf diesem Wege auch die Bildungsergebnisse verbessern.

Die dargestellten Beispiele aus Großbritannien und den Niederlanden sind natürlich nicht in allen Elementen übertragbar und an manchen Stellen durchaus diskussionsbedürftig. Dennoch weisen die dort eingeschlagenen Reformwege auf einen sinnvollen Ansatz hin, wie das Schulsystem in Deutschland reformiert werden könnte. Jenseits der vielen guten Einzelbeispiele und -praktiken lässt sich aus den bisherigen Erfahrungen vor allem lernen, dass die Erfolgsaussichten für lokale Bildungslandschaften von einer doppelten Integrationsleistung abhängen: Sie erhöhen sich zum einen durch eine gut organisierte horizontale Kooperation zwischen den benachbarten und beteiligten Institutionen, die in jeder Phase des biografischen Verlaufs auf die individuelle Entwicklung eines Kindes oder Jugendlichen einwirken. Zum anderen steigen sie durch eine kohärente vertikale Kooperation zwischen der Ebene der „Vor-Ort-Akteure" mit den übergeordneten Ebenen der politisch-administrativen Akteure. Beides scheint angesichts der vielfachen Zersplitterung von relevanten Zuständigkeiten und Kompetenzen in Deutschland gleichermaßen eine besondere Herausforderung zu sein.

Literatur

Allmendinger, Jutta/Ebner, Christian/Nikolai, Rita (2008): Bildung und Chancengleichheit in Deutschland. In: Jürgen Kocka (Hrsg.): Zukunftsfähigkeit Deutschlands. Sozialwissenschaftliche Essays. Schriftenreihe der Bundeszentrale für politische Bildung, Band 693. Bonn, S. 205–227.

Auernheimer, Georg (2001): Anforderungen an die Schule im Stadtteil. In: Jahrbuch Stadt-Region. Schwerpunkt: Einwanderungsstadt. Opladen, S. 75–91.

Baumheier, Ulrike (2007): Lernen in Nachbarschaften. Erfahrungen und Empfehlungen aus vier europäischen Regionen. IAW Forschungsbericht Nr. 14. Bremen.

Bittlingmayer, Uwe H./Bauer, Ullrich (o. J.): Erwerb sozialer Kompetenzen für das Leben und Lernen in der Ganztagsschule, in außerschulischen Lebensbereichen und für die Lebensperspektive von Kindern und Jugendlichen. Expertise für das BLK-Verbundprojekt „Lernen für den Ganztag" (http://www.ganztag-blk.de/cms/front_content. php?idcat=48; 25.03.2009).

Bronfenbrenner, Urie/Morris, Pamela A. (1998): The ecology of developmental processes. In: Lerner, Richard M. (Hrsg.): Handbook of Child Psychology. Fifth Edition Volume 1: Theoretical Models of Human Development. New York, S. 993–1028.

Buhren, Claus G. (1997): Community Education. Münster/New York/München/Berlin.
Carnoy, Martin (2000): Sustaining the New Economy. Work, Family and Community in the Information Age. New York/Cambridge/London.
Cummings, Colleen/Dyson, Alan/Muijs, Daniel/Papps, Ivy/Pearson, Diana/Raffo, Carlo/Tiplady, Lucy/Todd, Liz; with Crowther, Deanna (2007): Evaluation of the Full Service Extended Schools Initiative: Final Report, University of Manchester. Department of Education and Skills, Research Report RR852. Manchester.
Deutscher Städtetag (2007): Aachener Erklärung des Deutschen Städtetages anlässlich des Kongresses „Bildung in der Stadt" am 22./23. November 2007. Aachen (http://www.staedtetag.de/imperia/md/content/pressedien/2007/17.pdf; 08.04.2009).
Deutsches Institut für Internationale Pädagogische Forschung/Deutsches Jugendinstitut/Institut für Schulentwicklungsforschung (2008): Studie zur Entwicklung von Ganztagsschulen – Ergebnisse der 2. Erhebungswelle. Folien zur Pressekonferenz, Berlin, 8. September 2008 (http://www.projekt-steg.de/files/pk080908/Pressekonferenz_Steg_Folien.pdf; 23.03.2009).
Faller, Bernhard/Heckenroth, Meike/Heyn, Timo/Kraus, Angelika (2005): Stadtteilentwicklung als Baustein kommunaler Sozialpolitik. In: DIFU (Deutsches Institut für Urbanistik) (Hrsg.): Zukunft von Stadt und Region. Bd. 1: Integration und Ausgrenzung in der Stadtgesellschaft. Wiesbaden, S. 115–142.
Fend, Helmut/Berger, Fred/Grob, Urs (2004): Langzeitwirkungen von Bildungserfahrungen am Beispiel von Lesen und Computer Literacy. Ergebnisse der LIFE-Studie. In: Zeitschrift für Pädagogik, Jg. 50, H. 1, S. 56–76.
Gonzales, Toralf (2002): Handlungsperspektiven für Arbeit und Ausbildung am Hamburger Stadtrand. In: Walther, Uwe-Jens (Hrsg.): Soziale Stadt – Zwischenbilanzen. Opladen, S. 133–145.
Häußermann, Hartmut (2002): Global, lokal, sozial. Von der Unteilbarkeit der Stadt. In: Walther, Uwe-Jens (Hrsg.): Soziale Stadt – Zwischenbilanzen. Opladen, S. 71–85.
Holtappels, Heinz Günther/Klieme, Eckhard/Rauschenbach, Thomas/Stecher, Ludwig (Hrsg.) (2007): Ganztagsschule in Deutschland. Weinheim und München.
Krüger, Helga (2005): Integrierte Familienpolitik – Oder: Warum es sich für eine Stadt lohnt, ihre Einwohner/innen bei der Verwirklichung von Lebenswünschen zu unterstützen. In: Der Präsident des Senats/Universität Bremen (Hrsg.): Reformoptionen für eine nachhaltige Bildungs- und Familienpolitik. Anstöße aus dem Bremer Perspektiven-Labor. Bd. 7, Bremen, S. 19–29.
Läpple, Dieter/Stohr, Henrik (2006): Arbeits- und Lebenswelten im Umbruch – Herausforderungen für die Entwicklung sozialer Infrastrukturen in Stadtquartieren. In: Sozialwissenschaften und Berufspraxis, Jg. 29, H. 2, S. 173–191.
Lepenies, Wolf (2003): Bildungspathos und Erziehungswirklichkeit. In: Kilius, Nelson/Kluge, Jürgen/Reisch, Linda (Hrsg.): Die Bildung der Zukunft. Frankfurt a. M., S. 13–31.
Lipski, Jens (2007): Keine halben Sachen mit der Ganztagsschule. DJI-Bulletin, Jg. 2007, H. 78, S. 21.
Mack, Wolfgang (2006): Neue Perspektiven für das Zusammenspiel von Schule und Jugendhilfe. Das Bildungskonzept des Zwölften Kinder- und Jugendberichts und seine Implikationen für Schule und Jugendhilfe. In: Die Deutsche Schule, Jg. 98, H. 2, S. 162–177.

Maykus, Stefan (2007): Wie kann eine gemeinsame Planungspraxis gelingen? Kommunale Bildungsplanung – Schritte auf dem Weg zur integrierten Schulentwicklungs- und Jugendhilfeplanung. In: Deutsche Kinder- und Jugendstiftung (DKJS) (Hrsg.): Bildungslandschaften in gemeinschaftlicher Verantwortung gestalten Grundsatzfragen und Praxisbeispiele. Berlin, S. 44–59.

Ofsted (2008): How well are they doing? The impact of children's centres and extended schools. London (http://www.ofsted.gov.uk/Ofsted-home/Publications-and-research/Browse-all-by/Education/Pre-school-learning/How-well-are-they-doing; 08.04.2009).

Olejniczak, Claudia/Schaarschmidt, Maike (2005): Schule im Stadtteil. Fallstudie im Rahmen der Evaluation des integrierten Handlungsprogramms „Soziale Stadt NRW". Bericht des IES (Institut für Entwicklungsplanung und Strukturforschung GmbH an der Universität Hannover). Hannover/Essen.

Serviceagentur „Ganztägig Lernen in NRW" (Hrsg.) (2007): QUIGS – Qualitätsentwicklung in Ganztagsschulen. Grundlagen, praktische Tipps und Instrumente. Münster (http://www.ganztag.nrw.de/upload/pdf/quigs/QUIGS_Handreichung.pdf; 23.03.2009).

Shonkoff, Jack P./Phillips, Deborah A. (2000): From neurons to neighborhoods. The science of early childhood development. Washington D. C.

Solzbacher, Claudia/Minderop, Dorothea (2007): Bildungsnetzwerke und regionale Bildungslandschaften. Ziele und Konzepte, Aufgaben und Prozesse. München/Unterschleißheim.

Stadt Dortmund/Der Oberbürgermeister (Hrsg.) (2007): Erster kommunaler Bildungsbericht für die Schulstadt Dortmund. Schulentwicklung in Dortmund. Münster/New York/München/Berlin.

Stadt Groningen (o. J.): Informationen über die Fensterschulen auf Englisch und Deutsch (www.vensterschool.groningen.nl; 23.03.2009).

Neue Perspektiven für Kooperation: Jugendhilfe und Schule gestalten kommunale Systeme von Bildung, Betreuung und Erziehung

Stephan Maykus

Neue Zugänge: Entwicklung der Kooperation von Schule und Jugendhilfe

Lokale Bildungslandschaften – oder „kommunal abgestimmte Systeme von Bildung, Betreuung und Erziehung" (vgl. BMFSFJ 2005) – bieten für die Zusammenarbeit von Jugendhilfe und Schule eine erweiterte Perspektive und neue Zugänge (vgl. Maykus 2007c): Längst geht es nicht mehr nur um Schulentwicklung unter Einbeziehung der Jugendhilfe, sondern um die Auswirkungen aktueller Bildungspolitik auf das Jugendhilfesystem und um Wege, wie kommunale Angebote von Bildung, Betreuung und Erziehung inhaltlich und strukturell aufeinander abgestimmt werden können. Auch Übergänge und Vernetzungen zwischen den beiden Systemen Schule und Jugendhilfe werden vermehrt in den Blick genommen. Eine große Bedeutung wird der Entwicklung der Kooperation beigemessen, die sich im Kontext lokaler Bildungslandschaften stark wandelt (vgl. Thimm 2006).

Dieser Wandel zeigt sich vor allem in vier Bereichen: 1) Zentrales Ziel von Kooperationen ist nicht mehr die Veränderung von Institutionen, sondern die Gestaltung von Bildungsbedingungen, die auf die Bedürfnisse junger Menschen ausgerichtet sind. Die Kooperation von Jugendhilfe und Schule geht somit über die Orientierung am je eigenen Nutzen hinaus und erweitert den Blickwinkel der Beteiligten. 2) Grundlage hierfür ist eine Erweiterung der Referenzen auf konzeptueller Ebene. Diese zeigt sich vor allem in einer Sozialpädagogisierung von Bildungsverständnissen, einer Bezugnahme auf Bildungsbiografie und Sozialraum sowie in der Maxime lokaler Bildungslandschaften. 3) Zudem vergrößert sich die Reichweite der Kooperationskontexte und -ziele, unter anderem durch die verstärkte Einführung von Ganztagsschulen, durch die Gestaltung von Übergängen zwischen Bildungsinstitutionen und die Entwicklung einer kommunalen Angebotsstruktur. Die Kooperation von Jugendhilfe und Schule kann dabei zum Kernstück eines abgestimmten Systems von Bildung, Betreuung und Erziehung werden: Hier wird im Kleinen bereits umgesetzt, was im Großen als kommunales System der Vernetzung gedacht ist. Gelingende Kooperationsbeziehungen von Schule und Jugendhilfe können dadurch eine Motorfunktion für lokale Bildungslandschaften übernehmen. 4) Dieser Anspruch kann langfristig nur erfüllt werden, wenn die strategisch-planerische Ebene als Basis der Gestaltung von schulbezogenen Jugendhilfeangeboten als auch lokaler Bildungslandschaften verstanden wird. Gegenwärtig wird verstärkt darüber diskutiert, wie Schulentwicklungs- und Jugendhilfeplanung verknüpft werden können und die kommunale Steuerung und Kooperation von Bildung und Erziehung aussehen sollte (vgl. Maykus 2007a). In der Praxis sind bisher noch keine entsprechenden Schnittstellen zwischen Schul- und Jugendhilfeverwaltung etabliert.

Die Kooperation von Jugendhilfe und Schule erhält somit einen neuen Rahmen: Bildung, Betreuung und Erziehung in einer Kommune können übergreifend gestaltet werden. Dadurch wird es möglich, die Aktivitäten in einer Kommune aufeinander abzustimmen und vorhandene Potenziale zu bündeln.

Im vorliegenden Beitrag wird zunächst dargestellt, wie sich Bildung in modernen Gesellschaften verändert und welche Herausforderungen damit verbunden sind. Dabei wird auch darauf eingegangen, wie das Bildungssystem in Deutschland gegenwärtig organisiert ist und welche Veränderungen notwendig wären, um sich an den gesellschaftlichen Wandel anzupassen. Anschließend werden „Systemstellschrauben" benannt, die für die Entwicklung einer lokalen Bildungslandschaft von zentraler Bedeutung sind. Anhand von Indikatoren soll deutlich werden, wie eine Kommune auf dem Weg zu einem kommunal abgestimmten System der Bildung, Betreuung und Erziehung unterstützt werden kann. Zum Schluss werden noch offene Fragen formuliert und Anregungen gegeben, wie das anspruchsvolle Ziel eines kommunal abgestimmten Systems von Bildung, Betreuung und Erziehung erreicht werden kann.

Diskrepanz: Anforderungen an Bildung – gegenwärtig organisiertes Bildungssystem

Die zunehmende Differenzierung moderner Gesellschaften geht mit vielfältigen Zugängen zu Wissen einher, so dass aus Sicht der Sozialisationsforschung auch das Lernen neu bestimmt werden muss. Lernen ist als komplexer Prozess anzunehmen, der größtenteils selbst organisiert und informell stattfindet. Diese Vorstellung liegt auch dem Zwölften Kinder- und Jugendbericht der Bundesregierung (vgl. BMFSFJ 2005) zugrunde. Die Frage „Was lernen junge Menschen wo, wie und durch wen?" wird klar beantwortet: Lernen findet überall in unterschiedlichster Weise statt. Es kann von einer zunehmenden Entgrenzung von Bildungsprozessen gesprochen werden.

Für die Entwicklungs- und Kompetenzförderung junger Menschen ist somit nicht nur die Schule, sondern eine Vielzahl an Bildungsorten und Bildungsakteuren wichtig. Auch spielt informelles Lernen für Kinder und Jugendliche eine wesentliche Rolle (vgl. Wahler/Tully/Preiß 2004, S. 203 ff.). Neben Schule werden nichtschulische Lernwelten immer wichtiger, in denen vielfältige Möglichkeiten gegeben sind, neue Kenntnisse, Kompetenzen und Fertigkeiten zu erwerben (vgl. ebd., S. 193). Im Zuge dieser Ausweitung des Blickwinkels rücken die Bildungsorte vor und neben der Schule in den Mittelpunkt der Betrachtung, wie zum Beispiel Familie, Kindergarten und Peers. Auch die Kinder- und Jugendhilfe gewinnt in diesem Zusammenhang an Bedeutung, da sie auf die Unterstützung von individuellen und sozialen Entwicklungsprozessen zielt und mit Hilfen zur Lebensbewältigung sowie sozial-integrativen Maßnahmen die Bildungsprozesse junger Menschen und Familien mitgestaltet (vgl. Rauschenbach 2005a).

Schule muss sich auf die Entgrenzung der Bildungsprozesse einstellen und ihre Angebote entsprechend ausrichten. Insgesamt müssen Lerninhalte, Lernorganisation und soziale Kontexte vor Ort besser abgestimmt werden, damit institutionelle und informelle Lernprozesse möglichst optimal zusammenwirken (vgl. Wahler/Tully/Preiß, S. 201). Die Verzahnung unterschiedlicher Bildungsqualitäten auf der Grundlage eines umfassenden Bildungskonzeptes ist eine zentrale Zielsetzung lokaler Bildungslandschaften, um Kinder und Jugendliche in ihren Bildungsbiografien individuell zu fördern und soziale Benachteiligungen im Bildungssystem abzubauen. Nach Ansicht der Kommission des Zwölften Kinder- und Jugendberichtes der Bundesregierung (vgl. BMFSFJ 2005) sind kommunal abgestimmte Systeme von Bildung, Betreuung und Erziehung hier der richtige Weg.

Ein derart erweitertes Bildungsverständnis, das die Perspektive der Kinder und Jugendlichen in den Blick nimmt, muss nach Auffassung von Rauschenbach (vgl. 2005b) die Basis zur Reformierung des bundesdeutschen Systems von Bildung, Betreuung und Erziehung sein. Die Angebote sind an die gesellschaftlichen und lebensweltlichen Veränderungsdynamiken anzupassen, wie beispielsweise an den Wandel der Familie und des Arbeitsmarkts, zunehmende Multikulturalität und die Pluralisierung der Lebensformen. Ausgangspunkt der konzeptionellen Überlegungen für die Gestaltung von geeigneten Bildungsbedingungen für junge Menschen sollten ihre durchschnittlichen Sozialisationsbedingungen und Bildungsbiografien sein – das Denken aus der Perspektive von Institutionen ist zu vermeiden. Doch die gegenwärtige Praxis sieht noch ganz anders aus: Bildungs- und Erziehungsinstitutionen sind in der Regel getrennt organisiert und nur punktuell lokal vernetzt. Die Vielfalt und Heterogenität im Bildungs- und Erziehungssystem (bezüglich Trägern, Angeboten, Finanzierung, Gesetzen, Akteuren) hat bislang eher Abgrenzungstendenzen begünstigt und den Blick auf Vernetzungsmöglichkeiten verstellt. Die negativen Folgen dieser versäulten Organisation von Bildung, Betreuung und Erziehung sind offenkundig und zeigen sich sowohl in systemischer als auch in lebensweltlicher Hinsicht (vgl. Abb. 1).

Abbildung 1: Folgen einer versäulten Struktur von Bildung, Betreuung und Erziehung

Folgen einer versäulten Struktur von Bildung, Betreuung und Erziehung

Systemische Folgen	*Lebensweltliche Folgen*
Doppelaktivitäten bezüglich Zielgruppen, Angebotsthemen und Interventionszielen	Problembearbeitung durch Vielzahl an Personen und Institutionen (Zuständigkeitskumulation und Intensitätsverlust der pädagogischen Beziehung)
Ressourcenverschwendung und -inbalance	Erfahrung von Beliebigkeit und Unverhältnismäßigkeit
Fehlen einer personell-kooperativen und strukturell verankerten Begleitung bei Übergängen zwischen Institutionen	Verlust der biografischen Begleitung und von Statuspassagen bzw. bei Übergängen (zum Ausgleich erlebter Benachteiligung)
Zementierung von Abweichungen durch institutionsspezifische Selektionswirkungen	Erfahrung erhöhter Zugangsschwellen zu Angeboten und Institutionen
Anpassung individueller und lebensweltlicher Aspekte an die Systemlogik der Institution	Individualisierung von Benachteiligungen und Überforderungskonstellationen
Qualitätsmängel der Institutionen (Auftragsdefizite) durch fehlende Einbeziehung der Umweltkontexte und von Potenzialen der Kooperationspartner	Lebensweltferne von Angebotsinhalten, Programmen und Methoden der Institutionen; Entfremdung und Diskrepanz zu lebensweltlichen Lernerfahrungen
Delegation und Abschiebung	Ohnmacht und Hilflosigkeit in institutionellen Strukturen
Strukturelle Verantwortungslosigkeit und -reduzierung durch Perspektivverkürzung	Erfahrung von Rückzug und Distanz in der professionellen Begleitung

Mit den lebensweltlichen Folgen separierter Systeme von Bildung, Betreuung und Erziehung sind tendenziell alle jungen Menschen und Familien konfrontiert, doch sie spitzen sich bei Kindern und Jugendlichen mit ungünstigen Ausgangsbedingungen für Lernen und persönliche Entwicklung weiter zu. Bildungsbenachteiligung kann vor allem als Folge eines Verknüpfungsproblems angesehen werden: Die Problemkonstellationen verschärfen sich in interinstitutionellen Übergangsphasen in denen die individuellen und sozialen Ressourcen für das persönliche Bildungsmanagement ignoriert werden (vgl. Schroeder 2004). Die größten Handlungsanforderungen entstehen mit Blick auf die Selektionswirkung des deutschen Schulsystems (vgl. Tillmann 2008; am Beispiel der Hauptschule

Mack 2002 und Maykus/Schulz 2007), auf den Umgang mit Schulversäumnissen in der Kooperation von Jugendhilfe und Schule (vgl. Rademacker 2004), die soziale Integration von jungen Menschen mit Zuwanderungsgeschichte (vgl. Bildungsbericht 2006) und die institutionelle Verstärkung sozialer Ungleichheitsstrukturen (vgl. Arens 2007). Die Forderung nach einem abgestimmten System von Bildung, Betreuung und Erziehung ist letztlich nicht nur eine angemessene Reaktion auf die systemischen und lebensweltlichen Probleme institutioneller Separierung, sondern auch eine organisatorische Entsprechung zu den oben skizzierten gesamtgesellschaftlichen Veränderungsprozessen, die auch das Bildungs-, Erziehungs- und Betreuungssystem betreffen.

Im Zwölften Kinder- und Jugendbericht wird darauf hingewiesen, dass sich im System der Bildung, Betreuung und Erziehung Entgrenzungstendenzen zeigen (vgl. BMFSFJ 2005, S. 73 f.). Daraus kann unmittelbar eine kommunale Gestaltungsrelevanz abgeleitet werden: Das System muss einer kommunalen Planung und Steuerung – und auch fachlich reflektierten Gestaltung – zugänglich gemacht werden, um bedarfsorientiert, flexibel und professionell auf dynamische lebensweltliche Entwicklungen reagierten zu können (vgl. Abbildung 2):

Abbildung 2: Gestaltungsrelevanz einer Entgrenzung des Bildungs-, Betreuungs- und Erziehungssystems

Entgrenzungsaspekt	**Gestaltungsperspektive und -relevanz**
zeitlich-biografisch Übergänge, Statuspassagen und zeitliche Markierungen in der Biografie werden flexibler	*Zugänge zu Bildungsräumen eröffnen* > neue Infrastrukturen und Räume schaffen und für ihre Entwicklungsfähigkeit sorgen
institutionell Monopolstellung einzelner Institutionen weicht dem Zusammenspiel unterschiedlicher bildungsrelevanter Orte und Akteure	*Übergänge ermöglichen* > Netzwerke und Verbindungen zwischen Räumen etablieren, Qualität der Verknüpfung entwickeln
thematisch prozessuale und offen-dynamische Entwicklung der Curricula, Lebensthemen, Kompetenzprofile	*Orientierung und Sinn vermitteln* > Angebote, Themen und Unterstützungsformen sollten für die Zielgruppen biografisch relevant, attraktiv und verwertbar sein
Gestaltungssituation: Komplexität und Entgrenzung des (unabgestimmten) Systems von Bildung, Betreuung und Erziehung	**Gestaltungsziel:** Komplexe Strukturen und Vernetzung: Förderung des subjektiven Begrenzungserlebens

(Quelle: Eigene Darstellung und Erweiterung nach: BMFSFJ 2005, S. 73 f.).

Der Reformbedarf des gegenwärtigen Systems von Bildung, Betreuung und Erziehung zeigt sich exemplarisch bei der Zusammenarbeit zwischen Schule und Jugendhilfe. Neben fachlichen, rechtlichen, methodischen und institutionellen Unterschieden sind es vor allem die jeweils anders gelagerten Verantwortlichkeiten der Trägerschaft[3], die eine Entwicklung der Kooperation erschweren. Diese Unterschiede setzen sich in den Handlungsspielräumen der kommunalen Schul- und Jugendhilfeverwaltungen fort und führen zu getrennten Zuständigkeiten, unkoordinierten Planungen und Budgets. Schule und Jugendhilfe sind zumeist getrennte Ressorts. Doch auf der praktischen Ebene ist Vernetzung gegenwärtig das Mittel der Wahl, um auf Unterstützungsbedarfe junger Menschen und ihrer Familien angemessen reagieren zu können. Inzwischen gibt es eine Reihe von Anstrengungen, um eine möglichst optimale Kooperation der Systeme zu ermöglichen: Dazu gehören Bildungsförderung im vorschulischen Bereich, Ausbau der Ganztagsbetreuung an Schulen, erkennbare Öffnungstendenzen von Schulen, die Einführung von Familienzentren etc. Diese Entwicklungen müssen aber auch ihre Entsprechung auf der Ebene von Kommunalverwaltungen haben und Teil einer lokalen Sozial- und Bildungspolitik sein. Es fehlt jedoch weithin eine solche kommunale Gesamtstrategie, die diese Aktivitäten systematisch an Bildungsbiografien ausrichtet und in (fach-)politische Strukturen einbindet, damit nicht nur Teilsegmente in Kooperationsprozesse integriert, sondern strukturelle und systemische Grundlagen für die Überwindung von Separierungen geschaffen werden.

Insgesamt kann festgehalten werden: Abgestimmte Systeme von Bildung, Betreuung und Erziehung in Kommunen können nur dann realisiert werden, wenn die strukturellen Bedingungen – in den Bereichen Verwaltung, Planung, Finanzierung, Eigenständigkeit des Trägerhandelns – nachhaltig verändert werden, sodass eine sinnvolle Verzahnung erreicht werden kann.

Neue Perspektiven für Kooperation: „Systemstellschrauben" für die Neujustierung des Erziehungs- und Bildungswesens

Diesen systemischen und lebensweltlichen Folgen eines weitgehend separierten und unkoordinierten Systems von Bildung, Betreuung und Erziehung soll mit dem Gestaltungsprinzip lokaler Bildungslandschaften begegnet werden. „Sie sollen ein Anstoß zur Überwindung des Denkens und Handelns in institutionellen Kategorien und der Zuweisung separierender Einzelzuständigkeiten sein, damit im kommunalen Raum ein kohärentes Gesamtsystem von Bildung,

---

3   Auf der einen Seite ist Jugendhilfe Aufgabe kommunaler Selbstverwaltung, auf der anderen Seite sind nur die äußeren Schulangelegenheiten Gegenstand kommunaler Steuerung und Planung, die inneren obliegen dem jeweiligen Landesministerium.

Betreuung und Erziehung Realität wird" (Deutscher Verein 2007, S. 1). Dabei soll nicht nur die Kooperation der beteiligten Akteure, vor allem Jugendhilfe und Schule, eine neue Qualität erfahren und optimiert werden. Vielmehr sind auch die strukturellen Grundlagen zu reformieren: „Systemische Stellschrauben" müssen demnach verändert werden, um eine Neujustierung des Erziehungs- und Bildungssystems zu initiieren. Als zentral erweist sich in diesem Zusammenhang die Orientierung an einem erweiterten und ganzheitlichen Bildungsverständnis und an der Entwicklung eines Gesamtkonzeptes umfassender Bildung. Ausgangspunkt soll die Kommune sein (vgl. BMFSFJ 2005; Deutscher Städtetag 2007; Deutscher Verein 2007), da sie nicht nur den räumlichen Rahmen für die verschiedenen Lebensphasen und das Erleben von Bildungsprozessen bietet, sondern mit ihren Einrichtungen die öffentlichen Bildungsstrukturen wesentlich prägt (vgl. Hebborn 2007, S. 9). Bildung gehört zudem längst zu den Top-Themen der Kommunalpolitik, auch weil sie zu einer Profilierung der Städte und Gemeinden führen soll und Bildung zunehmend als Standortfaktor betrachtet wird (vgl. Luthe 2008, S. 49). Kommunen werden in Zukunft entscheidende Akteure in Bildungsprozessen sein, da sie mit dem Aufwand für existenzielle Nachsorge der Bürgerinnen und Bürger, mit der Segregation in Städten, mit kleinräumig und entlang der sozialen Lebenslagen verfestigter Bildungsbenachteiligung konfrontiert sind (vgl. Terpoorten 2007). So sollen sich die Kommunen denn auch laut den Positionspapieren des Deutschen Städtetages (vgl. 2007) und des Deutschen Vereins (vgl. 2007) aktiv an der Gestaltung von Bildungslandschaften beteiligen und eine zentrale Rolle bei der Planung, Steuerung und Moderation der Kooperation einnehmen. Die Bundesländer werden vor diesem Hintergrund aufgefordert, „(…) kommunale Steuerungsmöglichkeiten insbesondere im Schulbereich zu erweitern und die Zuständigkeiten im Bereich der inneren und äußeren Schulangelegenheiten zugunsten der Kommune neu zu ordnen. Zudem müssen sie die notwendigen finanziellen Rahmenbedingungen für ein erweitertes kommunales Engagement in der Bildung schaffen" (Deutscher Städtetag 2007, S. 2). Der Deutsche Städtetag hat die Hauptmerkmale des bildungsbezogenen Engagements der Kommunen benannt. Dazu gehören unter anderem die Förderung der individuellen Potenziale des Individuums als Ausgangspunkt für die Organisation von Bildungs- und Lernprozessen, die Zusammenarbeit aller für Bildung zuständigen Akteure (Familie, Kinder- und Jugendhilfe, Schule, Kultur, Sport, Wirtschaft etc.) auf der Basis verbindlicher Strukturen und die Gestaltung von Übergängen nach dem Prinzip „Anschlüsse statt Ausschlüsse" (vgl. Hebborn in diesem Band).

Anhand der genannten Hauptmerkmale von Bildungslandschaften können „Systemstellschrauben" identifiziert werden, die für die Entwicklung einer lokalen Bildungslandschaft als abgestimmtes System von Bildung, Betreuung und

Erziehung zu betätigen wären. Zu unterscheiden ist dabei zwischen Bedingungen und Mitteln einer Neujustierung und den Merkmalen gelungener systemischer Gestaltung (vgl. Abbildung 3).

Mit der Stärkung der kommunalen Verantwortung für Bildungslandschaften wird nach Auffassung von Luthe (2008) ein richtiger Weg eingeschlagen. Lokale Bildungslandschaften sind aber nur dann erfolgreich, wenn sie in klare politische Strukturen eingebettet sind (vgl. Luthe 2008, S. 49). Der Bereich Bildung ist deshalb in den kommunalen Strukturen von Politik und Verwaltung fest zu verankern und konsequent auf die Entwicklung der Bildungslandschaften auszurichten.

Abbildung 3: „Systemstellschrauben" im Kontext kommunal abgestimmter Systeme von Bildung, Betreuung und Erziehung

Bedingungen   *Mittel*   *Merkmale*

Bedingungen:
- Ganzheitliches **Bildungsverständnis**
- Kommunales Gesamtkonzept umfassender **Bildung**
- **Kommune** als Referenzpunkt (Lebensräume, Infrastruktur)

Mittel:
- **Integrierte Bildungsplanung** (Bildungsmonitoring)
- **Stärkung der kommunalen Verantwortung** für lokale Bildungslandschaften (als System von Bildung, Betreuung und Erziehung)
- **Neujustierung Schulträgerschaft** (im Verhältnis Land und Kommune)

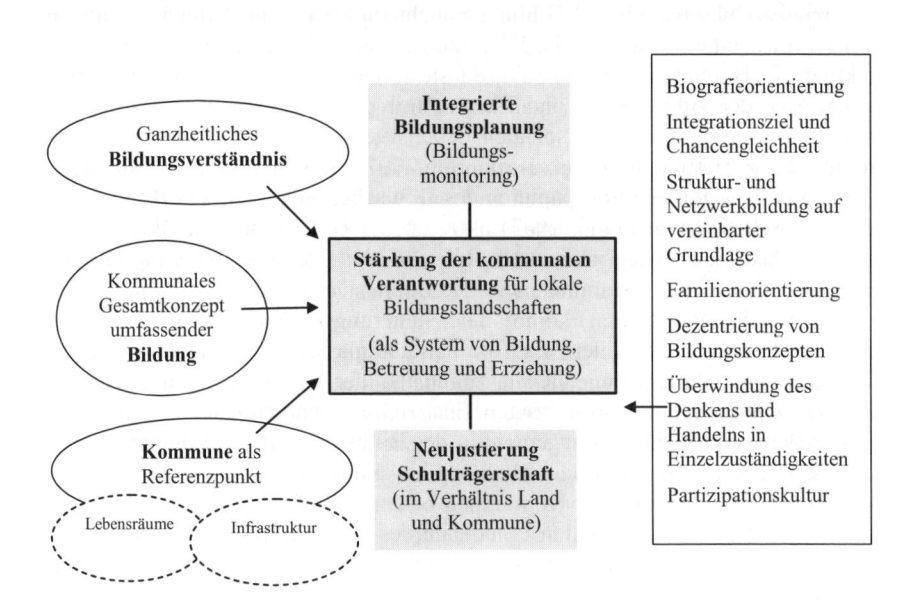

Merkmale:
- Biografieorientierung
- Integrationsziel und Chancengleichheit
- Struktur- und Netzwerkbildung auf vereinbarter Grundlage
- Familienorientierung
- Dezentrierung von Bildungskonzepten
- Überwindung des Denkens und Handelns in Einzelzuständigkeiten
- Partizipationskultur

Quelle: Eigene Systematisierung und Darstellung nach: Deutscher Städtetag 2007; Deutscher Verein 2007

Woran erkennt man, dass eine Kommune auf dem Weg zu einem kommunalen Gesamtsystem ist, mithin auf die „Systemstellschrauben" einwirkt und eine Verankerung von Bildungsfragen in Politik und Kommunalverwaltung vollzieht? Im

Folgenden sollen Indikatoren benannt werden, die Grundprinzipien des Netzwerkhandelns in diesem Kontext verdeutlichen. In ihrem Zusammenspiel zeigt sich die neue Qualität der Verknüpfung vormals eher additiver Strukturen.

1. Indikator: Bildungsdiskurs – gemeinsame Leitziele – Schärfung des Konzepts (programmatische Ebene)

Die unverzichtbare Vernetzung aller Institutionen und Akteure findet auf der Basis eines gemeinsam definierten Bildungsverständnisses statt, aus dem die Ziele des Gesamtsystems sowie unmittelbare Handlungsanleitungen abgeleitet werden können. Ein kontinuierlicher Diskurs aller Beteiligten ist wichtiger Indikator und zugleich zentrale Voraussetzung dafür, dass die Grundidee eines kommunalen Systems von Bildung, Betreuung und Erziehung vor Ort schrittweise umgesetzt werden kann. Wichtig ist auch die Verbindung von Leitbild und Konzept: Ein Leitbild ohne Konzept würde nur zu einer Debatte über Ziele führen, und bei einem Konzept ohne Leitbild wären wiederum nur ergänzende Aktivitäten zu erwarten. Die wichtigsten Anforderungen sind demnach:

- Bildung in der Kommune verorten und definieren: Was lernen junge Menschen an welchen Orten durch wen und wie? (Bestandsaufnahme und sozialräumliche Netzwerkanalyse)
- gemeinsames Bildungsverständnis klären: Wie können wir Bildung fördern? Mit welchen Haltungen, Methoden, Konzepten?
- Leitziele und Qualitätsrahmen festlegen: Worin besteht unser zentraler Arbeitsauftrag und welche Ziele wollen wir auf welche Weise erreichen?
- Konzept schärfen: Inwiefern müssen die Institutionen und Akteure bisherige Konzepte verändern, erweitern, präzisieren, um ihren Beitrag zur Bildungsförderung zu optimieren? Welche speziellen Anknüpfungspunkte bieten Ganztagskonzepte für eine lokale Bildungslandschaft?

2. Indikator: Verzahnung der Zuständigkeiten und klare Verantwortungsstruktur (Ebene der Steuerung und Planung)

Die anspruchsvollen Ziele können in der Praxis nur dann mit nachhaltigem Effekt umgesetzt werden, wenn die erforderlichen Rahmenbedingungen und Voraussetzungen für systemische Entwicklungsprozesse gegeben sind. In Bezug auf Schule und Jugendhilfe müssen die für Bildung verantwortlichen Ressorts in ihren Zuständigkeiten und Planungsstrukturen so verzahnt werden, dass eine organisierte Verantwortungsstruktur mit klaren Aufgaben und Regeln entsteht. Leitbild und Konzept erhalten damit ihre organisatorische Entsprechung. Die wichtigsten Anforderungen sind (vgl. Maykus 2007c, S. 300):

- Kommunalpolitischer Auftrag: Schul- und Jugendhilfeausschüsse sollten gemeinsam eine Zielperspektive und geeignete Maßnahmen beschließen sowie darauf abgestimmte Ressourcen festlegen. Die Thematik „Bildung in unserer Kommune" sollte regelmäßig diskutiert werden, zum Beispiel bei gemeinsamen Ausschusssitzungen.
- Planungsteams und Steuergruppe (Ressortverzahnung): Vorrangige Ebenen der Verzahnung von Schule und Jugendhilfe sind die Fachbereiche bzw. Verwaltungen und deren Ausschüsse. Davon ausgehend sind Planungsgruppen auf der Ebene der Planungsfachkräfte (auch unter Beteiligung der Schulaufsicht) als auch auf der Ebene von Leitungen und Fachkräften aus dem Feld der Kooperation von Jugendhilfe und Schule zu bilden. Anknüpfungspunkte für entsprechende Planungsfragen bieten hier die Schulleiterkonferenzen, Arbeitsgemeinschaften nach § 78 SGB VIII und themenbezogene Planungsgruppen von Fachkräften. Die Planungsgremien übernehmen als Orte der Kommunikation eine wichtige Brückenfunktion zwischen Schule und Jugendhilfe und erfüllen wesentliche Voraussetzungen einer qualitativ aufgewerteten Bildungsplanung: Sie bieten eine kleinräumig orientierte Diskussionsgrundlage, ermöglichen die Beteiligung unterschiedlicher Akteure bei der Bestandsaufnahme, bilden einen Rahmen für die Entwicklung von Bewertungskriterien und Leitbilder bei der Frage nach Entwicklungsbedarfen, können Ideen und Konzepte erarbeiten und den Planungsfachkräften in der Schul- und Jugendhilfeverwaltung bei der Formulierung von kommunalpolitischen Handlungsbedarfen wichtige Hinweise liefern. Das fachliche Ziel, auf das die Planungsstrukturen und Informationsgrundlagen ausgerichtet sein sollten, ist die Gestaltung von geeigneten Bildungsbedingungen für junge Menschen in der Kommune. Es ist zu prüfen, ob die Planungsverfahren von Schule und Jugendhilfe eine Umsetzung dieses Ziels ermöglichen oder ob sie entsprechend verändert oder erweitert werden müssen.
- Datenkonzept: Die entscheidende Grundlage einer kommunalen Bildungsplanung ist ein Datenkonzept, das aus drei Säulen besteht: Schul- und Bildungsdaten, Daten zu Sozialstruktur und zu Jugendhilfe. Die Daten sollten kleinräumig aufbereitet und im Zusammenhang interpretiert werden. Von den dabei gewonnenen Ergebnissen könnten Impulse für die Gestaltung kommunaler Bildungsräume ausgehen, die auf eine intensive Kooperation von Jugendhilfe und Schule zielen (vgl. Maykus 2006, S. 269).

3. Indikator: Kommunikation und Entwicklungsorientierung (Ebene der Kultur von Kooperation)

Steuerung und Koordination sind unverzichtbare Instrumente, damit die Netzwerkarbeit der beteiligten Akteure funktioniert und das Gesamtsystem sich stetig fortentwickeln kann. Doch wie kann festgestellt werden, ob die Grundidee des Gesamtsystems auch tatsächlich innerhalb und zwischen den Institutionen umgesetzt wird? Ein wichtiger Indikator ist die regelmäßige Kommunikation der Netzwerkpartner und ihre Bereitschaft zu Veränderungen, was beispielsweise auch die Etablierung einer Feedback-Kultur einschließt. Im Mittelpunkt steht die Perspektive, kommunale Strukturen gemeinsam so zu gestalten, dass die jeweils eigenen Aufgaben durch Zusammenarbeit besser als vorher erledigt werden können, wie am Beispiel der Stadt Osnabrück deutlich wird (vgl. Tromp/Weber 2007).

4. Indikator: Struktureffekte Innovation und Kompensierung (Ebene der Leistungserbringung und Ergebnisse)

Ergebnisse und Effekte sind nicht unmittelbar zu erwarten, sondern sie ergeben sich mittelfristig und müssen evaluiert werden. Der Erfolg könnte an verschiedenen Faktoren festgemacht werden: einer größeren Vielfalt von Angeboten, einer höheren Qualität der pädagogischen Arbeit durch Verzahnungen und klar geregelte Übergänge, verbesserten Zugängen junger Menschen zu Bildungsangeboten, einer größeren Zahl an gemeinsamen Aktivitäten der Akteure, an vermehrten Erfahrungen von Flexibilität, Rückhalt und Unterstützung bei der Zusammenarbeit, einem deutlichen Rückgang der Doppelungen von Angeboten. Dazu gehört, dass Schwächen erkennbar kompensiert und Angebotslücken geschlossen werden. Eine wichtige Rolle spielen auch kommunal verankerte Bildungs- und Unterstützungsangebote für verschiedene Zielgruppen, die für Interessenten gut erreichbar sind und die Vielfalt lebensweltlicher Themen und Anforderungen aufgreifen. Mit anderen Worten: Allmählich bildet sich eine wahrnehmbare „lokale Bildungslandschaft" heraus.

Kooperation von Jugendhilfe und Schule bedeutet in diesem Zusammenhang, dass die Entwicklung auf mehreren Ebenen stattfinden sollte und dass ein ganzes Bündel von Maßnahmen durchgeführt werden muss. Nur ein ganzheitlicher Ansatz verspricht nachhaltig positive Effekte. Dieses Konzept ist mit einem hohen Anspruch verbunden: Neben die („alte") institutionelle Ebene der Schule treten nun auch die („neu betonte") Ebene des Sozialraums und vor allem die Ebene der Kommune – diese drei Ebenen müssen aufeinander abgestimmt werden (letztlich auch mit der vierten Ebene der Bundesländer mit Blick auf schulpolitische Fragen, die hier jedoch nicht näher ausgeführt wird). Die Wechselwirkungen zwischen den Ebenen machen die Chancen und Herausforderungen in der Praxis deutlich: Die Kooperation in einer Schule (Ebene 1) kann nur dann gut sein, wenn sie auf eine etablierte sozialräumliche Struktur der Kinder- und Jugendförderung zurückgreifen kann, auf sensible und kooperationsoffene Partner trifft und mit ihnen in eine aktive Beziehung treten kann (Ebene 2). Die innerschulische Kooperation ist aber auch davon abhängig, wie in der kommunalen Verantwortung einer abgestimmten Schul- und Jugendhilfeverwaltung (Ebene 3) fachpolitische, strategische, planerische und fiskalische Grundlagen für eine solche Zusammenarbeit vorhanden sind. Die verschiedenen Ebenen sind Bausteine des gegenwärtigen Bildes einer „lokalen Bildungslandschaft". Die Kooperation von Jugendhilfe und Schule verändert sich grundlegend und ist mit neuen Aufgaben verbunden (siehe Abb. 4).

Die neuen Aufgaben bei der Kooperation von Schule und Jugendhilfe hängen mit einer Erweiterung des Bezugsrahmens zusammen, die auch als institutionen- bzw. schulübergreifende Perspektive beschrieben werden kann: Zunächst werden Bildungsbiografien und Bildungsprozesse in den Blick genommen und ein gemeinsames Bildungsverständnis entwickelt. Danach wird die Frage gestellt, mit welchen Mitteln diese Ziele zu erreichen sind: Wie müssen Institutionen und Netzwerke bzw. der Kooperationsprozess gestaltet sein, um geeignete Bildungsbedingungen für junge Menschen und ihre Familien zu schaffen? Diese Reihenfolge ist entscheidend, wenn es um die Entwicklung eines kommunal abgestimmten Systems von Bildung, Betreuung und Erziehung geht.

Die wichtigsten Aufgaben auf der sozialräumlichen Ebene sind:
- Abstimmung der Ressourcen zwischen den Kooperationspartnern, Optimierung der Schnittstellen und des damit verbundenen Nutzens für die je eigene Arbeit,
- feste Verankerung von geregelten Koordinationsprozessen, um Verfahrens- und Organisationsabläufe zu verbessern,
- Etablieren von erkennbaren und kontinuierlichen Vernetzungsstrukturen, um das Zusammenwirken der unterschiedlichen Personen und Institutionen im Sozialraum zu unterstützen.

Abbildung 4: Neue Aufgaben bei der Kooperation zwischen Schule und Jugendhilfe

Ebene der Kooperationsentwicklung	Zentrale Aufgabe
Ebene 1: Schule/Institution	*Gemeinsames Bildungsverständnis in Kooperationsprozess übersetzen* Vorfeld: Ziele, Konzepte, Ressourcen; Basis: Bedarfsklärung, Vereinbarungen, Strukturen; Prozess: Kommunikation, Transparenz, Gleichwertigkeit, Qualitätsentwicklung
Ebene 2: Sozialraum	*Schnittstellen finden, Vernetzung und neue Modelle der Kooperation etablieren* Interne Vernetzung von Jugendhilfeleistungen, Stadtteilkonferenzen, Bildungs- und Unterstützungsnetzwerke unterschiedlicher Partner, Partizipation
Ebene 3: Kommune	*Gemeinsame Planung und Entwicklung als Daueraufgabe institutionell verankern* Kommunales Leitbild, Steuergruppe, abgestimmte Schulentwicklungs- und Jugendhilfeplanung, Bildungsbüros, Ressortannäherung, Qualitätszirkel
Ebene 4: Land	*Kooperationsgebot und fachliche Impulsfunktion rechtlich kodifizieren* z. B. Richtlinien, Landesausführungsgesetz SGB VIII, Schulgesetz – Impulse bezüglicher schulischer und kommunaler Kooperation; Neujustierung des Verhältnisses von Kommunen und Ländern im Kontext Schulträgerschaft/Schulangelegenheiten

Auf der Ebene der Kommune bestehen bei der Kooperation der Schul- und Jugendhilfeträger im Wesentlichen folgende Aufgaben:
- Entwicklung eines gemeinsamen Kooperationskonzepts auf der Grundlage eines kommunalen Leitbildes „Bildungsförderung", Klärung der Auswirkungen auf das gesamte Feld der kommunalen Kooperation von Jugendhilfe und Schule,
- Schaffung von ressort- und verwaltungsübergreifenden Abstimmungsmöglichkeiten, vor allem gemeinsame Sitzungen von Schul- und Jugendhilfeausschuss,

- Verschränkung von Schulentwicklungs- und Jugendhilfeplanung als Teil einer übergreifenden Sozialplanung sowie Abstimmung mit der Stadtplanung,
- Initiierung und Durchführung eines kommunalen Qualitätszirkels sowie von Qualitäts- und Wirksamkeitsdialogen,
- Einrichtung einer Koordinierungsstelle, zum Beispiel in Form eines kommunalen Bildungsbüros.

Fazit: Fragen an ein anspruchsvolles Vorhaben

Wie können komplexe Vernetzungs- und Umstrukturierungsprojekte in der Praxis umgesetzt werden?

Ein zentraler Aspekt ist dabei, dass die Akteure nicht überfordert werden und möglichst zeitnah Wirkungen erkennbar sind, die motivierende Effekte erzeugen. Die Zielperspektive eines kommunalen Systems von Bildung, Betreuung und Erziehung kann in ihrer Komplexität nicht auf einmal umgesetzt werden, sondern sie muss als ein Stufenprozess gedacht werden, der schrittweise verwirklicht wird. Offen ist bislang, welche Stufen unerlässlich sind und wie eine „Didaktik der Systemgestaltung" aussehen könnte, damit an das Handeln der Akteure angeschlossen werden kann: Innovation bzw. die Einführung des Neuen muss gleichzeitig mit einer Würdigung und Stabilisierung des Bewährten einhergehen. Anregungen finden sich bereits in Ansätzen im Rückgriff auf die Innovationsforschung (vgl. Maykus 2007b, S. 298 ff.), bei Konzepten zur Organisation von Planungsprozessen (vgl. Maykus 2007a, S. 86 ff.) sowie zur Umsetzung von Netzwerken in „lernenden Regionen" (vgl. Tippelt 2006). Eine Dokumentation von Praxiserfahrungen aus Kommunen wäre eine wichtige Grundlage, um verallgemeinerbare Entwicklungsschritte zu erarbeiten und auf andere Bereiche – wie die Kooperation von Schule und Jugendhilfe – zu übertragen. Dabei könnten sich auch wichtige Hinweise ergeben, wer die verschiedenen Rollen zur Strukturentwicklung und Praxisinnovation einnehmen sollte (von der Initiierung über Entwicklung, Moderation, Verstetigung hin zur Prozesskontrolle), um nicht mit Pauschalaufträgen und -zuschreibungen Prozessbeliebigkeit zu produzieren. Entscheidend ist ferner, die verschiedenen Aktivitäten als Teil lokaler Bildungspolitik fest zu verankern und in kommunale Verwaltungs- und Steuerungsstrukturen einzubetten.

Wie können das Denken und die berufliche Haltung der Akteure verändert werden, sodass eine kooperationsoffene Eigenständigkeit entsteht?

Wichtig ist, dass man sich nicht allein auf die Veränderung von Strukturen beschränkt bzw. deren Bedeutung überschätzt. Das Konzept eines kommunal abgestimmten Systems von Bildung, Betreuung und Erziehung betont zunächst einmal die strukturelle Perspektive, indem eine Neujustierung des Erziehungs- und Bildungssystems angestrebt wird. Weitgehend unklar ist dabei jedoch, wie die – für diese Strukturen notwendigen – beruflichen Haltungen und Einstellungen der Akteure gefördert werden können. Bislang sind berufliche Vorstellungen und Handlungen der beteiligten Akteure überwiegend auf die eigenen institutionellen Grenzen und Zuständigkeiten bezogen. Zu fördern ist deshalb das Denken und Handeln in entstandardisierten Kontexten und interinstitutionellen Kooperationen auf konzeptioneller, adressatenbezogener und sozialräumlicher Ebene. Nur dann können die Personen und ihre Potenziale auf diesem Entwicklungsweg „mitgenommen" werden. Eine zentrale Bedeutung haben dabei kommunal verfügbare und organisierte Fortbildungssysteme, die auch multiprofessionell angelegt sind (vgl. Maykus 2008) sowie Angebote einer kontinuierlichen Prozessbegleitung und des Coachings für Schulen und ihrer Kooperationspartner auf dem Weg der Öffnung und Veränderung. Sinnvoll wären zum Beispiel kommunale Berater- und Trainersysteme, auf die alle relevanten Institutionen und Organisationen flexibel – und auf der Basis selbstständig zu verwaltender Budgets – zurückgreifen können.

Was hält die neue Struktur und die verschiedenen Akteure zusammen?

Es sollte darauf geachtet werden, dass die Kooperation nachhaltig angelegt ist und nicht nur ein weiteres Netzwerk ohne langfristige Perspektive entsteht. Als Motivation für die Gestaltung einer lokalen Bildungslandschaft wird es nicht ausreichen, sich am Ziel der Bildung junger Menschen bzw. der Förderung ihres Aufwachsens zu orientieren. Auch wenn dieses fachliche Leitziel natürlich die Grundmotivation der pädagogischen Akteure ausmachen sollte, darf nicht unterschätzt werden, dass hier ein Zusammenspiel verschiedener Organisationen angestrebt wird, die nicht vorrangig an Vernetzung und Öffnung, sondern an der Erfüllung und Stabilisierung ihres Auftrages interessiert sind. Die Kommunen müssen deshalb Anreizsysteme schaffen, damit sich die beteiligten Träger und Organisationen auf das Ziel der Vernetzung und eine neue Strukturbildung langfristig einlassen. Konkret sind hier Anreize durch die kommunalen Verwaltungen und insbesondere in der Sozial- und Bildungspolitik zu schaffen. Denkbar wären zum Beispiel Finanzierungsmodelle, die ein gestaffeltes Bonussystem je nach Grad der eingegangenen Vernetzung und darauf abgestimmter Angebotsentwicklung vorsehen, aber auch Qualifizierungsangebote sowie zusätzliche Personalplanungen. Aus der Perspektive der Jugendhilfe wurden bereits Anregungen zur Aufwertung einer kommunalen Gestaltungsstruktur gegeben (vgl. Hinte/Menninger/Zinner 2007).

Welches Maß an Öffnung und Sozialraumorientierung kann Schulen abverlangt werden?

Öffnung und Sozialraumorientierung sind unerlässliche Merkmale der Organisationsentwicklung – die Netzwerkbeteiligten können sich einer solchen Entwicklung also nicht entziehen. Gegenwärtig sind Stadtteilschulen und lebensweltorientierte Schulentwicklung aber noch Vision bzw. kaum realisiert (vgl. Hinte/Treeß 2006, S. 167 ff.). Bislang dominieren im Sozialraum vereinzelte Kooperationsbeziehungen mit außerschulischen Partnern, die den Unterricht im Ganztag durch verschiedene Angebote ergänzen. Nur selten findet eine abgestimmte Zusammenarbeit der unterschiedlichen Akteure in der Kommune statt, die sowohl die Gestaltung des Schultages als auch die Beziehungen im Schulumfeld und deren Wechselwirkung einschließt. Die Lebensweltorientierung der Schule hat grundsätzlich Grenzen, da sie auch bei einer Reformierung weiterhin vor allem die Funktion der Qualifikation hat. Deshalb darf die recht stabile (gesellschaftlich verankerte) Funktionsbestimmung von Schule im gesamten Veränderungsprozess nicht ignoriert werden. In der Praxis der Kooperation zwischen Schule und Jugendhilfe muss sich erst noch herausstellen, inwiefern die beiden Institutionen das Prinzip der Sozialraumorientierung einlösen und zur gemeinsamen Leitlinie machen können. Es ist davon auszugehen, dass nicht einzelne Schulen zu verantwortlichen Initiatoren und Moderatoren lokaler Systeme von Bildung, Betreuung und Erziehung werden (zur Begründung dieser These vgl. Stolz 2006). Gleichwohl werden die Schulen in diesem Entwicklungsprozess als zentrale Bildungsorte aller jungen Menschen auch weiterhin entscheidende Akteure sein.

Inwiefern kann Forschung das Vorhaben eines kommunalen Systems von Bildung, Betreuung und Erziehung mit Erkenntnissen unterstützen?

Das Konzept lokaler Bildungslandschaften braucht empirische Bezüge und wissenschaftliche Begleitung, um in der Praxis zielgenau umgesetzt zu werden. Allerdings gibt es bisher kaum empirische Forschungszugänge zu diesem Thema (vgl. Maykus 2007b, S. 303). Gegenwärtig führt das Deutsche Jugendinstitut ein

Forschungsprojekt zu lokalen Bildungslandschaften durch; wichtige Aspekte sind dabei der Ausbau der Ganztagsangebote und die Kooperation von Jugendhilfe und Ganztagsschule.[4] Die wissenschaftliche Begleitung der Modellkommunen in diesem Projekt könnte erste wichtige Erkenntnisse liefern. Bis dahin muss auf den Diskussionsstand der Netzwerkforschung zurückgegriffen werden, die dem hier behandelten Gegenstand aber nur unzureichend gerecht werden kann. Es ist daher dringend notwendig, weitere Forschungsvorhaben zu initiieren, die sich ausdrücklich auf die Entwicklung, die personale und strukturelle Konstitution, Prozessdynamik und kontextuelle Bedingtheit von kommunal abgestimmten Systemen von Bildung, Betreuung und Erziehung beziehen.

Literatur

Arens, Markus (2007): Bildung und soziale Herkunft – Vererbung der institutionellen Ungleichheit. In: Harring, Marius/Rohlfs, Carsten/Palentien, Christian (Hrsg.): Perspektiven der Bildung. Kinder und Jugendliche in formellen, nicht-formellen und informellen Bildungsprozessen. Wiesbaden, S. 137–154.

BMFSFJ – Bundesministerium für Familie, Senioren, Frauen und Jugend (Hrsg.) (2005): Zwölfter Kinder- und Jugendbericht. Bericht über die Lebenssituation junger Menschen und die Leistungen der Kinder- und Jugendhilfe in Deutschland (Deutscher Bundestag, 15. Wahlperiode, Drucksache 15/6014). Berlin (http://www.bmfsfj.de/doku/kjb/data/download/kjb_060228_ak3.pdf; 15.03.2009)

Deutscher Städtetag (2007): Aachener Erklärung anlässlich des Kongresses „Bildung in der Stadt" am 22./23. November 2007 (http://www.staedtetag.de/imperia/md/content/veranstalt/2007/58.pdf; 15.03.2009).

Deutscher Verein (2007): Diskussionspapier des Deutschen Vereins zum Aufbau Kommunaler Bildungslandschaften. Berlin (http://www.jena.de/fm/41/bildungslandschaften.pdf; 15.03.2009).

Hebborn, Klaus (2007): Inhalt und Perspektiven kommunaler Bildungsplanung. In: GanzGut 2007, H. 4, S. 9–12.

Hinte, Wolfgang/Treeß, Helga (2006): Sozialraumorientierung in der Jugendhilfe. Theoretische Grundlagen, Handlungsprinzipien und Praxisbeispiele einer kooperativintegrativen Pädagogik. Weinheim und München.

Hinte, Wolfgang/Menninger, Oswald/Zinner, Georg (2007): Für eine Aufwertung der kommunalen Jugendhilfe. In: Blätter der Wohlfahrtspflege, H. 5, S. 163–166.

Konsortium Bildungsberichterstattung (2006): Bildung in Deutschland. Ein indikatorengestützter Bericht mit einer Analyse zu Bildung und Migration. Berlin.

---

4   Deutsches Jugendinstitut: Projekt „Lokale Bildungslandschaften in Kooperation von Ganztagsschule und Jugendhilfe", gefördert vom Bundesministerium für Bildung und Forschung, Laufzeit: 01.02.2007–31.01.2010 (http://www.dji.de/cgi-bin/projekte/output.php?projekt=596; 12.03.2009).

Luthe, Ernst-Wilhelm (2008): Anmerkungen zum Diskussionspapier des Deutschen Vereins zum Aufbau „Kommunaler Bildungslandschaften". In: Nachrichtendienst des Deutschen Vereins, H. 2, S. 49–51.
Mack, Wolfgang (2002): Lernförderung und Lebensweltorientierung. Herausforderungen für Hauptschulen nach PISA. In: Die Deutsche Schule 2002, H. 4, S. 426–441.
Maykus, Stephan (2006): Kommunale Bildungsplanung – Konturen einer neujustierten Planungspraxis. Eine Analyse aus der Sicht der Jugendhilfe(-planung). In: Nachrichtendienst des Deutschen Vereins, H. 5, S. 263–271.
Maykus, Stephan. (2007a): Planungspraxis konkret. Themen, Methoden und Schritte auf dem Weg zur integrierten Planung. In: Landesjugendamt des Landschaftsverbandes Westfalen-Lippe/Institut für soziale Arbeit e. V. (Hrsg.): Zwei Systeme auf dem Weg zur integrierten Schulentwicklungs- und Jugendhilfeplanung. Münster, S. 81–88.
Maykus, Stephan (2007b): Lokale Bildungslandschaften – Entwicklungs- und Umsetzungsfragen eines (noch) offenen Projektes. In: Zeitschrift für Kindschaftsrecht und Jugendhilfe, H. 7/8, S. 294–303.
Maykus, Stephan (2007c): Hilfe zur Erziehung im schul- und bildungsbezogenen Kontext – zur Aktualität der Kooperation von Jugendhilfe und Schule. In: Forum Erziehungshilfen, H. 2, S. 68–75.
Maykus, Stephan (2008): Ganztagsschule im Spiegel der Qualitätsdebatte – Konsequenzen für das Qualifizierungsprofil sozialpädagogischer Fachkräfte. In: Schulz, Uwe (Hrsg.): Arbeitsfeld Ganztagsschule – Kompetenzprofile in ganztägigen Lernarrangements. Münster.
Maykus, Stephan/Schulz, Uwe (2007): Bildungschancen und soziale Integration: Potenziale von Ganztagshauptschulen zur Eindämmung von Bildungsbenachteiligung. Eine Betrachtung aus der Sicht der Jugendhilfe. In: Jugend – Beruf – Gesellschaft, H. 2, S. 114–121.
Rademacker, Hermann (2004): Schulversäumnisse – ein Thema auch für die Jugendhilfe! In: Jugendamt, H. 12, S. 565–569.
Rauschenbach, Thomas (2005a): Plädoyer für ein neues Bildungsverständnis. In: Aus Politik und Zeitgeschichte, H. 12, S. 3–6.
Rauschenbach, Thomas (2005b): Gemeinsame Gestaltung von Lern- und Lebenswelten – Bildung in Jugendhilfe und Schule. In: Forum Jugendhilfe, H. 4, S. 64–69.
Schroeder, Joachim: Offene Rechnungen. Benachteiligte Kinder und Jugendliche als Herausforderung für die Schulentwicklung. In: Diskurs, H. 1, S. 9–17.
Stolz, Heinz-Jürgen (2006): Dezentrierte Ganztagsbildung: Diskurskritische Anmerkungen zu einer aktuellen Debatte. In: Otto, Hans-Uwe/Oelkers, Jürgen (Hrsg.): Zeitgemäße Bildung. Herausforderung für Erziehungswissenschaft und Bildungspolitik. München, S. 114–130.
Terpoorten, Tobias (2007): Bildung ist kleinräumig – Analyse amtlicher Schuldaten im Ruhrgebiet. In: Verband Deutscher Städtestatistiker (Hrsg.): Stadtforschung und Statistik, H. 1, S. 60–66.
Thimm, Karlheinz (2006): Jugendarbeit und Ganztagsschule – Ein Kooperationsplädoyer für ein Risiko mit ungewissem Ausgang. In: Deinet, Ulrich/Icking, Maria (Hrsg.) (2006): Jugendhilfe und Schule. Analysen und Konzepte für die kommunale Kooperation. Opladen, S. 67–87.

Tillmann, Klaus-Jürgen (2008): Viel Selektion – wenig Leistung: Der PISA-Blick auf Erfolg und Scheitern in deutschen Schulen. In: Böllert, Karin (Hrsg.): Von der Delegation zur Kooperation. Bildung in Familie, Schule, Kinder- und Jugendhilfe. Wiesbaden, S. 47–66.

Tippelt, Rudolf/Kasten, Christoph/Dobischat, Rolf/Federighi, Paolo/Feller, Andreas (2006): Regionale Netzwerke zur Förderung lebenslangen Lernens – Lernende Regionen. In: Fatke, Reinhard/Merkens, Hans (Hrsg.): Bildung über die Lebenszeit. Wiesbaden 2006, S. 279–290.

Tromp, Ute/Weber, Jochen (2007): In Osnabrück findet kommunale Bildungsplanung statt. Bildungsverlierer stehen dabei im Mittelpunkt. In: Deutsche Kinder- und Jugendstiftung (Hrsg.): Bildungslandschaften in gemeinschaftlicher Verantwortung gestalten. Berlin, S. 60–76.

Wahler, Peter/Tully, Claus J./Preiß, Christine (2004): Jugendliche in neuen Lernwelten. Selbstorganisierte Bildung jenseits institutioneller Qualifizierung. Wiesbaden.

Bildung in sozialräumlicher Perspektive. Das Konzept Bildungslandschaften

Wolfgang Mack

Mit dem Begriff „Bildungslandschaften" wird eine sozialräumliche Perspektive in der bildungspolitischen Diskussion eingenommen. Diese Perspektive soll anhand mehrerer Zugänge diskutiert werden. Zunächst wird nach dem gegenwärtigen Verhältnis von Schule und Lebenswelten gefragt. Dabei zeigt sich, dass die lebensweltlichen Bezüge von Schule noch stark ausgebaut werden müssen, um Bildungsprozesse von Kindern und Jugendlichen umfassend zu fördern. Bildung vollzieht sich in modernen Gesellschaften an unterschiedlichen Orten in einem Wechselspiel formaler und informeller Prozesse. Deshalb werden im Folgenden städtische Räume als Orte der Bildung von Kindern und Jugendlichen in den Blick genommen: Welche Chancen und Risiken bietet das städtische Umfeld in Bezug auf Bildungsprozesse von Kindern und Jugendlichen? Wie müssen Städte gestaltet sein, damit sie zu geeigneten Bildungsräumen werden? Bei der Diskussion dieser Frage werden Möglichkeiten und Herausforderungen einer kommunalen Gestaltung von lokalen Bildungslandschaften sichtbar. Vor diesem Hintergrund sollen am Ende des Beitrags wesentliche Aspekte des Konzepts Bildungslandschaften benannt werden.

Schule und Lebenswelten

Schule stellt eine besondere Lebenswelt für schulpflichtige Kinder und Jugendliche dar (vgl. Grunder 2001), die sich von deren „außerschulischen" Lebenswelten in vielfältiger Weise abhebt und distanziert; sie kann sich aber auch in unterschiedlicher Weise zu diesen Lebenswelten verhalten. Mit der Frage, welche lebensweltlichen Beziehungen Schulen in ihren Bildungsangeboten und speziellen sozialen Dienstleistungen herstellen, hat sich eine empirische Studie des Deutschen Jugendinstituts befasst (vgl. Mack/Raab/Rademacker 2003). In dieser Untersuchung sind lebensweltliche Bezüge von Schule sowohl sozialräumlich als auch adressatenbezogen konkretisiert worden: *Sozialräumliche Zugänge* zu den Lebenswelten fokussieren vor allem auf den Stadtteil, in dem sich die Schule befindet. Fehlende soziale Infrastruktur oder ein Mangel an Ausbildungs- und Beschäftigungsmöglichkeiten im Stadtteil bzw. in der Region, eine schwierige

Situation der Jugendlichen im Quartier, besondere Problemlagen, wie zum Beispiel gewaltförmige Konflikte zwischen jugendlichen Gruppen, aber auch besondere Ressourcen im Stadtteil können Anlässe und Ansatzpunkte darstellen, dass sich Schulen bewusst und in besonderer Form auf den sie umgebenden Sozialraum beziehen. *Adressatenbezogene Konzepte* dagegen wenden sich an bestimmte Zielgruppen. Das können einzelne Jugendliche sein, die sich an einer Schule auffällig verhalten und damit einen besonderen pädagogischen Handlungsbedarf einfordern, das kann die gesamte Schülerschaft sein, an der sich eine Schule mit ihrem Programm orientiert, das können auch bestimmte soziale Milieus sein, aus denen eine Schule durch ihre besondere Ausrichtung ihre Schülerschaft rekrutiert. Die Unterscheidung in sozialraum- und adressatenorientierte Bezüge von Schulen zu den Lebenswelten ihrer Schülerinnen und Schüler hat eher heuristischen, weniger deskriptiven Charakter.

Lebensweltliche Bezüge von Schulen sind, so ein Ergebnis der Studie, unabhängig von der sozialen Lage ihrer Nutzer, und sie sind, zwar selten, aber dennoch in allen Schulformen zu finden. In den Gymnasien sind lebensweltliche Bezüge in der Regel Ausdruck einer Homologie zwischen dem schulischen Habitus und den in den Lebenswelten ihrer Schülerinnen und Schüler repräsentierten Habitusformen. In den unteren Bildungsgängen, insbesondere in Haupt- und Förderschulen, stellen sich Übereinstimmungen zwischen Schule und Lebenswelten nicht in dieser Form her, sie müssen gewollt und schulisch inszeniert werden.

Besonderer Handlungsbedarf zeigt sich in Schulen im unteren Bildungsbereich, deren Verhältnis zu den Lebenswelten ihrer Schülerinnen und Schüler indifferent ist, insbesondere in sozial benachteiligten Stadtteilen. Dies hat prekäre Folgen sowohl für die Bildungsprozesse als auch für die Bewältigung individueller Problemlagen und jugendtypischer Entwicklungsaufgaben. Für diese Schulen liegt eine wesentliche und vordringliche Aufgabe von Schulentwicklung darin, Bildung und Hilfen zur Lebensbewältigung miteinander in Einklang zu bringen. Gelingt dies nicht, kann dies nicht nur zu Benachteiligungen im Bildungsprozess führen, sondern zum Scheitern der sozialen Integration durch Schule, mithin also auch zu jugend- und sozialpolitischen Problemen. Deshalb sind gerade in diesen Kontexten Prozesse der Schulentwicklung dringend nötig, die attraktive Bildungsangebote mit lebensweltorientierten Schulprogrammen verbinden.

Bildung im Wechselspiel formaler und informeller Prozesse

Bildung braucht lebensweltliche Bezüge, da sie an verschiedenen Orten und bei unterschiedlichsten Gelegenheiten stattfindet. Bildung ist ein aktiver, offener und unabgeschlossener Prozess, der auf eine freie und selbstbestimmte Entwicklung der Persönlichkeit zielt. In diesem idealistischen Sinne hat sie die Handlungsfähigkeit des Subjekts in allen Lebensbereichen zum Ziel. Moderne Gesellschaften sind darauf angewiesen, dass ihre Mitglieder kritisch, selbstbestimmt und solidarisch zu ihrer Weiterentwicklung beitragen.

Bildung als Prozess der freien und selbstbestimmten Entwicklung der Persönlichkeit erfolgt in Auseinandersetzung mit der Welt und in Prozessen der Aneignung von Welt. Kinder und Jugendliche brauchen vielfältige Gelegenheiten, eine anregende Umwelt und Menschen, von denen und mit denen sie lernen können. Sie müssen die Möglichkeit haben, Fremdes zu entdecken, es sich zu eigen zu machen und scheinbar Vertrautes fremd werden zu lassen, um es sich in einem neuen Prozess – mit einer neuen Sichtweise – wieder aneignen zu können.

Bildungsprozesse finden durch das Gefüge von lebensweltlich vorfindlichen und institutionell arrangierten Bildungsmöglichkeiten ihre jeweilige spezifische Gestalt. Die Bildung des Subjekts erfolgt in einem Wechselspiel von formaler und informeller Bildung. Deshalb ist Schule zwar ein zentraler, aber nicht der einzige Ort für die Bildung von Kindern und Jugendlichen. Damit kommen andere Bildungsorte und -gelegenheiten in den Blick: Einen besonderen Stellenwert hat dabei die Familie, wichtige Bildungsgelegenheiten bietet die Kinder- und Jugendhilfe mit ihren Einrichtungen und Angeboten. Freunde und Gleichaltrige, Medien, Freizeit- und Kulturangebote, institutionalisierte Nachhilfe und Jobs eröffnen Kindern und Jugendlichen ebenfalls bedeutsame Bildungsgelegenheiten. Der Zwölfte Kinder- und Jugendbericht beschreibt diese Perspektive folgendermaßen: „In bildungsbiografischer Perspektive bildet sich das Subjekt in einem Wechsel von formalen und informellen Bildungsprozessen. Dieser subjektbezogene Blick auf Bildungsprozesse im Lebenslauf relativiert die Bedeutung formaler Bildungsinstitutionen und öffnet ihn für neue und andere Lernorte und Bildungsgelegenheiten. Bildung von Kindern und Jugendlichen hat deshalb keinen exklusiven Ort, es kommt vielmehr zu einer Entgrenzung von Bildungsorten und -gelegenheiten" (BMFSFJ 2005, S. 333). Gleichwohl haben die öffentlichen, institutionellen Bedingungen und Voraussetzungen von Bildung eine Sonderstellung: Schule und Kinder- und Jugendhilfe übernehmen in diesem Verständnis von Bildung besonders wichtige Aufgaben und Funktionen.

Um sich zu bilden, brauchen Kinder und Jugendliche viele und unterschiedliche Anregungen und Gelegenheiten, formale und informelle Lernorte. Bildungsprozesse werden aber auch beeinflusst von den sozialen Verhältnissen, in denen Kinder und Jugendliche aufwachsen, sowie von dem öffentlichen Bildungsangebot und seiner Qualität. Deshalb ist vor allem danach zu fragen, wie das Zusammenspiel der vielfältigen Bildungsorte und Lernwelten beschaffen sein muss, sodass alle Kinder und Jugendlichen – unabhängig von ihrer Herkunft, ihren sozialen Verhältnissen und den öffentlichen Bildungsangeboten – bestmöglich und individuell gefördert werden.

Damit ein produktives Zusammenspiel möglich wird, ist ein gut ausgebautes, qualitativ anspruchsvolles und vor Ort erreichbares Angebot an öffentlichen Bildungseinrichtungen erforderlich, das vielfältige und anregungsreiche Bildungsgelegenheiten für alle Kinder und Jugendlichen bietet. Es geht also um Struktur und Qualität der Bildungsangebote in den Städten und Gemeinden. Mit dem Begriff „Bildungslandschaften" wird ein bildungspolitisches Konzept bezeichnet, das institutionelle und lebensweltliche Bedingungen von Bildung, formale und informelle Bildungsprozesse gleichermaßen in den Blick zu nehmen versucht. Das bedeutet zugleich, dass sich Selbstverständnis, Rolle und Handeln der beteiligten Institutionen wandeln müssen: „Schule und Jugendhilfe als zentrale Institutionen einer lokalen Bildungslandschaft zu begreifen, erfordert ein neues Selbstverständnis der Arbeit der einzelnen Institutionen. Nicht mehr nur das eigene Organisationsziel kann ausschließlich Bezugspunkt für die Bestimmung und Bewertung institutionellen Handelns sein, es muss auch daran gemessen werden, ob und in welcher Weise die einzelne Institution zum Aufbau und zur Gestaltung einer lokalen Bildungslandschaft beiträgt, die ein produktives Zusammenspiel unterschiedlicher Bildungsorte und Lernwelten ermöglicht" (BMFSFJ 2005, S. 338).

Bildung braucht Räume: Stadt als Bildungsraum

Das Aufwachsen von Kindern und Jugendlichen wird in entscheidender Weise von unterschiedlichen Räumen bestimmt. Dazu gehören die privaten Räume der Familie, die für pädagogische Zwecke eingerichteten Räume – wie Schulen und Einrichtungen der Kinder- und Jugendhilfe –, aber auch der öffentliche Raum. Dabei hat insbesondere die Stadt eine große Bedeutung für Kinder und Jugendliche, sie bietet Anlässe und Gelegenheiten für vielfältige Bildungsprozesse. Doch ungeachtet dieser wichtigen Rolle für die Entwicklung von Kindern und Jugendlichen werden städtische Räume im pädagogischen Alltagsgeschäft von Schule und Jugendhilfe immer noch zu wenig als Ressource genutzt.

„Kinder brauchen Stadt" – so lautet der programmatische Titel der „Tübinger Erklärung" (1995) für eine kinder- und jugendfreundliche Stadtentwicklung (vgl. Feldtkeller 2001). Städtische Räume sind demnach viel mehr als eine Kulisse für das Aufwachsen von Kindern und Jugendlichen, sie können sehr anregend, aber auch belastend und einengend sein. Kinder und Jugendliche brauchen Städte, die förderlich für sie sind: kinder- und jugendfreundliche Städte, die nicht nur von Erwachsenen für Erwachsene geplant und gestaltet werden, sondern auch dem Eigensinn und den Interessen von Kindern und Jugendlichen gerecht werden.

Städtische Räume eröffnen vielfältige Gelegenheiten für Lernen, für Kommunikation mit anderen und für die Erprobung von Lebensstilen und Lebensentwürfen – allesamt wichtige Voraussetzungen für die Entwicklung im Kindes- und

Jugendalter. Kinder und Jugendliche finden in den Städten anregende und bereichernde Umwelten: Räume, in denen sie sich gerne aufhalten und mit Gleichaltrigen treffen, die sie subjektiv bedeutsam nutzen und in denen sie persönlich wichtige Erfahrungen machen, die sie sich also „aneignen" können. Mit dieser Sicht sind Ansprüche und Erwartungen an die Gestaltung der Städte verbunden. Nicht alle städtischen Räume bieten für Aneignungsprozesse von Kindern und Jugendlichen günstige Bedingungen. Weniger günstig sind sie insbesondere in benachteiligten Stadtteilen, in denen die Folgen von sozialer Spaltung und sozialräumlicher Segregation greifbar sind. In diesen Stadtteilen verlaufen deshalb auch die Aneignungsprozesse junger Menschen „verdeckt", sie sind überlagert und geprägt von ausgrenzenden Erfahrungen (vgl. Mack/Reutlinger 2002).

Generell erleben und erfahren Kinder Stadt anders als Erwachsene, ihre Position ist in vielem schwächer und von den objektiven, durch Erwachsene vorgegebenen Bedingungen abhängig: Die Stadt der Kinder unterscheidet sich grundsätzlich von der Stadt der Erwachsenen. Jürgen Zinnecker hat auf diesen Sachverhalt in Bezug auf Norbert Elias und John L. Scotson aufmerksam gemacht: Im Gegensatz zu den Erwachsenen seien Kinder Neuankömmlinge in der Stadt, die deshalb nicht viel zu sagen hätten; sie seien „Outsider" (Zinnecker 2001, S. 10 f.). Bei Kindern und Erwachsenen unterscheiden sich nicht nur die Wahrnehmungen und das Verhalten im öffentlichen Raum, sondern auch ihre Gestaltungs- und Einflussmöglichkeiten so diametral voneinander wie die von Insidern und Outsidern.

Wenn Städte dennoch wichtige Orte für die Bildung sein sollen, reicht es nicht aus, den Kindern und Jugendlichen spezielle Räume in ansonsten zweckentfremdeten Städten bereitzustellen, in denen sie sich bilden können – auch wenn solche pädagogisch inszenierten Räume unverzichtbar und nötig sind. Sie brauchen einen direkten Bezug zur Stadt, sie müssen in Prozesse der Stadtentwicklung eingebunden werden.

In diesem Sinne eröffnet die „Tübinger Erklärung" neue Horizonte:

„1. Mit der überwiegend am wirtschaftlichen Erfolg ausgerichteten Modernisierung der vergangenen Jahrzehnte haben Kinder und Jugendliche den wichtigen Erfahrungsraum ‚Straße' verloren. (...) Das städtische Viertel mit dem öffentlichen Raum der Straße und der angrenzenden Vielfalt des Wirtschaftens und Wohnens bietet aber ein Modell des Zusammenlebens, das sich dort, wo es bis heute überlebt hat, als äußerst vital und anpassungsfähig erweist.
2. Raum in der Stadt ist erst dann öffentlicher Raum, wenn er Kinder und Jugendliche, deren erwerbstätige oder nicht erwerbstätige Eltern, alte Menschen, Kranke, Behinderte, Menschen verschiedener kultureller Herkunft und Menschen von verschiedenem sozialem Status zumindest zeitweise zusammenzuführen vermag. Kinder und Jugendliche brauchen neben Schule und Familie den leichten Zugang zur Wirklichkeit eines lebendigen Stadtquartiers, in dem sie Formen des Zusammenle-

bens unter Menschen, die sich nicht gegenseitig verpflichtet sind, erfahren und auch selbst erproben: z. B. Verantwortung, Einfühlungsvermögen, Zuwendung, das Leben mit Konflikten.

6. Jede Entscheidung in der Stadt, ob politisch, wirtschaftlich oder stadtplanerisch, hat Auswirkungen auf das Wohlbefinden von Kindern und Jugendlichen; dies erfordert intensivstes Nachdenken und öffentliche Auseinandersetzung. Deshalb müssen sich auch Städtebau, Jugendhilfe und Pädagogik schleunigst vom Ideal perfekter, aber segmentierender Lösungen freimachen." (zit. n. Feldtkeller 2001, S. 86 ff.)

In diesem Sinne brauchen Kinder und Jugendliche Städte – und Städte brauchen Kinder und Jugendliche. Die öffentlichen Räume der Städte so zu gestalten, dass Kinder und Jugendliche sich dort gerne aufhalten, sie mitgestalten und in ihnen lernen können, stellt eine große Aufgabe dar, vor allem für Stadtplanung und Jugendhilfe. Auch andere Institutionen der Erziehung und Bildung sind dabei gefordert. Es ist eine große Herausforderung an pädagogisches Denken und Handeln, städtische Räume in diesem Sinne zu gestalten und für Kinder und Jugendliche als Orte der Bildung zugänglich und erfahrbar zu machen.

Lokale Bildungslandschaften

Mit dem Begriff „Lokale Bildungslandschaften" wird eine sozialräumliche Perspektive auf Bildung und Bildungspolitik eingenommen. Die Sicht auf Schule verändert sich, und ebenso das Verhältnis von Schule und Stadtteil bzw. Quartier sowie das Verhältnis von Schule und Jugendhilfe.

Der Begriff „Bildungslandschaften" ist neu in der bildungspolitischen Diskussion. Es gibt bisher keine Definition, die man als allgemeingültig bezeichnen könnte. In dieser Bedeutungsoffenheit liegen einerseits Chancen, andererseits sind damit natürlich auch Schwierigkeiten verbunden. Was verbirgt sich hinter dem Konzept von Bildungslandschaften – genauer: von lokalen Bildungslandschaften?

Ein erster Begründungszusammenhang für das Projekt Bildungslandschaften resultiert aus der Frage, was Bildung ist und wie Bildung besser gefördert werden kann. Eine der Schlussfolgerungen des Zwölften Kinder- und Jugendberichts lautet: Wir brauchen in unseren Städten vielfältige Bildungsorte und -gelegenheiten, um Bildungsprozesse von Kindern und Jugendlichen zu fördern. Dabei kommt es darauf an, die zahlreichen Bildungs- und Lernmöglichkeiten in ein produktives Wechselspiel zu bringen, sodass Zugangsbarrieren beseitigt und Benachteiligungen abgebaut werden. Ziel muss es sein, Benachteiligungen aktiv entgegenzuwirken und Zugänge zu erleichtern (vgl. BMFSFJ 2005).

Das Projekt Bildungslandschaften steht zweitens im Kontext einer Hinwendung zu Ansätzen der Regionalisierung, die sowohl in politischen Strategien als auch in der sozialwissenschaftlichen Theoriebildung festzustellen ist (vgl. Kessl/ Otto 2007). Soziale und gesellschaftspolitische Fragen und Herausforderungen werden auf das Verhältnis von Raum und sozialer Welt bezogen; thematisiert wird, wie die soziale Struktur der Gesellschaft in den konkreten lokalen Verhältnissen ihren Ausdruck findet. Mit Regionalisierungskonzepten werden in den Sozialwissenschaften und in der Sozialpolitik soziale Fragen auch in Bezug zur Beschaffenheit physisch-materieller Räume und der dort angesiedelten Infrastruktur diskutiert. In der konkreten Gestalt dieser Räume wird nach gesellschaftlichen Strukturen und Mechanismen, nach Prozessen der Inklusion und Exklusion gesucht. Dieses Phänomen der Regionalisierung sozialer Verhältnisse spiegelt sich auch im Konzept der lokalen Bildungslandschaften wider.

Das Projekt Bildungslandschaften steht drittens im Zusammenhang eines sich wandelnden Verständnisses von kommunaler Verwaltung und Politik. Vielfach wird ein größerer Einfluss der Kommunen bei der Schaffung und Gestaltung von öffentlichen Bildungsinstitutionen gefordert, insbesondere von Vertretern der Kommunen. Sie sind als Schulträger in Deutschland nur für „äußere" Schulangelegenheiten zuständig, werden jedoch immer mehr auch für „innere" Schulangelegenheiten in Anspruch genommen, wie zum Beispiel bei der Gestaltung von Ganztagsschulen oder bei der Förderung von Schulsozialarbeit. Außerdem haben Kommunen ein eigenes Interesse daran, auch bei inhaltlichen Fragen der Schule mitzusprechen: Zum einen werden schulische Bildungsangebote und Bildungsprogramme in einer Kommune zu einem immer wichtigeren Standortfaktor, und zum anderen können viele Bereiche der Schule nicht losgelöst von den Angeboten und Strukturen der Kinder- und Jugendhilfe betrachtet werden.

Aus verschiedenen Gründen ergibt sich somit die Notwendigkeit einer kommunalen Steuerung und Gestaltung von Bildung. Bisherige Ressortgrenzen erweisen sich dabei oft als hinderlich, ebenso wie unterschiedliche Zuständigkeiten von Kommunen und Bundesländern in der Bildungspolitik. Hier bedarf es neuer Ansätze und Strukturen, um Kommunen die Wahrnehmung gestaltender und steuernder Aufgaben zu ermöglichen. Zudem ist ein neues Rollenverständnis in Politik und Verwaltung erforderlich, damit kommunale Bildungspolitik bürgernäher gestaltet und Bürgerinnen und Bürgern an Planungs- und Entscheidungsprozessen stärker beteiligt werden können.

Das Projekt Bildungslandschaften braucht vielfältige Möglichkeiten und Formen der Beteiligung von Bürgerinnen und Bürgern. Öffentliche demokratische Planungs- und Entscheidungsprozesse und partizipative Verfahren in allen Handlungsbereichen – auch im Bereich der Bildungspolitik – sind deshalb ein unverzichtbares Merkmal von lokalen Bildungslandschaften.

In der sozialräumlichen Perspektive von Bildung steht also nicht mehr die Entwicklung der Einzelschule oder des Schulsystems im Fokus des Interesses, sondern die Entwicklung einer lokalen Bildungslandschaft. Im Kern geht es um die Frage, wie Bildungsbarrieren und Zugänge auch für sozial benachteiligte Gruppen geöffnet und gestaltet werden können. Schulentwicklung ist in diesem Verständnis Bestandteil der Gestaltung einer lokalen Bildungslandschaft, zu der ebenso Einrichtungen und Angebote der Jugendhilfe, Kultureinrichtungen, Institutionen im Bereich der Gesundheitsförderung, des Sports, der Ausbildung und Arbeitsförderung gehören.

Notwendig ist auch eine neu ausgerichtete kommunale Bildungspolitik. Planungen für die Bereiche Schule und Kinder- und Jugendhilfe müssen zusammengeführt, mindestens jedoch so aufeinander bezogen werden, dass das Nebeneinander von Planungsprozessen überwunden wird. Auf der Ebene von Verwaltung und Politik sind neue Formen der Zusammenarbeit erforderlich, sei es zwischen kommunalen Schulverwaltungsämtern und Jugendämtern oder zwischen Schul- und Jugendhilfeausschüssen.

Natürlich stehen diesen neuen Formen der Kooperation im gegenwärtigen System von Bildung und Erziehung viele organisatorische und rechtliche Hürden entgegen: So wirkt sich die strikte Arbeitsteilung zwischen staatlicher und kommunaler Schulverwaltung erschwerend auf die Zusammenarbeit zwischen den beiden Bereichen aus, aber auch die unterschiedlichen Zuständigkeiten von Städten, Gemeinden und Landkreisen in der Kinder- und Jugendhilfe, insbesondere bei kreisangehörigen Städten ohne eigenes Jugendamt. Dennoch gibt es auch unter den gegebenen rechtlichen und administrativen Rahmenbedingungen Spielräume. So haben bereits mehrere Städte die bisherigen kommunalen Schulverwaltungsämter und das Jugendamt in neuen Fachbereichen für Schule und Jugend zusammengeführt, wodurch sich bessere Möglichkeiten der Abstimmung und der gemeinsamen Planung zwischen Schule und Kinder- und Jugendhilfe in der Kommune eröffnen.

Was heißt das für Jugendhilfe und Schule?

Erstens: Das Verhältnis der beiden Institutionen Schule und Jugendhilfe muss neu bestimmt werden. In der Zusammenarbeit von einzelnen Schulen mit Einrichtungen der Jugendhilfe müssen beide Institutionen ihre Kompetenzen und ihre Professionalität gleichberechtigt einbringen können. Bisher war es in der Regel so, dass die Schule das Problem definierte und die Jugendhilfe dann geeignete Lösungen anbieten sollte. Insbesondere in Schulen, die schon länger mit der Jugendhilfe zusammenarbeiten, setzt sich aber allmählich die Einsicht durch, dass keine der beiden Institutionen über eine Definitionsmacht verfügt, sondern dass man gemeinsam an der Definition der jeweiligen Herausforderung und des entsprechenden Handlungsbedarfs arbeiten muss.

Zweitens: Es genügt auch nicht, Kooperation von Schule und Jugendhilfe lediglich bilateral zwischen einer einzelnen Schule und einer Einrichtung bzw. einem Fachdienst der Jugendhilfe anzulegen. Kooperationen von Schule und Jugendhilfe müssen im kommunalen Raum organisiert und gesteuert werden. Die Details sind auf die Situation vor Ort abzustimmen und von den beteiligten Akteuren auszuhandeln. Als kommunale Gestaltungsaufgabe müssen Schule und Jugendhilfe gemeinsam Gegenstand von Planung, Beratung und von politischen Entscheidungen werden.

In der Zusammenarbeit von Schule und Jugendhilfe ist Schulsozialarbeit ein wesentliches Element. Sie ist dazu geeignet, Brücken zwischen Schule und Lebenswelten bzw. dem Quartier zu bauen. Schulen entwickeln dann mehr Verständnis für die sozialen Gruppen, mit denen sie zu tun haben, aber auch für die Handlungsweisen und Maximen der Jugendhilfe und der Sozialen Arbeit generell. Somit übernimmt Schulsozialarbeit eine wichtige Scharnierfunktion zwischen Schule und den Fachdiensten der Sozialen Arbeit, die außerhalb von Schule angesiedelt sind. Sie bietet ein unspezifisches Angebot der Sozialen Arbeit an Schule – mit vielfältigen Methoden und reichhaltigem Repertoire. Zuallererst muss Schulsozialarbeit in benachteiligten Stadtteilen und in Schulen des unteren Bildungsbereichs ausgebaut werden. Generell ist es aber notwendig, dieses Angebot der Jugendhilfe in allen Schulen zur Verfügung zu stellen. Schulsozialarbeit kann dann zum Ausdruck eines neuen Verständnisses von Schule werden: einer Schule, die sich als Ort versteht, an dem mehrere Professionen zusammenarbeiten, mit unterschiedlichen Sichtweisen, Aufgaben und Handlungsmaximen. Schulsozialarbeit kann dazu beitragen, Schulen für die Lebenswelten ihrer Schülerinnen und Schüler zu sensibilisieren und die Schulen für die Gemeinde, den Stadtteil, das Quartier zu öffnen. Aus diesem Grund ist sie unverzichtbarer Bestandteil bei der Entwicklung und Gestaltung lokaler Bildungslandschaften.

Literatur

BMFSFJ – Bundesministerium für Familie, Senioren, Frauen und Jugend (Hrsg.) (2005): Zwölfter Kinder- und Jugendbericht: Bericht über die Lebenssituation junger Menschen und die Leistungen der Kinder- und Jugendhilfe in Deutschland. Berlin.

Feldtkeller, Andreas (2001): Stadtentwicklung und Soziale Arbeit – Aufgaben der kommunalen Planung. In: Bruhns, Kirsten/Mack, Wolfgang (Hrsg.): Aufwachsen und Lernen in der Sozialen Stadt. Kinder und Jugendliche in schwierigen Lebensräumen. Opladen, S. 73–88.

Grunder, Hans-Ulrich (2001): Schule und Lebenswelt. Münster/New York/München/Berlin.

Kessl, Fabian/Otto, Hans-Uwe (Hrsg.) (2007): Territorialisierung des Sozialen. Regieren über soziale Nahräume. Opladen.

Mack, Wolfgang/Raab, Erich/Rademacker, Hermann (2003): Schule, Stadtteil, Lebenswelt. Opladen.
Mack, Wolfgang/Reutlinger, Christian (2002): Eine Stadt zum Aufwachsen. Impulse für eine kinder- und jugendfreundliche Stadtplanung. In: pro jugend, H. 4, S. 4–6.
Zinnecker, Jürgen (2001): Stadtkids. Kinderleben zwischen Straße und Schule. Weinheim und München.

Integration und schulische Förderung von Kindern mit Migrationshintergrund: Von Verdrängung zu aktiver Zukunftsgestaltung

Rita Süssmuth

Ein Diskussionsbeitrag in acht Thesen

In der Diskussion über Migration und Integration hat in der Bundesrepublik in den vergangenen Jahren eine markante Veränderung stattgefunden. Noch bis weit in die 90er-Jahre des 20. Jahrhunderts hinein war die Frage, ob sich Deutschland als Einwanderungsland definieren solle, ein Thema von großer innenpolitischer Sprengkraft. Inzwischen besteht ein breiter gesellschaftlicher Konsens darüber, dass Zuwanderung eine schlichte Tatsache ist, dass Deutschland auf eine lange Zuwanderungsgeschichte zurückblickt und diese auch in absehbarer Zukunft weiter schreiben wird. Die Debatte fokussiert inzwischen stärker auf die Frage, wie diese Zuwanderung bewusst gestaltet und politisch gesteuert werden kann. Ein wichtiger Meilenstein war in diesem Zusammenhang der Bericht der Unabhängigen Kommission Zuwanderung, der im Juli 2001 unter dem Titel „Zuwanderung gestalten – Integration fördern" veröffentlicht wurde. Zum Zeitpunkt der Veröffentlichung hat es die politische Situation nicht zugelassen, Kernelemente der Vorschläge der Kommission in geltendes Recht zu übertragen. Inzwischen ist das Zuwanderungsrecht von der Großen Koalition zwar an einigen Stellen modernisiert worden, aber letzten Endes zeigt sich dabei, dass der von vielen erhoffte grundlegende Paradigmenwechsel noch nicht stattgefunden hat. Nach wie vor ist der Diskurs über Migration und Integration von einer starken Betonung der damit verbundenen Probleme und Risiken geprägt, während die Chancen und der Gewinn durch Zuwanderung zwar zunehmend wahrgenommen werden, aber eindeutig nicht die öffentliche Debatte bestimmen. Dennoch: Wir sind aufgebrochen zu neuen Ufern, wir sind bereit, die Blickrichtung zu verändern, um zu lernen und hinzuzulernen.

In diesem Artikel wird in Form von acht Thesen die Frage diskutiert, welche Herausforderungen sich in dieser Situation für das Bildungssystem ergeben. Dass das Bildungssystem für die Integration von Zuwanderern eine kaum zu überschätzende Rolle spielt und weiter spielen muss, ist eine bei allen Integrationsgipfeln wiederholte Binsenweisheit. Ebenso ist es weitgehend unstritten, dass deutliche Veränderungen im Bildungssektor notwendig sind, um jungen Menschen unterschiedlicher ethnischer, kultureller, religiöser und sozialer Hintergründe gleichermaßen gute Bildungschancen zu ermöglichen. Gerade aufgrund dieser enormen Herausforderungen, von denen auch in diesem Artikel die Rede sein wird, muss ebenso deutlich darauf hingewiesen werden, dass das Bildungssystem mit gesellschaftlichen Versäumnissen konfrontiert ist, für die es nicht allein verantwortlich ist. Deshalb soll auch davon die Rede sein, wie Strukturen geschaffen werden können, die das Bildungssystem in seinen Aufgaben unterstützen. Erst dadurch kann die gesellschaftliche Aufgabe der Integration zu einer gemeinsamen Aufgabe unterschiedlicher Akteure werden, statt sie zu einem großen Teil an die Akteure im Bildungssystem zu delegieren.

1. Wir sind von echter Chancengerechtigkeit im Bildungsbereich weit entfernt.

Schon in dem Bericht der Unabhängigen Kommission Zuwanderung von 2001 sind wesentliche Befunde zum Thema Bildungsbenachteiligung von Kindern und Jugendlichen mit Migrationshintergrund formuliert: „Zuwanderer sind von Bildungsdefiziten besonders betroffen. Schon in der Schule schneiden ausländische Kinder im Durchschnitt deutlich schlechter ab als einheimische. (...)Eine hohe Zahl ausländischer Jugendlicher verlässt die Schule ohne Abschluss. Sie verringern so ihre Chancen auf einen erfolgreichen Einstieg ins Berufsleben." (Bundesministerium des Innern 2001, S. 221 f.)

Diese Aussagen sind seitdem mehrfach von Studien und Experten bestätigt worden. Im Februar 2006 hat der Bildungsexperte Vernor Muñoz aus Costa Rica im Auftrag der UN Deutschland bereist und erneut die hohe Abhängigkeit der Bildungschancen von der sozialen Herkunft und besonders die Benachteiligung der Schülerinnen und Schüler mit Migrationshintergrund kritisiert. Die PISA-Sonderauswertung der OECD zum Bildungserfolg von Schülern mit Migrationshintergrund kommt zu ähnlichen Ergebnissen (vgl. OECD 2006).

Nach den ernüchternden Befunden der ersten PISA-Studie aus dem Jahr 2003 bedeutete die Ende 2008 veröffentlichte TIMSS-Studie insgesamt einen ersten Lichtblick: Leistungsstand und Motivation der Schülerinnen und Schüler in Deutschland lagen – bezogen auf die Fächer Mathematik und Naturwissenschaften – oberhalb des Mittelwerts der EU-Länder sowie der OECD-Länder. Aber selbst in dieser Studie wiederholt sich der Befund, dass sozial benachteiligte Schülerinnen und Schülern geringere Leistungen zeigen; ebenso erzielen Schülerinnen und Schüler mit Migrationshintergrund signifikant schlechtere Ergebnisse als ihre einheimischen Mitschüler/innen (vgl. Bos u. a. 2008). Nach wie vor ist indes die Tendenz ungebrochen, Kinder mit Migrationshintergrund vor allem in solchen Bildungsgängen unterzubringen, die mit besonders schlechten Perspektiven verbunden sind. So sind nicht nur an Hauptschulen, sondern auch an Sonderschulen Schülerinnen und Schüler mit Migrationshintergrund weit überproportional vertreten. Auch wenn sich für jede einzelne dieser Entscheidungen Gründe werden anführen lassen: Insgesamt zeigt diese Tendenz ein weiteres Mal, dass der Weg zu echter Chancengleichheit noch sehr weit ist. Die ihrem Potenzial angemessene Förderung von Schülerinnen und Schülern mit Migrationshintergrund ist nach wie vor eine große und bisher nicht befriedigend gelöste Aufgabe. Dieser Befund stellt nicht einfach einen Schönheitsfehler in einer ansonsten auskömmlichen Bilanz dar. Es handelt sich um ein drängendes Problem, weil es die aktuell bestehenden Integrationsprobleme eher vergrößert und ihre Bewältigung in der Zukunft weiter erschwert.

2. Diese Problemlage resultiert sowohl aus integrationspolitischen als auch aus bildungspolitischen Versäumnissen.

Die in der pädagogischen Fachwelt geführte Diskussion spiegelt die gesellschaftliche Debatte in all ihren Facetten wider: Hier wie dort wird Migration noch immer vor allem mit „Problemen" assoziiert, werden Potenziale und Chancen weniger stark wahrgenommen, hier wie dort ist noch ein weiter Weg zu einem neuen Selbstverständnis als Einwanderungsgesellschaft bzw. als Schule in einer Einwanderungsgesellschaft. Ein deutliches Indiz dafür ist die Tatsache, dass viele Lehrkräfte bei der Vorstellung ihrer Schule auf den hohen Anteil von Schülerinnen und Schülern mit Migrationshintergrund hinweisen, wenn sie darstellen wollen, dass sie in einem schwierigen Umfeld arbeiten. Dabei ist es ja nicht der Migrationshintergrund als solcher, der problematisch ist, denn natürlich gibt es auch engagierte und schulisch erfolgreiche Kinder mit Migrationshintergrund. Das zeigt, dass für viele Lehrkräfte zwischen „Migration" und „Problem" ein Nexus besteht, der auch bei den Zuhörer/innen vorausgesetzt wird.

Wie in der Gesellschaft insgesamt, gab es auch im pädagogischen Feld eine Phase der Leugnung des Themas Einwanderung. Im Westdeutschland der späten 50er- und 60er-Jahre herrschte die Idee der Gastarbeiter vor, und diese – so war die Vorstellung und zunächst auch die Praxis – kehrten nach einer gewissen Zeit wieder in ihre Herkunftsländer zurück. Mithin war das Thema „Migration" in den Schulen zunächst nicht präsent. Das änderte sich mit dem Anwerbestopp von 1973 und der danach stark wachsenden Tendenz der Zugewanderten, in Deutschland eine längere Lebensperspektive aufzubauen, was sich in einem stark steigenden Nachzug der Familienangehörigen niederschlug. Die ersten pädagogischen Antworten bestanden in einer „Ausländerpädagogik", also speziell für diese Zielgruppe zugeschnittenen pädagogischen Programmen, die meilenweit davon entfernt waren, Einwanderer als Teil der Gesellschaft zu verstehen. In der damaligen DDR bestand die Ausgrenzung der ausländischen Vertragsarbeiter bis zur Wende fort. Jenseits einer allgegenwärtigen internationalistischen Rhetorik gab es keine Ansätze, auch nur einen Kontakt zwischen ihnen und der einheimischen Bevölkerung aufzubauen. De facto waren nicht-deutsche Kinder in den Schulen der DDR die absolute Ausnahme.

Heute sind diese geschichtlichen Hintergründe nach wie vor von großer Relevanz. Sie tragen – in natürlich höchst unterschiedlichen Schattierungen – dazu bei, dass sich viele der heute tätigen Lehrkräfte in ihrer Ausbildung kaum mit dem Umgang mit einer so vielfältigen Schülerschaft auseinandergesetzt haben, wie sie sie jetzt in ihrem Alltag vorfinden. Nach wie vor gehen Curricula und die weiteren formalen Rahmenbedingungen im Bildungssektor zumindest implizit vom längst vergangenen Bild einer kulturell homogenen Schülerschaft aus. Ein grundsätzliches Umdenken auf dem Feld der Integrationspolitik und der Bildungspolitik ist längst überfällig.

3. Erste Ansätze zur Verbesserung werden bereits umgesetzt.

In Reaktion auf den PISA-Schock haben Bildungspolitiker/innen aus Bund und Ländern, teils in Zusammenarbeit mit der Zivilgesellschaft, eine Reihe von Reforminitiativen gestartet. Im Zusammenhang mit Migration und Integration ist besonders die Ganztagsschulentwicklung von großer Bedeutung und die in diesem Kontext immer wieder vorgebrachte Forderung nach individueller Förderung als neuem Leitmotiv. Wenn dieser Ansatz erfolgreich umgesetzt wird, dann profitieren alle Schülerinnen und Schüler – insbesondere aber auch diejenigen mit Migrationshintergrund. Im Programm „Ideen für mehr! Ganztägig lernen." hat die Deutsche Kinder- und Jugendstiftung gemeinsam mit ihren Partnern aus Bund und Ländern intensiv daran gearbeitet, dem Ansatz der individuellen Förderung zu größerer Bekanntheit und Akzeptanz zu verhelfen. Es ist ein Gegenbild zu der alten Vorstellung eines Lernprozesses im Gleichschritt, der sich angesichts der Vielfalt der Lernhintergründe heutzutage vollends überholt hat. Es wäre wünschenswert, dass in diesem Feld die Anstrengungen noch erheblich verstärkt werden. Auch sind den Lehrkräften die notwendigen Kompetenzen in allen Phasen ihrer Ausbildung zu vermitteln.

Weiter setzt sich zunehmend die Erkenntnis durch, dass sich das Lernen von Kindern und Jugendlichen nicht nur auf fachliches Lernen beschränken darf. Das zeigen erfolgreiche Projekte wie zum Beispiel Buddy: Unter dem Motto „Aufeinander achten. Füreinander da sein. Miteinander lernen" übernehmen die Buddys Patenschaften für jüngere Mitschüler/innen, helfen anderen beim Lernen, setzen sich als Streitschlichter ein oder sind Ansprechpartner für Probleme. Dadurch entsteht in Schulen ein verantwortungsvolles Miteinander von Lehrkräften und Schüler/innen. Sie helfen und unterstützen sich gegenseitig und lernen voneinander. Die große Resonanz, die das Projekt „Buddy" bei Kultusbehörden hat, zeigt, dass hier ein Umdenken eingesetzt hat – allerdings wäre zu wünschen, dass dieses Umdenken zu noch deutlicheren Veränderungen der Rahmenbedingungen und Anreizsysteme führen würde.[5]

Einige Länder haben die Möglichkeiten der frühen sprachlichen Förderung verbessert. Es wurden Testverfahren eingeführt, um rechtzeitig vor dem Schuleintritt bei allen Kindern die Beherrschung der deutschen Sprache zu überprüfen. Im Fall von Defiziten – die oft genug auch bei deutschen Kindern diagnostiziert werden – können so Angebote zur Sprachförderung greifen. Früh einsetzende und individuelle Sprachförderung muss zu einer Selbstverständlichkeit in Deutschland werden.

4. Weitere erhebliche Schritte sind notwendig.

Die genannten Schritte gehen in die richtige Richtung, für sich gesehen sind sie aber noch zu wenig. Tatsächlich ist nicht mehr und nicht weniger als ein Paradigmenwechsel erforderlich: Es geht nicht nur um eine bessere Beschulung der Kinder mit Migrationshintergrund, sondern um eine bessere Vorbereitung aller jungen Menschen auf eine zunehmend globalisierte Welt. Die kulturelle, sprachliche, soziale und ethnische Vielfalt der Schülerinnen und Schüler kann in diesem Zusammenhang ein willkommener Anlass sein, sich dieser Situation zu stellen. Letztlich ist aber viel mehr gefragt als ein interkultureller Kalender im Lehrerzimmer, sondern eine Neudefinition des hergebrachten Verständnisses „universeller" Bildung angesichts der Herausforderungen des 21. Jahrhunderts. Dazu gehört es auch, das Schulleben internationaler zu gestalten, mit interkulturellen Organisationen zu kooperieren und – nicht zuletzt – die Lerninhalte für alle Schülerinnen und Schüler internationaler zu gestalten. Dazu gehören geschichtliche Entwicklungen, kulturelle und technische Errungenschaften und politische Strukturen Europas und der Welt. Dass angesichts der stetig steigenden Wissensmenge kein umfassendes Detailwissen in allen Bereichen erreicht werden kann, versteht sich von selbst. Es ist aber möglich, an klug ausgewählten Beispielen exemplarisch internationale Bezüge herzustellen und so Grundstrukturen kennenzulernen. Für alle Schülerinnen und Schüler muss das Erlernen mehrerer Fremdsprachen möglich sein; internationaler Austausch und Kooperation mit Schulen und anderen Partnerorganisationen im Ausland müssen zu einem normalen und selbstverständlichen Bestandteil des Bildungswegs junger Menschen werden. Aus all diesen Elementen fügt sich ein Gesamtkonzept einer Schule, die sich den Herausforderungen des 21. Jahrhunderts stellt.

---

5   Weitere Informationen auf der Website Buddy e.V.: www.buddy-ev.de.

5. *Es werden neue Wege gebraucht, um Eltern mit Migrationshintergrund am Bildungsprozess zu beteiligen.*

Das Thema Elternbeteiligung verlangt noch einmal besondere Aufmerksamkeit. Nationale und internationale Studien belegen die hohe Bedeutung von Eltern im Bildungsprozess ihrer Kinder. Eine Verbesserung der Qualität des öffentlichen Bildungsangebots allein reicht nicht aus, um die Benachteiligung von Kindern mit Migrationshintergrund zu bewältigen. Ein enger Kontakt zwischen Schulen, Eltern und letztlich auch dem Umfeld ist notwendig, um Kinder optimal zu fördern. International wurde dafür der Begriff des „complementary learning" (Bouffard/ Weiss 2008, S. 2) geprägt, also ein aufeinander abgestimmter Lernprozess. Nach den Erkenntnissen des Harvard Family Research Projects werden „Diskussionen über die Einbeziehung der Familien (im Bildungsprozess) oft von Schuldzuweisungen geprägt. Die verschiedensten Akteure beteiligen sich an diesem Spiel in der Öffentlichkeit, sei es in den Massenmedien oder auf lokaler Ebene in einer Versammlung von Eltern und Lehrern. Trotzdem: Um Zugkraft zu entwickeln, muss die Einbeziehung von Familien als eine gemeinsame Aufgabe der Familien selbst, der Schulen, des Gemeinwesens und der Gesellschaft insgesamt wahrgenommen werden." (ebd., S. 4)

Damit ein solcher Prozess Fahrt gewinnt, braucht es eine authentische Einladung an die Eltern, den Bildungsweg ihrer Kinder aktiv und unterstützend zu begleiten. Es geht oftmals darum, Eltern in die Lage zu versetzen, ihre Kinder aktiv unterstützen zu können. Entgegen einiger stereotyper Bilder ist für die allermeisten Eltern mit Migrationshintergrund der Bildungserfolg ihrer Kinder von großer Wichtigkeit. Dennoch findet ein aktiver Austausch zwischen Schulen und Elternhäusern noch viel zu wenig statt. Wo Sprachkenntnisse fehlen, ist dies natürlich ein wichtiges Hindernis; gerade die ersten Generationen der Gastarbeiter wurden zudem oft aus besonders bildungsfernen Schichten etwa der Türkei angeworben – ein Erbe, das bis heute nachwirkt und die Beteiligung der jetzigen Eltern erschwert. Es fehlt aber an vielen Orten auch an einer Kultur des Willkommenheißens. Gemeint ist eine Kultur, die mit großer Selbstverständlichkeit alle Eltern anspricht, sie einlädt und den Dialog sucht. Wo eine solche Kultur existiert, profitieren alle Eltern, nicht nur jene mit Migrationshintergrund.

Erfahrungen zeigen, dass es ein vielversprechender Weg ist, mit „Mittlern" zu arbeiten und Kooperationen mit Migrantenorganisationen einzugehen. Beides wird augenblicklich im Themenatelier „Ganztagsschule der Vielfalt" im Programm „Ideen für mehr! Ganztägig lernen." in drei Bundesländern erprobt. „Mittler" kennen den sprachlichen und kulturellen Hintergrund wichtiger Elterngruppen, können sich mit ihnen in ihrer Muttersprache verständigen, kennen aber auch das deutsche Schulsystem und können daher dabei helfen, die Kommunikation zwischen beiden Seiten zu verbessern. Migrantenorganisationen als Kooperationspartner anzuerkennen und ihre Kompetenzen aktiv zu nutzen, ist ein wichtiges Signal auf dem Weg zu einer Kultur des Willkommenseins.

6. Schulen brauchen ein sie unterstützendes Umfeld, um diese Herausforderungen bewältigen zu können.

Eine enge Kooperation zwischen Schulen und Eltern ist eine wichtige Voraussetzung für den Bildungserfolg der Kinder. Aber das ist nicht genug. Integration ist immer auch eine soziale Integration in die lokale Gemeinde und die Gesellschaft insgesamt. Schule kann hier eine wichtige Rolle spielen, aber sie kann diese Aufgabe nicht allein wahrnehmen. Es ist wichtig, dass sie auf die Unterstützung eines Umfelds bauen kann, das die Herausforderungen kennt und sich auch selbst zu eigen macht. Gemeint sind hier zunächst die staatlichen Angebote innerhalb und außerhalb des Schulbereichs. Bewährt hat sich vor allem die schulische Sozialarbeit. Dazu gehört der gesamte Komplex der Jugendhilfe, besonders auch die Jugendmigrationsdienste, die vom Bundesministerium für Familie, Senioren, Frauen und Jugend finanziert werden, oder das Quartiersmanagement in den Gebieten des Programms „Soziale Stadt". Diese Angebote gibt es in vielen Städten und Gemeinden, aber es fehlt oft an einer guten Zusammenarbeit zum Wohle der Kinder mit Migrationshintergrund. Gebraucht werden daher lokale Entwicklungsräume für Bildung und Integration, die getragen sind von der Vision einer gemeinsamen Verantwortung für die Kinder und Jugendlichen. Solche Entwicklungsräume müssen über den reinen Informationsaustausch hinausgehen: Es geht um die gemeinsame Entwicklung konkreter, handhabbarer und überprüfbarer lokaler Strategien für Integration und Bildung. Es ist wichtig, dass in einem solchen Kontext Schulen Verantwortung übernehmen. Genauso wichtig ist es aber, dass sie dies in einem Gesamtkontext tun und dass Integration als eine gemeinsame Aufgabe wahrgenommen wird, die Schulen allein nicht lösen können. Gemeinden, in denen sich die Schulen für unterschiedliche Akzente geöffnet haben, zum Beispiel Sport, Musik, Umwelt, Feuerwehr-Vereine sowie auch Wirtschaft, erreichen in kürzerer Zeit eine drastische Senkung der Schulabbrecher/innen wie auch der Absolventen und Absolventinnen ohne Schulabschluss.

7. Die Schnittmenge zwischen Bildungs- und Integrationspolitik wird zu einer vordringlichen kommunalpolitischen Aufgabe. Kommunen brauchen wiederum Rückendeckung von Bund und Ländern.

Wie können solche lokalen Entwicklungsräume für Bildung und Integration entstehen? Da es sich um einen lokalen Entwicklungsprozess handelt, liegt es nahe, dass die Kommunen eine wichtige, federführende Rolle beim Aufbau solcher Strukturen spielen müssen. Kommunen erkennen nicht nur das Thema Bildung als Standortfaktor, sie sind auch mit den Problemen schlechter Bildung und nicht erfolgter Integration aufs Engste und langfristig konfrontiert. In Städten mit mehr als 200.000 Einwohner/innen, beträgt der Anteil von Kindern und Jugendlichen mit Migrationshintergrund vielfach bereits um die 40 Prozent. Entsprechend gibt es in vielen Kommunen einen hohen Leidensdruck und die Bereitschaft, aktiv zu werden. Kommunen können lokale Strategien nicht allein verordnen: Dafür sind die einzelnen Akteure zu vielen unterschiedlichen Systemen verhaftet, denen gegenüber sie rechenschaftspflichtig sind. Aber sie können dennoch die Entwicklung lokaler Strategien enorm befördern, indem sie die wichtigen Akteure zusammenbringen, für einen verbindlichen Rahmen sorgen und bei der Formulierung einer lokalen Zielsetzung vorangehen. Im Rahmen ihrer kommunalpolitischen Kompetenz können sich die Verwaltungsspitze und Vertreter/innen verschiedener Fachämter an der Entwicklung des lokalen Konzepts beteiligen. Schließlich ist die Legitimierung des Konzepts durch verbindliche Beschlüsse des Kommunalparlaments ein wichtiger Schritt, um langfristige Veränderungen zu verankern.

Kommunen stoßen jedoch schnell an die Grenzen ihrer Zuständigkeiten. Das heißt, sie brauchen Rückendeckung und deutliche Unterstützung von Bund und Ländern. Das bedeutet wiederum, dass verschiedene Fachministerien abgestimmte Konzepte entwickeln müssen, die von vornherein darauf angelegt sind, in kommunale Strategien integriert werden zu können. Auf allen Ebenen staatlichen Handelns sollten klare und überprüfbare Ziele formuliert werden, um so dem großen Ziel näherzukommen: eine Gesellschaft mit exzellentem Bildungssystem, in dem alle Kinder unabhängig von ihrem sozialen, kulturellen und ethnischen Hintergrund Chancen auf eine entwicklungsfördernde, von Teilhabe geprägte Bildung erfahren. Eine in der frühen Kindheit ansetzende und eine lebenslang fortgesetzte Bildung auf emotionaler, sozialer und kognitiver Ebene, braucht gut ausgebildete Pädagoginnen und Pädagogen, ein offenes und integrierendes Bildungssystem, sowie Abbau der Benachteiligungen. Eine solche Konzeption will junge Menschen *begaben*, nicht auslesen.

8. Nicht nur der Staat ist gefordert: Auch die Zivilgesellschaft muss eine aktive Rolle als Integrationsmotor spielen.

Abschließend sei auf die Rolle der Zivilgesellschaft in diesem Prozess hingewiesen. Die Zivilgesellschaft ist vielgestaltig und höchst heterogen. Deshalb sollen zwei Akteure besonders hervorgehoben werden: Migrantenorganisationen und Stiftungen.

Es ist wichtig, dass Migrantenorganisationen zu einer Partnerschaft eingeladen werden. Natürlich hat nicht jede Organisation die Kapazität, die Kompetenz oder auch das Interesse, sich an der Entwicklung kommunalpolitischer Konzepte zu beteiligen. Umgekehrt gibt es aber Organisationen, die diese Voraussetzungen erfüllen. Es gilt, solche Organisationen ausfindig zu machen und als Partner bei der Entwicklung von Konzepten für Integration einzubeziehen.

Abschließend möchte ich auf die wichtige Rolle hinweisen, die Stiftungen spielen können: Sie sind vielerorts hoch akzeptierte Partner, die mit Fachwissen und Ressourcen die Entwicklung von Konzepten für Integration und Bildung aktiv befördern und qualitativ bereichern können. Sie wagen, Neues zu erproben, zeigen, dass es gute Alternativen zum Bestehenden gibt, setzen auf die Potenziale und stärken die Kinder und Jugendlichen wie die Erwachsenen. Viele erfolgreiche Projekte wären ohne die Unterstützung von Stiftungen nicht möglich – so auch das oben erwähnte Projekt Buddy, das von der Vodafone Stiftung gefördert wird. Besonders erfolgreich, so scheint es mir, sind Stiftungen dann, wenn sie dabei helfen, Entwicklungsräume zu schaffen und in diese Entwicklungsräume anschlussfähiges Fachwissen einspeisen, ohne jedoch von vornherein fertige Lösungen verordnen zu wollen. Das Beispiel der Deutschen Kinder- und Jugendstiftung zeigt, dass eine solche Rolle sehr gefragt ist und als ein wichtiger Beitrag zu Innovationen wahrgenommen wird.

Literatur

Bos, Wilfried/Bonsen, Martin/Baumert, Jürgen/Prenzel, Manfred/Selter, Christoph/Walther, Gerd (Hrsg.) (2008): TIMSS 2007. Mathematische und naturwissenschaftliche Kompetenzen von Grundschulkindern in Deutschland im internationalen Vergleich. Münster.

Bouffard, Suzanne/Weiss, Heather (2008): Thinking Big: A New Framework for Family Involvement. Policy, Practice, Research. In: Harvard Family Research Project: The evaluation exchange. Vol. 14, No. 1/2, spring 2008. Harvard Graduate School of Education. Cambridge, MA.

Bundesministerium des Innern (Hrsg.) (2001): Zuwanderung gestalten, Integration fördern. Bericht der Unabhängigen Kommission Zuwanderung. Berlin.

Organisation for Economic Cooperation and Development (2006): Where Immigrant Students Succeed. A Comparative Review of Performance and Engagement in PISA 2003: OECD Publishing.

Süssmuth, Rita (2006): Migration und Integration: Testfall für unsere Gesellschaft. München.

Lokale Bildungslandschaften: Ein Weg zur Demokratisierung von Bildung

Peter Bleckmann

Lokale Bildungslandschaften bieten die Möglichkeit, über die Position des Themas Bildung und der dazugehörigen Institutionen in einem demokratisch verfassten Gemeinwesen nachzudenken. In diesem Zusammenhang erscheinen mir zwei Fragen besonders relevant.

Die erste Frage ist eine genuin schulpädagogische: Wie kann in einem modernen Verständnis das Verhältnis zwischen der Schule – insbesondere der Ganztagsschule – und den Lebenswelten der Kinder und Jugendlichen aussehen? Damit hängt eng die zweite, gesellschaftspolitische Frage zusammen, die man auf die Formel bringen kann: Wem gehört eigentlich das Thema Bildung, und wer trägt dafür welche Verantwortung?

Man könnte diese Fragen als zwei ineinander verschränkte rote Fäden auch dieses Buchs beschreiben. Sie werden verbunden durch das dahinterliegende Thema, wie das Verhältnis zwischen Individuum und Institutionen, zwischen Zivilgesellschaft und Staat in einem demokratischen Kontext eigentlich aussehen soll. Gönnen wir uns einen kurzen Exkurs in die Vergangenheit, um von dort aus Bezüge in die Gegenwart zu formulieren.

Schule und Lebenswelten der Kinder und Jugendlichen: Getrennte Welten?

John Dewey beschreibt den Entstehungsprozess der Institution Schule in seinem Buch „Demokratie und Erziehung" folgendermaßen: In vormodernen Zeiten reichten die mündliche Überlieferung und das alltägliche Agieren im gegebenen sozialen Kontext aus, um zu einem kompetenten Mitglied der Gesellschaft heranzuwachsen. Schulen entstehen „grob gesagt, dann, wenn die sozialen Überlieferungen so verwickelt geworden sind, dass ein beträchtlicher Teil davon niedergeschrieben und durch schriftliche Symbole weitergegeben werden muss. Die erste Aufgabe des sozialen Organs, das wir Schule nennen, besteht deshalb darin, eine vereinfachte Umwelt bereitzustellen. Ferner stellt sie eine fortschreitende Ordnung her, indem sie die zuerst angeeigneten Faktoren als Mittel verwertet, um Einsicht in verwickeltere Gegenstände zu gewinnen." (Dewey 1993, S. 38 f.).

Man könnte die Schule von ihrem Entstehungsprozess her also als eine Einrichtung betrachten, die den Vorgang des Lernens dezidiert abkoppelt von den Lebenswelten der Lernenden. Denn eine „vereinfachte Umwelt" mit einem vorgegebenen Zeitplan bzw. Curriculum ist notwendigerweise eine künstliche Umgebung. Ihr großer Vorteil ist, dass sie die Möglichkeit bietet, den Lernenden auch solche Vorgänge und Erkenntnisse bekannt zu machen, zu denen sie keinen direkten Zugang hätten, beispielsweise lange zurückliegende geschichtliche Ereignisse oder literarische Werke, die keinen lebensweltlichen Bezug haben. Die reine Tatsache der Existenz von Schule beweist, dass die Gesellschaft den alltäglichen Lebensvollzug als ungenügend ansieht, um die nachwachsenden Generationen ausreichend zu bilden.

Die aktuelle Forderung, dass Schule – gerade in Deutschland – die unterschiedlichen Bildungsvoraussetzungen der Kinder besser ausgleichen solle, spricht auf den ersten Blick ebenfalls für eine gewisse Blindheit der Schule gegenüber den Lebenswelten der Lernenden: Gleiche Lernchancen sind nur zu verwirklichen, wenn sich die Schule unabhängig davon macht, welche Ressourcen das jeweilige soziale Umfeld der Schülerinnen und Schüler bereithält, und wenn sie ihnen ohne Ansehen der Herkunft Zugang zu einem Bildungskanon anbietet, der von der Gesellschaft als „Allgemeinbildung" definiert wird.

Ein dezidierter Abstand zwischen der Institution Schule und den Lebenswelten der Schüler/innen erscheint also nicht nur als logisch, sondern geradezu als eine sozialpolitische Notwendigkeit. Auffällig ist nur, dass die damit entstehende Kluft Generationen von Reformpädagoginnen und Reformpädagogen keine Ruhe gelassen hat, weil sie eine Reihe schmerzlicher Nebenwirkungen hat: Je größer der Abstand zwischen Schule und Lebenswelt, desto geringer ist die unmittelbare subjektive Bedeutung, die der schulische „Stoff", wie er dann heißt, für die Lernenden hat. Im Extremfall folgt das, was in der Schule geschieht, einem elitären kulturellen Kodex, der vielen oder sogar der Mehrheit der Lernenden die Botschaft vermittelt, dass ihr Leben und ihre Alltagskultur von der Schule nicht wertgeschätzt werden. Dann werden sie im Lernprozess nicht gestärkt, sondern entmündigt, und dies umso mehr, je marginalisierter die soziale Gruppe ist, der sie angehören.

Einige der größten Pädagogen der Moderne haben Wege gesucht, diesen Abstand zu überwinden: John Dewey ging bei der Gestaltung seiner Laborschule in Chicago um das Jahr 1900 von der Frage aus, wie Schule in eine engere Verbindung mit dem Leben des Kindes treten könne. Mit seinen Arbeiten hat er eine Reformbewegung inspiriert, die sich dezidiert der Überbrückung der Kluft zwischen Schule und ihrem Umfeld verschrieben hat, nämlich Community Education, die in den 1920er- und 1930er-Jahren in Großbritannien und den USA aufkam. Celestin Freinet, der bedeutende Reformpädagoge aus Frankreich, hat in den 1940er-Jahren im Unterricht mit den freien Texten seiner Schülerinnen und

Schüler statt mit Lehrbüchern gearbeitet und so die Lebenserfahrungen der Kinder zum Ausgangspunkt seines Unterrichts gemacht. Der große brasilianische Bildungsreformer Paolo Freire ist bei der landesweiten Alphabetisierungskampagne der 1960er-Jahre von dem Ziel ausgegangen, Lernen zu einem Akt der Befreiung und nicht der Entmündigung zu machen. Konkret erfasste er dabei in einer längeren Vor-Ort-Recherche das sogenannte „thematische Universum" der Bürgerinnen und Bürger, die mit den Alphabetisierungskursen erreicht werden sollten, und stellte den Kurs vollständig darauf ab.

Die Ansätze dieser großen Erneuerer waren zu ihrer Zeit revolutionär; inzwischen werden sie von Forschungsergebnissen untermauert, die sich mit der Art und Weise beschäftigen, wie Lernen vonstatten geht. Heute hat sich ein Verständnis von Lernen als einem Prozess der Ko-Konstruktion durchgesetzt, der von Lehrenden und Lernenden gemeinsam gestaltet wird. Im Zwölften Kinder- und Jugendbericht heißt es dazu: „Bildung ist ein aktiver Prozess, in dem sich das Subjekt eigenständig und selbsttätig in der Auseinandersetzung mit der sozialen, kulturellen und natürlichen Umwelt bildet. (…) Bildung erfolgt dabei in einem Ko-Konstruktionsprozess zwischen einem lernwilligen Subjekt und seiner sozialen Umwelt." (BMFSFJ 2005, S. 83). Bei diesem subjektiven Prozess wird immer wieder auf ganz individuelle Weise an die schon bestehenden Kompetenzen angeknüpft. Diese werden nicht nur an Bildungsorten – wie zum Beispiel Schulen, Kindertageseinrichtungen und Jugendzentren – erworben, sondern auch an Orten, die der Bericht „Lernwelten" nennt: „Lernwelten (…) sind zufällig zustande gekommen, zeit-räumlich nicht klar eingegrenzt, weniger organisiert und weniger standardisiert. Familie, Gleichaltrigengruppen, Medienwelten, kommerzielle Freizeitangebote, Auslandsreisen, Schülerjobs, etc. tragen eher den Charakter von Lernwelten." (BMFSFJ 2005, Online-Fassung) Diese Lernwelten haben einen erheblichen Einfluss auf die Persönlichkeits- und Kompetenzentwicklung des Einzelnen. Diesem weiten Blick auf die ganz unterschiedlichen Settings, in denen sich Bildung vollzieht, entspricht ein weites Verständnis des Bildungsvorgangs selbst, der im Zwölften Kinder- und Jugendbericht als Ganzheit des Erwerbs von kognitiven, emotionalen, sozialen und handlungsorientierten Kompetenzen verstanden wird.

Was bedeuten diese Erkenntnisse für die Aufgabe der Schule? Der Bildungsforscher Jürgen Baumert spricht von einem Paradox: Einerseits sei es gerade die Stärke der Schule, auch diejenigen Inhalte zu vermitteln, die man „im Alltagsleben mit hoher Wahrscheinlichkeit nicht erlernt. Aber sie erkauft diese Stärke mit der Schwierigkeit, in jedem individuellen Fall persönlich für Anschluss zu sorgen." (Baumert, zit. n. Jacobs Foundation 2008, S. 45) Der modern verstandene gesellschaftliche Auftrag der Schule muss dementsprechend ebenfalls als Paradox formuliert werden: Einerseits soll Schule dafür sorgen, dass alle Lernenden gesellschaftlich als wichtig definierte Inhalte kennenlernen und die

Kompetenzen erwerben, die für die Übernahme einer aktiven Rolle im demokratischen Gemeinwesen notwendig sind. Dieser Auftrag gilt für alle Lernenden, unabhängig davon, welche Anregungen sie in ihren jeweiligen Lebenswelten vorfinden. Andererseits – und mit gleicher Priorität – muss der Prozess des Lehrens und Lernens so eng an die individuellen Vorerfahrungen und damit auch an die Lebenswelten der Lernenden anschließen, dass er als subjektiv bedeutungsvoll erlebt wird. Diese Paradoxie ist für einen großen Teil der Herausforderungen verantwortlich, die Lehrerinnen und Lehrer tagtäglich zu bewältigen haben.

Viel ist in den letzten Jahren unternommen worden, um die Qualität des Bildungssystems in Deutschland zu verbessern. Wenn man den paradoxen Auftrag der Schule ernst nimmt, dann ist es sehr fraglich, ob eine Intensivierung von Testverfahren geeignet ist, die Leistungsfähigkeit des Bildungssystems zu steigern. Tendenzen zu einer verstärkten Vereinheitlichung – etwa durch zentrale Prüfungen – erscheinen ebenfalls als sehr fragwürdige Instrumente. Nur wenn den Lehrenden ein hohes Maß an Flexibilität bei der Wahl eines geeigneten „Stoffs" gewährt wird, kann überhaupt eine Chance bestehen, den paradoxen Auftrag zu erfüllen. Die Frage der Anschlussfähigkeit an die Interessen und Vorerfahrungen der Schüler/innen müsste dabei mit gleicher Priorität bedacht werden wie das curricular gesetzte Lernziel. Und diese Interessen und Vorerfahrungen sind so vielfältig wie die Schüler und die Schülerinnen selbst.

Dagegen sind der Ausbau ganztägiger Lernangebote und die Entwicklung lokaler Bildungslandschaften vor dem Hintergrund dieser Überlegungen äußerst chancenreiche Prozesse.

Die Tatsache, dass sich in Ganztagsschulen die Zeit erhöht, die die Lernenden in der Schule verbringen, bietet neue Möglichkeiten der Verknüpfung des Bildungsorts Schule mit den Lernwelten in ihrem Umfeld. Folgt man dem Reformpädagogen Hartmut von Hentig, dann wäre es eine vertane Chance, die zusätzliche Zeit, die die Ganztagsschule bietet, für eine „Ausdehnung des bisherigen Unterrichts" zu nutzen: „Woher kämen die Erfahrungen, die die Schule auslegen und ordnen soll? Woher die Beweggründe für Lernen?" (von Hentig, S. 37) Die Chancen der Ganztagsschulentwicklung können besonders dann zum Tragen kommen, wenn die zusätzliche Zeit für eine intensive Auseinandersetzung mit der realen Welt im Umfeld der Schule genutzt wird und dabei gleichzeitig die Rolle der Schule als ein Ort der Systematisierung und Reflexion gestärkt wird.

Mit der Entwicklung lokaler Bildungslandschaften ist die Chance verbunden, eine äußere Netzwerkstruktur aus Bildungsorten – wie zum Beispiel der Ganztagsschule – und informellen Lernwelten zu schaffen, die mit den inneren Lernlandkarten der Kinder und Jugendlichen korrespondiert. Ein wichtiger – auch in diesem Buch intensiv diskutierter – Aspekt ist dabei die Frage, bis zu welchem Punkt die Institution Schule für diesen Prozess verantwortlich ist, und wo die Verantwortung und damit auch die Gestaltungsspielräume anderer Akteu-

re anfangen. Die Chance, die in der Entwicklung von Bildungslandschaften liegt, kann nur dann gut genutzt werden, wenn die Frage der Verantwortlichkeit in sinnvoller Weise geklärt werden kann.
Damit zur zweiten Frage.

Wem „gehört" Bildung? Wer trägt die Verantwortung?

Wenn in Deutschland über Bildungsfragen im Allgemeinen und das Thema „lokale Bildungslandschaften" im Besonderen diskutiert wird, dann geht es schnell um die Verteilung der Zuständigkeiten im föderalen System: Welche Rolle übernehmen der Bund, die Länder, die Kommunen? Wo liegt die Verantwortung der Kultusverwaltung, was ist Auftrag der Jugendhilfe, was ist Aufgabe des Schulträgers? Und wie sollen sich die Zuständigkeiten in Zukunft verändern – idealerweise in besser koordinierter Form? Der übergreifende Trend kann dabei als „Kommunalisierung" von Bildung beschrieben werden: eine zunehmende Verantwortungsübernahme der kommunalen Ebene, zunächst in weitestmöglicher Interpretation der Handlungsspielräume auf dem Gebiet der Jugendhilfe und der Schulträgerschaft, darüber hinaus aber auch als Forderung nach zusätzlichen Kompetenzen. Wilfried Lohre, vormals Leiter des Projekts „Selbstständige Schule" der Bertelsmann Stiftung und heutiger Koordinator des Stiftungsverbunds im Programm „Lernen vor Ort", sagt dazu in einem Interview, die internationalen Leistungsvergleiche hätten gezeigt, dass „die erfolgreicher abschneidenden Länder einen deregulierten und regionalen Ansatz verfolgen" (BMBF 2007).

Bei allen Argumenten für die Bündelung der Verantwortung auf kommunaler Ebene wäre es dennoch eine verkürzte Sicht, nur darin die alleinige Lösung aller Probleme zu sehen. Die weitergehende Fragestellung betrifft die Verantwortung des Individuums und der Zivilgesellschaft für Bildung und damit letztlich das Verhältnis zwischen Individuum, Zivilgesellschaft und Staat. Wenn das Individuum das eigentliche Subjekt von Bildung ist, wenn Bildung nicht nur in staatlich gesteuerten Lernorten, sondern auch in informellen Lernwelten passiert: Wer trägt dann welche Verantwortung für diesen Prozess?

Historisch betrachtet haben die Systeme von Jugendhilfe und Schule – als die zentralen staatlichen Akteure im Kontext von Bildung, Betreuung und Erziehung – in Deutschland unterschiedliche, im Kern aber doch je auf ihre Weise obrigkeitsstaatliche Traditionen.

Dem Jugendamt und dem gesamten System der „Jugendwohlfahrt", aus dem die Kinder- und Jugendhilfe hervorgegangen ist, haftet das Image eines staatlichen Kontrollsystems an – und nicht nur das: Im Zusammenhang spektakulärer Fälle von Kindesvernachlässigung wird mit großer Regelmäßigkeit auch eine verstärkte staatliche Kontrolle eingefordert.

Die obrigkeitsstaatliche Tradition des deutschen Schulsystems tritt besonders deutlich zutage, wenn man einen Vergleich mit anderen Ländern herstellt. Die „Arbeitsgruppe Internationale Vergleichsstudie" hat die schulischen Bildungssysteme Deutschlands und Kanadas miteinander verglichen. Bereits im 19. Jahrhundert, schreiben die Autoren, „wird in den deutschen Territorien (...) versucht, Schule auf dem Verordnungsweg und mit den Mitteln einer an Durchsetzungskraft gewinnenden Beamtenschaft voran zu bringen" (Arbeitsgruppe 2007, S. 36). Die Dominanz des Staats – im Vergleich zu anderen gesellschaftlichen Akteuren – bestehe bis heute fort, etwa im Unterschied zu Kanada: „Im deutschen Schulwesen sind die staatlichen Zuständigkeiten traditionell stärker ausgeprägt als in Kanada. Anders als in Kanada, wo zwischen der zentralen Ebene der jeweiligen Provinz (vergleichbar den US-Bundesstaaten) und den gewählten School Boards immer wieder neu ausgewogene Interessenabstimmung erreicht wird, sind in Deutschland lange Zeit bürokratische, obrigkeitsstaatliche Aufsichtsverhältnisse unter weitgehendem Ausschluss nichtstaatlicher Körperschaften von der Gestaltung der Schule auffällig" (ebd., S. 54).

Den oben erwähnten „School Boards" gehören gewählte Bürgerinnen und Bürger der Gemeinde an, die für die Ausgestaltung des lokalen Schulwesens die Verantwortung – einschließlich der Budgetverantwortung – tragen. Sie sind für alle Schulen einer Kommune verantwortlich, stellen aber kein Gremium der Kommunalverwaltung dar, sondern eine Form, mit der die Bürgerinnen und Bürger Verantwortung für Bildung übernehmen können. „Anders als in Deutschland ist die kanadische Schule in der Sicht der Öffentlichkeit eine Angelegenheit der jeweiligen Community" (Arbeitsgruppe 2007, S. 77). Auch wenn es in jüngster Zeit eine starke Tendenz zur Zentralisierung gibt mit dem Effekt, dass die Position der Provinzregierung im Verhältnis zu den School Boards gestärkt wurde, so bleibt es doch – aus deutscher Perspektive – bei einer starken Rolle der Boards, die im Rahmen der curricularen Vorgaben der Provinzregierung die Verantwortung dafür haben, vor Ort für angemessene Lernmöglichkeiten zu sorgen (vgl. Canadian School Board Association).

Seit dem 19. Jahrhundert und der Etablierung eines obrigkeitsstaatlichen Ansatzes ist viel Zeit vergangen, und es wäre ungerecht, die Schritte zur Modernisierung und Demokratisierung des Themas Bildung auszublenden. Es kann auch nicht darum gehen, Strukturen aus Kanada einfach auf Deutschland zu übertragen. Aber es ist auffällig, wie viele Autoren und Autorinnen dieses Bands sich auf die eine oder andere Weise mit der Frage beschäftigen, wie das Verhältnis zwischen Individuum, Zivilgesellschaft, Institutionen und Staat neu formuliert werden kann. Dabei wird nicht die staatliche Verantwortung in Abrede gestellt, für gleiche Bildungschancen für alle Bürgerinnen und Bürger zu sorgen. Viele beschäftigt aber die Frage, wie sich ein demokratisches Bildungsverständnis in der Art und Weise niederschlagen kann, wie Staat und Bürgerschaft im Bildungsprozess interagieren. Eine einfache Antwort darauf gibt es nicht, vielmehr ist ein ganzes Spektrum an Themen zu bedenken.

Ein Teil der Antwort liegt in der Alltagspraxis von Bildungseinrichtungen: Muss sich das Individuum an die Institutionen anpassen oder sehen es die Verantwortungsträger in den Institutionen als ihre Pflicht an, sich auf die Bedürfnisse der Lernenden einzustellen? Wenn systematisch in Bildungseinrichtungen aktuelle Erkenntnisse über die Bedürfnisse der Lernenden, insbesondere der „Großen Kinder", angemessen berücksichtigt werden, dann würde sich das Verhältnis zwischen Institution und Individuum in aufgeklärter Weise verändern.

Ein weiterer wichtiger Aspekt ist natürlich ist das Thema „Beteiligung": Wenn sich Bildung im Zusammenspiel zwischen Institution und Individuum entfaltet, dann ist ein Prozess der Beteiligung – im Sinne eines Aushandlungsprozesses über die Gestaltung von Bildung – die adäquate Struktur und jedenfalls kein Gnadenrecht, das Schüler/innen und Eltern gewährt wird. Aber „Beteiligung" innerhalb der Institutionen ist noch nicht alles: Lokale Bildungslandschaften bieten die Chance, einen Schritt weiter zu gehen. Wenn ein ganzes Netzwerk von Organisationen, aber auch Unternehmen, Vereine, Einzelpersonen, an der Gestaltung eines lokalen Bildungskonzepts und seiner Umsetzung beteiligt sind, dann wird Bildung zu einem Gegenstand der Diskussion und auch der Einflussnahme der Gemeinde – hier verstanden als Bürgerschaft im Sinne der „community". Eine wichtige Rolle spielt dabei die Frage, wie die lokale Zivilgesellschaft so gestärkt werden kann, dass sie in die Lage versetzt wird, mit der Kommunalverwaltung auf Augenhöhe über das Thema Bildung zu verhandeln. Diese Stärkung erfordert sachliche Kompetenz, aber ebenso ein selbstbewusstes Verständnis der eigenen Verantwortung – und auf der anderen Seite die Bereitschaft der staatlichen Akteure, die eigene Rolle im Sinne moderner Governance-Ansätze weiterzuentwickeln.

Bei aller Unterschiedlichkeit der Perspektiven zieht sich durch viele der Texte im vorliegenden Buch als roter Faden die Suche nach einem kooperativen, partnerschaftlichen Verhältnis zwischen Staat und seinen Institutionen einerseits und Zivilgesellschaft und Individuen andererseits. Wenn diese Suche erfolgreich verläuft, dann können lokale Bildungslandschaften mehr erreichen als eine Optimierung von Verwaltungsstrukturen im Bildungsbereich: Sie können zu einem Motor für eine durchgreifende Demokratisierung des Themas Bildung werden.

Literatur

Arbeitsgruppe Internationale Vergleichsstudie (2007): Schulleistung und Steuerung des Schulsystems im Bundesstaat. Kanada und Deutschland im Vergleich. Münster/New York/München/Berlin: Waxmann-Verlag.

Bleckmann, Peter/Krüger, Angelika (2007): Youth and Community Empowerment: Does YEPP's Concept of Change Work? Final Cross-Cutting Report of the Internal Evaluation of the Youth Empowerment Partnership Programme (2001–2005). Berlin (http://www.yepp-community.org/downloads/reports/YEPP-Internal-Evaluation-Report-2007-Feb.pdf; 08.05.09).

BMBF – Bundesministerium für Bildung und Forschung (Hrsg.): „Ganztagsschulen sind notwendig." Interview mit Wilfried Lohre, 20. September 2007. Berlin (http://www.ganztagsschulen.org/8139.php; 08.05.2009).

BMFSFJ – Bundesministerium für Familie, Senioren, Frauen und Jugend (2005): Zwölfter Kinder- und Jugendbericht. Bericht über die Lebenssituation junger Menschen und die Leistungen der Kinder- und Jugendhilfe in Deutschland. Berlin (http://www.bmfsfj.de/doku/kjb/data/download/kjb_060228_ak3.pdf; 08.05.2009).

BMFSFJ – Bundesministerium für Familie, Senioren, Frauen und Jugend (2005): Online-Fassung des Zwölften Kinder- und Jugendberichts, Teil A, Kapitel 2 „Bildung – ein konzeptioneller Raum" (http://www.bmfsfj.de/doku/kjb/data/a-2.html; 08.05.2009).

Canadian School Board Association (CSBA): The Board Learning Centre. Module 1: Introduction. The Key Work of the Board of Education (http://www.cepan.ca/modules/KW/flash/Kw100.html; 08.05.2009).

Deutsche Kinder- und Jugendstiftung (Hrsg.) (2009): Dokumentation des Fachtags „Lokale Verantwortungsgemeinschaften für Bildung" am 18.11.2008 in Berlin. Berlin: Eigenverlag.

Deinet, Ulrich/Icking, Maria (Hrsg.) (2006): Jugendhilfe und Schule. Analysen und Konzepte für die kommunale Kooperation. Opladen: Verlag Barbara Budrich.

Deutscher Verein für öffentliche und private Fürsorge (2007): Diskussionspapier des Deutschen Vereins zum Aufbau Kommunaler Bildungslandschaften (http://www.deutscher-verein.de/05-empfehlungen/empfehlungen2007/pdf/Diskussionspapier_des_Deutschen_Vereins_zum_Aufbau_Kommunaler_Bildungslandschaften.pdf; 08.05.2009).

Dewey, John (1993): Demokratie und Erziehung. Aus dem Amerikanischen von Erich Hylla. Hrsg. und mit einem Nachwort von Jürgen Oelkers. Nachdruck der 1930 erschienen deutschen Übersetzung. Weinheim und Basel: Beltz.

Freire, Paolo (1971): Pädagogik der Unterdrückten. Bildung als Praxis der Freiheit. Vom Verfasser autorisierte deutsche Übertragung von Werner Simpfendörfer. Stuttgart: Kreuz-Verlag.

Jacobs Foundation (2008): Jahresbericht 2007 (www.jacobsfoundation.org/cms/fileadmin/jacobs/Documents/Jacobs_GB07_De.pdf; 08.05.2009).

von Hentig, Hartmut (2003): Die Schule neu denken: Eine Übung in pädagogischer Vernunft. Weinheim und München: Beltz.

Holtappels, Heinz Günter/Klieme, Eckhard/Rauschenbach, Thomas/Stecher, Ludwig (Hrsg.) (2008): Ganztagsschule in Deutschland. Ergebnisse der Ausgangserhebung der „Studie zur Entwicklung von Ganztagsschulen" (StEG). 2., korrigierte Auflage 2008. Weinheim und München: Juventa.

Knauer, Sabine/Durdel, Anja (2006): Die neue Ganztagsschule. Gute Lernbedingungen gestalten. Weinheim und Basel: Beltz.

Oelkers, Jürgen (2. Auflage 1992): Reformpädagogik. Eine kritische Dogmengeschichte. Weinheim und München: Juventa.

Reichel, Norbert (2008): Schule und Jugendhilfe in Landschaft mit Aussicht – oder warum Ganztagsschulen neue Formen der Bildungsplanung verlangen. In: Landschaftsverband Rheinland (Hrsg.): Jugendhilfe und Schule inform, Ausgabe 2-3/2008 (http://www.lvr.de/jugend/service/publikationen/0802ausgabe.htm; 08.05.2009).

Studulski, Frank/Hoogeveen, Karin/van der Grinten, Michiel/Walraven, Miriam (2004): The Community School. Hrsg. von Sardes, Utrecht/Niederlande (http://www.sardes.eu/simple/download.php?fileId=402; 08.05.2009).

Teil 2
Ganztägiges Lernen in lokalen Bildungslandschaften

Ganztagsbildung im Rahmen einer Kommunalen Kinder- und Jugendbildung

Thomas Coelen

„Ganztagsbildung" hat sich in der äußerst dynamischen Ganztagsschulentwicklung der vergangenen acht Jahre als Referenzbegriff für verschiedenartige Reflexionen, praktische Umsetzungen und wissenschaftliche Forschungen erwiesen, die um das Zusammenspiel zwischen Schulen und anderen lokalen Bildungsinstitutionen kreisen. Dabei werden vielfältige und teilweise auch widersprüchliche Verwendungsweisen des Begriffs deutlich (vgl. Einleitung in Coelen/Otto 2008). Allen unterschiedlichen Interpretationen des Begriffs scheint gemeinsam zu sein, dass sie um ein „zeitgemäßes" (vgl. Oelkers/Otto 2006) Verhältnis von Ausbildung und Identitätsbildung in einer Gesellschaft ringen, die sowohl durch ihre demokratische Regierungs-, Gesellschafts- und Lebensform (Himmelmann 2005) als auch durch ihre kapitalistische Wirtschaftsweise geprägt ist.

Vor diesem Hintergrund zeichnen sich die allgemeinen Ziele der Ganztagsschulentwicklung klar ab (vgl. dazu ausführlich Stolz in diesem Band):

- Steigerung der Lernleistungen (vor allem von Benachteiligten)
- Verbesserung der Vereinbarkeit von Familie und Beruf
- Umgestaltung der Schule zum Lern- und Lebensort
- Schaffung eines Gesamtzusammenhangs von Bildung, Erziehung und Betreuung.

Zu diesen bundesweit relevanten Zielen treten zuweilen weitere Interessen auf lokaler Ebene, z.B.:

- Bewältigung des demografischen Wandels
- Bestehen in der Standortkonkurrenz.

In der praktischen Umsetzung dieser und weiterer Ziele ist vielerorts eine Konzentration auf die Entwicklung von Einzelschulen zu ganztägigen Einrichtungen zu beobachten, was selten zu guten Ergebnissen führt (vgl. Stolz in diesem Band, Übersicht 7). Der wesentliche Grund liegt nach Auffassung von Stolz darin, dass die einzelne Schule mit der Schaffung anspruchsvoller ganztägigen Einrichtungen strukturell überfordert ist. Hinzu kommt m.E. eine systematische Überforderung der einzelnen Lehrkraft (und auch engagierter Lehrer/innen-Teams) bei der konkreten Gestaltung des Ganztags, die einer „interprofessionellen Kompetenz" bedarf (Coelen/Schulte 2009).

In Abgrenzung von der verinselten Einzelschulentwicklung, die in der Praxis weit verbreitet ist, konkurrieren gegenwärtig zwei Konzeptvarianten miteinander:

1. In der ersten Variante wird eine Bewegung favorisiert, die von der Reform der Einzelschulen ausgeht. Über Vernetzung führt der Weg über lokale oder regionale Schullandschaften hin zu einer Bildungslandschaft, die auch außerschulische Lernorte einbezieht („Schule im Zentrum").
2. Die zweite Variante der „Dezentrierten Ganztagsbildung" (vgl. Stolz in diesem Band), basiert auf der lokalen oder regionalen Vernetzung von verschiedensten formalen und non-formalen Lernorten. Die Schulen sind dabei wichtige, aber nicht die zentralen Akteure.

Die erste Variante birgt verschiedene Potenziale, unter anderem eine schulinterne Reform der Lernkultur, eine inhaltliche Steuerung der Angebote nach den didaktischen Vorstellungen der Schulleitung, bessere Übergänge zwischen verschiedenen Schulformen und eine höhere Identifikation der Schüler/innen mit dem einzelnen Schulstandort. Die in der zweiten Variante vorgesehene kommunale Steuerung birgt andere Potenziale: eine integrierte Schul- und Sozialplanung, verbindliche Kooperationsvereinbarungen und Qualitätsentwicklung, die Schaffung von kleinräumigen Bildungsnetzen und dadurch auch eine einzelschulische Profilbildung im Zusammenspiel mit anderen lokalen Bildungseinrichtungen. Das von mir entwickelte Konzept von Ganztags*bildung* („Kommunale Jugendbildung") gehört zur zweiten Variante, wohingegen die vielfältigen Formen von Ganztags*schulen* meist zur ersten Variante zu zählen sind (vgl. z. B. Prüß 2008).

Die folgenden Überlegungen nehmen die erste Variante („Schule als Zentrum") zum Ausgangspunkt, weil sie die vorherrschende Perspektive unter Lehrer/innen, Schulleiter/innen, Schulentwickler/innen und Fachpolitiker/innen im Handlungsfeld ist. Im Verlauf des Beitrags soll deutlich werden, dass eine einzelschulzentrierte Konzeption zwar möglicherweise bessere Schulen als bisher erbringt, aber aus bildungs- und gesellschaftstheoretischer sowie -politischer Perspektive erhebliche Defizite aufweist.

Multiprofessionelle Teams und institutionelle Kooperationen

Mithilfe der neuen Organisationsform Ganztagsschule wollen Grundschullehrer/innen zweierlei Defizite kompensieren, wie eine Untersuchung von Fritzsche u. a. (2008) ergab: Einerseits soll nach den Wünschen der Lehrer/innen die Freizeit der Schüler/innen schulisch passender werden, das heißt, die Kinder sollen zu Hause mehr lernen. Neben dieser familienkritischen Haltung zeigen sie auch eine schulkritische Absicht, denn es geht es ihnen andererseits darum, die Schule familiärer zu gestalten. Die befragten Lehrer/innen nehmen die Gestaltung der Ganztags-schule als eine zusätzliche Aufgabe ihrer eigenen Professionsrolle wahr und nicht als gemeinsame Aufgabe eines multiprofessionellen Teams.

Ergänzend zu den Ergebnissen dieses umfangreichen Forschungsprojekts erbrachte eine explorative Onlinebefragung von Studierenden und Referendar/innen über die Bedeutung der Ganztagsschule in den verschiedenen Phasen der Lehrerausbildung sowie die Auswertung der Berichte von Studienseminarleiter/innen (vgl. Coelen/Schulte 2009) zwei weitere Befunde: Erstens wurde eine Auseinandersetzung mit dem Thema Ganztagsschule nur selten genannt, und wenn doch, dann aufgrund persönlicher Betroffenheit: nämlich wenn Studierende – meist als Praktikant/innen, aber auch als Referendar/innen – in die Organisation oder Durchführung von schulischen Ganztagsangeboten eingebunden waren. Zweitens wird Ganztagsbildung von Studierenden und Referendar/innen eher als Personalanforderung an die Lehrer/innen aufgefasst, statt als eine Aufgabe, die gemeinsam mit anderen Professionen und Institutionen im Rahmen einer Organisationsentwicklung bzw. Kooperation anzugehen wäre.

Ganztagspersonal

Entgegen solchen Erwartungen und Zuschreibungen hat sich die Zusammensetzung des Personals durch die Entwicklung von Halbtags- zu Ganztagsschulen in erheblichem Maße verändert: In der Ganztagsschule arbeiten nicht mehr ausschließlich Lehrer/innen (neben Hausmeister/in und Sekretär/in sowie vereinzelten Schulsozialarbeiter/innen), sondern eine neue große Beschäftigtengruppe: das „weitere pädagogisch tätige Personal". Diese Gruppe hat entscheidenden Anteil daran, dass die jeweilige Schule überhaupt erst „ganztägig" wird, denn sie gestaltet fast ausschließlich die Nachmittage. Das weitere pädagogische Personal besteht im Bundesdurchschnitt zu knapp einem Drittel aus Erzieher/innen, zu 11 Prozent aus Sozialpädagogen und -pädagoginnen und nur zu 7 Prozent aus universitär ausgebildeten Personen mit einem Diplom in Pädagogik oder Psychologie; über die Hälfte des Personals hat eine fachfremde oder gar keine Ausbildung. Anders ausgedrückt: Mehr als zwei Drittel des weiteren pädagogischen Personals haben – im Unterschied zu den Lehrer/innen – keinen Hochschulabschluss (an Grundschulen sogar über 80 Prozent).[6] Die äußerst heterogen zusammengesetzte

---

6 Die Zahlenangaben basieren auf einer persönlichen Mitteilung am 16.03.2009 durch Bettina Arnoldt vom Deutschen Jugendinstitut mit freundlicher Genehmigung des StEG-Konsortiums (Datenbasis 2007).

Beschäftigtengruppe hat einen erheblichen Anteil an der Personalstruktur jeder Ganztagsschule: Bezogen auf 100 Schüler/innen arbeiten an einer Ganztagsschule durchschnittlich 7,4 Lehrer/innen und 3,2 Mitarbeiter/innen, die zur Gruppe des weiteren pädagogisch tätigen Personals gehören. An Grundschulen liegt das Verhältnis sogar bei 6 zu 5,5: Die Lehrkräfte sind hier nur geringfügig stärker vertreten. Allerdings unterscheidet sich das Personal deutlich in der Beschäftigungsform und im Umfang der Arbeitszeit: So sind zum Beispiel an Grundschulen 69 Prozent der Lehrkräfte Vollzeitbeschäftigte, hingegen nur 12 Prozent des weiteren pädagogisch tätigen Personals (in der Sekundarstufe I, den Klassen 5 bis 10, sind in dieser Gruppe immerhin 23 Prozent vollzeitbeschäftigt).

Nun gibt es zwar eine Fülle an – teilweise auch gemeinsamen – Fortbildungen für die verschiedenen Personen, die im Handlungsfeld Ganztagsschule pädagogisch tätig sind (vgl. Thimm 2008). Doch in den Debatten um Ganztagsschulen und Bildungslandschaften ist nur ganz selten von der Lehrer/innenbildung die Rede (vgl. Kraler 2008; Coelen/Schulte 2009).[7] Ebenso wenig wird reflektiert, wie sich pädagogische Ausbildungen angesichts dieses nachhaltigen Wandels der Schullandschaft verändern müssen.[8] Hier könnte „interprofessionelle Kompetenz" das bisher fehlende Bindeglied sein. Darunter ist die Bereitschaft und Fähigkeit zu verstehen, die eigenen beruflichen Handlungsvollzüge mit anderen pädagogischen Professionellen abzustimmen. In der Ganztagsschule geht es dabei vor allem um die Koordination der unterrichtenden, betreuenden und erziehenden Aspekte der Pädagogik.[9] Zumindest erscheint diese Kompetenz notwendig, damit das Personal an Ganztagsschulen – aber nicht nur dort – auf zukünftige Herausforderungen angemessen reagieren kann, insbesondere in Bezug auf die Rollenveränderung von pädagogischen Kräften. „Interprofessionelle Kompetenz" gehört unverzichtbar zur „employability" (Beschäftigungsfähigkeit) von Lehrer/innen.[10] Sie kann vor überfordernden Ansprüchen an die eigene Berufsrolle schützen und die Zusammenarbeit in multiprofessionellen Teams deutlich verbessern.

Vernetzung mit der Kommune

Ein weiteres Charakteristikum der Ganztagsschule ist die Kooperation mit einem breiten Spektrum außerschulischer Partner. Ohne diese Zusammenarbeit gäbe es

---

7   Insbesondere zum Stellenwert von Themen der Schulentwicklung im Vorbereitungsdienst bzw. Referendariat vgl. Schulte 2008.
8   Die Gewerkschaft Erziehung und Wissenschaft (GEW 2006) hat dazu einen Vorschlag ausformuliert, die für alle Studierenden pädagogischer Fächer ein gemeinsames Grundstudium vorsieht.
9   Zur inhaltlichen Füllung der interprofessionellen Kompetenz vgl. Thimm 2008.
10 Zu praktischen Seminarvorschlägen vgl. Coelen/Schulte 2009.

in Deutschland – wie auch in Europa (vgl. Baumheier/Warsewa in diesem Band) – kaum ein einziges Arrangement „ganztägiger Bildung". Die große Mehrheit der Kooperationspartner deutscher Ganztagsschulen sind den Leistungsbereichen der Kinder- und Jugendhilfe zuzurechnen: Kindertagesbetreuung, Jugendarbeit und Erziehungshilfen. 64 Prozent der Kooperationspartner sind frei-gemeinnützige Träger (z. B. Wohlfahrts- und Jugendverbände, Sport-, Kultur-, Musik- und sonstige Vereine, Initiativen und Kirchen), 21 Prozent sind staatliche bzw. kommunale, 15 Prozent gewerbliche Träger. Die meisten Kooperationspartner bieten täglich eine Mittagsbetreuung, die Beaufsichtigung von Freizeitaktivitäten und Hausaufgabenbetreuung an (vgl. Arnoldt 2007, S. 89–93).

Nicht nur in quantitativer Hinsicht wird klar: Ohne außerunterrichtlich und teilweise außerschulisch Tätige könnte eine Ganztagsschule kaum funktionieren. Das, was die neue Organisationsform Ganztagsschule überhaupt zu einer ganztägigen Einrichtung macht, war bisher zum allergrößten Teil außerschulisch (vor allem in den Bereichen Kindertagesbetreuung und Jugendarbeit).[11] Auch in einer Ganztagsschule, die sich ihrem Umfeld nur wenig öffnen würde, wäre die Kommune also immer schon „anwesend" oder einbezogen: sowohl durch das weitere pädagogisch tätige Personal, das entweder bei der Gemeinde oder bei kommunal finanzierten freien Trägern angestellt ist, als auch durch die Einrichtung einer Mensa oder andere Baumaßnahmen, zu deren Finanzierung die Ganztagsschule einen Antrag auf Mittel aus dem Bundesinvestitionsprogramm „Zukunft Bildung und Betreuung" (IZBB) bei der Gemeindeverwaltung stellen musste: Jede Ganztagsschule ist *per se* Bestandteil und Gegenstand der jeweiligen kommunalen Bildungspolitik.

Der theoretisch hergeleitete Begriff „Ganztagsbildung" vereint zwei wesentliche Aspekte: ein multiprofessionelles Team und institutionelle Kooperationen. Im Unterschied zu vielen anderen Konzepten von Ganztagsschule werden in diesem Konzept schulische und außerschulische, formelle und non-formelle Lernorte systematisch in den Blick genommen. Das Konzept der Ganztagsbildung beleuchtet das Verhältnis – und gegebenenfalls auch die Zusammenarbeit – von schul- und sozialpädagogischen Institutionen und Professionen. In diesem Rahmen wird Personalentwicklung als eine Form von Organisationsentwicklung betrachtet, die verschiedene Institutionen verbindet (vgl. Burow/Plümpe/Bor-

---

11 Das ist auch der Grund, warum die Ganztagsschule ein vordringliches sozialpädagogisches Thema ist, denn als Sozialpädagogik wird traditionell all das definiert, was außerunterrichtliche und nichtelterliche Erziehung, Betreuung und Bildung umfasst. Die Einführung der Ganztagsschule hat durch ihren internen Professionsmix und ihre externe Kooperationsangewiesenheit auch die herkömmlichen Ebenen der Schulentwicklungsforschung erweitert und ergänzt: Neben die traditionellen Ebenen Unterrichts-, Personal- und Organisationsentwicklung treten nun – aus der Jugendhilfeforschung kommend – die Ebenen Handlungsfelder, Adressaten und Disziplinen/Theorien.

nemann 2008 sowie Maykus im vorliegenden Band). Der Schlüsselbegriff heißt „kooperative Kontakte" (Schäfer/Six 1978, S. 284): Er bezeichnet eine soziale Kontaktform, die durch Zusammenarbeit gegenseitige Vorurteile eindämmt und sich im arbeitsteiligen Verfolgen gemeinsamer Ziele konkretisiert. Wenn sich zwischen den Beschäftigten innerhalb einer Ganztagsschule oder zwischen den Vertreter/innen von Institutionen der Ganztagsbildung kooperative Kontakte ergeben und entwickelt werden, gibt es gute Chancen auf eine vielfältige Aus- und Identitätsbildung von Kindern und Jugendlichen, die sowohl erfolgsorientierte als auch verständigungsorientierte Einstellungen begünstigt.

Ausbildung und Identitätsbildung

Wie kann eine solche, vielfältige Aus- und Identitätsbildung beschrieben werden? Rauschenbach und Otto (2004) haben einen Bildungsbegriff entwickelt, der aus zwei Komplementären besteht und in vier „Zielperspektiven" ausdifferenziert ist:

- Ausbildung (mit den Zielperspektiven „kulturelle" und „materielle Reproduktion")
- Identitätsbildung (mit den Zielperspektiven „Sozialintegration" und „Persönlichkeitsentwicklung").

Die beiden Komplementäre Ausbildung und Identitätsbildung verweisen auf die fundamentalen Vergesellschaftungsmodi Arbeit und Interaktion, die auch Jürgen Habermas seiner „Theorie kommunikativen Handelns" (1995) zugrunde legt. Demnach sind für die soziale Integration bzw. für den Erhalt unserer Gesellschaft mindestens zwei Aspekte entscheidend: Qualifikation für den Arbeitsmarkt (oder für weitere formale Ausbildungsstufen) unter kapitalistischen Rahmenbedingungen und Partizipation in der demokratischen Zivilgesellschaft. Dabei geht es unter anderem darum, die Kapitallogik zu „zähmen", um die Sinn- und Solidaritätsressourcen nicht zu erschöpfen.

Arbeitsteilung zwischen den Bildungsinstitutionen

Qualifikation und Partizipation sind also zugleich Basis, Medium und Ziel eines jeden Bildungsprozesses. Konkret betrachtet ist Qualifizierung relativ unstrittig eine der drei zentralen Funktionen der Bildungsinstitution Schule – neben ihrer Selektions-/Allokationsfunktion und ihrer Integrations-/Legitimationsfunktion (vgl. Fend 2006, S. 19). Von den Institutionen der Jugendhilfe übernimmt vor allem die Jugendberufshilfe diese Qualifizierungsfunktion in ergänzender Weise.

Partizipation ist ein wichtiges Strukturprinzip der Jugendarbeit in Vereinen bzw. Verbänden und Offenen Einrichtungen (einhergehend mit ihrem Freiwilligkeits- und Selbstorganisationsprinzip); in Schulen gibt es ebenfalls partizipative Formen in Bezug auf das Unterrichtsgeschehen, die Übernahme von Ämtern und die Gestaltung des Schullebens.[12] Nach diesen jeweiligen Schwerpunkten lässt sich eine „arbeitsbetonende Schulpädagogik" von einer „interaktionsbasierten Sozialpädagogik" unterscheiden (Richter 2001, S. 218).

Nun könnte man Bildungsinstitutionen danach charakterisieren, ob in ihnen die quantitativen Zeitanteile qualifizierender oder partizipativer Arrangements von Bildung überwiegen. Gesellschaftstheoretisch relevanter ist allerdings, welche qualitativen Formen die wert- oder zweckrationalen Handlungsorientierungen der Akteure annehmen. Der systematische Vorteil von Jugendeinrichtungen ist weniger, dass sie Partizipation zum Thema machen, sondern er besteht vor allem darin, dass sie qua Strukturprinzipien grundsätzlich auf Verständigungsorientierung basieren – sonst funktionieren sie nicht (vgl. Sturzenhecker 2004). Hingegen ist der systematische Vorteil von Schulen, dass sie gar nicht anders können, als durch ihre Kernstruktur des verpflichtenden Unterrichts allen Kindern und Jugendlichen Qualifikationen zugänglich zu machen – sonst verlieren sie ihre gesellschaftliche Legitimation (vgl. Tillmann 2003).

Qualifikation und Partizipation in der Ganztagsschule

Nun stellt sich die Frage, inwiefern Qualifikation und Partizipation, Ausbildung und Identitätsbildung gleichermaßen in ein und derselben Institution, eben einer Ganztagsschule, organisiert werden können: Wenn die Lern- und Sozialisationsleistungen (vor allem von Benachteiligten) gesteigert und die Vereinbarkeit von Familie und Beruf verbessert werden sollen, warum sollte man dann nicht einfach mehr non-formelle Bildung in die Schule „inkorporieren" (vgl. BMBF 2004, S. 33)? Mit wenigen Ausnahmen plädieren fast alle Schulpädagogen und -pädagoginnen für diese Lösung, und auch zahlreiche Stimmen aus der Sozialpädagogik rufen nach der offenen, gemeinwesenbezogenen Umgestaltung der Schule zum Lern- und Lebensort. Gegen diese Auffassung bestehen mindestens drei Einwände:

1. Die Entgegensetzung von „Öffnung der Schule" und „Unterrichtszentrierung" beruht auf einer falschen Alternative, denn eine schulische Konzent-

---

12 Zum Thema Partizipation von Kindern in Ganztagsgrundschulen erscheint Ende 2009 eine erste empirische und länderübergreifende Untersuchung von Brügelmann/Coelen/Wagener (Universität Siegen), die durch die Deutsche Kinder- und Jugendstiftung ermöglicht wurde.

ration auf formelles Lernen müsste nicht zur Folge haben, dass die Schule unkooperativ und verschlossen ist.
2. Professionspolitisch relevanter als dieser konzeptionelle Fehlschluss ist die Befürchtung eines „doppelten Konkurrenzproblems" für die Jugendarbeit (vgl. Rauschenbach/Otto 2004, S. 26): Wenn Kinder und Jugendliche zunehmend Zeit im Rahmen der schulischen Organisation verbringen und dort auch vermehrt sozialpädagogische Inhalte und Methoden nutzen können, dürfte es für die außerschulische Pädagogik künftig schwerer als bisher werden, Heranwachsende für ihre Angebote zu begeistern. In theoretischer Hinsicht allerdings vermag auch dieser Einwand nicht zu überzeugen.
3. In bildungs- und gesellschaftstheoretischer Hinsicht ist vielmehr ein dritter Aspekt entscheidend: Die Inkorporierung non-formeller Anteile stößt an systematische Grenzen, weil der dazu notwendige verständigungsorientierte Modus unausweichlich von den erfolgsorientierten Rahmenbedingungen des Arbeitsmarktes perforiert wird: Tief in die schulischen Interaktionen hinein wirkt die Sorge um die Existenzsicherung nicht nur als Notengefeilsche und juristische Anfechtung, sondern auch als Einschreibungen in die Körper und die Räume (vgl. Foucault 1989, S. 245). Insofern zeigt sich im Ganztagsschulbetrieb eine diffuse Vermengung von erfolgs- und verständigungsorientierten Handlungsorientierungen. Die Ganztagsschule versucht, die systembedingten erfolgsorientierten Einstellungen durch Verständigungselemente abzumildern, also letztlich ihre institutionellen Zwänge zu verschleiern. Hingegen sieht das Konzept der Ganztagsbildung eine Verschränkung von eigenständigen Institutionen vor, die beide Orientierungen in sich aufhebt.

Während der erste Einwand konzeptionell zu kurz greift und der zweite lediglich auf den Erhalt von Einrichtungen abzielt, ergibt sich aus der dritten Überlegung in schultheoretischer Hinsicht folgende These: Um ihrem Bildungsauftrag unter kapitalistisch-demokratischen Rahmenbedingungen gerecht werden zu können, ist die Schule auf andere lebensweltliche, weniger verrechtlichte und vermachtete Institutionen angewiesen, da sie die symbolische Reproduktion (in) der Lebenswelt aus strukturellen Gründen (Schulpflicht, Beurteilungswesen, Zertifizierung von Zugangschancen) nur begrenzt gewährleisten kann.

Jugendarbeit und Schule weisen jeweils immanente Lücken auf, die sie nicht selbst schließen können: Die Schule stößt an ihre Grenzen in Bezug auf Partizipation, die Jugendarbeit in Bezug auf Qualifikation. Potenziell können die beiden Institutionen ihre Mängel gegenseitig ausgleichen. Entscheidend ist dabei: Zur vollständigen Erfüllung der jeweiligen *Bildungs*aufträge ist sowohl Schule wie auch Jugendhilfe auf Kooperationen mit Institutionen angewiesen, deren Schwerpunkte im jeweils anderen Bildungsmodus liegen. Dazu braucht es ein Institutionen verbindendes Konzept lokaler Pädagogik.

Gemeinwesenbezogene Pädagogik

Gegenwärtig lässt sich im Zuge der Ganztagsschulentwicklung eine doppelseitige Öffnung beobachten: auf der einen Seite eine Öffnung der Schulen in ihr Umfeld, auf der anderen Seite widmet sich die Kommune verstärkt dem Thema Schule, was über bauliche Fragen und Facility Management weit hinausgeht.[13] Die Öffnung der Schulen in ihr Umfeld ist zwar nicht ganz neu, doch stößt sie bei den Kommunen nun auf ein viel größeres Interesse als bisher. In der wechselseitigen Öffnung steckt eine neue Chance, Bildung lokal zu gestalten, gemeinsam zu verantworten und auch zu erleben. In pädagogischer[14] Hinsicht könnte dabei auf ältere Konzepte der Community Education bzw. der Gemeinwesenarbeit zurückgegriffen werden, aus denen sich die Ansätze der Kommunalpädagogik bzw. der Kommunalen Jugendbildung (Ganztagsbildung) speisen.

All das muss vor Ort muss Ganztagsbildung zwar immer wieder mühsam neu gestaltet werden, aber es braucht dazu kein neues Konzept: Die fachlichen Grundlegungen für eine lokal verantwortete Erziehung, Betreuung und Bildung lassen sich bereits in den Konzepten der „Community Education" bzw. in diversen Ansätzen zur Gemeinwesenarbeit finden. Community Education ist eher schulpädagogisch, Gemeinwesenarbeit eher sozialpädagogisch orientiert. In den 1990er-Jahren wurden die beiden Stränge im Konzept der Kommunalpädagogik zusammengeführt (vgl. Richter 2008; ders. 2001). Ein zielgruppenspezifischer Ausschnitt aus der Kommunalpädagogik ist die „Kommunale Jugendbildung" (Coelen 2002a), die unter der Kurzbezeichnung „Ganztagsbildung" (Coelen 2002b) bekannt geworden ist.

„Community Education" und Gemeinwesenarbeit

Die Ansätze der Community Education und der Gemeinwesenarbeit zeigen vergleichbar deutliche Präferenzen für eine enge Verbindung zwischen Leben und

---

13 In Bezug auf andere Bildungseinrichtungen (z. B. Kindergärten, Familienbildungsstätten, Jugendeinrichtungen, Volkshochschulen, Kultureinrichtungen) sind die Kommunen seit langem schon sehr aktiv, wie die Aachener Erklärung des Deutschen Städtetages (2007) zu Recht hervorhebt.

14 Für politische und administrative Steuerungsfragen vgl. das entsprechende Kapitel im vorliegenden Band.

Lernen. Allerdings wird Community Education in Deutschland – im Gegensatz zu angelsächsischen Ländern, insbesondere Schottland – eher schulzentriert verstanden. So wird beispielsweise von einem deutschen Erziehungswissenschaftler die Frage gestellt, inwieweit eine „Gemeinwesenorientierung" der Schule „bei ihrem Auftrag der Bildung und Erziehung nützen kann" (Reinhardt 1992, S. 9). Gemäß dieser zwar gängigen, aber verkürzten Lesart wird die Jugendhilfe – im Unterschied zur erziehenden und bildenden Schule – als allein präventiv eingestuft und ihr somit kein notwendiger Stellenwert für die Identitätsbildung von Kindern und Jugendlichen eingeräumt. Der außerschulische Bereich erscheint in dieser Perspektive als bloße Sozialisationsumwelt und als Bestimmungsfaktor der schulischen Entwicklung (vgl. Reinhardt 1992, S. 39).

Ebenso wie sich die Wurzeln der Community Education in die 1930er-Jahre zurückverfolgen lassen, bilden sozialpädagogische Initiativen aus derselben Zeit den Grundstock für die vielfältigen Ansätze der Gemeinwesenarbeit. In Deutschland hat sich die Gemeinwesenarbeit von der dritten Methode der Sozialarbeit (neben Einzelfall- und Gruppenarbeit) zu einem wichtigen Struktur- und Arbeitsprinzip der Sozialarbeit bzw. Sozialpädagogik entwickelt. Der zentrale Aspekt aller Konzepte dieser Art ist es, die Bewohner/innen einer – wie auch immer definierten – sozialräumlichen Einheit (Stadtteile, Gemeinden, Nachbarschaften etc.) zu aktivieren. Die AdressatInnen sollen zu aktivem politischen Handeln und Lernen angeleitet werden und zunehmend Kontrolle über ihre Lebensverhältnisse gewinnen. Unklar bleibt allerdings in fast allen Ansätzen, was empirisch mit dem Begriff Community bzw. Gemeinwesen erfasst werden soll. Ebenso wenig wird deutlich, warum sich Verwaltung und Politik von den selbst organisierten Bürger/innen beeinflussen lassen sollten. Umstritten bleibt dabei die Rolle der professionellen Sozialarbeiter/innen: Ihr Eintreten für die Interessen der Bewohner/innen eines Sozialraums ohne lebensweltliche Einbindung ist zwar weitverbreitete Praxis, wird aber als problematisch angesehen.

Im Gegensatz zu diesen strategieorientierten Ansätzen steht bei den Überlegungen von Böhnisch (1994) die Lebenswelt im Zentrum, indem das Konzept der Milieubildung und Netzwerkorientierung konkretisiert wird. Oelschlägel sieht in derartigen bildungsorientierten Ansätzen eine „Gefahr der Entpolitisierung", wenn sie nicht gleichzeitig in eine kommunalpolitische Strategie eingebunden werden (1994, S. 16). An diesem Einwand wird deutlich, dass Gemeinwesenarbeit in vielen Fällen eher politisch und weniger pädagogisch verstanden wird, das heißt, es werden gesellschaftliche Veränderungen auf der Basis der Aktivierung – nicht der Bildung – von Betroffenen angestrebt.

Sowohl Community Education als auch Gemeinwesenarbeit tendieren dazu, das Umfeld nur als Mittel zum Zweck zu benutzen: entweder, um eine Öffnung der Schule oder eine gerechtere Mittelverteilung zu erreichen. Die Ansätze sind in den meisten Fällen lediglich gemeinwesen*bezogen*: Die Tätigen und ihre Institutionen werden nicht zum integrierten Bestandteil des jeweiligen Gemeinwesens. Daher birgt jeder der beiden Ansätze Risiken: In der Community Education liegt die Gefahr einer verobjektivierenden Pädagogisierung, in der Gemeinwesenarbeit die einer instrumentalisierenden Politisierung der Klientel. Zudem wird in beiden Konzepten vorausgesetzt, was es immer wieder neu zu bilden gilt: „die Kommune und das autonome Subjekt" (Richter 1998, S. 198). Genau diese beiden Themen werden in der Kommunalpädagogik aufgegriffen.

Kommunalpädagogik
Im Unterschied zu den genannten schulfixierten bzw. politikorientierten Entwürfen wird Bildung im Konzept der Kommunalpädagogik als ein kulturorientierter Ausschnitt von (kommunaler) Politik im Rahmen eines demokratischen Rechtsstaats begriffen. Die Ansätze der Community Education und der Gemeinwesenarbeit werden hier von Helmut Richter um einen wichtigen Aspekt erweitert: um (inter)kulturelle Identitätsbildung im Rahmen einer kommunalen Öffentlichkeit (z. B. in Form von Vereinen). Den Kernbereich bildet weder eine Politik- noch eine Marktorientierung, sondern eine explizit pädagogische Stärkung der kulturellen Praxis in der Lebenswelt.

Pädagogische Kräfte als Gesprächs- und Geschäftspartner/innen
Bei der Bildung einer solchen „kommunikativen Gegenmacht" (Habermas 1992, S. 362) gegen die administrativen und wirtschaftlichen Subsysteme übernimmt der professionelle Pädagoge oder die professionelle Pädagogin die doppelte Aufgabe einer Verständigung innerhalb der Lebenswelt und einer Verhandlung mit den Systemakteuren. Die pädagogische Kraft versteht sich vorrangig als Vermittler/in zwischen den Subkulturen und motiviert zum Aufbau „kooperativer Kontakte" (Schäfer/Six 1978, S. 284) in der Kommune. Sie verhandelt zum Beispiel erfolgsorientiert zwischen den Mitgliedern der Lebenswelt und den systemischen Akteuren (vor allem der Kommunalverwaltung). Im Konfliktfall initiiert sie einen öffentlichen Bildungsprozess mit dem Ziel, gemeinsam geteilte Bedürfnis- und Forderungsprofile der Bewohner/innen eines Sozialraums zu formulieren. In der Kommunalpädagogik übernehmen professionelle Pädagogen bzw. Pädagoginnen somit grundsätzlich zwei Funktionen: Sie sind verständigungsorientierte Gesprächspartner/innen und zugleich erfolgsorientierte Geschäftspartner/innen innerhalb einer Lebenswelt und bei den Austauschprozessen zwischen (disparaten) Lebenswelten.

Der „Pädagogische Diskurs"
Die so konzipierte Doppelrolle der pädagogischen Kräfte enthält Antworten auf die offenen Fragen der Community Education und der Gemeinwesenarbeit, denn

die professionellen PädagogInnen können als Gesprächspartner/innen sowohl zur Bildung der Kommune als auch des Subjekts beitragen, und zwar in Form einer praxisentlasteten „Handlungspause" (Richter 1991, S. 141). Zur Verdeutlichung dieser genuin pädagogischen Interaktion wurde das Konzept des „pädagogischen Diskurses" ausgearbeitet. Darin wird der von Habermas skizzierte Sonderstatus des therapeutischen Diskurses um die Besonderheiten von Bildungsgesprächen ergänzt. „Diskurs" im Anschluss an Habermas bedeutet, dass ein freiwilliges und gleichberechtigtes Gespräch über strittige Geltungsansprüche stattfindet. In Therapien wie in Bildungssituationen ist eine zeitweise asymmetrische Stellung der Gesprächsteilnehmer/innen unvermeidlich, die jedoch im pädagogischen Diskurs praktisch aufgehoben werden kann. Der Kerngedanke besteht darin, dass immer von einem wechselseitigen Bildungsprozess auszugehen ist.

Von der subkulturellen zur (inter)kulturellen Identität
In der Kommunalpädagogik wird die Identitätsbildung als Kernbereich pädagogischen Handelns und Geschehens angesehen. Dabei ist unter Identität weder eine fixierte Struktur noch eine situativ zu wählende Persönlichkeit zu verstehen. Offen bleibt zunächst die Frage, auf welcher Basis sich Menschen mit verschiedenen „kulturellen Rollen" verstehen oder verständigen können. Richter sieht eine solche, allen Menschen gemeinsame kulturelle Grundlage in den von Habermas herausgearbeiteten universalpragmatischen Elementen der menschlichen Rede mit den Geltungsansprüchen auf Wahrheit, Wahrhaftigkeit und Richtigkeit. Angesichts einer multikulturell ausdifferenzierten Gesellschaft sei die „(inter)kulturelle Identitätsbildung" (Richter 1998, S. 120) die angemessene Perspektive für pädagogisch angeleitete Interaktionsprozesse. Dabei gehe es nicht nur um eine Verständigung zwischen verschiedenen Nationalitäten, sondern um die Überwindung der vier zentralen Verstehensbarrieren aus Generationen, Geschlechtern, Ethnien/ Religionen und Klassen/Schichten. Praktisch gewendet heißt das, dass die Bewohner/innen eines Gemeinwesens zunächst in ihren subkulturellen Ausprägungen gestärkt werden müssen, um dann mithilfe „kooperativer Kontakte" zu gemeinsamen Erfahrungen, zu einer Integration des Stadtteils und eventuell zu einer Identifikation der Bürger/innen mit ihrem Stadtteil kommen zu können.

Die Kommune als Basis, Medium und Ziel
Richter verbindet seine Überlegungen zur kulturellen Rolle und zur oben beschriebenen sozialen Professionsrolle von PädagogInnen im Hinblick auf ihre alltägliche Gemeinsamkeit: den Ort, an dem sie leben und/oder arbeiten. Im Begriff der Kommune komme „ein Doppeltes zum Einklang: Territorium als räumlich umgrenzter Arbeits- und Reproduktionszusammenhang und interaktive Gemeinschaftlichkeit der Teilhabenden am Reproduktionsprozess" (Richter

1998, S. 203). Es sei empirisch angemessen, in Großstädten die so verstandene Kommune auf der Stadtteilebene zu verorten,[15] auch um die verbreitete Unverbindlichkeit der Raumorientierungen in den Ansätzen von Community Education und Gemeinwesenarbeit zu überwinden. Die Kommune ist folglich einerseits die empirische Basis der Kommunalpädagogik, andererseits aber auch ihr Medium in der konkretisierten Form demokratisch organisierter und den Prinzipien von Öffentlichkeit verpflichteter Vereine. Zugleich gilt die Kommune als Perspektive einer radikaldemokratischen und ökologischen Gesellschaft.

Kommunale Jugendbildung und Ganztagsbildung
Die Kommunale Kinder- und Jugendbildung (Coelen 2002a) ist als zielgruppenspezifischer Teilbereich der Kommunalpädagogik konzipiert, der sich auf sozialräumlicher Grundlage (vgl. Mack in diesem Band) in der Zusammenarbeit zwischen Schulen und Institutionen der Kinder- und Jugendarbeit (Vereine, Verbände und Offene Jugendeinrichtungen) konkretisiert. Falls diese Zusammenarbeit institutionalisiert, strukturell abgesichert und alltäglich verlässlich gestaltet wird, „könnte man das auch ‚Ganztagsbildung' nennen" (Coelen 2002b, S. 64).

Fazit

Die Akteure lokaler Bildungslandschaften, die sich im Umfeld von Ganztagsschulen bewegen, finden in diversen Ansätzen der gemeinwesenbezogenen Pädagogik eine Fülle von Anregungen, die – neben politischem und administrativem Steuerungswissen – für die Verständigung im Rahmen einer kommunalen Bildungspolitik unabdingbar sind. Dabei ist aus der bildungs- und gesellschaftstheoretischen Perspektive der Ganztagsbildung das Konzept „Schule als Zentrum" nur dann sinnvoll, wenn die Ganztagsschule ihre Außenkontakte nicht darauf beschränkt, im juristischen Rahmen von Schulveranstaltungen einige ausgewählte und schuldidaktisch aufbereitete Lernorte zu besuchen bzw. Vertreter dieser Lernorte in den Unterricht oder die Betreuungszeit zu holen.[16] Vielmehr können Schulen im Zentrum von Bildungslandschaften stehen, wenn sie zum komplementären Ausgleich ihrer eigenen Grenzen, Schwächen und Lücken Kooperationspartner suchen (und vice versa), deren Angebote dann durch einen Austausch von Ressourcen (Räume, Zeiten, Personen, Wissen) bereichert werden. Somit könnten Schul-

---

15 Mit diesem lebensweltlichen Kommunebegriff ist also nicht die administrative Gebietskörperschaft gemeint.
16 Die Friktionen einer schulzentrierten Variante lassen sich gut an den Entwicklungen in der Stadt Herford ablesen. Vgl. die Expertise über Teamentwicklung und Raumnutzung, erhältlich beim Institut für soziale Arbeit, Münster.

gebäude in den Kommunen zu zentralen Lernorten werden, in denen unter anderem zwischen 8 und 16 Uhr vor allem Unterricht für 6- bis 16- bzw. 18-Jährige stattfindet. Andere Lernorte werden ihre eigenen Schwerpunkte haben.[17]

Literatur

Arnoldt, Bettina (2007): Öffnung von Ganztagsschule. In: Heinz Günter Holtappels/Eckhard Klieme/Thomas Rauschenbach/Ludwig Stecher (Hrsg.): Ganztagsschule in Deutschland. Ergebnisse der Ausgangserhebung der „Studie zur Entwicklung von Ganztagsschulen" (StEG). Weinheim und München, S. 86–105.
BMBF – Bundesministerium für Bildung und Forschung (2004): Konzeptionelle Grundlagen für einen Nationalen Bildungsbericht. Non-formale und informelle Bildung im Kindes- und Jugendalter (Bildungsreform Bd. 6). Berlin.
Böhnisch, Lothar (1994): Gespaltene Normalität. Lebensbewältigung und Sozialpädagogik an den Grenzen der Wohlfahrtsgesellschaft. Weinheim.
Burow, Olaf-Axel/Plümpe, Christoph/Bornemann, Stefan (2008): Schulentwicklung. In: Coelen, Thomas/Otto, Hans-Uwe (Hrsg.): Grundbegriffe Ganztagsbildung. Das Handbuch. Wiesbaden, S. 602–610.
Coelen, Thomas (2002a): Kommunale Jugendbildung. Raumbezogene Identitätsbildung zwischen Schule und Jugendarbeit. Frankfurt a. M. u. a.
Coelen, Thomas (2002b): „Ganztagsbildung" – Ausbildung und Identitätsbildung von Kindern und Jugendlichen durch die Zusammenarbeit von Schulen und Jugendeinrichtungen. In: neue praxis, Jg. 32, H. 01/02, S. 53–66.
Coelen, Thomas/Otto, Hans-Uwe (2008): Grundbegriffe Ganztagsbildung. Das Handbuch. Wiesbaden.
Coelen, Thomas/Schulte, Michaela (2009): „ganztags" in der Lehrer/innenbildung. Auf der Suche nach interprofessionellen Kompetenzen. In: Kraler, Christian/Schnabel-Schüle, Helga/Schratz, Michael/Weyand, Birgit (Hrsg.): Kulturen der Lehrerbildung. Münster (im Druck).
Fend, Helmut (2006): Neue Theorie der Schule. Einführung in das Verstehen von Bildungssystem. Wiesbaden.
Foucault, Michel (8. Auflage 1989): Überwachen und Strafen. Die Geburt des Gefängnisses. Frankfurt a. M.
Fritzsche, Bettina/Idel, Till-Sebastian/Reh, Sabine/Labede, Julia/Altmann, Stefanie/Breuer, Anne/Klais, Sabrina/Lahr, Evely/Surmann, Antonia (2008): Legitimation des Ganztags in Grundschulen – Familiarisierung und schulisches Lernen zwischen Unterricht und Freizeit. In: Kolbe, Fritz-Ullrich/Reh, Sabine/Fritzsche, Bettina/Idel, Till-Sebastian/Rabenstein, Kerstin (Hrsg.): Ganztagsschule als symbolische

---

17 Zur Einordnung des Praxisbeispiels aus Rostock im vorliegenden Band vgl. die empirische Analyse, die Sigeneger u. a. (2007) im Auftrag der Stadt Rostock durchgeführt haben: „Jugendbildung in der Hansestadt Rostock. Bildungskonzepte und Erfahrungen von Pädagogen in der Ganztagsbildung und in der außerschulischen Jugendbildung".

Konstruktion. Fallanalysen zu Legitimationsdiskursen in schultheoretischer Perspektive. Wiesbaden, S. 83–106.

GEW – Gewerkschaft Erziehung und Wissenschaft (2006) (Hrsg.): Kinder und Jugendliche im 21. Jahrhundert professionell begleiten – Für eine gemeinsame Pädagogenausbildung. Dokumentation des GEW-Workshops. Frankfurt a. M. (www.gew.de/Binaries/Binary29108/GEW-GemPaed.pdf; 15.04.2009).

Habermas, Jürgen (1991): Der philosophische Diskurs der Moderne. Frankfurt a. M.

Habermas, Jürgen (1992): Faktizität und Geltung. Beiträge zur Diskurstheorie des Rechts und des demokratischen Rechtsstaats. Frankfurt a. M.

Habermas, Jürgen (1995): Theorie des kommunikativen Handelns, 2 Bde. Frankfurt a. M.

Heiner, Maja (1994): Training in Community Organizing. In: Bitzan, Maria/Klöck, Tilo (Hrsg.): Jahrbuch Gemeinwesenarbeit 5. Politikstrategien – Wendungen und Perspektiven. München, S. 295–297.

Himmelmann, Gerd (2005): Demokratie Lernen als Lebens-, Gesellschafts- und Herrschaftsform. Ein Lehr- und Studienbuch. Schwalbach/Ts.

Höhmann, Katrin/Bergmann, Katrin/Gebauer, Miriam (2008): Das Personal. In: Heinz Günter Holtappels/Eckhard Klieme/Thomas Rauschenbach/Ludwig Stecher (Hrsg.): Ganztagsschule in Deutschland. Ergebnisse der Ausgangserhebung der „Studie zur Entwicklung von Ganztagsschulen" (StEG). Weinheim und München, S. 77–85.

Kolbe, Fritz-Ullrich/Reh, Sabine/Fritzsche, Bettina/Idel, Till-Sebastian/Rabenstein, Kerstin (Hrsg.) (2008): Ganztagsschule als symbolische Konstruktion. Fallanalysen zur Legitimationsdiskursen in schultheoretischer Perspektive. Wiesbaden.

Kraler, Christian (2008): Lehrerbildung. In: Coelen, Thomas/Otto, Hans-Uwe (Hrsg.): Grundbegriffe Ganztagsbildung: Das Handbuch. Wiesbaden, S. 765–775.

Oelkers, Jürgen/Otto, Hans-Uwe (Hrsg.) (2006): Zeitgemäße Bildung. Herausforderungen für Erziehungswissenschaft und Bildungspolitik. München und Basel.

Oelschlägel, Dieter (1994): Politikverständnis der Gemeinwesenarbeit im Wandel: von der Gesellschaftsveränderung zur kommunalpolitischen Einmischung. In: Bitzan, Maria/Klöck, Tilo (Hrsg.): Jahrbuch Gemeinwesenarbeit 5. Politikstrategien – Wendungen und Perspektiven. München, S. 13–27.

Prüß, Franz (2008): Organisationsform ganztägiger Bildungseinrichtungen. In: Coelen, Thomas/Otto, Hans-Uwe: Grundbegriffe Ganztagsbildung. Das Handbuch. Wiesbaden, S. 621–632.

Rauschenbach, Thomas/Otto, Hans-Uwe (2004): Die neue Bildungsdebatte – Chance oder Risiko für die Kinder- und Jugendhilfe? In: Otto, Hans-Uwe/Rauschenbach, Thomas (Hrsg.): Die andere Seite der Bildung. Zum Verhältnis von formellen und informellen Bildungsprozessen. Wiesbaden, S. 9–29.

Reinhardt, Klaus (1992): Öffnung der Schule. Community Education als Konzept für die Schule der Zukunft? Studien zur Schulpädagogik und Didaktik. Bd. 6. Weinheim.

Richter, Helmut (1991): Der pädagogische Diskurs. Versuch über den pädagogischen Grundgedankengang. In: Peukert, Helmut/Scheuerl, Hans (Hrsg.): Wilhelm Flitner und die Frage nach einer allgemeinen Erziehungswissenschaft im 20. Jahrhundert. Zeitschrift für Pädagogik, Jg. 37, Beiheft 26. Weinheim und Basel, S. 141–153.

Richter, Helmut (1998): Sozialpädagogik – Pädagogik des Sozialen. Grundlegungen – Institutionen – Perspektiven der Jugendbildung. Frankfurt a. M.

Richter, Helmut (2001): Kommunalpädagogik. Studien zur interkulturellen Bildung, Frankfurt a. M. u. a.
Richter, Helmut (2008): Kommunalpädagogik. In: Coelen, Thomas/Otto, Hans-Uwe (Hrsg.) (2008): Grundbegriffe Ganztagsbildung. Das Handbuch. Wiesbaden, S. 868–877.
Schäfer, Bernd/Six, Bernd (1978): Sozialpsychologie des Vorurteils. Stuttgart u. a.
Schulte, Michaela (2008): Das Studienseminar. Die Ausbildung im Studienseminar (Gymnasium & Gesamtschule) aus der Perspektive der Referendare. Siegen.
Sigeneger, Jüte Sophia/Wensierski, Hans-Jürgen von/Coelen, Thomas/Schulz, Christoph (2007): Jugendbildung in der Hansestadt Rostock. Bildungskonzepte und Erfahrungen von Pädagogen in der Ganztagsbildung und in der außerschulischen Jugendbildung: Eine empirische Analyse im Auftrag der Hansestadt Rostock (http://www.phf.uni-rostock.de/institut/ias/wensierski/index.htm; 15.04.2009).
Sturzenhecker, Benedikt (2004): Zum Bildungsanspruch der Jugendarbeit. In: Otto, Hans-Uwe/Rauschenbach, Thomas (Hrsg.): Die andere Seite der Bildung. Zum Verhältnis von formellen und informellen Bildungsprozessen. Wiesbaden, S. 147–165.
Tillmann, Klaus-Jürgen (2003): Aufgaben und Chancen öffentlicher Bildung. In: Mangold, Matthias/Oelkers, Jürgen (Hrsg.): Demokratie, Bildung und Markt. Bern, S. 305–324.
Thimm, Klaus-Jürgen (2008): Personelle Kooperation und Fortbildung. In: Coelen, Thomas/Otto, Hans-Uwe (Hrsg.) (2008): Grundbegriffe Ganztagsbildung. Das Handbuch. Wiesbaden, S. 809–818.

Gelingensbedingungen lokaler Bildungslandschaften.
Die Perspektive der dezentrierten Ganztagsbildung

Heinz-Jürgen Stolz

Die Entwicklung ganztägiger Bildungsangebote ist durch das „Investitionsprogramm Bildung und Betreuung" (IZBB) des Bundes (vgl. BMBF 2003) enorm angeschoben worden. Mittlerweile hat sich gezeigt, dass der Ausbau der Ganztagsschulen in eine neue Phase eintreten muss und dringend einer Perspektivänderung bedarf: Die bisher auf Einzelschulen konzentrierte Steuerung der Ganztagsschulentwicklung sollte durch ein Konzept der Ganztagsbildung im Kontext lokaler Bildungslandschaften ersetzt werden. Einerseits gibt es in diesem Sinne bereits eine Reihe von Good-Practice-Beispielen. Andererseits steckt die wissenschaftlich-reflexive Begleitung und fachpolitische Flankierung solcher Ansätze noch in den Anfängen.[18] Der folgende Beitrag kann sich somit zwar auf erste empirische Befunde stützen, verlängert diese aber in eine normative Dimension hinein, um die Entwicklungsvariante einer „Dezentrierten Ganztagsbildung" (Stolz 2006) vorzustellen. Offen bleibt derzeit, inwieweit sich dieses Konzept in Deutschland durchsetzen kann – was aus Sicht des Autors nicht nur wünschenswert, sondern auch machbar wäre.

Der Argumentationsgang stellt sich wie folgt dar: Zunächst werden ausgewählte fachpolitische Leitziele der Ganztagsschulentwicklung vorgestellt, deren Realisierbarkeit unter den gegenwärtigen Bedingungen einer vornehmlich einzelschulischen Steuerung der Entwicklung des Ganztags kritisch diskutiert wird. Anschließend wird die ordnungspolitische Alternative einer integrierten und interinstitutionell zwischen Schule und Partnern „auf Augenhöhe" abgestimmten lokalen Angebotsentwicklung skizziert, und im Hinblick auf empirisch bereits erkennbare Gelingensbedingungen sowie pragmatische erste Schritte analysiert bzw. konkretisiert. Am Schluss soll deutlich werden, wie eine schulzentrierte

---

18 Auf der Grundlage der gemeinsamen Erklärung der Jugend- und Kultusministerkonferenz der Länder zur „Stärkung und Weiterentwicklung des Gesamtzusammenhangs von Bildung, Erziehung und Betreuung" (JMK/KMK 2004) hat eine Arbeitsgruppe des Schulausschusses der Ständigen Kultusministerkonferenz der Länder (KMK) und der Arbeitsgemeinschaft für Kinder- und Jugendhilfe (AGJ) im Jahr 2008 eine Zwischenbilanz zur Zusammenarbeit von Jugendhilfe und Schule vorgelegt (Held/Struck 2008). Der Autor hat die Ergebnisse dieser Arbeitsgruppe – in enger Abstimmung mit deren Mitgliedern – in dem Papier „Zukunftsfelder der Kooperation Schule – Jugendhilfe" zusammengefasst (Stolz 2008).

Ganztagsschulentwicklung durch eine dezentrierte Entwicklungsvariante ersetzt werden könnte. Aufgezeigt werden Dezentrierungspotenziale zur Gestaltung ganztägiger Bildung im Kontext lokaler Bildungslandschaften.

Leitziele der Ganztagsschulentwicklung

Die folgende Übersicht gibt eine Reihe zentraler Leitziele der Ganztagsschulentwicklung in Deutschland wieder. Diese fachpolitisch proklamierten Ziele wurden verschiedenen programmatischen Schriften entnommen, wie etwa den Empfehlungen des Forum Bildung (vgl. Arbeitsstab Forum Bildung 2001), der bereits erwähnten Verwaltungsvereinbarung des IZBB (2003), den sogenannten Leipziger Thesen der Kinder- und Jugendhilfe (vgl. Bundesjugendkuratorium 2002), der gemeinsamen Erklärung der Jugend- und Kultusministerkonferenz (vgl. JMK/ KMK 2004) und dem Zwölften Kinder- und Jugendbericht der Bundesregierung (vgl. BMFSFJ 2005).

Übersicht 1: Wichtige Leitziele der Ganztagsschulentwicklung in Deutschland

Die herkunftsbedingten Benachteiligungen im deutschen Bildungssystem sollen abgebaut werden, vor allem durch:
- mehr individuelle Förderung der Schülerinnen und Schüler,
- eine verbesserte Lehr- und Lernkultur,
- mehr Gelegenheit zum sozialen Lernen,
- mehr Freiwilligkeit und Partizipation.

Wichtige Aspekte sind dabei:
- Humankapital in bislang bildungsfernen Milieus effektiver zu entwickeln,
- mehr Chancengleichheit und kulturelle Teilhabe zu ermöglichen,
- mehr individuelle Selbstregulationsfähigkeit zu erreichen, u. a. um deviante (abweichende) Verhaltensformen zu reduzieren.

Schule soll zu einer anregenden Lern- und Lebensumgebung umgestaltet werden, unter anderem durch:
- investive Maßnahmen im Rahmen des Bundesprogramms IZBB (z. B. Küchen, Mensen, Bibliotheken, Spiel- und Lerngeräte, Nutzung neuer Medien, Raum- und Schulhofgestaltung),
- intensivierte Nutzung außerschulischer Lernorte im Unterrichts- und Angebotsbereich,
- Kooperationen mit außerschulischen Partnern: Einbezug sozial- und freizeitpädagogischer Elemente sowie von Inhalten und Methoden der kulturellen und der politischen Jugendbildung, der Bewegungserziehung etc.

Ganztagsschule soll dazu beitragen, einen über die Schule hinausreichenden „konsistenten Gesamtzusammenhang von Bildung, Erziehung und Betreuung" zu schaffen (JMK/KMK 2004).

Auch soll der Ganztag eine bessere Vereinbarkeit von Familie und Beruf ermöglichen:
- arbeitsmarktpolitisch: Nutzung des Humankapitals gut ausgebildeter Frauen;
- bevölkerungspolitisch: Steigerung der Geburtenrate, insbesondere bei gut ausgebildeten Frauen;
- sozialpolitisch: Beitrag zur Gleichberechtigung der Frau.

Neben diesen gewissermaßen fachpolitisch proklamierten Leitzielen, zeigt die empirische Begleitforschung am Deutschen Jugendinstitut[19] weitere lokal definierte Zieldimensionen auf.

Übersicht 2: Lokal definierte Ziele der Ganztagsschulentwicklung

- Ganztagsschulen sollen dazu beitragen, die regional unterschiedlichen *Herausforderungen des demografischen Wandels* zu bewältigen. Dazu gehören vor allem zwei Entwicklungen:
  o Der Anteil bildungsferner Familien mit Migrationshintergrund befindet sich in vielen Großstadtquartieren der alten Bundesländer und Berlins bereits auf hohem Niveau und steigt weiter an.
  o Gleichzeitig geht die Zahl von Kindern und Jugendlichen in vielen neuen Bundesländern, insbesondere in ländlichen Räumen, sehr stark zurück.
- Ganztagsschulen sollen Kommunen *Standortvorteile* verschaffen: Eine gut ausgebaute lokale Bildungsinfrastruktur ist ein wichtiger „weicher" Standortfaktor in der Konkurrenz der Gebietskörperschaften um die Ansiedlungen von Wirtschaftsunternehmen.

---

19 Deutsches Jugendinstitut: Projekt „Lokale Bildungslandschaften in Kooperation von Ganztagsschule und Jugendhilfe", gefördert vom Bundesministerium für Bildung und Forschung (BMBF) (http://www.dji.de/cgi-bin/projekte/output.php?projekt=596; 27.05.2009); Deutsches Jugendinstitut: Projekt „Lokale Bildungslandschaften in Kooperation von Jugendhilfe und Schule", gefördert vom Bundesministerium für Familie, Senioren, Frauen und Jugend (BMFSFJ) (http://www.dji.de/cgi-bin/projekte/output.php?projekt=595; 27.05.2009). Im Kontext der beiden Projekte (Laufzeit: 01.02.2007–31.01.2010) werden sechs Bildungsregionen mit Best-Practice-Qualitäten auf ihrem Weg zur Gestaltung lokaler Bildungslandschaften wissenschaftlich begleitet.

Die breit gefächerten Ziele machen deutlich, wie sehr Bildungspolitik inzwischen ein Teil der Gesellschaftspolitik geworden ist. Das erklärt auch die starke Aufwertung dieses Politikfeldes in den letzten Jahren und den allseits konstatierten enormen Reformbedarf. Des Weiteren zeigt sich, aus welch unterschiedlichen Motiven die Ganztagsschulentwicklung derzeit gefordert und gefördert wird: Das Spektrum reicht von puren Wirtschaftsinteressen über bevölkerungspolitische Absichten, bis hin zu humanistischen Bildungszielen und sozialpolitischen Perspektiven.

Inzwischen wird der Ausbau der Ganztagsschulen von einer breiten politischen Mehrheit getragen. Allerdings wird dieser Konsens häufig instabil, wenn es um die konkrete infrastrukturelle Ausgestaltung geht. Aus Sicht von Bildungssoziologie und empirischer Bildungsforschung ist es daher umso wichtiger, frühzeitig die Gestaltungsmöglichkeiten herauszuarbeiten und dieses Wissen an Fachpolitik, Wirtschaft und Zivilgesellschaft zu vermitteln. Nur so kann in Zukunft verhindert werden, dass ideologisierte bildungspolitische Diskurse und Blockadepolitiken die notwendigen Fortschritte zunichtemachen, wie es in den vergangenen Jahrzehnten häufig der Fall war. Liest man beispielsweise heute erneut die – vor vierzig Jahren gegebenen – Empfehlungen des Deutschen Bildungsrates (vgl. Deutscher Bildungsrat 1969; 1970), so unterscheiden sie sich nur wenig von den Forderungen in aktuellen Debatten; die Schulpolitik scheint in den letzten vier Jahrzehnten kaum vorangekommen zu sein.

Wo liegen also künftige Potenziale der Gestaltung ganztägiger Bildung, Erziehung und Betreuung? Eine erste Antwort lautet: Es kann nicht mehr so weitergehen wie bisher. Denn die Einzelschulen, so die These, sind mit der Gestaltung anspruchsvoller Ganztagsangebote auf Dauer heillos überfordert, wenn ihnen keine Perspektiven aufgezeigt werden, wie sie die Herausforderungen im Zusammenspiel verschiedener Akteure bewältigen können. Im vorliegenden Beitrag wird eine entsprechende, alternative Gestaltungsperspektive dargestellt.

Grenzen einzelschulischer Steuerung

Für diese Überforderung gibt es sowohl organisatorische als auch pädagogisch-konzeptionelle Gründe. Die organisatorischen Restriktionen liegen in der Struktur der deutschen Unterrichtsschule begründet, die über vergleichsweise geringe administrative Ressourcen verfügt. Im Zuge des Ganztagsschulausbaus soll diese Unterrichtsschule nun mehr und mehr Vernetzungsfunktionen im sozialen Nahraum erfüllen, Qualitätsentwicklung und Budgetverwaltung betreiben und dabei verstärkt auch die Erziehungsdimension in den Blick nehmen. Um diese wachsenden Aufgaben erfüllen zu können, muss das Leitungsteam erweitert und die Schulleitung im Bereich der Unterrichtsverpflichtung deutlich entlastet werden.

Wenn die Schulen dann zusätzlich noch die logistische Aufgabe übernehmen müssen, die Angebote im Ganztag bei meist nicht ausreichendem Personal zu koordinieren, potenzieren sich die Belastungen weiter. Diese Entwicklung lässt eine schleichende Deprofessionalisierung der Schulleitungen befürchten: Wer für alles zuständig sein soll, macht und kann am Ende nichts mehr richtig!

Neben dieser problematischen Entgrenzung des organisatorischen Aufgabenbereichs der Schulleitung steht die pädagogisch-konzeptionelle Herausforderung, Ganztagsbildung zu gestalten. Diese soll ja mehr sein als ein pures Zusatzangebot, indem ein im Kern unverändert bleibender Unterricht durch ein nachmittägliches Freizeit- und Betreuungsangebot ergänzt wird. Hier geraten die Schulleitungen nicht selten in eine Konstellation des „double bind", die zur gleichen Zeit widersprüchliche Anforderungen stellt: Zum einen soll die Schulleitung gemeinsam mit außerschulischen Kooperationspartnern (z. B. den Sportvereinen, der Kinder- und Jugendhilfe oder der kulturellen Jugendbildung) auf Augenhöhe das Ganztagsangebot gestalten und dabei die Verknüpfung von unterrichtlich-formaler Bildung mit non-formal strukturierten Bildungsangeboten gewährleisten. Dazu gehört, genügend Freiräume und Gelegenheitsstrukturen für die wichtigen, ungeplantinformellen Lernprozesse der Kinder und Jugendlichen zu schaffen. Zum anderen ist im Schulgesetz festgelegt, dass die Leitungsebene einer Schule durchweg die Letztverantwortung für das Ganztagsangebot trägt, was eine Kooperation auf Augenhöhe per se ausschließt.

Die folgende Übersicht fokussiert detaillierter diese Restriktionen einer einzelschulischen Steuerung von Ganztagsangeboten.

Übersicht 3: Grenzen einzelschulischer Steuerung bei der Gestaltung von Ganztagsangeboten

- *Begrenzte Spezialisierungsmöglichkeiten*: Jede Schule muss das volle Angebotsspektrum vorhalten und kann daher nur begrenzt Schwerpunkte setzen, zum Beispiel im Rahmen eines spezifischen Schulprogramms.
- *Begrenzte Angebotsvielfalt*: Eine verbesserte individuelle Förderung braucht notwendig Nischenangebote. Doch in einer einzelnen Schule kommen häufig nicht genug Anmeldungen für solche speziellen Angebote zustande.
- *Begrenzte Nutzung außerschulischer Lernorte*: Jede Schule muss individuelle Netzwerke knüpfen und logistische Probleme (z. B. Transport der Schüler/innen) lösen.
- *Mangelnde Rahmenvereinbarungen*: In den Bundesländern bestehen unterschiedliche Regelungen in Bezug auf Honorarverträge, versicherungs- und aufsichtsrechtliche Fragen (z. B. wenn die Aufsichtspflicht an Kooperationspartner delegiert wird). Im Extremfall muss eine Schule in jeder neuen Kooperationsbeziehung neue Regelungen aushandeln.

- *Begrenzte Steuerungs- und Leitungsressourcen*: Vor allem kleinere (Grund-) Schulen haben häufig kein Leitungsteam, keine hinreichenden Stundenkontingente für Angebotskoordinator/innen und zu geringe Verwaltungsressourcen (z. B. im Schulsekretariat). Die „Letztverantwortung der Schulleitung" für das Ganztagsangebot steht dann zwar auf dem Papier, kann in der Praxis aber nicht wirklich übernommen werden.

Insbesondere die genannten pädagogisch-konzeptionellen Restriktionen sind so grundsätzlicher Natur, dass es mit einer rein administrativen und personellen Ausstattung und Aufstockung von Schulleitungsteams alleine nicht getan ist. Die zentrale Konsequenz lautet vielmehr: Notwendig ist ein Paradigmenwechsel von der Ganztagsschulentwicklung hin zu einer *lokal verantworteten Ganztagsbildung*.

Potenziale lokaler Steuerung

Mit der Kritik an einer einzelschulischen Steuerung sind bereits die Potenziale einer lokalen Steuerung im Kontext der Gestaltung integrierter Bildungslandschaften angesprochen. In diesem Konzept verhält sich vieles ganz einfach spiegelbildlich zur einzelschulischen Steuerung. An dieser Stelle soll auf einen wesentlichen Punkt hingewiesen werden: Die OECD-Vergleichsstudie PISA hat gezeigt, dass die weiterführenden Schulen in Deutschland durch sozial weitgehend entmischte Lernmilieus gekennzeichnet sind. Dieser Separierung muss eine lokal geplante Ganztagsbildung kompensatorisch entgegenwirken. Das erscheint pädagogisch sinnvoll, weil Kinder und Jugendliche sehr stark durch Vorbilder lernen, wobei die Mitglieder ihrer Lerngruppe – die sogenannten Peers – eine herausragende Bedeutung einnehmen. Aus diesem Befund haben aber bislang weder die Institution Schule noch die außerschulischen Bildungsanbieter in Deutschland die notwendigen Konsequenzen gezogen. Die Potenziale des Peer Learnings erscheinen – so die in diesem Beitrag vertretene These – umso größer, je heterogener die Lerngruppe in sozialer und altersmäßiger Hinsicht strukturiert ist.[20] Dem stehen Tendenzen zur institutionellen Ausgliederung von Kindern und Jugendlichen mit besonderem Förderbedarf aus dem Klassenverband ebenso entgegen wie der Versuch von Schule, möglichst leistungshomogene Lerngruppen zu schaffen:

---

20   Dabei scheint nicht die Bildung von „Sonderfördergruppen" *an sich* das Problem zu sein, sondern die sich darin ausdrückende soziale Entmischung, die Stigmatisierungseffekte nach sich zieht. Dagegen erscheint eine Abfolge verschiedener Fördergruppen, die je nach Themenfeld in ihrer Zusammensetzung wechseln, im Hinblick auf die Ausbildung sozialer Anerkennungsverhältnisse als unproblematisch. Allerdings könnten solche Modelle wiederum bei jüngeren Kindern unter Bindungsgesichtspunkten in der Peer Group problematisch sein.

- im Bereich der *Schule* erstens durch das Förderschulwesen, zweitens durch die Ausdifferenzierung milieuspezifisch geprägter Grundschulen und drittens durch das gegliederte Sekundarstufensystem, das im internationalen Vergleich eine sehr frühe Eingangsselektivität aufweist.
- im Bereich der *Jugendhilfe* durch die Konstitution vermeintlich problemhomogen zusammengesetzter Lerngruppen, etwa in der Sozialen Gruppenarbeit, in Tagesgruppen oder Projekten für Schulverweiger/innen.

Ein Forschungsprojekt am Deutschen Jugendinstitut (vgl. Kaufmann 2007, S. 159 ff.) hat am Beispiel von Ganztagsgrundschulen klar gezeigt, wie groß die Stigmatisierungspotenziale solcher Sonderfördermaßnahmen sind. Dabei ist es gleichgültig, ob es sich zum Beispiel um Förderangebote für „Benachteiligte" oder „Hochbegabte" handelt. Ein weiteres Ergebnis dieser Studie war: Insbesondere die befragten Lehrkräfte haben praktisch keine Einsicht in Stigmatisierungsprozesse, die durch Fördergruppenbildung induziert werden. Folglich können sie entsprechende Motivationsprobleme der Kinder auch nicht in diesem Kontext verorten.

Eine lokal geplante Ganztagsbildung sollte diese bildungssoziologischen Befunde aufnehmen, indem schul(form)- und quartiersübergreifende Bildungssettings gefördert werden. Die Vorteile einer lokalen Steuerung zeigt die folgende Übersicht mit weiteren Details.

Übersicht 4: Potenziale lokaler Steuerung von ganztägigen Bildungsangeboten

- *Synergieeffekte einzelschulischer Spezialisierung*: Wenn auch Schüler/innen anderer Schulen im Nahraum das jeweilige Ganztagsangebot nutzen können, muss nicht jede Schule das volle Angebotsspektrum vorhalten. Dadurch können anspruchsvollere, stärker spezialisierte Bildungssettings entwickelt werden.
- *Synergieeffekte integrierter lokaler Fachplanung*: Durch länderübergreifende Rahmenvereinbarungen können Einzelschulen und Einrichtungen der Kooperationspartner entlastet werden. Soweit keine länderrechtlichen Regelungen bestehen, können auf diese Weise Fragen der Logistik (z. B. Schüler/innentransporte; Ressourcenbereitstellung), rechtliche Fragen und Honorarvereinbarungen einheitlich gelöst werden. Zudem ist es möglich, außerschulische Lernorte optimal auszulasten.
- *Konzeptqualität durch Kooperation auf Augenhöhe*: Lokale Vereinbarungen (z. B. zwischen Jugendhilfe- und Schulausschuss, durch gemeinsame Steuergruppen und integrierte Jugendhilfe-/Schulentwicklungsplanung) können Einzelschulen und Einrichtungen der Kooperationspartner entlasten. Die Entwicklung des Angebotsspektrums kann deutlicher an übergeordneten (lokalen) fachpolitischen Zielen orientiert werden.

- *Qualitätsentwicklung*: Durch interinstitutionell getragene lokale Wirksamkeitsdialoge oder analoge Strukturen können die Bildungsleistungen von Ganztagsangeboten gezielt verbessert (und ggf. zertifiziert) werden.
- *Konstitution lokaler Bildungsnetze*: Über intermediäre Instanzen (lokale Bildungsbüros, Servicestellen etc.) kann Ganztagsbildung in komplexen Bildungssettings vorangebracht werden: Diese Settings sind netzwerkförmig *verbindlich geordnet*, quartiers-, schul- und schulformübergreifend organisiert sowie sozial stärker durchmischt.

Gelingensbedingungen lokaler Steuerung

Im ersten Teil dieses Beitrags wurde die normative Dimension des Themas hervorgehoben: Es wurde dafür plädiert, die überkommene, einzelschulisch verantwortete Gestaltung von Ganztagsangeboten durch eine lokale Steuerung von ganztägigen Bildungsangeboten zu ersetzen. Derzeit untersucht das Deutsche Jugendinstitut, wie bereits weiter oben erwähnt wurde, in zwei Forschungsprojekten *empirisch bereits rekonstruierbare* Gelingens- und Misslingensbedingungen bei der Gestaltung lokaler Bildungslandschaften. Im Zentrum steht das Zusammenwirken der beiden großen öffentlich verantworteten Institutionen, die für Bildung, Erziehung und Betreuung in Deutschland zuständig sind: Schule und Jugendhilfe. Von entscheidender Bedeutung ist dabei die partizipative Einbindung von Kindern und Jugendlichen, ihren Familien und weiteren Angebots- und Bildungsträgern (Vereinen, Musikschulen etc.) in die Gestaltung von Ganztagsbildung. Dabei wird deutlich, dass bei der Gestaltung von Ganztagsangeboten nicht nur politische Steuerungsfragen – Stichwort: Local Governance –, sondern auch pädagogische Qualifizierungsfragen sowie die konzeptionelle Einbeziehung des schulischen „Kerngeschäfts Unterricht" zu berücksichtigen sind. Die bisher herausgearbeiteten Gelingensbedingungen lassen sich in einem Überblick zusammenfassen.

Übersicht 5: Gelingensbedingungen lokaler Steuerung von Ganztagsbildung

- *Parteien und Institutionen übergreifender Konsens*: Festlegung einer gemeinsamen Agenda „lokaler Bildungspolitik" als „Chef/innensache";
- *Verwaltungsreformerische Integrationsansätze*: Einrichtung eines kommunalen Dezernats „Jugend und Schule"; Integration auf Ämter- bzw. Fachdienstebene; Umsetzung einer integrierten, zumindest auf gleicher Datengrundlage abgestimmten, sozialräumlich reflektierten Fachplanung;

- *Aushandlungs- und Partizipationskultur* (Local Governance): Maximierung partizipatorischer Elemente in der lokalen Fachplanung sowie in der Angebotsgestaltung; Etablierung einer Beteiligungskultur sowohl in Bezug auf zivilgesellschaftliche Bildungsanbieter als auch für die Kinder und Jugendlichen und ihre Familien; ebenso Schaffung einer Aushandlungskultur zwischen (regionalisierter) Staatlicher Schulaufsicht und kommunalen Gremien;
- *Integrierte lokale Sozial- und Bildungsberichterstattung*: Entwicklung eines fachlich adäquaten Indikatorensystems (z. B. zur besseren Beteiligung bildungsferner Familien am Ganztag, zum Schulabsentismus, zur Schullaufbahnsicherung);
- *Unterrichtsbezogene Schulentwicklung im Ganztag*: koordinierte und evaluierbare Anstrengungen zur Unterrichtsveränderung in Ganztagsschulen (im Unterschied zu rein additiven Angeboten);
- *Interinstitutionell koordinierte Fortbildungsplanung*: Einrichtung von „Tandem-Fortbildungen" für Praktiker/innen; Schaffen von Angeboten zur Vertiefung des Wissens über den institutionellen Partner inklusive eines Einblicks in dessen Bildungs- und Erziehungsphilosophie.

Für die Akteure vor Ort ist die richtige Mischung von politisch-administrativer Steuerung und zivilgesellschaftlicher Basisaktivität von zentraler Bedeutung. Local Governance darf nicht zur organisierten Verantwortungslosigkeit verkommen: Bildungsnetzwerke ersetzen nicht gewählte Vertretungen und verbriefte Partizipationsrechte, etwa der freien Träger der Kinder- und Jugendhilfe. Ebenso ist darauf zu achten, dass das Recht auf informationelle Selbstbestimmung eingehalten wird: Die Vernetzung der Institutionen hat klare, grundgesetzlich markierte Grenzen und darf nicht in einen lokalen „Präventionsstaat" münden, dessen paternalistischer Fürsorgepolitik sich niemand mehr entziehen kann. Diese Vorstellung einer totalitären Durchdringung der Lebenswelt folgt dem Konzept der Ganztagsbildung wie ein Schatten. Es ist deshalb dafür Sorge zu tragen, dass neben der Ausweitung von Partizipationsrechten auch Rückzugs- und Freiräume für Kinder und Jugendliche erhalten bleiben bzw. neu geschaffen werden; so ist zum Beispiel nicht allen Kindern zuzumuten, den ganzen Tag in Großgruppen integriert zu werden. Hier bedarf es auch eines neuen Verständnisses der „schulischen Aufsichtspflicht", die das informelle Aneignungsstreben und das Regenerationsbedürfnis der Kinder bzw. Jugendlichen viel stärker berücksichtigen sollte. Bei der Umsetzung von Konzepten der Ganztagsbildung müssen beide Aspekte berücksichtigt werden: mehr Partizipation und zugleich mehr Frei- und Rückzugsräume.

Hinzu kommt eine weitere Gelingensbedingung, die zunehmend an Bedeutung und Konkretion gewinnt: Es bedarf der Konstitution eines indikatorengestützten Bildungsmonitorings auf lokaler Ebene. Hier sind insbesondere die freien Träger non-formaler Bildungsangebote aufgefordert, fachlich adäquate Systeme zu erarbeiten, mit denen die Bildungserträge ihrer Maßnahmen erfasst werden können. Allerdings besteht in diesem Bereich noch ein erheblicher Forschungsbedarf.

Die empirische Begleitforschung im Rahmen der beiden o. g. Forschungsprojekte des Deutschen Jugendinstituts zum Thema „Lokale Bildungslandschaften" liefert auch erste Ergebnisse in Bezug auf konkrete Umsetzungsstrategien bei der Gestaltung lokaler Bildungslandschaften.

Erste Schritte zur lokalen Bildungslandschaft

Die ersten Schritte zur Gestaltung einer lokalen Bildungslandschaft ergeben sich aus den bereits dargestellten Gelingensbedingungen. Wichtig ist, dass die Initiative zur Konstituierung einer genuin *kommunalen bildungspolitischen Agenda* – unter Einbezug der staatlichen Schulbehörde als nachgeordneter Landesbehörde – nicht im interinstitutionell koordinierten Sande verläuft. Deshalb muss die lokale Fachöffentlichkeit frühzeitig einbezogen werden, einschließlich aller Multiplikator/innen unterschiedlichster Institutionen. In ländlichen und kleinstädtischen Gebieten erfolgt die Initialzündung häufig durch einen informellen Kreis von Honoratioren und Honoratiorinnen, die teilweise über keine direkte Amtskompetenz im Handlungsfeld verfügen, etwa Sparkassendirektor/innen oder Vertreter/innen von Freimaurerlogen. In größeren Städten geht die Initiative hingegen oft von Amtsleitungen oder von den zuständigen Schul- und Jugenddezernenten und -dezernentinnen aus, oder das Thema ist gar Chefsache von Oberbürgermeister/in und Landrat bzw. Landrätin. Unabhängig vom Impulsgeber wird der Prozess erst dann irreversibel, wenn neben der bereits erwähnten Involvierung der Fachöffentlichkeit auch professionelle und hauptamtlich besetzte interinstitutionelle Koordinationsstrukturen geschaffen werden – und dies in der institutionellen Regelpraxis, also nicht nur, aber durchaus auch in Form von temporären „Runden Tischen".

Aufseiten der außerschulischen Kooperationspartner ist es wichtig, dass sie sich zeitnah zu Trägerverbünden zusammenschließen, um gegenüber dem großen Partner Schule genügend Verhandlungsmacht zu bündeln. Auch dem Jugendhilfeausschuss, der in den letzten Jahren vielerorts an Einfluss verloren hat, kommt bei der Interessenartikulation der Kooperationspartner von Schule eine neue Bedeutung zu; das Gleiche gilt für die Jugendhilfe- und Sozialplanung. Die erforderliche Integration der verschiedenen kommunalen Planungsprozesse unter Bildungsgesichtspunkten stellt die Kommunen dabei vor neue verwaltungsreformerische Herausforderungen.

Übersicht 6: Erste Schritte zur lokalen Bildungslandschaft

- *Lokale Fachtage zu ganztags- und kooperationsbezogenen Fragestellungen*: Die thematische Ausrichtung der Fachtage sollte gestaltungs- und nicht defizitorientiert sein (Fokussierung auf lokal prioritäre Leitziele und Qualitätskriterien); Fach- und Lehrkräfte sowie Mitarbeiter/innen der Planungs- und Amtsleitungsebenen sind in die Gestaltung der Fachtage umfassend einzubeziehen;
- *Partizipativ orientierte Bedarfsfeststellungen*: Konkrete Bedarfe können zum Beispiel über Bürgerbeteiligungsverfahren ermittelt werden;
- *Implementierung intermediärer Instanzen*: Zur Koordinierung des Angebots könnte eine hauptamtlich besetzte „Servicestelle Schule und Partner" oder ein „lokales Bildungsbüro" gegründet werden; eine solche Einrichtung sollte interinstitutionell gemeinsam getragen und finanziert werden;
- Schaffung einer Stabsstelle „lokale Bildungsplanung";
- Ausstattung der kommunalen Schulbehörde mit *sozialwissenschaftlichpädagogischer Expertise* im Planungsbereich (Schulentwicklungsplanung);
- Gründung einer *interinstitutionell besetzten Steuergruppe* auf Dezernats- und Amtsleitungsebene zur Entwicklung der lokalen Bildungslandschaft;
- Schaffung von *Trägerverbünden bei den zivilgesellschaftlichen Bildungsanbietern*: Dazu gehört die Einrichtung verbindlicher Gremienstrukturen (z. B. AG § 78 KJHG; Integration des Schulausschusses in den Jugendhilfeausschuss bei Wahrung der Partizipationsrechte der freien Träger der Kinder- und Jugendhilfe etc.);
- *Kooperationsvereinbarung zwischen Kommune und Land*: Hier können zum Beispiel Regelungen vereinbart werden, um eine „Bildungsregion" mit erweiterten gemeinsamen Planungs- und Budgetierungsspielräumen zu schaffen.

Von ordnungspolitisch eminenter Bedeutung bei der Konstitution von Bildungsregionen ist die Zusammenarbeit mit den nachgeordneten Behörden des Kultusministeriums, den Staatlichen Schulämtern. Eine systematische Verlagerung der bildungspolitischen Verantwortung für das Schulwesen von den Bundesländern auf die Kommunen (Kommunalisierung von Schule) ist im föderalen System der Bundesrepublik derzeit politisch nicht umsetzbar; zudem würde ein solcher Weg auch neue Fragen aufwerfen, etwa zum Finanzausgleich zwischen finanziell stärkeren und schwächeren Kommunen. Eine genuin lokale Bildungspolitik lässt sich grundsätzlich nur mit, und nicht gegen die Kultusministerien der Länder gestalten. Hier gibt es bereits Ansätze, um eine gemeinsame Budgetverwaltung von Land und Kommune durch paritätisch besetzte Steuerungsgremien zu schaffen (vgl. Projektleitung Selbstständige Schule 2008).[21]

Entwicklungsvarianten im Vergleich

Fasst man die aktuelle Diskussion zur Gestaltung lokaler Bildungslandschaften zusammen, so lassen sich zwei Hauptvarianten unterscheiden: Eine Variante basiert auf dem Kerngedanken, dass das Schulsystem erst einmal seine reformbezogenen „Hausaufgaben" machen muss, bevor es in voller Konsequenz mit außerschulischen Partnern kooperationsfähig wird. Konzepte dieser Richtung verfolgen daher eine Entwicklungsstrategie, die bei der Qualifizierung der Lehrkräfte und der Qualitätsentwicklung der Einzelschule ansetzt und dann über die Gestaltung einer gut vernetzten regionalen Schullandschaft zu einer lokalen Bildungslandschaft führt, in der die außerschulischen Partner auf Augenhöhe einbezogen werden können. Für diese Option stehen in Deutschland die Bertelsmann Stiftung (vgl. Projektleitung Selbstständige Schule 2008) sowie die Deutsche Kinder- und Jugendstiftung (DKJS).[22]

Die andere Variante hat sich vor allem aus dem fachpolitischen Diskurs um die Kooperation von Jugendhilfe und Schule herausgebildet. Hier werden die außerschulischen Partner auf gleicher Augenhöhe mit den Akteuren des Schulsystems gesehen. Die Bildungsverantwortung ist gemeinsam zu tragen und soll verbindlich koordiniert auf unterschiedliche Akteure verteilt werden. Diese Strategie einer zunehmend lokal verantworteten Ganztagsbildung hat eine andere Perspektive auf die Schule: Sie gilt zwar nach wie vor als äußerst wichtiger Akteur, wird aber ordnungspolitisch nicht mehr als „Spinne im lokalen Bildungsnetz" betrachtet. Diese Entwicklungsvariante wird derzeit vor allem am Deutschen Jugendinstitut in München vertreten und findet ihren Ausdruck im Zwölften Kinder- und Jugendbericht der Bundesregierung (vgl. BMFSFJ 2005).

---

21 In den beiden DJI-Begleitforschungsprojekten zum Themenkreis „Lokale Bildungslandschaften" werden entsprechende Entwicklungen im Landkreis Groß-Gerau (in der Nachfolge des Pilotversuchs „Schule gemeinsam verbessern") begleitet (http://www.schulamt-ruesselsheim.hessen.de/irj/SSA_Gross-Gerau_Internet?cid=b7be83638f32bb4be4964c2625a130e0; 16.04.2009).

22 So heißt es im Programm „Lebenswelt Schule", dass die DKJS gemeinsam mit der Jacobs Foundation durchführt: „Mit dem Programm werden ausgewählte Modellregionen dabei unterstützt, lokale Bildungslandschaften rund um Schulen aufzubauen und zu entwickeln. Schulen sind dabei zentrale Akteure: Sie bilden die Knotenpunkte der lokalen Bildungslandschaften, von denen die Vernetzung mit anderen Beteiligten ausgeht und an denen sie zusammenläuft." (http://www.lebenswelt-schule.net/index.php?id=9; 16.04.2009).

Ein wesentlicher Aspekt ist, dass es sich bei beiden Strategien der Gestaltung von Bildungslandschaften nicht um Unvereinbarkeiten handelt, sondern dass in der lokalen Praxis immer Mischungsverhältnisse realisiert werden. Es ist somit nicht verwunderlich, dass die Bertelsmann-Stiftung und das Deutsche Jugendinstitut – die jeweils für die beiden Varianten beispielhaft stehen – anlässlich des Jugendhilfetages 2008 in Essen ein gemeinsames Forum zu diesem Themenkomplex gestaltet haben. Letztlich eint die beide Ansätze mehr als sie trennt: Schließlich stehen sie gemeinsam im diametralen Gegensatz zur gegenwärtig dominierenden, einzelschulisch fokussierten Ausbaustrategie in der Ganztagsschulentwicklung. Zu dieser vorherrschenden Entwicklungsdynamik bestehen zudem noch ordnungspolitische Unvereinbarkeiten.

Die folgende Übersicht soll deutlich machen, wie die einzelschulische Ausbauperspektive von Ganztagsschule durch eine Perspektive der Dezentrierten Ganztagsbildung in den verschiedenen Bereichen sukzessive ersetzt werden könnte. Ein solcher Perspektivenwechsel wäre ein entscheidender Beitrag auf dem Weg zu lokalen Bildungslandschaften.

Übersicht 7: Dezentrierungspotenziale der einzelschulischen Perspektive im Ganztagschulausbau

Einzelschulzentrierte Gestaltungsform	> Dezentrierungspotenziale
A. Unterricht und Angebote im Ganztag	
<ul><li>Funktionen der Partnerangebote sind vor allem unterrichtsunterstützend (Hausaufgabenbetreuung), sozialisatorisch (Schulsozialarbeit) und betreuungszentriert (Freizeitangebote)</li><li>keine systematisch veränderte Unterrichtsgestaltung</li><li>Unterricht wird in der Regel nicht gemeinsam mit den Kooperationspartnern gestaltet</li><li>Ganztagsangebote werden typischerweise am Nachmittag und isoliert von den Partnern *oder* von den Lehrkräften durchgeführt</li></ul>	> systematisches Einbeziehen außerschulischer Partner, Lernorte und erfahrungsbezogener Lehrmethoden (z. B. Projektunterricht mit Anschluss an non-formale Angebote) > integrative und rhythmisierte Gestaltung von Ganztagsangeboten und Bildungssettings im „Tandembetrieb"
B. Schullandschaft, Nah- und Sozialraum	
<ul><li>Bildungssetting konzentriert sich auf die Angehörigen der Schule (keine Öffnung für „Schulfremde")</li><li>überwiegend einzelschulische Angebote</li></ul>	> Öffnung der nichtunterrichtlichen Angebote auch für Nicht-Schüler/innen der Schule > Schaffung von schul- und schulformübergreifender Angebote im (lokalen) Nahraum, nicht nur im sozial ggf. bereits entmischten Quartier

• mehrheitlich altershomogene Gruppen • Kinder und Jugendliche werden in (vermeintlich!) leistungs- bzw. problemhomogenen Gruppen gefördert • Erwachsene sind meist nur in Unterweisungsfunktionen am Bildungssetting beteiligt	> Bildung von jahrgangsgemischten Gruppen > Stärkung der binnendifferenzierten Förderung > Einbeziehen von Erwachsenen auch in anderen Rollen, etwa als Teilnehmer/innen oder Klienten bzw. Klientinnen (z. B. „Service Learning", Intergenerationelles Lernen)
C. Qualitäts- und Personalentwicklung	
• Fortbildungen zwischen Schule und Partnern werden nicht aufeinander bezogen • Verfahren der Qualitätsentwicklung werden meist nur punktuell implementiert und interinstitutionell nicht abgestimmt	> interinstitutionelle Koordination der Fortbildungsplanung für Lehr- und pädagogische Fachkräfte > interinstitutionell verbindliche und längerfristige Koordination der Qualitätsentwicklung, sowohl zwischen lokaler und einzelschulischer Ebene als auch im Hinblick auf außerschulische Einrichtung und Einzelmaßnahme
D. Vernetzung und Koordinierung	
• Angebote des Ganztags werden in einem Rahmen gestaltet, der über die kommunale und mit den Kultusbehörden abgestimmte Schulentwicklungsplanung gesteuert wird • Angebote werden nur selten einzelschulübergreifend koordiniert	> Schaffung einer interinstitutionell vernetzten Infrastruktur, mit Steuerungsinstanzen auf lokaler, sozialräumlicher und einzelschulischer bzw. einrichtungsbezogener Ebene

Literatur

Arbeitsstab Forum Bildung in der Geschäftsstelle der Bund-Länder-Kommission für Bildungsplanung und Forschungsförderung (2001): Empfehlungen des Forum Bildung. Bonn.

Bundesjugendkuratorium/Sachverständigenkommission des Elften Kinder- und Jugendberichts/Arbeitsgemeinschaft für Jugendhilfe (2002): Bildung ist mehr als Schule. Leipziger Thesen zur aktuellen bildungspolitischen Debatte. Bonn/Berlin/Leipzig.

BMBF – Bundesministerium für Bildung und Forschung (2003): Verwaltungsvereinbarung Investitionsprogramm „Zukunft Bildung und Betreuung 2003–2007". Berlin (http://www.bmbf.de/pub/20030512_verwaltungsvereinbarung_zukunft_bildung_un d_betreuung.pdf; 16.04.2009).

BMFSJ – Bundesministerium für Familie, Senioren, Frauen und Jugend (2005): Zwölfter Kinder- und Jugendbericht. Bericht über die Lebenssituation junger Menschen und die Leistungen der Kinder- und Jugendhilfe in Deutschland. Berlin (http://www.bmfsfj.de/doku/kjb/; 16.04.2009).

Deutscher Bildungsrat (1969): Einrichtung von Schulversuchen mit Gesamtschulen. Empfehlungen der Bildungskommission. Bonn.

Deutscher Bildungsrat (1970): Strukturplan für das Bildungswesen. Stuttgart.

Held, Karl-Heinz/Struck, Norbert (2008): Zwischenbilanz zur Zusammenarbeit von AGJ und KMK im Themenbereich Kooperation von Jugendhilfe und Schule. In: FORUM Jugendhilfe, H. 3, S. 2–3.

JMK/KMK – Jugendministerkonferenz und Kultusministerkonferenz (2004): Gemeinsamer Beschluss: Zusammenarbeit von Schule und Jugendhilfe zur „Stärkung und Weiterentwicklung des Gesamtzusammenhangs von Bildung, Erziehung und Betreuung" vom 13./14. Mai 2004 und 3./4. Juni 2004. Ohne Ortsangabe.

Kaufmann, Elke (2007): Projektbericht „Individuelle Förderung in ganztägig organisierten Schulformen des Primarbereichs." München (http://www.dji.de/bibs/Abschlussbericht_Kaufmann_mit_Deckblatt.pdf; 16.04.2009).

Projektleitung Selbstständige Schule (Hrsg.) (2008): Selbstständige Schulen in regionalen Bildungslandschaften. Eine Bilanz. Troisdorf (http://www.ulb.tu-darmstadt.de/tocs/199450072.pdf; 16.04.2009).

Stolz, Heinz-Jürgen (2006): Dezentrierte Ganztagsbildung. Diskurskritische Anmerkungen zu einer aktuellen Debatte. In: Otto, Hans-Uwe/Oelkers, Jürgen (Hrsg.): Zeitgemäße Bildung. Herausforderung für Erziehungswissenschaft und Bildungspolitik. München, S. 114–130.

Stolz, Heinz-Jürgen (2008): Zukunftsfelder der Kooperation Schule – Jugendhilfe. In: FORUM Jugendhilfe, H. 3, S. 3–9.

Ganztagsschulen als Teil von Bildungslandschaften.
Zwischen Bereicherung und Überforderung

Anja Durdel

„Ganztagsschule" und „Bildungslandschaften" – beide Reformräume werden in Deutschland seit mindestens drei Jahrzehnten in wechselnder Intensität diskutiert. In den letzten Jahren wurden sie erstmalig und zunehmend systematisch aufeinander bezogen. Dafür gibt es gute Gründe, zu denen der demografische Wandel, klamme Bildungskassen und Reformwünsche gegenüber Schule, aber auch gegenüber Jugendhilfe und Jugendarbeit gehören.

Im folgenden Artikel wird der These nachgegangen, dass diese Allianz eher von den für die Bildungsplanung Verantwortlichen aus zu denken ist als von der Ganztagsschule. Wenn Bildungsplanung aufeinander bezogen erfolgt, hat die Ganztagsschule davon selbstverständlich Vorteile, und sie kann auch einiges zum Gelingen beitragen. Gleichzeitig liegt der Gedanke nahe, dass die Akteure der kommunalen und überregionalen Schul- und Jugendhilfeplanung die maßgeblich Handelnden sein sollten: Erstens sollen die für Planung Verantwortlichen auch planen, und zwar nach Möglichkeit mit immer verschränkteren Zuständigkeiten und angemessenen Mitbestimmungsformen für die pädagogische Praxis. Wie das gelingen kann, darüber wird im vorliegenden Buch an vielen Stellen berichtet. Zweitens ist die Umwandlung von einer Halbtagsschule in eine Ganztagsschule ein derart komplexes Unterfangen, dass der systematische Blick auf Bildungsangebote und -orte außerhalb der eigenen Schule eher einer dienstleistenden Unterstützung von außen bedürfte, als dass er als Dienstleistung der Schule für die Kommune erhofft werden kann.

Als Einstieg in dieses Kapitel wird der konsequente Blick von der Ganztagsschule aus gewählt. Was bedeutet es für eine Ganztagsschule, wenn sie sich als Teil einer Bildungslandschaft verstehen soll oder will? Es wird skizziert, wie sich Ganztagsschulen von „außen" und „innen" gegenwärtig entwickeln und welche Themen sie in diesem Prozess bearbeiten. In einem weiteren Schritt wird gezeigt, wie und warum das Thema Bildungslandschaften dabei eine Rolle spielt und inwiefern es zu einem Gewinn für Ganztagsschulen werden kann.

Ganztagsschulentwicklung: Verbindung von äußerer und innerer Schulreform

Seit dem Jahr 2003 läuft in Deutschland mit dem „Investitionsprogramm Zukunft, Bildung und Betreuung" (IZBB) des Bundesministeriums für Bildung und Forschung ein groß angelegter Feldversuch unter der Fragestellung, ob sich die äußere mit der inneren Schulreform erfolgreich verbinden lässt. Die äußere Schulreform umfasst systemische Änderungen, die durch Politik und Verwaltung durchgesetzt werden (u. a. die Entwicklung von Halbtagsschulen zu Ganztagsschulen oder der Zuwachs an Schulautonomie), während die innere Schulreform auf eine Änderung pädagogischer Inhalte, Strukturen und Organisationsformen zielt (u. a. zielorientierte Schulkonzeptarbeit, bessere Diagnostik der Fähigkeiten der Kinder, individuelle Förderung, neue Taktung des Tages, Kooperation mit außerschulischen Partnern). Das Bundesprogramm IZBB wurde 2003 vom Bundesministerium für Bildung und Forschung in Abstimmung mit der Kultusministerkonferenz initiiert. Zugrunde lag diesem Schritt unter anderem die Entscheidung der Kultusministerkonferenz, in sieben Handlungsfeldern auf das schlechte Abschneiden Deutschlands bei der PISA-Studie 2000 zu regieren – eines davon war der Ganztagsschulausbau.

Im Jahr 2009 nehmen nunmehr über 10.000 Schulen an diesem Feldversuch teil. Sie werden dabei durch die „Studie zur Entwicklung von Ganztagsschulen" (StEG) von einem Forschungskonsortium begleitet. Die bis zum Jahr 2008 vorgelegten StEG-Ergebnisse verweisen darauf, dass die äußere Reform zunehmend besser gelingt: Schulen bieten ein immer breiteres und verstärkt lernbezogenes Spektrum an Nachmittagsangeboten an und erreichen damit immer mehr Kinder und Jugendliche jeglicher sozialer Herkunft (vgl. Züchner u. a. 2008; Deutsches Institut für Internationale Pädagogische Forschung u. a. 2008). Dagegen sieht es mit der inneren Reform, also der Weiterentwicklung der pädagogischen Qualität, weniger gut aus: Die Kooperation mit außerschulischen Partnern nimmt zwar zu, die Kooperationsqualität jedoch ab. Von der Möglichkeit, den Schultag neu zu takten, machen viel zu wenige Schulen Gebrauch – genauso wenig werden die damit verbundenen Chancen genutzt, Vor- und Nachmittagsangebote aufeinander zu beziehen (Klieme u. a. 2008; Deutsches Institut für Internationale Pädagogische Forschung u. a. 2008).

Woran kann das liegen? Zum einen ist aus der Schulentwicklungsforschung bekannt, dass „Lehrer (...) nicht unhinterfragt Reformangebote oder zentral verordnete Reformzumutungen (...) übernehmen. Sie adaptieren Innovationselemente eher, passen sie den je spezifischen Schulbedingungen an, weshalb Schulen nicht selten über erstaunliche Absorptionsfähigkeiten verfügen (...), die im Innern der Schule oft bis zur Unkenntlichkeit verdaut oder dem immer schon Dagewesenen angepasst werden" (Maritzen 1998, S. 613). Mit anderen Worten:

Viele Schulen haben bei dem von „oben" oder „außen" – also von Berlin und in ihrer Landeshauptstadt – losgetretenen Ganztagsschulboom erst einmal „mitgemacht" und dabei die Elemente in die Waagschale geworfen, die schon vorgezeichnet waren: den Hort, die Kooperation mit den Sportvereinen oder die Hausaufgabenbetreuung. Sie haben die Chance, ihre Schule zu verändern, beim Schopf gepackt, jedoch oft anders oder selektiver, als die Initiatoren des Ganztagsschulprogramms es erwartet haben.

Zum anderen kann rund um Ganztagsschulen vermutet werden, dass es einen „Overload" – also eine Überlastung oder Überreizung – aufgrund unterschiedlicher Innovationsanforderungen gibt, die auf die Schulen aus verschiedenen Richtungen einströmen (vgl. Holtappels 2008). Da geht es zum Beispiel um zahlreiche Schulstrukturreformen in den Bundesländern – „G8", also die Verkürzung der Gymnasialschulzeit um ein Jahr, ist eines der prominentesten Beispiele dafür, wie „mehr" Zeit an einem Ganztagsgymnasium nicht für Rhythmisierung und Entspannungsphasen genutzt wird, sondern für mehr Unterricht. In zahlreichen Bundesländern laufen darüber hinaus Zusammenlegungen von Sekundarschulformen – meist einhergehend mit der Schließung einzelner Schulen –, die zu Ängsten und Stress in Kollegien und Elternhäusern führen. Von „außen" gelten diese Schritte hin zu weniger selektiven Schulstrukturen in der Regel als Chance, Schule gerechter zu gestalten. „Innen" könnten sich notwendige Veränderungen ebenfalls als Gelegenheit darstellen, die konkrete Schule „neu zu denken" (Hentig 1996) oder frischen Wind in etablierte Kollegienstrukturen zu bringen. Dazu bräuchte es jedoch entsprechender Kompetenzen und Zeiträume: Nur dann ist es möglich, innerhalb von Projektmanagement-Prozessen verschiedene Entwicklungen aufeinander zu beziehen, Bedenken wahrzunehmen und zu bearbeiten sowie neue Qualitäten zu entwickeln. Beide Ressourcen, Projektkompetenz und Entwicklungszeit, stehen den betroffenen Schulen jedoch meist nur unzureichend zur Verfügung.

Vergegenwärtigt man sich zusätzlich zu den laufenden Schulstrukturreformen, auf welche weiteren sechs Handlungsfelder neben dem Ausbau von Ganztagsschulen sich die Kultusministerkonferenz 2002 als Konsequenz aus PISA geeinigt hat, wird verständlich, in welch widersprüchlichen und umfassenden Umwälzungen sich Schulen in den letzten Jahren befinden: Sie sollen zum Beispiel eine bessere Verzahnung von Vor- und Grundschule erreichen, die Förderung von Lesekompetenzen und von mathematisch-naturwissenschaftlichen Fähigkeiten in der Grundschule anstreben sowie verbesserte Förderkonzepte für benachteiligte Schülerinnen und Schüler entwickeln und umsetzen. Besonders relevant für Schulen und Bildungsbehörden sind jedoch die verabredeten Bildungsstandards und deren Evaluation über Tests und Vergleichsarbeiten (vgl. Kultusministerkonferenz 2002). Wahrscheinlich haben die Bildungsstandards und deren Evaluation, eben weil es um messbare Ergebnisse geht, einen stärkeren Einfluss auf die Veränderung der Schul- und Unterrichtskultur als alle anderen Reformen zusammen. Und dass es dabei nicht um Öffnungstendenzen geht, etwa zu außerschulischen Kooperationspartnern oder zu zeitlich flexibleren Konzepten hin, ist verständlich.

Die Prozesse der Schul- und Unterrichtsentwicklung brauchen Zeit – selbst an einer Ganztagsschule. Dort findet eine innere Entwicklung statt, und zwar Schritt für Schritt – je nach Biografie und aktueller Situation der Schule.

Die Gestaltung des Ganztags – Aufgaben der inneren Schulentwicklung

Ganztagsschule bedeutet Öffnung von Schule

Wenn sich eine Halbtagsschule vor Ort in eine Ganztagsschule umwandelt, sieht es von „außen" mitunter so aus, als würde sich die Schule nun vor allem durch ein „Mehr" auszeichnen: Zum Beispiel verbringen Lehrkräfte, Schülerinnen und Schüler mehr Zeit an der Schule und es werden vielfältige Angebote der Jugend- und Kulturarbeit oder des Freizeitsports ins schulische Leben integriert (und der freien Jugendarbeit „entzogen"). Was dann Außenstehenden wie ein Machtzugewinn erscheint, stellt sich „innen" als Öffnungsprozess dar, der für die beteiligten Akteure mit höherem Aufwand, geringerer Sicherheit und mitunter Ängsten vor Neuland und Überforderung einhergeht.

Akteure, die ihre Schule verändern möchten, müssen Öffnungsbewegungen in drei Dimensionen umsetzen (vgl. Benner 1995):

- eine thematische Öffnung, die sich zum Beispiel auf eine lebensweltbezogene Auswahl von Unterrichtsgegenständen oder Fächer verbindendem Lernen bezieht,
- eine methodische Öffnung, die vor allem auf eine stärkere Beteiligung von Schülerinnen und Schülern an der Gestaltung und Bewertung des eigenen Lernens auf der Grundlage ihrer Fragen zielt (u. a. durch Projektarbeit, Freiarbeit, Tages- und Wochenplanarbeit, Lernportfolios, Lerntagebücher) und
- eine institutionelle Öffnung, die eine Öffnung der Schule in das Gemeinwesen und die Welt meint (außerschulische Lernorte und Experten, Kooperation mit anderen Einrichtungen usw.).

Jedes Kollegium einer qualitätsbewussten Schule steht vor der Herausforderung, diese Öffnungsaufgaben zu bewältigen – unabhängig davon, ob es sich um eine Halbtags- oder Ganztagsschule handelt. Fokussiert man auf die Besonderheiten von Ganztagsschulen, geht es hier *thematisch* zum Beispiel um die berühmte

Verzahnung von Vor- und Nachmittag: Wie können die Themen und Gegenstände des vormittäglichen Unterrichts mit den Angeboten am Nachmittag verbunden werden? Wie kann es gelingen, übergreifende Themenbereiche in ganztägigen Projekten zu bearbeiten? Auf *methodischer* Ebene ist zum Beispiel danach zu fragen, ob gute Lern- und Entspannungstakte gegeben sind (z. B. 90-Minuten-Lernblöcke, Pausen zwischen 20 und 60 Minuten) und diese in angemessenen Formen angeboten werden (z. B. Gruppenarbeit und stille Einzelarbeit, angeleitete Prozesse und freie Zeit).

Und in *institutioneller* Hinsicht? Da muss sich die Ganztagsschule am stärksten und sichtbarsten öffnen, vor allem bei der Einbindung von (pädagogischem) Personal für die Gestaltung von Arbeitsgemeinschaften, bei Kooperationsvereinbarungen mit Kultureinrichtungen oder bei der verbindlichen Zusammenarbeit von Schule und Hort. Dass es ohne eine institutionelle Öffnung keine Ganztagsschulen gäbe, davon berichtet eindrücklich Coelen in diesem Band. Die Anforderungen, die beispielsweise mit der Kooperation von Schule und Jugendhilfe in Form von Schulsozialarbeit verbunden sind, gehen weit über die Öffnungsüberlegungen hinaus, die herkömmlich unter dem Terminus „institutionelle Öffnung" diskutiert werden, etwa die punktuelle Einbindung von Experten in den Unterricht, Reisen, Exkursionen (vgl. Drews/Durdel 1998). Denn diese Öffnung betrifft nicht Personengruppen oder spezifische Lernorte an Einzelschulen, sondern zwei Teilsysteme des Bildungswesens mit unterschiedlichen pädagogischen Philosophien und Verwaltungseinheiten (vgl. auch Maykus, Stolz, Coelen in diesem Band).

Darüber hinaus sei noch an einen weiteren Aspekt der institutionellen Öffnung erinnert, nämlich an die Zusammenarbeit mit Beratungs-, Fortbildungs- und Unterstützungseinrichtungen. Auch diese Öffnungsform hat in deutschen Schulen keine gesicherte Tradition, weil Schulen in der Regel nicht über eigene Budgets für den freien Beratungsmarkt und die Bundesländer nicht über hinreichende staatliche Beratungsangebote verfügen. Fehlende Beratungsbudgets und wenig ausdifferenzierte staatliche Unterstützungsangebote indes tragen nicht dazu bei, dass Schulen sich als lernende Organisationen verstehen. Doch glücklicherweise hat sich dieser Bereich beim Ausbau der Ganztagsschulen gut entwickelt: Neben dem Investitionsprogramm wurde 2003 das Begleitprogramm „Ideen für mehr! Ganztägig lernen." aufgelegt, das von der Deutschen Kinder- und Jugendstiftung verantwortet wird. Das ermöglichte unter anderem die Einrichtung von Serviceagenturen für die Beratung und Begleitung von Ganztagsschulen in 15 Bundesländern. Die Schulen nutzen die Unterstützungsangebote dieser Agenturen intensiv, weil sie sich eng an den Bedarfen der Schulen orientieren und ihre Arbeit darauf abstimmen. Allein im Jahr 2007 fanden in diesem Rahmen bundesweit 140 Fachveranstaltungen statt, an denen Vertreter aus mehr als 3.000 Ganztagsschulen teilnahmen (vgl. Durdel/Wichmann 2008). Im Jahr 2008 ließen sich 4.700 Pädagoginnen und Pädagogen durch Serviceagenturen fortbilden.

Entwicklungsthemen von Ganztagsschulen

Der begleitenden Evaluation des Programms „Ideen für mehr! Ganztägig lernen." durch die Universität Mainz ist es zu verdanken, dass die unterschiedlichen Entwicklungsthemen, mit denen sich Ganztagsschulen seit ihrer Gründung beschäftigen, rekonstruiert werden konnten.
Die 2008 vorgelegte Zwischenevaluation (vgl. Fleuren/Rosenbusch 2009) erbrachte folgende Ergebnisse:

- In den ersten beiden Jahren nach der Gründung benötigt eine Ganztagsschule intensive Unterstützung bei den Themen „Verbesserung der räumlichen Gestaltung", „Zusammenarbeit mit der Kommune" und „Arbeit mit dem sonstigen pädagogischen Personal".
- Im dritten bis einschließlich fünften Jahr nach Umorganisation zur Ganztagsschule sehen Schulen insbesondere Unterstützungsbedarf im Hinblick auf die Zusammenarbeit mit dem sonstigen pädagogischen Personal, im Bereich der allgemeinen Personalentwicklung und bei der Einführung eines rhythmisierten Schultags.
- Nach dem fünften Jahr braucht die Ganztagsschule vor allem Hilfe bei der Außendarstellung sowie bei der Personalentwicklung.
- Durch das Programm „Ideen für mehr! Ganztägig lernen." erhielten die Schulen vor allem in vier Bereichen Anregungen, die sie besonders gut umsetzen konnten: in den Bereichen Schärfung des Schulprofils, Kooperation mit außerschulischen Partnern, Erstellung eines Schulkonzepts und Außendarstellung der Schule.
- Die Themen „Umgang mit Migrantenkindern" und „Verwirklichung von Bildungslandschaften" konnten von den Ganztagsschulen bisher weniger gut bzw. gar nicht bearbeitet werden.

Als Tendenz kann zusammengefasst werden: Die Ganztagsschulen in Deutschland befinden sich in vielfältigen Prozessen innerer Schulentwicklung und nutzen dabei externe Unterstützungsangebote. Sie beschäftigen sich vor allem mit Fragen ihrer methodischen und ihrer institutionellen Öffnung. Immer wieder stehen Akteure vor der Herausforderung, sich weiter professionalisieren zu müssen, zum Beispiel wenn es um den Umgang mit Schülerinnen und Schülern mit Migrationshintergrund geht, um Personalentwicklung an der Schule oder um die Kooperation mit Kommunen, etwa in Bildungslandschaften.

Der Feldversuch wird komplexer: Äußere und innere Schulreform plus Bildungsstrukturreform

Im Programm „Ideen für mehr! Ganztägig lernen." werden die Ganztagsschulen entsprechend ihrer Entwicklungsbedarfe begleitet. Parallel zu dieser auf Einzelschulen und Netzwerke zielenden Unterstützung werden „heiße Themen" – die sich etwa in häufigen Fortbildungsanfragen oder Forschungsergebnissen spiegeln – in sogenannten Jahresthemen fokussiert. Zu diesen Jahresthemen werden dann bundesweit für und mit Ganztagsschulen Materialien aufgearbeitet, Fachforen veranstaltet, Wettbewerbe ausgerufen und der jährliche bundesweite Ganztagsschulkongress mit mehr als 1.200 Teilnehmerinnen und Teilnehmern veranstaltet. Nach „Individuelle Förderung" (2005) und „Kooperation mit Partnern" (2006) wurde 2007 das Jahresthema „Bildungslandschaften gestalten" bearbeitet. Dies ergab sich als logische Konsequenz aus dem Vorjahresthema „Kooperation mit Partnern": Nachdem Schulen und Kooperationspartner ihre Entwicklungsaufgaben gemeinsam durchgearbeitet hatten (mit dem Tenor: „Wir haben jetzt verstanden, worum es geht!"), fiel der Blick auf die Bildungsverwaltungen (Tenor: „Uns Schulen wäre geholfen, wenn auch die Bildungsverwaltungen verzahnt arbeiten würden."). Im Internet steht ein Zwischenresümee zum Kongress „Partner machen Schule. Bildung gemeinsam gestalten" am 22./23. September 2006 zur Verfügung. Dort heißt es unter der Überschrift „Lernende Schulen brauchen lernende Kommunen und Verwaltungen":

- „Ganztagsschulen können Ausgangspunkt für die Planung einer verzahnten Bildungslandschaft werden: Dies setzt die Entsäulung von Zuständigkeiten in Ämtern und Verwaltungen voraus.
- Schulen und Kommunen brauchen gemeinsame Zielvereinbarungen und Qualitätsinstrumente.
- Damit Kommune den Bedürfnissen von Schule gerecht werden kann, braucht es eine regionale Bildungsberichterstattung mit konkreten Daten vor Ort." (www.ganztaegig-lernen.org/media/Arbeitsforen.pdf; 05.02.2009)

Dieser Push für Bildungslandschaften ging von Ganztagsschulen und ihren Kooperationspartnern aus. Er zielte darauf ab, die unterschiedlichen planerischen und verwalterischen Strukturen von Jugendhilfe und Schule stärker zusammenzuführen, um Arbeitsentlastungen und Qualitätssteigerungen zu erreichen. Der Prozess wurde noch von einer anderen Seite verstärkt: Landesregierungen betonten in Gesprächen mit der Deutschen Kinder- und Jugendstiftung ab dem Jahr 2006 zunehmend die Notwendigkeit, Bildungsangebote sozialräumlich besser aufeinander abzustimmen. Dies wurde in Flächenländern vor allem auf die rückläufigen Geburtenzahlen bezogen, und in allen Ländern damit begründet, dass sich die Bildungsetats in naher Zukunft nicht wesentlich erhöhen werden. Im 2006 veröffentlichten Bildungsbericht (vgl. Konsortium Bildungsberichterstattung 2006) sind dazu entsprechende Daten zu finden:

- „Die Zahl der Grundschüler (in den alten Bundesländern, Anm. AD) könnte bis 2020 um rund 10% zurückgehen, die Zahl der 10- bis unter 20-Jährigen sogar um etwa 16%" (ebd., S. 6).
- „Die Zahl der 15- bis unter 20-Jährigen (in den neuen Bundesländern, Anm. AD) wird sich bis 2010 gegenüber 2004 etwa halbieren – mit den entsprechenden Auswirkungen auf die Schülerzahlen im Sekundarbereich II" (ebd., S. 7).
- „Die auf längere Sicht wenig günstige Perspektive für die öffentlichen Haushalte wird für das Bildungswesen nicht folgenlos bleiben. Die Schwierigkeit, zusätzlichen Mittelbedarf über Budgetzuwächse zu decken, wird zunehmen" (ebd., S. 11).
- „Die Entwicklung der Bildungsausgaben, bezogen auf das BIP, stagniert in Deutschland seit Jahren. Sowohl bei den jährlichen Bildungsausgaben für Bildungseinrichtungen pro Schüler/Studierenden als auch beim prozentualen Anteil der Ausgaben für Bildungseinrichtungen am BIP liegt Deutschland zum Teil deutlich unter vergleichbaren Industriestaaten. Die demographische Entwicklung, die zeitversetzt in den einzelnen Bildungsbereichen mittel- bis langfristig zu einem Rückgang der Zahl der Bildungsteilnehmer führen wird, bietet die Chance, bei gleich bleibendem BIP-Anteil die Pro-Kopf-Ausstattung im Bildungsbereich erheblich zu erhöhen und vor allem die Qualität zu verbessern" (ebd., S. 32).

Die Ausführungen machen deutlich, wie sehr die Entwicklung des Bildungswesens von der wirtschaftlichen und demografischen Entwicklung eines Staates abhängt. In diesem Kontext wird die Ganztagsschule genauso zu einem Kostenfaktor mit mehr oder weniger Effekten wie die Art und Weise, wie Bildungsangebote aufeinander bezogen werden. Entsprechend wird der Ganztagsschule im Bildungsbericht 2006 hinsichtlich der Verzahnung gelingender formaler und informeller Bildungsprozesse eine positive Rolle zugeschrieben (ebd., S. 199).

Es kann zusammengefasst werden: Der Ausbauschub im Ganztag, der durch die Kultusministerkonferenz nach PISA 2000 beschlossen wurde, führte in Deutschland zu einer Bewegung, in der eine äußere und eine innere Schulreform umgesetzt wurde. Die Reformbewegung ging an der Basis vor allem mit Anstrengungen einher, erfolgreiche Kooperationsbeziehungen mit Bildungspartnern zu etablieren, um ein vielfältiges Ganztagsangebot sicherzustellen. Die damit verbundene institutionelle Öffnung von Schule brauchte ihre Entsprechung auf der Ebene von kommunalen und überregionalen Bildungsverwaltungen, mindestens konkretisiert in einer Kooperation von Schulträger- und Jugendhilfestrukturen. Parallel dazu entstand aufseiten der Landesregierungen und Bildungsverwaltungen eine zunehmende Notwendigkeit, Bildungsangebote sozialräumlich aufeinander zu beziehen. Für Ganztagsschulen und ihre Unterstützer bedeutete dies spätestens ab 2006/2007, das Thema Bildungslandschaften zusätzlich in den Fokus zu nehmen – neben methodischer, inhaltlicher und institutioneller Öffnung quasi als eine vierte Öffnungsdimension mit Blick auf Bildungssysteme und Bildungssteuerung. Dass einige Ganztagsschulen sich auch dieser Herausforderung stellen, ist in den Ergebnissen der „Studie zur Entwicklung von Ganztagsschulen" (StEG) nachzulesen: „Gremien zur Vernetzung in den Sozialraum sind nach Angaben der Schulleitungen nicht besonders oft vorhanden, am häufigsten gibt es Stadtteil-AGs. Gibt es solche Gremien, ist die Schule jedoch meistens vertreten. (…) Generell beteiligen sich Schulen eher an Gremien, die im näheren Sozialraum zur Vernetzung eingerichtet sind als an regionalen Gremien, die die ganze Kommune als Bezugsrahmen haben" (Arnoldt 2008, S. 105).

Verzahnte Bildungsplanung als Chance für Ganztagsschulen und ihre Partner

Im Programm „Ideen für mehr! Ganztägig lernen" wurde der Ganztagsschulkongress im September 2007 unter das Motto gestellt: „Ganztagsschulen werden mehr – Bildung lokal verantworten." Ziel war es, die wichtigsten Ganztagsschulakteure – Lehrkräfte, Schülerinnen und Schüler, Eltern, Akteure der Kommune und der Bildungsverwaltungen, außerschulische Bildungspartner und Vertreter der Wissenschaft – zusammenzubringen, um Handlungsmöglichkeiten und Grenzen rund um Bildungslandschaften zu diskutieren, die von und mit Ganztagsschulen gestaltet werden. Mehr als 1.200 Teilnehmerinnen und Teilnehmer kamen ins Berliner Congress Center (bcc). Viele beugten sich in kleinen Gruppen über Magnettafeln, an denen sie sich gegenseitig zeigten, welche Akteure innerhalb und außerhalb der Schule mit welchen Ressourcen zur Lösung welcher Aufgaben beitragen können. Deutlich wurde dabei immer wieder, wie sehr das Thema „Bildungslandschaften" die „Chefetage" angeht: Schulleitungen, Bürgermeister und Vereinschefs können für eine anspruchsvolle Bildungsregion gemeinsam viel erreichen (vgl. den Beitrag des Schulleiters Tuschner in diesem Kapitel).

Als ein Ergebnis des Kongresses entstand die Publikation „Über den Schulhof hinaus… Bildungschancen gemeinsam verwirklichen", die im Internet unter www.ganztaegig-lernen.de als Download verfügbar ist (vgl. Deutsche Kinder-

und Jugendstiftung 2008). In dieser Publikation wurden von den Serviceagenturen Beispiele von Ganztagsschulen zusammengeführt, die anlässlich des Kongresses ihren „Mehrwert" für die Bildungslandschaft reflektiert haben. Die folgende Aufzählung basiert auf den Berichten von über 30 Schulen mit Ganztagsangeboten aus 14 Bundesländern. Sie fasst zusammen, mit welchen – in dieser Broschüre dargestellten – Motiven und Schritten sich die Ganztagsschulen in und für Bildungslandschaften engagieren.

Bestand schützen und Konkurrenz konstruktiv nutzen:
- bedarfsorientierte Angebote mit entsprechenden Öffnungszeiten bereithalten, die besonders familien- und kinderfreundlich sind – dadurch Anmeldezahlen von Schülerinnen und Schülern sichern;
- kooperativ eine Oberstufe aufbauen, weil für Einzelschulen die Schülerzahlen zu gering sind;
- in professionsübergreifende Zusammenarbeit investieren, statt Konkurrenz zwischen Schule, Jugendhilfe und weiteren Trägern protegieren – dadurch perspektivisch eine Arbeitserleichterung für Pädagoginnen und Pädagogen erreichen;
- durch besondere Angebote wie den Erwerb von Angelschein oder Mofa-Fahrerlaubnis die Abwanderung von Schülerinnen und Schülern an Großstadtschulen verhindern.

Bildungsangebote in der Region aufeinander abstimmen und Qualität steigern:
- qualitativ hochwertige und im Vergleich von Schulen klar profilierte Ganztagsangebote schaffen, indem Schulen, ihre Träger und Partner sich untereinander abstimmen;
- reformpädagogisch orientierte Bildungsangebote in allen Bildungsgängen ermöglichen, zum Beispiel durch schulübergreifende Lehrerkooperation – dadurch Anschlüsse für Schülerinnen und Schüler sichern;
- gezielte Angebote für Schülerinnen und Schüler sowie deren Eltern mit unterschiedlichem Migrationshintergrund vorhalten können – dadurch unter anderem Sprachlernangebote verbessern, Aggressionen mindern und das Image der Schule steigern.

Erfolgreiche Bildungsbiografien unterstützen:
- durch die Kooperation mit Unternehmen und Vereinen praktisches Lernen verstärken und sichere Übergänge von Schule in Ausbildung unterstützen – dadurch auch Schulmisserfolg minimieren;
- mit Kitas und anderen (weiterführenden) Schulen entlang der biografieorientierten Bildungskette zusammenarbeiten und dabei Materialien, bewährte Arbeitsformen und Wissen über Kompetenzen des Kindes weitergeben;

- mit Kultur- und Jugendhäusern kooperieren, um freizeitbezogene Bildungsressourcen und Kompetenzen der Schülerinnen und Schüler sichtbar zu machen, zum Beispiel im Kunst-, Sport- und Medienbereich;
- Einrichtungen im Umfeld der Schule dafür gewinnen, Mitverantwortung für Kinder und Jugendliche zu übernehmen;
- in einem pädagogischen Arbeitskreis im Stadtteil mitarbeiten, um sich über die Arbeit mit den gleichen Kindern in unterschiedlichen Institutionen abstimmen zu können – dadurch Erziehungsarbeit erleichtern.

Mit Ressourcen effektiv umgehen:
- mit freien Trägern der Jugendhilfe kooperieren, um zusätzliches Personal und ergänzende Räume einbinden zu können;
- in den Räumen eines Jugendheimes Mittagessen gewährleisten, das Schülerinnen und Schüler mit einem Koch planen und zubereiten dürfen;
- durch Sozialpädagogen und -pädagoginnen, die mit Kontaktlehrkräften kooperieren, die Erziehungs- und Bildungsarbeit in Brennpunktschulen unterstützen (Argument der Schule) und gleichzeitig Reisekosten für Kinder und Jugendliche zu Spezialschulen einsparen (Argument des Landkreises).

Selbstverständlich kommen an Einzelschulen in der Regel mehrere der genannten Motiv- und Aktionsbündel zusammen, wenn es darum geht, ob und in welcher Form sich Ganztagsschulen im Sozialraum vernetzen. Die genauere Analyse zeigt allerdings, von welch unterschiedlichen Zielsetzungen aus ein solches Engagement entfaltet wird, das mehr Kraft erfordert als eine herkömmliche institutionelle Öffnung. Den Berichten, die dieser Aufzählung zugrunde liegen, sind allerdings nicht nur Motivlagen von Schulen zu entnehmen, sondern es zeigt sich auch, wie die unterschiedlichen Verzahnungsprojekte durch die Bildungsverwaltungen begleitet und unterstützt, manchmal auch motiviert werden müssen (vgl. Deutsche Kinder- und Jugendstiftung 2008).

Zusammenfassung

Die Themenfelder „Ganztagsschulen ausbauen" und „Bildungslandschaften planen" werden sich nicht erst in unbestimmter Zukunft überschneiden. Vielmehr verschränken sie sich schon heute ganz konkret in vielen Kommunen und Gemeinden. Das hat vor allem zwei Gründe: Zum einen muss sich Ganztagsschule notwendig in den Sozialraum öffnen, wenn sie eine ausgeprägte Angebotsstruktur vorhalten möchte. Zum anderen bilden niedrige Schülerzahlen, geringe Bildungsetats und der Druck, möglichst gute Bildungsresultate durch Kooperationen von Professionen zu erzielen, zunehmend den Rahmen für bildungspolitische Entscheidungen, die häufiger als früher auf den Ausbau von Bildungslandschaften zielen. Es gibt wohl keinen Akteur, für den sich eine Bildungslandschaft mit aufeinander bezogenen Budgets und Verantwortlichkeiten nachteilig auswirkt. Im Gegenteil: Vor allem Kinder und Jugendliche und deren Eltern profitieren von einem Zusammenspiel verschiedener Potenziale. Aber auch Kollegien an Ganztagsschulen können aus einer solchen Vernetzung Vorteile ziehen: Wenn im Sozialraum der Schule Kooperationen gepflegt werden und eng mit der Bildungsverwaltung zusammengearbeitet wird, erhöht sich die Qualität von Schule und die Zufriedenheit aller Beteiligten; zudem können vorhandene Ressourcen passgenauer eingesetzt werden. Ganztagsschulen werden vielerorts als das aktuell relevanteste Fenster für Schulreform wahrgenommen. Wolfgang Edelstein beschreibt dies so: „(...) Ganztagsschulen sind – wie seinerzeit die Landerziehungsheime – eine Realisierungsmöglichkeit für die Schulreform, deren Ideen seit mehr als 100 Jahren bekannt sind. Das ist ein besonderes Angebot in Deutschland und zugleich eine völlig neue Herausforderung für die Lehrer (...)" (Edelstein 2008, S. 30). Wenngleich sich Ganztagsschulen immer stärker ihren Reformaufgaben stellen, darf das nicht zur Vorstellung führen, sie würden die Verzahnung der regionalen Bildungsangebote gleich noch mit übernehmen. Dies wäre – bei allen Öffnungsaufgaben, die Ganztagsschulen zu bewältigen haben – eindeutig eine Überforderung. Ganztagsschulen sind aufgrund ihrer wachsenden Aufgeschlossenheit für Innovationen wichtige Partner für kommunale Akteure, die Bildungsangebote klug aufeinander beziehen wollen. Kommunale Dienstleistungen, wie Bildungsbüros, Stadtteil-AGs oder Kooperationsarbeitskreise Schule-Jugendhilfe, können für Ganztagsschulen wichtige Signale sein. Denn solche Kooperationen machen deutlich, dass Öffnungsanstrengungen von Schulen in den Sozialraum gewollt und unterstützt werden. Dafür brauchen Ganztagsschulen Verantwortungsträger und Bildungsplaner, die ihren Rollen als Gestalter einer Ganztagsbildung gerecht werden.

Literatur

Arnoldt, Bettina (2008): Öffnung von Ganztagsschule. In: Holtappels, Heinz Günter/Klieme, Eckhard/Rauschenbach, Thomas/Stecher, Ludwig (Hrsg.): Ganztagsschule in Deutschland. 2. überarbeitete Auflage. Weinheim und München, S. 86–105.
Benner, Dietrich (1995): Auf dem Weg zur Öffnung von Unterricht und Schule. In: Ders.: Studien zur Didaktik und Schultheorie. Pädagogik als Wissenschaft, Handlungstheorie und Reformpraxis. Band 3. Weinheim und München, S. 83–108.

Deutsche Kinder- und Jugendstiftung (Hrsg.) (2008): Über den Schulhof hinaus ... Bildungschancen gemeinsam verwirklichen. Berlin.

Deutsches Institut für Internationale Pädagogische Forschung/Deutsches Jugendinstitut/ Institut für Schulentwicklungsforschung (2008): Presseinformation Studie zur Entwicklung von Ganztagsschulen. Pressekonferenz am 8. September 2008, Berlin. (http://www.projekt-steg.de/files/pk080908/Presseerklaerung_steg_2008_Langfassung.pdf; 13.02.2009).

Drews, Ursula/Durdel, Anja (1998): Offene Schule – offener Unterricht. In: Haarmann, Dieter (Hrsg.): Wörterbuch Neue Schule. Weinheim und Basel, S. 119–123.

Durdel, Anja/Wichmann, Maren (2008): Impulse und regionale Vernetzung. Ganztagsschulen mit externen Anregungen entwickeln. In: Ganztags Schule machen, Jg. 2, H. 5, S. 23–25.

Edelstein, Wolfgang (2008): Beteiligung ist keine Kür. Ein Gespräch mit Anja Durdel und Jürgen Bosenius. In: Ganztags Schule machen, Jg. 2, H. 4, S. 30–31.

Fleuren, Daniela/Rosenbusch, Christoph (2009): Abschlussbericht: Zweite Evaluation des Programms „Ideen für mehr! Ganztägig lernen.", Mainz (unveröffentlichtes Manuskript).

Hentig, Hartmut von (10. Aufl. 1996): Die Schule neu denken. München und Wien.

Holtappels, Heinz Günter (2008): Schulentwicklung in Ganztagsschulen. In: Ganztags Schule machen, Jg. 2, H. 5, S. 4–7.

Klieme, Eckhard/Holtappels, Heinz Günter/Rauschenbach, Thomas/Stecher, Ludwig (2008): Zusammenfassung und Bilanz. In: Dies. (Hrsg.): Ganztagsschule in Deutschland, 2. überarbeitete Auflage, Weinheim und München, S. 353–381.

Konsortium Bildungsberichterstattung (2006): Bildung in Deutschland. Bielefeld.

Kultusministerkonferenz (2002): PISA 2000 – Zentrale Handlungsfelder. Zusammenfassende Darstellung der laufenden und geplanten Maßnahmen in den Ländern. Stand 07.10.2002. (http://www.kmk.org/fileadmin/pdf/PresseUndAktuelles/2002/massnahmen.pdf; 09.02.2009).

Maritzen, Norbert (1998): Autonomie der Schule: Schulentwicklung zwischen Selbst- und Systemsteuerung. In: Altrichter, Herbert/Schley, Winfried/Schratz, Michael (Hrsg.): Handbuch zur Schulentwicklung. Innsbruck, S. 609–637.

Züchner, Ivo/Arnoldt, Bettina/Vossler, Andreas (2008): Kinder und Jugendliche in Ganztagsangeboten. In: Holtappels, Heinz Günter/Klieme, Eckhard/Rauschenbach, Thomas/Stecher, Ludwig (Hrsg.): Ganztagsschule in Deutschland, 2. überarbeitete Auflage, Weinheim und München, S. 106–122.

Erfolgreiche Vernetzung von Ganztagsschule und Kommune.
Das Ostseegymnasium Rostock

Gerald Tuschner

Das Ostseegymnasium Rostock ist seit dem Schuljahr 2007/2008 eine Ganztagsschule in gebundener Form. 370 Schülerinnen und Schüler lernen hier, davon haben knapp 20 Prozent einen Migrationshintergrund. (Die Schülerzahl hat sich in den letzten zwei Schuljahren halbiert, vor allem infolge der demografischen Entwicklung, des vollzogenen Übergangs zum G8-Gymnasium und des Wegfalls der Klassenstufen 5 und 6 an den Gymnasien in Mecklenburg-Vorpommern.) An der Schule sind 35 Lehrkräfte im Teilzeitmodell, sechs Referendare und eine Schulsozialarbeiterin beschäftigt. Das Gymnasium liegt im Rostocker Nordwesten im Stadtteil Evershagen, der eine gute soziale Durchmischung bietet. Vor einigen Jahren startete das Pilotprojekt „Evershagen – kinderfreundlicher Ortsteil".

Das Ostseegymnasium Rostock
- ist Europaschule in Mecklenburg-Vorpommern
  - initiierte das Ostseenetzwerk (Partnerschulen im Ostseeraum in Dänemark, Schweden, Finnland, Russland, Litauen, Lettland, Estland, Polen)
  - hat im Rahmen des Comenius-Programms schon mehrere Schulpartnerschaften durchgeführt
- ist Agenda 21-Schule (Umwelt, Nachhaltigkeit, aktive Schulpartnerschaft in Guatemala)
- hat im Januar 2009 mit dem Projekt „Gesunde Schule" begonnen (Sport, Bewegung, gesunde Ernährung, Gestaltung des Lernumfeldes)
- wird durch einen Schulförderverein unterstützt
- kooperiert mit der Regionalen Schule im gleichen Stadtteil auf einem gemeinsamen Schulcampus; dabei wird das Ziel verfolgt, 2010/2011 einen Schulverbund zu gründen
- arbeitet mit vielfältigen Kooperationspartnern in der Kommune zusammen.

Ziele

Die Entscheidung für eine gebundene Ganztagsschule fiel, nachdem wir zunächst versucht hatten, die offene bzw. teilgebundene Form umzusetzen. Dieses Modell war mit dem Stundenplan eines Gymnasiums aber nicht gut in Einklang zu bringen: Die Oberstufenschülerinnen und -schüler hatten bis in den späten Nachmittag Unterricht, was personell und räumlich mit den nachmittäglichen Ganztagsangeboten kollidierte.

Als wir den Übergang zur gebundenen Ganztagsschule planten, stellten wir uns die Frage „Was wollen wir erreichen?" In gemeinsamer Diskussion von Schülerinnen und Schülern, Eltern und Lehrkräften erarbeiteten wir unsere Ziele:

- Rhythmisierung der Ganztagsschule: Phasen der Spannung (Unterricht mit Bewertung) sollen sich mit Phasen der Entspannung (feste Pausen, Bildungsangebote der Ganztagsschule) abwechseln;
- Angebote der Ganztagsschule werden im Sinne ganztägiger Bildung verstanden: Schülerinnen und Schüler sollen sich ausprobieren können, ihre Kompetenzen entwickeln und selbst aktiv werden;
- Angebote der Ganztagsschule sollen nicht mit den Freizeit- und Bildungsangeboten von Trägern der Kinder- und Jugendarbeit konkurrieren.

Zu dieser Zeit begann auch die Arbeit am Schulprogramm, das den Titel „Den ganzen Tag am Ostseegymnasium lernen – neue und vielfältige Perspektiven eröffnen" trägt – das Profil der ganztägigen Bildung ist somit in einem Schuldokument festgeschrieben.

Gestaltung des Ganztags

Der Tagesrhythmus war schnell gefunden: Der Unterricht ist nun in 90-Minuten-Einheiten organisiert. Nach der ersten Einheit folgt die Frühstückspause (20 Minuten), nach der zweiten Einheit die lange Mittagspause (70 Minuten), in der auch Ganztagsangebote integriert sind, danach die dritte und vierte Einheit mit einer großen Pause von 15 Minuten zur Erholung und Bewegung. Damit stehen pro Woche bis zu 40 Unterrichtsstunden zur Verfügung – ein Stundenkontingent, das sogar für die gymnasiale Oberstufe im G8-Gymnasium ausreichend ist, sowie täglich 70 Minuten für das Mittagessen, ergänzende Bildungsangebote bzw. Mittagsfreizeit. Dennoch beginnt der Unterricht erst gegen 8 Uhr und ist vor 16 Uhr beendet. Insbesondere das relativ frühe Ende des Unterrichtstages war für viele Eltern sowie Schülerinnen und Schüler wichtig, um noch Zeit für Freunde, das sportliche Training, die musische Ausbildung und die Betätigung in Einrichtungen der Kinder- und Jugendarbeit zu haben.

90-Minuten-Unterrichtseinheiten fordern und fördern das Anwenden unterschiedlicher Unterrichtsformen, den Methodenwechsel und eine zu entwickelnde Eigenverantwortung der Schülerinnen und Schüler im Lernprozess. Die Lerngruppen sind heterogen zusammengesetzt, sowohl in Bezug auf die soziale und geografische Herkunft der Schülerinnen und Schüler wie auch hinsichtlich ihres Leistungsniveaus. Die Bildungsangebote der Ganztagsschule und der Wahlpflichtunterricht sind jahrgangsübergreifend organisiert, nicht jedoch der Pflichtunterricht.

Angebote im Ganztag

Die Ganztagsangebote waren auf die Zielgruppe abzustimmen. Nach der „Verordnung über die Unterrichtsversorgung" sind das die Schülerinnen und Schüler der Jahrgangsstufen 5 bis 10 (inzwischen findet in Mecklenburg der Wechsel auf das Gymnasium erst zur 7. Klasse statt). Im nächsten Schritt war zu klären, welche Angebote es geben soll. Hier ging es darum, die Vorstellungen der Lehrkräfte, der Eltern und der Schülerinnen und Schüler gleichermaßen zu berücksichtigen.

Die gemeinsam erstellte Wunschliste – die wir auch vollständig umsetzen konnten – umfasste ein warmes Mittagessen, Sport und Bewegung einschließlich Tanz, Musizieren und Singen, Zeichnen und Gestalten, Darstellendes Spiel, Video und TV, naturwissenschaftliches Experimentieren, Informatik sowie genügend Zeit für Hausaufgaben und Nachhilfe. Es sollten aber auch ausreichend Freiräume gegeben sein, um Computer und Bibliothek nutzen und mit Freunden zusammen sein zu können. Ein wichtiger Punkt war die Gruppengröße: Sie sollte deutlich kleiner sein als die übliche Klassenstärke von 24 bis 30 Schülerinnen und Schüler. Insgesamt stimmten die Wünsche der Kinder und Jugendlichen und der Erwachsenen überein.

Natürlich reichen die zur Verfügung stehenden Lehrerstunden an einem Gymnasium nicht aus, ein vielfältiges Ganztagsschulprogramm an fünf Tagen der Woche zu realisieren. Es mussten geeignete Partner gesucht und gefunden werden: Sie sollten Erfahrung in der Arbeit mit Kindern und Jugendlichen haben, unsere Ziele unterstützen, für uns kostenfrei arbeiten können und zudem in den gewünschten Zeiten zur Verfügung stehen.

Die ersten wichtigen Partner fanden wir in der Schule: unsere Schülerinnen und Schüler!

Ältere Schülerinnen und Schüler haben die Betreuung der zwei Computerkabinette und der Bibliothek übernommen, sie geben aber auch Nachhilfestunden und Tanzkurse, unterstützen sportliche Angebote und die Durchführung physikalischer und chemischer Experimente. Dadurch stehen den Schülerinnen und Schülern jeden Tag die erforderlichen PC-Arbeitsplätze, Räume für eigenständiges Lernen und Hausaufgaben sowie die Bibliothek zur Verfügung.

Ein ehemaliger Schüler baute einen Schachkurs auf – er leitet ihn noch heute und organisiert die Rostocker Schulschachmeisterschaften. Für sportliche Angebote finden wir immer wieder Sportvereine, die daran interessiert sind, Talente zu entdecken und Vereinsmitglieder zu gewinnen. Allerdings lassen die Rahmenbedingungen in den Sportvereinen häufig nur eine halbjährige Zusammenarbeit zu, sodass die Mehrzahl der Sport- und Bewegungskurse von unseren Lehrkräften geleitet wird.

Bei Angeboten zum Musizieren und Singen werden unsere Lehrerinnen und Lehrer von der „Rock & Pop Schule" Rostock unterstützt. In unserer Schule können die Jugendlichen zwei Musikräume nutzen, den Keyboardraum und einen kleinen Probenraum für die Instrumentalisten.

Fest etabliert sind inzwischen das Agenda 21-Projektteam (in Zusammenarbeit mit dem Naturschutzbund Deutschland) und das Team „Gesunde Schule" (unterstützt von der Techniker Krankenkasse). Hervorzuheben ist außerdem die enge Zusammenarbeit mit der Universität Rostock: bei dem Team SPURT (Schülerprojekte um Roboter-Technik) und in einem Kurs, der sich mit modernen Tendenzen der Informatik beschäftigt.

Bei den künstlerischen Angeboten zum Zeichnen und Gestalten setzen wir – soweit die Lehrerstunden ausreichen – sowohl auf die Potenziale unserer Lehrkräfte, als auch auf die Möglichkeiten unserer Kooperationspartner. Mit der Kunstschule Rostock bieten wir die Themen „Mathematik und Kunst" und „Von der Bewegung zur Skulptur" an. In Zusammenarbeit mit dem Institut für Neue Medien finden Kurse zum Thema Bildbearbeitung statt (mit Berührungspunkten zur Informatik), aber auch in den Bereichen Video („Von der Idee zum Film") und Fernsehen („Der Weg zur eigenen Fernsehsendung").

Das Institut für Neue Medien ist zudem verantwortlich für das Projekt „Reif fürs Netz – ein Computerkurs für Senioren". Schülerinnen und Schüler ab Jahrgangsstufe 9 werden hier zu Lehrkräften, indem sie Seniorinnen und Senioren Kenntnisse und Fähigkeiten im Umgang mit Computer, Internet, Textverarbeitung und Digitalfotografie vermitteln.

Auch gibt es spezifische Angebote für jüngere Schülerinnen und Schüler. Im musischen Bereich gestalten die Lehrkräfte der Schule eine „Reise" durch Musik, Kunst und Gestaltung sowie Darstellendes Spiel. Im Bereich der Naturwissenschaften können die Jüngeren eine „Reise" durch die Naturwissenschaften erleben – eine Idee unserer naturwissenschaftlichen Lehrkräfte.

Die Regionale Schule in unserem Stadtteil Rostock-Evershagen plante etwa zur gleichen Zeit wie das Ostseegymnasium den Einstieg als offene Ganztagsschule. Am Stadtteiltisch berieten wir mit den Vereinen und Trägern der Jugend- und Sozialarbeit, welche Formen der Zusammenarbeit bzw. gegenseitigen Unterstützung möglich wären. Uns kam dabei zugute, dass wir bereits zwei Jahre lang im Projekt „Praxisberatung Kooperation Schule/Jugendarbeit/Stadtteil" zusammenarbeiteten. Dieses Projekt wurde vom Jugendamt Rostock initiiert und von der Hamburger Agentur NaSchEi (Nachbarschaft und Schule in Eimsbüttel) extern moderiert. Die Bereitschaft zur Unterstützung der Ganztagsschule erwies sich als groß. Der Schwerpunkt wurde in der Arbeit mit den Schülerinnen und Schülern der Regionalen Schule gesehen. Deshalb einigten wir uns auf eine projektorientierte Zusammenarbeit. Inzwischen unterbreiten beide Schulen gemeinsame Angebote und sie arbeiten in Projekten zusammen. 2010/2011 soll ein gemeinsamer Schulverbund gegründet werden.

Ein neues Projekt ist die Arbeit im Themenatelier „Ganztagsschule der Vielfalt" im Rahmen des bundesweiten Programms „Ideen für mehr! Ganztägig lernen.", das von der Deutschen Kinder- und Jugendstiftung (DKJS) umgesetzt wird. Mit diesem Themenatelier verfolgen wir vor allem das Ziel, Familien mit Migrationshintergrund in die Gestaltung des Schulalltages einzubeziehen.

Alle Aktivitäten, die in der Ganztagsschule angeboten werden, sind Bestandteil des Stundenplanes unserer Schule. Damit ist für die Angebotsvielfalt ein verlässlicher Rahmen gewährleistet.

Die Schülerinnen und Schüler nutzen schulische Höhepunkte, Wettbewerbe, den Tag der offenen Tür oder das Stadtteilfest, um die Ergebnisse ihrer Projektarbeit zu präsentieren.

Kooperation mit Partnern in der Kommune

Von großer Bedeutung ist der pflegliche Umgang mit den Kooperationspartnern. Sie müssen sich als gleichberechtigte Partner erleben, die in die Findungs- und Entscheidungsprozesse eingebunden sind. Auf keinen Fall darf ihnen die Rolle eines Dienstleisters zufallen! Auch muss eine verbindliche Grundlage für die Zusammenarbeit geschaffen werden. Beide Seiten sollten offen darlegen, was sie erwarten und leisten können.

In unserem Fall wurden die gemeinsam getroffenen Vereinbarungen in einem Kooperationspapier festgehalten. Lehrkräfte der Schule wurden dabei als konkrete Ansprechpartner festgelegt. Sie stehen allen Beteiligten beratend, informierend und unterstützend zur Seite. Sie zeigen auch bei den Veranstaltungen außerhalb der Schule Präsenz und vermitteln damit den Schülerinnen und Schülern, dass uns dieser Bildungsbestandteil wichtig ist.

Einige Angebote von Partnern finden nicht innerhalb des Schulgeländes statt: Zum einen hat unsere Schule nicht die erforderlichen räumlichen oder materiellen Voraussetzungen für alle Angebote, zum anderen sollen die Schülerinnen und Schüler auch Lernräume außerhalb der Schule entdecken. Die Schülerinnen und Schüler fahren hierzu auch in andere Stadtteile, was allerdings in der Mittagspause aus zeitlichen Gründen nicht möglich ist. So haben wir uns dazu entschlossen, Ganztagsangebote, Wahlpflichtunterricht und Projektkurse als Paket zu betrachten. Auf diese Weise können die Schülerinnen und Schüler aller Jahrgangsstufen einbezogen werden und wir können uns einen Nachmittag in der Woche auf die Angebote außerhalb der Schule konzentrieren.

Eine entscheidende Frage ist, wie unsere Kooperationspartner ihre Angebote finanzieren können. Wir müssen jedes Jahr aufs Neue gemeinsam prüfen, welche Fördermöglichkeiten es gibt, wer den Förderantrag stellt, wer die Abrechnungsmodalitäten übernimmt usw. Als sehr hilfreich haben sich dabei die Angebote von „schule+" erwiesen – einem Programm des Regionalpartners der DKJS in Mecklenburg-Vorpommern, das Lernprojekte in der Ganztagsschule fördert.

Lehrkräfte und Schulleitung

Wichtig ist auch die Frage, ob die Lehrkräfte durch die zusätzlichen Angebote stärker belastet werden. Formell sind die Ganztagsstunden ein Teil der individuellen Unterrichtsverpflichtung. Doch der Aufwand der Vor- und Nachbereitung ist nicht zu unterschätzen.

An unserer Schule können wir durch eine günstige Gestaltung der Rahmenbedingungen die individuell erlebte Belastung verringern: Auch die Ganztagsstunden sind verlässlicher Teil des Stundenplanes und Lehrkräfte können in Teams die Aufgaben eigenständig verteilen (dabei sind auch zeitliche Staffelungen möglich). Die Lehrerinnen und Lehrer unterbreiten zusätzliche Lernangebote, die von den Schülerinnen und Schülern angenommen werden können, aber aufgrund der Vielfalt der Angebote nicht angenommen werden müssen. Diese Freiwilligkeit der Teilnahme, die wesentlich umfangreichere Möglichkeit der Auswahl der Inhalte und die Befreiung von Zeit- und Bewertungsdruck verändern die Rolle der Lehrenden und der Lernenden. Sie benötigen in diesem Veränderungsprozess Führung, Beratung und Begleitung. Der Schulleitung obliegt es, die jeweiligen Unterstützungsbedarfe zu erkennen und die Beteiligten dazu zu befähigen, den neuen Aufgaben gerecht zu werden.

Personalplanung, Unterrichtsplanung und Planung des Ganztags sind untrennbar miteinander verbunden. An unserer Schule hat es sich als zweckmäßig erwiesen, diese Aufgaben in die Hand des stellvertretenden Schulleiters zu geben. In die Vorbereitungen sind die Eltern- und die Schülervertretung, die Lehrerkonferenz, die Arbeitsgruppe für Schulprogrammarbeit, Unterrichtsentwicklung und Qualitätssicherung sowie die Kooperationspartner einbezogen.

Wie kann Ganztagsschule gelingen?

Bei der Umsetzung unseres Ganztagskonzepts war die Abstimmung mit dem Schulträger (Kommune) einfach: Beginn und Ende des Unterrichts wichen nicht vom zuvor gültigen Tagesplan ab. Die Sportstätten (zwei Sporthallen und ein Sportplatz) standen während der Unterrichtszeit ohnehin zur Verfügung. Zudem konnte der Bedarf an Unterrichts- und Lehrmitteln sowie Verbrauchsmaterialien aus dem laufenden Schulhaushalt gedeckt werden (dieser richtet sich nach der Zahl der Schülerinnen und Schüler, eine besondere Berücksichtigung der Ganztagsschule erfolgt nicht). Auch das warme Mittagessen war leicht zu realisieren: Der Schulträger schloss nach einer Ausschreibung mit einem ausgewählten Anbieter einen Vertrag für seine Schulen. Wir hatten in unserem Schulgebäude zuvor bereits zwei Essensräume eingerichtet. Die Schulaufsicht stimmte unserem Ganztagskonzept zu und stellte die Lehrerstunden entsprechend Erlass zur Verfügung.

Auch wenn der Ganztagsschulbetrieb inzwischen erfolgreich läuft, müssen wir das Gelingen der Ganztagsschule jedes Jahr erneut organisieren: Alle Beteiligten setzen sich mindestens einmal jährlich an einen Tisch, um gemeinsam zu evaluieren, zu planen, Wege der Umsetzung zu diskutieren und Kompromisse zu schließen. Dabei hat sich die Schulkonferenz mit ihrer gleichberechtigten Beteiligung von Eltern, Schülerinnen und Schülern sowie Lehrkräften als sehr gut geeignetes Gremium erwiesen.

Wir haben erreicht, dass Ganztagsschule nicht nur „der Anhang am Nachmittag" ist, sondern von allen Beteiligten als wichtiger Bestandteil der schulischen Bildung wahrgenommen und angenommen wird. Natürlich gibt es im Einzelnen noch Verbesserungsbedarf. So besteht für unsere Schülerinnen und Schüler im Ganztag beispielsweise die Möglichkeit, in der Mittagsfreizeit gemeinsam Übungsaufgaben zu lösen, sich gegenseitig zu helfen, selbst organisiert zu lernen. Hier zeigt sich, dass wir – Lehrkräfte und Eltern – die Kinder und Jugendlichen noch besser dazu befähigen müssen, diese Möglichkeit auch wahrzunehmen. Welche Wege wir dabei gehen können, beraten wir gerade in Vorbereitung des nächsten Schuljahres.

Ein weiterer Punkt ist: Die Tatsache, dass die Entscheidung für ein Bildungsangebot der Ganztagsschule im Rahmen der Angebotsvielfalt freiwillig erfolgt, verleitet Schülerinnen und Schüler durchaus, auch die Teilnahme als freiwillig (anders gesagt: unverbindlich) anzusehen. Abhilfe schaffen hier verbindliche und zeitlich überschaubare Vereinbarungen: Die Schülerinnen und Schüler entscheiden sich für einen festgelegten Zeitraum, das Angebot regelmäßig zu nutzen. Geschieht dies nicht, sprechen Schülerinnen und Schüler, Eltern und Angebotsleiter/innen über die Gründe und erarbeiten gemeinsam eine Lösung.

Partizipation spielt an unserer Schule eine sehr wichtige Rolle. Wie oben dargestellt, werden Eltern und Schülerinnen und Schüler in die Entscheidungsprozesse einbezogen, die Schülerinnen und Schüler sind auch selbst Anbieter im Ganztag. Ohne diese aktive Rolle der Schülerinnen und Schüler und ihrer Eltern wäre eine breite Akzeptanz der Ganztagsschule und ihre Entwicklung nicht denkbar. Beteiligung ist eine Grundvoraussetzung, dass Ganztagsschule überhaupt funktionieren kann. Bereits im Prozess der Gestaltung des Überganges zur gebundenen Form der Ganztagsschule erkannten die Eltern- und die Schülervertretung, welchen entscheidenden aktiven Beitrag sie bei der Gestaltung der Schule leisten können. Die gemeinsame Arbeit am Profil der Ganztagsschule und am Schulprogramm ließ Eltern, Schülerinnen und Schüler sowie die Lehrkräfte erleben, dass jede Gruppe ihren spezifischen Beitrag zur Schulentwicklung und zum Schulalltag leistet – dass aber nur alle gemeinsam das Ziel erreichen können.

Im Laufe des Entwicklungsprozesses an unserer Schule ist bei allen Beteiligten das Vertrauen in die eigenen Fähigkeiten, aber auch das Vertrauen in die Partner deutlich gewachsen.

Teil 3
Lokale Bildungslandschaften aus Sicht von Kindern und Jugendlichen

Warum Kinder zum Lernen auch das Gemeinwesen brauchen

Kees Vreugdenhil

Enge Verbindung von Schule und Lebenswelten

„I have always thought it's hysterical that inside the school building we work really hard to make lessons that look and feel real, when all the while, the real world is going on outside – and it's filled with history, social issues, work issues, scientific exploration, math, writing, technology, and everything else. Why don't we just step outside?"[23] (Dennis Littky in: Littky/Grabelle 2004, S. 112 f.)

Warum sollte sich Schule den außerschulischen Lebenswelten öffnen, wie es der amerikanische Gründer der Metropolitan Schools im Zitat empfiehlt? Der Psychologe Littky entwickelte seine Auffassung hauptsächlich aus eigenen Erfahrungen im Umgang mit Kindern und Jugendlichen innerhalb und außerhalb der Schule. Er ist zeitgenössischer Repräsentant einer reformpädagogischen Tradition, die in Deutschland zum Beispiel von Hermann Lietz (1868–1919), Adolf Reichwein (1898–1944) und Peter Petersen (1884–1952) vertreten wurde. Diese und andere Reformpädagogen ließen sich auf die Perspektive und die wirklichen Bedürfnisse von Kindern und Jugendlichen ein, als sie eine Verbindung von Schule und Lebenswelten forderten. Schon der Philosoph Seneca hatte im ersten Jahrhundert die Richtung vorgegeben: „Non scholae, sed vitae discimus." – Nicht für die Schule, sondern für das Leben lernen wir.

Im 21. Jahrhundert lassen sich derartige Einsichten auch mit Forschungsergebnissen untermauern. In vorliegendem Beitrag werden aus drei verschiedenen wissenschaftlichen Blickwinkeln wichtige Argumente für eine enge Beziehung von Schule und Kommune zusammengeführt. Zunächst wird ein neues Paradigma in der Entwicklungspsychologie vorgestellt: die positive Entwicklung von Kindern und Jugendlichen im sozialen Kontext. Dann werden aktuelle Ergebnisse der Hirnforschung in Bezug auf sozial-konstruktivistische Lernprozesse und neuere Erkenntnisse der pädagogisch-psychologischen Bindungstheorie (Attachment Theory) skizziert. Schließlich werden anhand dieser wissenschaftlichen

---

23 „Ich habe immer gedacht, es ist hysterisch, dass wir in der Schule hart daran arbeiten, den Unterricht möglichst wirklichkeitsnah zu gestalten, um gleichzeitig wahrzunehmen, dass die Lebenswelt draußen in ihrer eigenen Dynamik abläuft – und angefüllt ist mit Geschichte, sozialen Themen, Arbeitsthemen, wissenschaftlicher Forschung, Mathematik, Schreiben, Technologie und Sonstigem. Warum betreten wir nicht einfach diese Lebenswelt selbst?" (Übers. d. Verf.)

Befunde zentrale Erfolgsfaktoren einer kommunalen Bildungslandschaft benannt.

Entwicklungspsychologisches Paradigma: positive Entwicklung

In der Entwicklungspsychologie richtet sich der Fokus heute verstärkt auf die Entwicklungschancen von Kindern und Jugendlichen, nachdem man sich lange Zeit auf Probleme und Defizite in der individuellen Entwicklung beschränkt hat. Richard M. Lerner hat den Kerngedanken eines Konzepts positiver Entwicklung formuliert: „Jeder Jugendliche hat im Prinzip das Potenzial, sich erfolgreich, gesund und positiv zu entwickeln, und dieses Potenzial gilt es zu entdecken und zu fördern." (zit. n. Weichold 2007b, S. 1)

Wichtig ist, dass dieses Potenzial nur in Interaktionen mit Anderen wirksam werden kann. Allerdings bestimmen nicht die Interaktionen selbst die individuelle Entwicklung. Entscheidend ist vielmehr die Bedeutung, die Kinder und Jugendliche ihren sozialen Begegnungen verleihen. Auf der Basis dieser Bedeutungen konstruieren sie ihre Handlungen (vgl. Spencer 2008). Konstruieren heißt in diesem Zusammenhang: Menschen strukturieren Informationen zu Kenntnissen, die für sie eine einzigartige und authentische Bedeutung haben. Auch für eine positive moralische Entwicklung der Kinder und Jugendlichen sind Interaktionen mit Eltern, Altersgenossen und sozialen Instanzen im Gemeinwesen notwendig (vgl. Turiel 2008). Nur innerhalb eines sozialen Kontextes gewinnt eine moralische Verpflichtung Bedeutung (vgl. Haste 1998).

Darüber hinaus brauchen Kinder und Jugendliche auch eine eigene Entwicklungsregulation. Darunter versteht man „die aktiven Bemühungen der Person, Ziele zu verwirklichen (gegebenenfalls auch zu bestimmen bzw. neu zu definieren) verbunden mit der Nutzung von Ressourcen. Dabei werden die Beziehungen zwischen Person und verschiedenen Kontexten in Abhängigkeit von Personenmerkmalen (z. B. Persönlichkeit) und über die Lebensspanne veränderbar angesehen" (Weichold 2007b, S. 2). Die Entwicklungsregulation kann die Möglichkeiten zur Veränderung sowohl begünstigen als auch erschweren (vgl. Damon/Lerner 2008). Es geht also um eine relative Veränderbarkeit oder Plastizität. Je reicher und vielfältiger die Beziehungen der Kinder und Jugendlichen zu ihren verschiedenen Lebenswelten und vor allem zu den Erwachsenen sind, desto positiver wird ihre Entwicklung verlaufen. Eine positive Entwicklung äußert sich zum Beispiel als „Schulerfolg, Hilfsbereitschaft, psychische Gesundheit, eine ausgeprägte Fähigkeit zum Belohnungsaufschub, Wertschätzung von Diversität und angemessene Strategien zur Bewältigung von Problemen und Entwicklungsrisiken" (Weichold 2007b, S. 2).

In den verschiedenen Lebenswelten sind angemessene Entwicklungsressourcen *(developmental assets)* eine unentbehrliche Bedingung für die positive Entwicklung des Individuums. Es hat sich gezeigt, dass diese Ressourcen kumulative Effekte haben: „je höher die Anzahl der Assets ist, über die Jugendliche verfügen, desto ausgeprägter positiv sind die Entwicklungsergebnisse" (Weichold 2007b, S. 6). Dieser Befund führt zu einer wichtigen Schlussfolgerung: Kindertageseinrichtungen, Schulen und soziale Instanzen in der Gemeinschaft (Kommune) tragen eine besondere Verantwortung, Kindern und Jugendlichen eine Vielfalt an Entwicklungsressourcen anzubieten. Die entsprechenden Programme und Maßnahmen müssen zudem qualitativ angemessen und effektiv sein. Darüber hinaus sollten sie nicht isoliert (z. B. nur in einem therapeutischen Setting) stattfinden, sondern in einer Zusammenarbeit verschiedener Partner als gebündelte Aktionen durchgeführt werden (vgl. Weichold 2007a, S. 2). Die Frage, wie gut das gelingt, hat auch Implikationen für die Entwicklung der gesamten Kommune.

Weichold (2007b, S. 2) fasst zusammen, durch welche Attribute eine gelungene positive Entwicklung gekennzeichnet ist. Die sechs Attribute (6 C's) sind demnach:

- interpersonale und intrapersonale Kompetenz *(competence)*;
- Vertrauen in eigene Kompetenzen und in andere Personen *(confidence)*;
- positive Persönlichkeitseigenschaften und ein gefestigter Charakter *(character)*;
- Vernetzung mit anderen durch tragfähige soziale Bindungen *(connection)*;
- fürsorgliche Beziehungen zu anderen *(caring/compassion)*;
- einen positiven Beitrag für die Gesellschaft leisten *(contribution)*.

Aktuelle Erkenntnisse der Hirnforschung: Lernen im „entspannten Feld"

In den letzten zwei Jahrzehnten haben sich viele neue Entwicklungen in den Neurowissenschaften ergeben. Mittlerweile können auch bildgebende Verfahren eingesetzt werden, insbesondere fMRI-Scans *(functional Magnetic Resonance Imaging-Scans)*, die neue Einsichten über die Funktionen des Gehirns und das Lernen ermöglichen.

Nach Ansicht des niederländischen Neuropsychologen Jelle Jolles können die Neurowissenschaften schon heute vieles zur Qualitätsverbesserung von Unterricht beitragen, auch wenn noch einiges ungeklärt ist: „Das Schönste wäre natürlich, wenn der ganze Unterricht an die natürliche Entwicklung und Reifung des Gehirns anschließt, aber so weit ist es noch nicht. Dazu wissen wir noch nicht genug über diese Reifung. Aber Hirnforschung kann inzwischen genügend über Teilfunktionen des Gehirns, über kognitive Prozesse und über verschiedene Lernstrategien informieren" (Jolles, zit. n. Ros 2006, S. 7; übersetzt und sinngemäß vom Verf. wiedergegeben). Im Folgenden werden Ergebnisse der neueren Hirnforschung dargestellt, die von vielen Neurowissenschaftlern als zuverlässig und nützlich betrachtet werden, um die Gestaltung von Bildung und Erziehung deutlich zu verbessern.

Das Gehirn besteht aus Milliarden Nervenzellen. Diese sind untereinander vernetzt und in Verschaltungs- oder Beziehungsmustern strukturiert (vgl. Hüther 2006a). Die Muster helfen „beim Aufbau expliziten, abrufbaren Wissens ebenso wie bei der Entwicklung impliziter Kompetenzen" (Schirp 2006, S. 104). Zahlreiche Autoren haben auf die Notwendigkeit hingewiesen, im Unterricht möglichst oft und sinnvoll an die bestehenden Verschaltungsmuster im Gehirn des Kindes anzuschließen (u. a. Brand/Markowitsch 2006; Hüther 2006a und b; Roth 2006). Der Herausbildung dieser Muster liegen Prozesse der Konstruktion und der Strukturierung (Organisation) zugrunde. Deshalb sollten Lehrkräfte im Unterricht dafür sorgen, dass die Schülerinnen und Schüler ihr Wissen selbst konstruieren und strukturieren können, wie sie das immer in ihren ersten Lebensjahren im außerschulischen Bereich gemacht haben. Der Wert einer Schule zeigt sich vor allem darin, wie gut und professionell eine Lehrkraft jedem Kind bzw. Jugendlichen die individuell richtige Strukturierungshilfe anbieten kann, sodass authentisches Lernen möglich wird. Diese Unterstützung wird zunehmend wichtiger, wenn Schülerinnen und Schüler auch außerhalb der Schule in der Kommune lernen, wie es zum Beispiel das Konzept des *Service-Learning* vorsieht.

Unser Gehirn ändert sich permanent. Als adaptives System passt es sich an Einflüsse der Gene und der Umgebung an, um seine Verschaltungen kräftiger und effizienter zu machen. Diese Fähigkeit, neue Verknüpfungen zu bilden, nennt man die „Plastizität" des Gehirns. Im Allgemeinen ist das kindliche und jugendliche Gehirn Objekt der Entwicklung neuer Muster. Deshalb ist diese ungefähr zwanzig Jahre umfassende Zeitspanne eine sensible Phase. Kinder und Jugendliche, die in einer sozial-emotional reizarmen oder sogar traumatisierenden Umgebung aufwachsen, können lebenswichtige Muster vermischen oder unterentwickeln. Diese existenzielle Dimension führt zu einem kräftigen Plädoyer für die Kommune als Bildungslandschaft mit qualitativ hochwertigen und vielfältigen Lernressourcen und menschlichen Beziehungen. Hier findet sich ein Hauptgedanke des Paradigmas der positiven Entwicklung wieder.

Die Plastizität des Gehirns hat wichtige Folgen für die Art und Weise des Lernens. Erstens lernt das Gehirn immer, auch wenn das Lernen nicht absichtsvoll in der Schule stattfindet. Zweitens muss die Neigung des Gehirns, einzelne Wahrnehmungsimpulse zu verknüpfen, beim Lernen ernst genommen werden. Deshalb sollten im Unterricht einzelne Fakten immer in einem sinnvollen Kontext dargeboten werden. In einer kommunalen Bildungslandschaft sind zahlreiche Kontexte vorhanden, die in Lernprozessen genutzt werden können. Außerdem lernt der Mensch besonders gut durch authentische Erfahrungen, die ihn emotionalisieren (vgl. LeDoux 1996). Bedrohliche und erfreuliche Situationen können über Erfahrungslernen immer besser antizipiert werden. Emotionen machen uns aufmerksam, und unsere Aufmerksamkeit motiviert uns wiederum zum Lernen (vgl. Sylwester 1995). Nach Ansicht vieler Forscher spielen Emotionen eine unentbehrliche Rolle in Lernprozessen. Nach Wolfe (2001) ist das Gehirn biologisch so programmiert, dass es sich vorrangig auf Informationen konzentriert, die emotional stark aufgeladen sind; Informationen dieser Art werden auch dauerhafter gespeichert. Die Hirnforscherinnen Anna Katharina Braun und Michaela Meier bemerken dazu: „Lernen und die damit verknüpften Emotionen verursachen (schnelle) biochemische und (langfristig) strukturelle Veränderungen der Synapsen (= Informationskanäle) im Gehirn" (Braun/Meier 2006, S. 97). Die beiden Autorinnen unterstreichen auch den Wert von Lernerfolgen, die – biochemisch betrachtet – ein Glücksgefühl auslösen und den Lerntrieb eines Individuums unterstützen. Lernerfolge verstärken die intrinsische Motivation und schaffen Raum für die natürlich vorhandene Neugier eines Kindes (ebd., S. 97 und 106).

Negative Gefühle, die etwa durch Stress verursacht sein können, blockieren dagegen Lernprozesse, in denen Kreativität und divergentes Denken gefragt sind (vgl. Schirp 2006). Sie können bei Kindern und Jugendlichen in verschiedenen Situationen entstehen: zum Beispiel bei Begegnungen mit Lehrkräften, denen sie nicht vertrauen, oder in Beziehungen mit Mitschülerinnen und Mitschülern oder Erwachsenen des sozialen Umfelds. Negative Gefühle können aber auch das Ergebnis eines unfreundlichen und „kalten" Klimas in der Schule und in der Kommune sein.

Aus diesem Grund ist es ungeheuer wichtig, dass sich in Schule und Kommune emotional zuverlässige und positive zwischenmenschliche Beziehungen entwickeln: „Nichts ist in der Lage, das Durcheinander im Kopf besser aufzulösen und die zum Lernen erforderliche Offenheit und innere Ruhe wieder herzustellen, als dieses Gefühl von Vertrauen. Deshalb suchen alle Kinder enge Beziehungen zu Menschen, die ihnen Sicherheit bieten. (…) Diese Sicherheit bietende Bindungsbeziehung ist die Voraussetzung dafür, dass ein Kind bereits im ersten Lebensjahr so viel Neues aufnehmen, ausprobieren und die dabei gemachten Erfahrungen in seinem Hirn verankern kann" (Hüther 2006b, S. 81 f.).

Eine zweite Schlussfolgerung bezieht sich auf die Darbietung des Lernstoffes. Es ist vorteilhaft, emotional aufgeladene Lernsituationen zu schaffen. So kann beispielsweise darauf hingewirkt werden, dass die Kinder nicht nur analysieren, sondern etwas erleben, sich in etwas hineinversetzen können. Gerade hier sind die positiven emotionalen Beziehungen in einer kommunalen Bildungslandschaft von ungeheurer Bedeutung.

Aus der Verhaltensbiologie ist bekannt, dass Säugetiere für ihr Spielen und Lernen ein „entspanntes" Feld brauchen, das sowohl Anregung als auch Sicherheit bietet (vgl. Sachser 2006, S. 21). In einem entspannten Feld führt die natürliche Neugier des Kindes zum Entdecken, Untersuchen, Experimentieren und Spielen, kurz: zum erfahrenden Lernen. Diese Aktivitäten werden im Gehirn von positiven Emotionen begleitet und führen bei Erfolg zu intrinsischer Motivation. Die Sicherheit ist durch Situationen und Ereignisse gekennzeichnet, die „vertraut, vorhersag- und kontrollierbar sind, wenn sich das Individuum in einem sozialen Netz befindet oder soziale Unterstützung durch einen Bindungspartner erhält" (Sachser 2006, S. 27). Auch diese Befunde der Neurowissenschaften untermauern noch einmal die Wichtigkeit der kommunalen Vernetzung für das erfolgreiche Lernen von Kindern und Jugendlichen.

Nach Auffassung des Neurobiologen Gerald Hüther ist das Gehirn ein soziales Konstrukt. Ein Kind lernt „sein Gehirn auf eine bestimmte Weise zu benutzen, indem es dazu angehalten, ermutigt oder auch gezwungen wird, bestimmte Fähigkeiten und Fertigkeiten stärker zu entwickeln als andere, auf bestimmte Dinge stärker zu achten als auf andere, bestimmte Gefühle eher zuzulassen als andere, also sein Gehirn allmählich so zu benutzen, dass es sich damit in der Gemeinschaft, in die es hineinwächst, zurechtfindet" (Hüther 2006a, S. 43). Die Entwicklung des Gehirns ist also sozio-kulturell bedingt, das heißt, es bildet sich in verschiedenen Kulturen teilweise anders aus. Besonders deutlich werden diese Unterschiede in westeuropäischen Großstädten, wo in bestimmten Schulen manchmal mehr als dreißig verschiedene Ethnien und Kulturen miteinander leben und lernen (vgl. De Munnik/Vreugdenhil 2007).

Im Gehirn bildet der präfrontale Kortex das Zentrum, in dem die vielen Entscheidungen getroffen werden, die wir als Menschen während unserer Sozialisation und unserer Kulturalisierung brauchen. Laut Jolles reift dieser präfrontale Kortex von allen Hirnregionen am langsamsten und nur ganz allmählich. Erst in der Pubertät wird dieses Organ voll und ganz in der sozialen Umgebung angesprochen. In dieser Zeit entwickeln sich dann wichtige Funktionen wie die Planung und die rationelle Kontrolle des eigenen Verhaltens aufgrund von sensorischen Informationen, vorhandenem Erfahrungswissen, sozialen und emotionalen Konsequenzen (Jolles, in: Ros 2006, S. 6 f.).

Das didaktische Arrangement muss zunächst in einer angemessenen Lernumgebung realisiert werden. Diese Umgebung trägt die Merkmale des entspannten Feldes: Anregung und Sicherheit. Aus den Neurowissenschaften ergeben sich deutliche Hinweise, durch welche Aspekte sich hirngerechte Lernumgebungen auszeichnen sollten: genügend Möglichkeiten und Materialien für das Erfahrungslernen; eine Ausstattung mit Arbeitsmitteln, die auch selbstständiges und soziales Lernen ermöglichen; die Ausrüstung mit multi-medialen Präsentationsmitteln. Kurz: „eine reichhaltig gestaltete Umgebung, in der viel zu tun, zu erforschen und zu begreifen ist" (Braun/Meier 2006, S. 97).

Wichtige Ergebnisse der Bindungstheorie: Sicherheit und Wertschätzung

Die vorangegangenen Überlegungen haben bereits deutlich gemacht, wie wichtig die Qualität des Lebenskontextes für die Entwicklung von Kindern und Jugendlichen ist. Aus dem neuen Paradigma der Entwicklungspsychologie und den aktuellen Ergebnissen der Hirnforschung lässt sich eine wichtige Schlussfolgerung ziehen: Zuverlässige und sichere sozial-emotionale Beziehungen mit Gleichaltrigen und mit Erwachsenen sind von großer Bedeutung für die Entwicklung von Kindern und Jugendlichen.

An diese Befunde schließen sich die Einsichten aus der pädagogisch-psychologischen Bindungstheorie (*Attachment Theory*) nahtlos an. Grundgedanke ist, dass nur Kinder mit einer sicheren, zuverlässigen Bindung an ihre Eltern in der Lage sind, eine befriedigende emotionale Stabilität für motiviertes und Freude machendes Leben und Lernen zu entwickeln; sie sind auch am besten gegen Versagensängste gefeit (vgl. Cassidy/Shaver 2008; Van IJzendoorn 2008). Dieses Ergebnis stimmt mit den oben genannten Befunden der Hirnforschung überein.

Das gilt weitgehend auch für den supportiven Erziehungsstil, der als Umsetzung der *Attachment Theory* verstanden werden kann. Dieser Erziehungsstil zeichnet sich grundsätzlich durch Unterstützung und ein empathisches Verständnis der Eltern für die Eigenart und den Eigenwert des Kindes aus. Auf dieser Basis kann eine emotional warme und aufmerksame Beziehung entstehen. Eine solche Haltung fördert die Wertschätzung des Kindes für sich selbst, aber auch seine Wertschätzung gegenüber den Eltern und den sozialen und natürlichen Lebenswelten (vgl. Mettler-von Meibom 2006).

Andererseits zeichnet sich der supportive Erziehungsstil auch durch eine funktionelle Autorität der Erwachsenen aus: Die Eltern beobachten intensiv, was ihre Kinder tun und lassen. Einerseits schaffen sie genügend Freiräume, damit die Kinder ihrer Lebensweltorientierung – gemäß ihrer natürlichen Neugier – folgen können. Andererseits setzen sie ihnen durch verbindliche Regeln und Normen auch Grenzen. Die Eltern streben an, diese Regeln und Normen selber vorzuleben und mit wertgebundenen Argumenten zu erläutern. Bei Regel- und Normverstößen der Kinder erinnern sie daran, dass im Zusammenleben in der Familie Verabredungen notwendig sind, die eingehalten werden müssen. In diesem Sinne repräsentiert dieser Erziehungsstil humane Werte, die eine moralische Entwicklung von Kindern unterstützen.

Eltern, die in der Erziehung einen supportiven Ansatz verfolgen, sind regelmäßig mit ihren Kindern im Gespräch. Sie erkennen, verstehen und akzeptieren, dass ihre Kinder wichtige Rechte haben. Sie führen mit ihnen einen wohlwollenden Diskurs über ihre Meinungen und Wünsche, ohne gleich allem nachzugeben. Auf diese Weise unterstützen sie ihre Kinder darin, eine Individualität auszubilden. Indem sie den Kindern eigene Erfahrungen ermöglichen, fördern sie ihre Selbstständigkeit und ihre Bereitschaft, Verantwortung zu übernehmen. Auf diese Weise können Kinder und Jugendliche zentrale Werte und Normen entwickeln, die Grundlage einer demokratischen und partizipierenden Haltung gegenüber der Gemeinschaft sind.

Aber nicht nur Eltern können „leuchtende" Vorbilder für Kinder und Jugendliche sein, sondern auch Lehrkräfte, Mitschülerinnen und Mitschüler, engagierte Bürgerinnen und Bürger außerhalb der Schule bzw. in der Kommune sowie Idole der Mediengesellschaft. „Leuchtend" heißt in diesem Kontext, dass solche Vorbilder große Wirkung ausüben, in ihrer Lebensführung ethisch zuverlässig und in ihrem Beziehungsstil authentisch und engagiert sind. Damit sind sie für Kinder und Jugendliche auch wichtige Leitpersonen der Orientierung und Wertschätzung.

Vor diesem Hintergrund lassen sich beispielhaft Situationen beschreiben, wie die Entwicklung von Kindern und Jugendlichen positiv verlaufen kann. Hier spielen die Potenziale in der Kommune eine wichtige Rolle: Das soziale und kulturelle Umfeld kann den jungen Menschen anspruchsvolle Herausforderungen bieten, an denen sie partizipieren können, viele anregende Situationen, die ihre Neugier wecken und an das Grundbedürfnis appellieren, selbstständig zu handeln. Die vielfältigen Lernanlässe in einer kommunalen Bildungslandschaft fördern die Entwicklung von Selbstkompetenz und laden zum Mitmachen, Mitgestalten und zur Verantwortungsübernahme ein. Damit fördern sie die notwendige Entwicklungsregulation und ermöglichen Kindern und Jugendlichen eigene Erfahrungen.

Um die Potenziale der Kommune auszuschöpfen, sollten Situationen geschaffen werden, die für junge Menschen vor allem interessant und herausfordernd sind: abenteuerlich, dynamisch, innovativ und perspektivenreich, mit schnellen Übergängen zwischen realen und virtuellen Welten – insgesamt sollte *multi-tasking behaviour* gestärkt werden, also die Fähigkeit, mehrere Aufgaben gleichzeitig zu bearbeiten. Allerdings müssen diese Situationen intensiv pädagogisch durchdacht und bewusst gestaltet sein. Es sollten für die Kinder und Jugendlichen gezielt geeignete Möglichkeiten geschaffen werden, um sich moralisch zu entwickeln, eine wertschätzende Haltung gegenüber anderen einzunehmen und authentische, solide und sichere soziale Beziehungen zu festigen. Nach Mettler-von Meibom (2006) beinhaltet Wertschätzung drei Aspekte: die Schätzung des eigenen Wertes, des Wertes der sozio-kulturellen Lebenswelt und des Wertes der natürlichen Lebenswelt.

Die Bindungstheorie befasst sich jedoch nicht nur mit den Merkmalen einer sicheren Bindung, sondern auch mit Formen unsicherer Bindung. Es gibt unterschiedliche Ursachen für unsichere Bindungen, zum Beispiel ein autoritärer Erziehungsstil, eine Laisser-faire-Haltung der Eltern gegenüber ihren Kindern, häusliche Vernachlässigung oder Gewalt. Im Extremfall kann die Bindung zwischen einem Kind und einem Erwachsenen, der für seine Betreuung und Entwicklung unmittelbar verantwortlich ist, auch zerstört werden. Kinder und Jugendliche mit unsicheren oder zerstörten Bindungen versuchen, diese Defizite primär zu kompensieren, entweder in der Schule oder im kommunalen Umfeld. Wenn die dort tätigen Erwachsenen (Lehrkräfte, Sportleiter/innen, usw.) nicht wirklich an dieser Beziehungsnot interessiert sind und auch nicht über die Fähigkeit verfügen, auf diese oft verborgenen Hilferufe einzugehen, dann besteht die Gefahr, dass sich diese Kinder und Jugendlichen gegenüber der Gemeinschaft entfremden. Meist äußert sich diese Entfremdung als soziale Zurückgezogenheit oder unkontrollierte Aggressivität.

Diese Ergebnisse der Bindungstheorie unterstreichen die oben dargestellten Einsichten der Entwicklungspsychologie: Nur gebündelte und nachhaltige Aktionen in der gesamten Kommune können zu einer positiven Entwicklung der Kinder und Jugendlichen und zu Verhaltensverbesserungen führen. Wichtig ist dabei eine empathische und wertschätzende Haltung der Erwachsenen den Kindern und Jugendlichen gegenüber.

Erfolgsfaktoren einer kommunalen Bildungslandschaft

Die neueren Ergebnisse aus Entwicklungspsychologie, Hirnforschung und Bindungstheorie geben Hinweise, welche zentralen Merkmale eine kommunale Bildungslandschaft aufweisen sollte: Kinder und Jugendliche bedürfen vielfältiger Lernumgebungen, die sowohl Sicherheit als auch Herausforderungen bieten und mit ihren verschiedenen Lebenswelten eng verknüpft sind. Ebenso brauchen sie ein Netz von sicheren und zuverlässigen sozial-kulturellen Beziehungen, die auf Wertschätzung basieren. Entscheidend ist, dass alle Akteure, die am Leben und Lernen in der Kommune beteiligt sind, für die Einrichtung und Erhaltung einer Bildungslandschaft gemeinsam Verantwortung übernehmen. Im Kern geht es darum, das Lernen zu fördern – und zwar nicht nur der Schülerinnen und Schüler, sondern aller Bürgerinnen und Bürger dieser Kommune.

Die wechselseitige Öffnung von Schule und kommunalem Umfeld fördert insgesamt eine positive Entwicklung der nachfolgenden Generation und unterstützt Verhaltensverbesserungen von Kindern und Jugendlichen mit Identitäts- und Integrationsproblemen. Eine enge Beziehung und intensive Zusammenarbeit

von Schule und Kommune ist somit unerlässlich für ein zukunftsorientiertes System der Bildung, Beziehung und Betreuung.
Wie sollte eine kommunale Bildungslandschaft in diesem Sinne ausgestaltet werden?

Alle lernen voneinander
Ungeachtet ihres Alters und ihrer Qualifikation lernen alle Beteiligten einer kommunalen Bildungslandschaft voneinander. Das kann auf unterschiedliche Weise erreicht werden, z. B. durch den Einsatz von „Laienlehrkräften" in der Schule oder durch Programme zur Förderung des sozialen Zusammenhalts in der Kommune. Auch können die Potenziale schulischer Lehrkräfte auf vielfältige Weise genutzt werden, z. B. zur Qualifizierung der Bürgerinnen und Bürger, zur Lösung sozial-kultureller Probleme im Stadtteil oder zur Vermittlung von Wissen im Rahmen der kommunalen Entwicklung. Auch ist es möglich, die kulturellen Unterschiede in der Kommune explizit zum Lernthema zu machen.

Kooperatives Lernen
Im Mittelpunkt steht das kooperative Lernen. Das heißt, Schülerinnen und Schüler so weit wie möglich mit und voneinander lernen lassen. Diese Lernprozesse werden von einem supportiven Erziehungsstil begleitet. Grundlage dieses Ansatzes ist emotionale Wärme und Aufmerksamkeit. Über verbindliche Regeln und Normen werden den Kindern und Jugendlichen aber auch Grenzen gesetzt.

Koordination und Unterstützung
Die Erziehungsaktivitäten in Familien, Kinder- und Jugendvereinen, Kindergärten und Schulen werden aufeinander abgestimmt. Bei Bedarf können für Eltern z. B. auch Workshops zu Erziehungsfragen organisiert und spezifische Erziehungsberatungen angeboten werden.

Vielfältige und anregende Lernsituationen
Es werden interessante, abenteuerliche, dynamische, innovative und perspektivenreiche Lernsituationen bereitgestellt, die mit vielfältigen und sinnvollen Lernaufgaben verbunden sind und zu verschiedenartigen Lernleistungen führen können. So wird es beispielsweise möglich, Lösungsstrategien für konkrete Probleme zu erarbeiten, sozio-kulturelle Situationen in der Kommune zu interpretieren und zu analysieren, aber auch theoretische Kenntnisse oder praktische Fähigkeiten zur Einführung erwünschter Innovationen einzusetzen.

Vernetzte Lehr- und Lernstätten
Die Lernmöglichkeiten in der Kommune sind vernetzt. Schule ist ein Lernzentrum, dessen Lehr- und Lernspuren tief ins außerschulische Umfeld reichen. In

der Kommune gibt es viele Lehr- und Lernstätten, die vom Zentrum gezielt gesteuert und sinnvoll koordiniert werden.

Perspektive der Kinder und Jugendlichen
Es gibt reichhaltige Lernumgebungen, die auf die Perspektive und Lernziele der Schülerinnen und Schüler ausgerichtet sind. Die in der Kommune vernetzten Lernumgebungen sind lebensnah mit einer Vielfalt an Mitteln und Materialien zum Erfahrungslernen und multi-medialen Lernen ausgestattet, um selbstständiges und kooperatives Lernen zu ermöglichen.

Professionelle Lernbegleiter/innen
Es werden professionelle Lernbegleiter/innen eingesetzt, die fähig sind, den Lernenden Strukturierungshilfe bei der Selbstkonstruktion des Wissens anzubieten. Sie gestalten die Lernprozesse auf eine Weise, dass die Lernenden Erfolgserlebnisse erfahren und an emotional aufgeladenen Aufgaben in einem lebensweltnahen Kontext arbeiten können.

Sichere Beziehungen und Wertschätzung
Zwischen den verschiedenen Akteuren bestehen zuverlässige und inspirierende Beziehungen, die von gegenseitiger Wertschätzung getragen sind. Kinder und Jugendliche, aber auch Erwachsene können individuell und kooperativ an vielfältigen Lernprozessen teilnehmen. „Leuchtende" Vorbilder im moralischen Sinne werden dabei zu wichtigen Leitfiguren.

Eine derartig ausgestaltete Bildungslandschaft kann entscheidend dazu beitragen, dass Kinder und Jugendliche sich positiv entwickeln und eine demokratische und partizipierende Haltung gegenüber der Gemeinschaft ausbilden.

Literatur

Brand, Matthias/Markowitsch, Hans J. (2006): Lernen und Gedächtnis aus neurowissenschaftlicher Perspektive. In: Herrmann, Ulrich (Hrsg.): Neurodidaktik. Grundlagen und Vorschläge für gehirngerechtes Lehren und Lernen. Weinheim und Basel: Beltz Verlag.
Braun, Anna Katharina/Meier, Michaela (2006): Wie Gehirne laufen lernen oder: „Früh übt sich, wer ein Meister werden will!". In: Herrmann, Ulrich (Hrsg.): Neurodidaktik. Grundlagen und Vorschläge für gehirngerechtes Lehren und Lernen. Weinheim und Basel: Beltz Verlag, S. 97–110.
Cassidy, Jude/Shaver, Phillip R. (2008): Handbook of Attachment. Theory, Research, and Clinical Applications. New York/London: The Guilford Press.

Damon, William/Lerner, Richard M. (2008): The Scientific Study of Child and Adolescent Development: Important Issues in the Field Today. In: Damon, William/Lerner, Richard M. (Hrsg.) (2008): Child and Adolescent Development. An advanced Course. Hoboken NJ: John Wiley & Sons, S. 3–15.
Haste, Helen (1998): Communitarianism and the Social Construction of Morality. In: Journal of Moral Education, Jg. 25, H. 1, S. 47–55.
Hüther, Gerald (2006a): Die Bedeutung sozialer Erfahrungen für die Strukturierung des menschlichen Gehirns. In: Herrmann, Ulrich (Hrsg.): Neurodidaktik. Grundlagen und Vorschläge für gehirngerechtes Lehren und Lernen. Weinheim und Basel: Beltz Verlag, S. 41–48.
Hüther, Gerald (2006b): Wie lernen Kinder? Voraussetzungen für gelingende Bildungsprozesse aus neurobiologischer Sicht. In: Caspary, Ralf (Hrsg.): Lernen und Gehirn. Der Weg zu einer neuen Pädagogik. Freiburg/Basel/Wien: Herder, S. 70–84.
IJzendoorn, M.H. van (2008): Opvoeding over de grens. Gehechtheid, trauma en veerkracht. (Erziehung über die Grenzen hinaus. Bindung, Trauma und Spannkraft). Meppel: Boom academic.
LeDoux, Joseph (1996): The Emotional Brain: The Mysterious Underpinnings of Emotional Life. New York: Simon & Schuster.
Littky, Dennis/Grabelle, Samantha (2004): The BIG Picture. Education Is Everyone's Business. Alexandria, Virginia USA: ASCD.
Mettler-von Meibom, Barbara (2006): Wertschätzung. Wege zum Frieden mit der inneren und äußeren Natur. München: Kösel-Verlag.
Munnik, Cees de/Vreugdenhil, Kees (2007): Opvoeden in het onderwijs (Erziehung im Unterricht). Groningen/Houten: Wolters-Noordhoff.
Ros, Bea (2006): 'Stem onderwijs af op ontwikkeling brein'. (Stimme den Unterricht auf die Entwicklung des Gehirns ab). In: didaktief, Jg. 12, H. 10, S. 6–8.
Roth, Gerhard (2006): Warum sind Lehren und Lernen so schwierig? In: Herrmann, Ulrich (Hrsg.): Neurodidaktik. Grundlagen und Vorschläge für gehirngerechtes Lehren und Lernen. Weinheim und Basel: Beltz Verlag, S. 49–59.
Sachser, Norbert (2006): Neugier, Spiel und Lernen: Verhaltensbiologische Anmerkungen zur Kindheit. In: Herrmann, Ulrich (Hrsg.): Neurodidaktik. Grundlagen und Vorschläge für gehirngerechtes Lehren und Lernen. Weinheim und Basel: Beltz Verlag, S. 19–30.
Schirp, Heinz (2006): Neurowissenschaften und Lernen. Was können neurobiologische Forschungsergebnisse zur Weiterentwicklung von Lehr- und Lernprozesse beitragen? In: Caspary, Ralf (Hrsg.): Lernen und Gehirn. Der Weg zu einer neuen Pädagogik. Freiburg/Basel/Wien: Herder, S. 99–127.
Spencer, Margaret Beale (2008): Phenomenology and Ecological Systems Theory: Development of Diverse Groups. In: Damon, William/Lerner, Richard M. (Hrsg.) (2008): Child and Adolescent Development. An advanced Course. Hoboken NJ: John Wiley & Sons, S. 696–740.
Sylwester, R. (1995): A celebration of neurons: An educator's guide to the human brain. Alexandria, VA: ASCD.

Turiel, Elliot (2008): The Development of Morality. In: Damon, William/Lerner, Richard M. (Hrsg.) (2008): Child and Adolescent Development. An advanced Course. Hoboken NJ: John Wiley & Sons, S. 473–514.
Weichold, Karina (2007a): Thema: Community and Community-based Interventions. Unveröffentlichte Publikation zum nelecom-Projekt Thüringen.
Weichold, Karina (2007b): Thema: Positive Jugendentwicklung. Unveröffentlichte Publikation zum nelecom-Projekt Thüringen.
Wolfe, Patricia (2001): Brain Matters. Translating Research into Classroom Practice. Alexandria USA: ASCD.

„Um groß zu werden, braucht man als Kind ein ganzes Dorf."

Bildungslandschaften im Interesse der Kinder und Jugendlichen

Oggi Enderlein

Bildung – Betreuung – Erziehung: Ist das alles?

Was ist das Ziel der Erwachsenen aus Politik, Verwaltung, Wissenschaft, Schule, Jugendhilfe, Kultur, Vereinen, Wirtschaft und vielleicht auch von Vätern und Müttern, wenn sie die Einrichtung von Bildungslandschaften anstreben? Ist es das Bedürfnis, die „Bildung, Betreuung und Erziehung" der Kinder und Jugendlichen auf mehrere Schultern zu verteilen, wie es das im Zusammenhang mit Bildungslandschaften oft zitierte Bild nahelegt: „Um ein Kind zu erziehen, braucht man ein ganzes Dorf"? Was ist eigentlich gemeint, wenn im Kontext von Bildungslandschaften regelmäßig die Begriffe „Bildung – Betreuung – Erziehung" als Einheit verwendet werden? Geht es um eine Neuorganisation von Verwaltungsstrukturen, also darum, die Aufgaben der Ämter, die für „Bildung, Betreuung und Erziehung" zuständig sind, zusammenzuführen oder neu zu definieren? Zum Beispiel die Zusammenarbeit von Schule und Jugendhilfe voranzubringen, oder die „Zuständigkeiten im Bereich der inneren und äußeren Schulangelegenheiten zugunsten der Kommunen neu zu ordnen", wie es in der Aachener Erklärung des Deutschen Städtetages von den Ländern gefordert wird? (vgl. Deutscher Städtetag 2007).

- Wird das Ziel verfolgt, Lehrkräfte für den Bereich Bildung, pädagogische Kräfte für den Bereich Betreuung und Eltern (oder deren Vertretung) für den Bereich Erziehung an einen Tisch zu bringen, um deren Zuständigkeiten klarer zu definieren und um die Aufgabenbereiche besser aufeinander abzustimmen oder voneinander abzugrenzen?
- Geht es darum, Schule zu öffnen, um einerseits die Betreuung am Nachmittag abzusichern und andererseits die schulischen Bildungsangebote durch Impulse von „außen" anzureichern, etwa durch Sportvereine, Musikschulen, Lesepatenschaften, Internet? Ist damit gemeint, dass Lernen stärker außerhalb des Schulgeländes stattfinden soll, zum Beispiel in Betrieben, bei außerschulischen Lern-Projekten, durch Sozialpraktika oder Austauschprogramme?

- Oder sollen kommunale Zentren geschaffen werden, um zum einen Eltern bei der Erziehung ihrer Kinder zu unterstützen und sie zu entlasten und zum anderen Kindern aller Altersstufen einen Ort „für sich" zu geben?
- Geht es vorrangig darum, das Lernen und Leben von Kindern und Jugendlichen eindeutiger zu verwalten und zu kontrollieren, und durch mehr „Bildung – Betreuung – Erziehung" fester in den Griff zu nehmen? Oder wird im Gegenteil eher angestrebt, die Lebens- und Erfahrungsräume von Kindern und Jugendlichen auszuweiten und ihnen auch in dem, was sie lernen, mehr Selbstbestimmung zuzugestehen?
- Welche Altersgruppe steht im Mittelpunkt: Geht es darum, Vorschulkindern mehr „Bildungsinhalte" zu vermitteln oder Schulkindern mehr und verlässlichere außerfamiliäre „Betreuung" anzubieten? Sollen zum Beispiel auch berufsqualifizierende Angebote für Schülerinnen und Schüler der Sekundarstufe 1 und 2 Bestandteil einer Bildungslandschaft sein? Oder wird „nur" das Ziel verfolgt, die Übergänge von Kita zu Grundschule und von Grundschule zur weiterführenden Schule nahtloser zu gestalten?

Die Begriffstrias „Bildung – Betreuung – Erziehung" weist den Erwachsenen als Verantwortungsträgern eine aktive und den Kindern als Abhängigen die passive Rolle zu: Betreuungseinrichtungen unterliegen Standards, die in der Regel von Erwachsenen aus deren Perspektive festgelegt sind. Im Bildungsbereich hängt in Deutschland eine Zertifizierung davon ab, dass die Inhalte von besonders qualifizierten Erwachsenen im Rahmen von (Schul-)Unterricht vermittelt und die Lernerfolge von ihnen geprüft werden. Außerschulisch und selbstständig erworbene Bildungsinhalte werden in der Schulkarriere so gut wie nicht berücksichtigt. Ein Beispiel: Zumindest in einigen Bundesländern ist eine unabdingbare Voraussetzung für das Abitur, dass die Schule eine Mindestzahl an Unterrichtsstunden in jedem Prüfungsfach nachweist. Der individuelle Wissensstand des einzelnen Prüflings ist für sich genommen für die Zulassung zur Prüfung nicht entscheidend. (Allenfalls ist die Prüfung mit einer Ausnahmeregelung möglich.)

Was könnten kommunale Bildungslandschaften aus Sicht der Schülerinnen und Schüler bedeuten?

An erster Stelle steht sicher die Hoffnung der Schülerinnen und Schüler, dass Lernen bzw. Bildung nicht mehr vorwiegend im Klassenzimmer und bei den Hausaufgaben oder im Nachhilfeunterricht stattfindet: „Landschaft" heißt „draußen" – und mit diesem Bild verbindet sich die Aussicht, die Welt außerhalb der Schule zu entdecken und zu erkunden.

An zweiter Stelle steht vermutlich die Chance, Zugang zu Wissen, Erfahrungen und Fertigkeiten von Personen zu bekommen, die nicht als Fachkräfte an einer Schule tätig sind.

Eine weitere Erwartung könnte sein: Ich kann meine eigenen Wege zum Wissen und Können suchen und gehen, stärker eigene Interessen verfolgen, mich freier bewegen und dabei selbst orientieren und organisieren.

Wenn es um die Frage geht, was „Bildungslandschaften" aus Sicht der Schülerinnen und Schüler bedeuten, müssen allerdings sowohl die Grenzen wie auch die Freiräume klar definiert sein, in denen sich die Jungen und Mädchen frei bewegen und entfalten können – und zwar räumlich, kognitiv und sozial. Menschliche Entwicklung hängt bekanntlich mit einer Erweiterung und Vergrößerung von komplexer werdenden Lebens- und Aktionsräumen zusammen: Ein achtjähriges Kind wäre überfordert, wenn man es, vollkommen auf sich gestellt, auf eine Reise an einen fremden Ort schicken würde. Es würde aber in seiner Entwicklung gebremst, wenn es sich nicht mit Freunden ohne Erwachsenenbegleitung im Umfeld der familiären Wohnung frei bewegen dürfte. Mit siebzehn Jahren können Jugendliche in der Regel allein eine Reise in ein fernes Land bewältigen, um dort in einer anderen Familie in einer ihnen unbekannten Stadt zu leben und eine Schule mit fremder Sprache zu besuchen. Entwicklungshorizonte erweitern sich nicht nur geografisch, sondern auch geistig, sozial und emotional. Das heißt: Eine gelingende Entwicklung setzt voraus, dass sich Kinder altersgemäß innerhalb von Grenzen, die ihnen Halt und Schutz geben, frei bewegen und entfalten können.

Kinder, die noch nicht für sich selbst sorgen können, sind selbstverständlich auf die Betreuung von Erwachsenen angewiesen. Auch bei der Frage, wie sie sich verhalten müssen, brauchen sie die Rückmeldung von Erwachsenen, damit das Zusammenleben in einer Gemeinschaft funktionieren kann. Die nachvollziehbare Sorge von Erwachsenen, dass Kinder verwahrlosen, ohne Werte aufwachsen, keine ausreichende Schulbildung erhalten und schließlich auch die Angst, gegen die Aufsichtspflicht zu verstoßen, verführt allerdings dazu, Kinder, die noch nicht Jugendliche sind, möglichst rund um die Uhr unter Kontrolle zu halten.

Besonders im Schulalter kann zu viel Aufsicht und Anleitung von Erwachsenen aber die soziale, emotionale, körperliche und auch geistige Entwicklung der Kinder eher bremsen als fördern.

Im Interesse der Mädchen und Jungen müsste also der Aspekt „Entwicklungsförderung" mindestens gleichberechtigt neben, oder vielleicht sogar über die Prinzipien von „Bildung – Betreuung – Erziehung" gestellt werden, wie es zum Beispiel im Positionspapier des Bundesjugendkuratoriums (2004) und im Diskussionspapier des Deutschen Vereins zum Aufbau Kommunaler Bildungslandschaften (2007) zum Ausdruck kommt.

Doch wie steht es um die Entwicklungsräume von Kindern in Deutschland, die in die Schule gehen, aber noch nicht Jugendliche sind?

Fehlende Entwicklungsräume zurückgewinnen

Die Debatte, wie viel Grenzziehung und wie viele Freiräume Kinder brauchen, um sich zu körperlich und psychisch gesunden, kooperativen, verantwortungsbewussten Bürgerinnen und Bürgern zu entwickeln, flammt wohl in jeder Elterngeneration neu auf. Jüngstes Beispiel sind die Diskussionen um Bücher wie „Lob der Disziplin" (Bueb 2006) und „Warum unsere Kinder Tyrannen werden" (Winterhoff 2008), in denen die Autoren von den Eltern (und Lehrkräften) mehr Autorität und stärkere Grenzziehung in der Erziehung fordern. Interessanterweise wird bei diesen Debatten nicht danach gefragt, welche altersgerechten Freiräume Kinder brauchen, um sich gut weiter entwickeln zu können und ob Kindern diese Freiräume überhaupt zur Verfügung stehen. Tendenziell wird unterstellt, dass Kinder heute zu viel Freiheit hätten.

Verhaltensprobleme sowie psychosomatische Symptome und emotionale Auffälligkeiten bei Kindern hängen jedoch in den meisten Fällen damit zusammen, dass grundlegende, für die Entwicklung wichtige Bedürfnisse nicht ausreichend befriedigt werden können. Es gibt lebenslange Grundbedürfnisse, wie soziale Kontakte, emotionale Geborgenheit, Schutz vor Gefahren, Unterkunft und Nahrung. Darüber hinaus gibt es entwicklungsspezifische Grundbedürfnisse. Dazu gehört zum Beispiel in der frühen Kindheit eine feste, positive Beziehung zur Mutter (oder zu einem „Mutterersatz").

Im Alter zwischen etwa 6 und 13 Jahren sind wichtige altersspezifische und entwicklungsrelevante Bedürfnisse: selbstbestimmte Bewegung, Erproben von Geschicklichkeit, Körpererfahrung; die Begegnung und Auseinandersetzung mit anderen, etwa gleichaltrigen Kindern; eigenständiges Erkunden, Entdecken und Erobern der Welt im Umfeld der Wohnung – vor allem gemeinsam mit anderen Kindern –, und dabei Dinge zu erforschen, zu erfinden, zu konstruieren, auf die Beine zu stellen.

Die Grafik auf der folgenden Seite, die bereits an anderer Stelle publiziert wurde, fasst die entwicklungsrelevanten Lebensbedürfnisse dieser „Großen Kinder" zusammen, (vgl. z. B. Enderlein 2006; 2007b).

Verschiedene Studien belegen, dass vielen Kindern im Alter zwischen Vorschul- und Jugendalter heute Entwicklungs- und Entfaltungsräume fehlen, die in früheren Generationen noch selbstverständlich waren. So leben 47 Prozent der 5- bis 9-jährigen Kinder in den ostdeutschen und 28 Prozent in den westdeutschen Bundesländern in mehrfach risikobelasteten Wohn- und Wohnumfeldbedingungen (vgl. Steinhübl 2005, S. 249): Beengte Wohnverhältnisse, viel Verkehr, Luftverschmutzung und hohe Bebauungsdichte haben zur Folge, dass Kindern, die dem Spielplatz mit Schaukel, Rutschbahn und Sandkasten entwachsen sind, altersgerechte Spiel- und Aktionsräume fehlen. Besonders betroffen sind Kinder aus unteren sozialen Schichten. Wenn sich Kinder nicht ausreichend bewegen und draußen spielen können, ist es fast unausweichlich, dass sie motorisch unruhig und vielleicht sogar aggressiv werden, oder dass sie mit psychosomatischen Symptomen reagieren, wie zum Beispiel Kopf-, Bauch- und Rückenschmerzen, Einschlafstörungen, Niedergeschlagenheit, schlechter Laune oder Gereiztheit (vgl. Ravens-Sieberer/Erhart 2008, S. 47 f.). Jungen reagieren eher „nach außen", also eher mit Aggressivität, motorischer Unruhe, Mädchen eher „nach innen" also mit Sorgen, Depressionen, psychosomatischen Symptomen.

Abbildung 1: Entwicklungsrelevante Lebensbedürfnisse

Entwicklungsrelevante Lebensbedürfnisse der „Großen Kinder" (ca. 6-13 J.)

[Diagramm: Ellipse mit Überschrift „verlässliche Strukturen in der Verantwortung der Erwachsenen"; innerhalb überlappende Kreise: „Bewegung Geschicklichkeit Körpererfahrung", „Eigenständige Aktivitäten, Welterkundung", „Selbstständigkeit Groß-Sein", „Begegnung mit anderen Kindern", „Wissen und Können erwerben"; links: „Herausforderung mit Anleitung und Anerkennung"; rechts: „Eindeutige Grenzen und Freiräume"; unten: „hinhören, ernst nehmen, beteiligen = Partizipation"]

Eigene Darstellung

Die Diskrepanz zwischen dem altersgemäßen Wunsch nach eigenständigem Spielen, Bewegen, sozialen Kontakten, Erkunden der Welt im Umfeld der Wohnung und der Möglichkeit, diese entwicklungsrelevanten Bedürfnisse zu befriedigen, ist erneut in der KIM-Studie 2008 belegt worden (vgl. Medienpädagogischer Forschungsverbund Südwest): Die „liebste Freizeitbeschäftigung" der meisten Kinder im Alter zwischen 6 und 13 Jahren ist nach wie vor „draußen spielen" und „Freunde treffen" (ebd., S. 11; Zerle 2008, S. 348). Doch im Sommer 2008 gab etwa nur die Hälfte der befragten Jungen und Mädchen an, „fast jeden Tag" draußen zu spielen. Etwa 16 Prozent der Kinder spielen nach eigener Aussage sogar seltener als einmal pro Woche draußen (Bös u. a. 2007, Folie 36; Medienpädagogischer Forschungsverbund Südwest 2008, S. 9). Im Durchschnitt haben also fünf Kinder in einer Klasse kaum Gelegenheit, draußen zu spielen und Freunde zu treffen! Hinzu kommt, dass die Kinder immer mehr Zeit – meistens sitzend – in der Schule verbringen und in ihrer „Freizeit" zunehmend mehr für die Schule arbeiten müssen (vgl. Frey-Vor/Schumacher 2006, S. 87).

In einer Befragung des Deutschen Jugendinstituts (vgl. Wahl 2005) wurde deutlich, dass erschreckend viele Kinder offenbar schon sehr früh davon ausgehen, dass sie mit ihrem natürlichen, altersgemäßen Verhalten den Erwachsenen auf die Nerven gehen. Von den befragten Achtjährigen sagten 54 Prozent: „Ich bin zappelig.", 49 Prozent: „Ich kann nicht lange still sitzen", 45 Prozent: „Ich falle anderen auf die Nerven." Dabei finden sich fast alle Kinder durchaus „o.k." (ebd., S. 137 ff.).

Es ist also nicht verwunderlich, wenn immer mehr Lehrkräfte darüber klagen, dass es Kindern zunehmend schwerfällt, in der Schule längere Zeit still zu sitzen, ihr Kommunikationsbedürfnis zu unterdrücken und sich auf das zu konzentrieren, was Erwachsene von ihnen verlangen. In der Folge wird es im Klassenzimmer unruhig, und die angestrengten und vielleicht auch genervten Lehrkräfte greifen zu „Disziplinarmaßnahmen", die Kinder beschämen oder ihnen Angst machen: In einer Befragung gab jedes fünfte Kind zwischen 9 und 14 Jahren an, in der Woche zuvor von Lehrer/innen blamiert worden zu sein, wie im LBS-Kinderbarometer Deutschland 2007 deutlich wurde (vgl. LBS-Initiative 2007, S. 197). Das Leben vieler Kinder wird bereits ab der zweiten Klasse von der Sorge regiert, in der Schule zu viele Fehler zu machen oder nicht gut genug zu sein (vgl. ebd., S. 185 f.; Schneider 2005, S. 213; World Vision Deutschland 2007, S. 203).

Andererseits erlebt bereits etwa ein Drittel der Jungen und ein Fünftel der Mädchen in der Grundschule den Unterricht als langweilig (vgl. Schneider 2005, S. 213). In der Sekundarstufe 1 sagt ein Drittel der Jugendlichen, dass Lernen in der Schule ermüdend sei, ein Viertel der Schülerinnen und Schüler zwischen der 5. und 9. Klasse findet das Lernen in der Schule „schwer" (vgl. Bilz/Melzer 2008, S. 169).

Wenn Kinder ausreichend Zeit mit anderen Kindern – am besten draußen – verbringen können, wirkt sich dies nicht nur auf die körperliche und psychische Gesundheit, sondern auch auf die Stimmung in der Schule positiv aus. Selbst wenn es manchmal nicht danach aussieht: Kinder erwerben in diesen gemeinsamen Zeiten mit Gleichaltrigen quasi nebenbei Fähigkeiten, die für eine spätere Berufstätigkeit von großer Bedeutung sind: Initiative, Verantwortungsübernahme, Teamkompetenz, Rücksichtnahme, Durchsetzungsfähigkeit, Selbsteinschätzung, Toleranz, Kreativität, Selbstbeherrschung. Sie bekommen ein Gefühl für Regeln und Verhaltensweisen innerhalb von Gruppen, wie zum Beispiel Rollenzuschreibungen, Hierarchien, Gruppendruck; sie lernen, mit Regeln und Normen umzugehen und sie erfahren ihre Kraft und Kompetenz, eigenständig Probleme zu erkennen, Lösungen zu finden und diese auch umzusetzen (Selbstwirksamkeitserfahrung).

Kommunale Bildungslandschaften wären aus Kindersicht also ein großer Gewinn, wenn es dadurch möglich werden würde, verloren gegangene Entwicklungs- und Entfaltungsmöglichkeiten zurückzugewinnen.

Die Perspektive der Erwachsenen erweitern

Wenn die verantwortlichen Erwachsenen *ihre* Perspektive wechseln und sich fragen, wie Schule sein muss, damit sie dem Kind oder Jugendlichen gerecht wird, statt zu fragen, wie das Kind oder der Jugendliche sein muss, damit er oder sie der Schule gerecht wird, erweitert sich der Horizont von selbst: Die Belange der Jungen und Mädchen erhalten dann ein größeres Gewicht, der Blick wird über das eigene Fachgebiet hinaus gelenkt. Damit wächst auch die Chance für eine überfachliche Zusammenarbeit der professionellen Akteure, was wiederum im Interesse der Schülerinnen und Schüler liegt.

Wie solch eine Horizonterweiterung innerhalb der Schule aussehen könnte, sollen die folgenden Beispiele andeuten:

- Es wirkt schon befreiend, wenn Schülerinnen und Schüler im Unterricht die Möglichkeit bekommen, sich zu unterhalten und miteinander zu arbeiten, zum Beispiel um sich Unverstandenes zu erklären, sich gegenseitig bei der Lösung von Aufgaben zu helfen, gemeinsam Fragen und Ideen zu entwickeln, Probleme zu diskutieren, sich wechselseitig Vokabeln abzufragen. Arbeit in Kleingruppen (mit maximal vier bis fünf Kindern) sollte regelmäßig im Unterricht eingesetzt werden, da mehrere Vorteile damit verbunden sind: Die Schülerinnen und Schüler erleben mehr Eigenverantwortung, die Klassengemeinschaft gewinnt als sozialer Raum an Bedeutung, es zeigen sich neue Perspektiven, das Wissensspektrum vergrößert sich.
- Jahrgang übergreifendes Lernen eröffnet sowohl den jüngeren wie den älteren Kindern neue geistige, soziale und auch emotionale Horizonte. Voraussetzung ist allerdings, dass die Lehrkräfte den Rahmen bestimmen, in dem die Kinder zusammenarbeiten und dass sie ihnen innerhalb dieses Rahmens das selbstbestimmte Lernen zu- und anvertrauen.
- Auch wenn ältere Schülerinnen und Schüler „Nachhilfe" oder AGs für Jüngere anbieten, kann das zu einer Perspektivenerweiterung aller Beteiligten beitragen. Dabei ist es aber wichtig, dass ein verantwortlicher Erwachsener die Verbindungen zwischen den „Anbietern" und den „Abnehmern" herstellt und aufrechterhält – auch Jugendliche sind überfordert, wenn sie auf einmal sehr viel gleichzeitig im Auge behalten müssen und dafür Verantwortung übernehmen sollen.

- Sinnvoll und erfolgreich sind Projekte, wenn sie über längere Zeiträume andauern und die Inhalte auch von Schülerinnen und Schülern angeregt werden. An vielen Schulen wird nur eine kurze Projektwoche vor den Ferien durchgeführt, deren Inhalt oft von den Lehrkräften vorgegeben ist. Die Projektarbeit sollte aber mindestens von Ferien- zu Ferienzeit dauern, damit die Schülerinnen und Schüler sich besser in ein Thema vertiefen können und lernen, ihre Arbeit längerfristig zu planen. Voraussetzung für den Erfolg ist jedoch, dass Kinder, die noch nicht viel Erfahrung mit dieser langfristigen Arbeitsform haben, von Lehrkräften gut begleitet werden und nicht sich selbst überlassen bleiben.[24]
- Wenn die Schülerinnen oder Schüler selbst Projekte vorschlagen, ist die Chance, dass sie mit Engagement und Interesse bis zum Projektende dabei bleiben, deutlich größer, als wenn die Aufgaben von Lehrkräften oder pädagogischen Mitarbeiter/innen gestellt werden. Im Sinn eines Perspektivenwechsels ist es dann die Aufgabe der Lehrkräfte, den Bezug zum Lehrplan (möglicherweise fachübergreifend) zu erkennen, herzustellen und in die Bewertung der Schülerleistung einzubeziehen.

Wie Schülerinnen und Schüler an der Konzeption und Umsetzung von Projekten beteiligt werden können, welche Widerstände bei den verantwortlichen Erwachsenen dazu verleiten, das Engagement der jungen Menschen zu blockieren und wie der Auftrag von Lehrkräften neu definiert werden könnte, soll das folgende Beispiel erläutern: Pädagogische Mitarbeiterinnen einer Ganztagseinrichtung hatten an einer Fortbildung der „Werkstatt Schule wird Lebenswelt" im Programm „Ideen für mehr! Ganztägig lernen." teilgenommen.[25] Sie beklagten, dass die Schülerinnen und Schüler die von den Erzieherinnen konzipierten und sorgfältig vorbereiteten AG-Angebote oft nicht annehmen würden. Auf die Frage, was wäre, wenn zum Beispiel ein zwölfjähriges Mädchen einen Schminkkurs vorschlagen würde, wurde fast reflexartig entgegnet: „Ich wüsste nicht, wie ich das hinkriegen sollte." Die Erwachsenen sehen ihre Aufgabe darin, den Kindern ein fertiges „Programm" zu liefern – mit dem Ergebnis, dass sich die Jungen und Mädchen häufig „nicht gefragt" fühlen und desinteressiert abwenden. Beim

---

24 Für Schulen, die Projekte planen oder durchführen möchten, sei auf die Plattform Schola-21 „Gemeinsam im Projekt lernen" hingewiesen (http://www.de.schola-21.de/). Hier stehen für alle Phasen eines Projekts Instrumente zur Auswahl, mit denen sich die Schulen interaktiv – unter fachkundiger Moderation – informieren, vernetzen und gegenseitig unterstützen können.
25 Das Programm „Ideen für mehr! Ganztägig lernen," ist das Begleitprogramm zum Investitionsprogramm „Zukunft Bildung und Betreuung" (IZZB), mit dem die Bundesregierung die Länder beim Auf- und Ausbau von Ganztagsschulen mit vier Milliarden Euro unterstützt. Die Organisation dieses Entwicklungsprozesses liegt bei der Deutschen Kinder- und Jugendstiftung (DKJS) (vgl. http://www.ganztaegig-lernen.org/).

"Weiterspinnen" des Gedankenexperiments kam es aber zu einem Perspektivenwechsel: Die Erzieherinnen konnten sich durchaus vorstellen, zunächst die eigene Ratlosigkeit auszusprechen, um dann die vorschlagende Schülerin zu fragen, ob sie auch eine Idee hätte, wie diese AG organisiert werden könnte. Vielleicht hat das Mädchen Vorinformationen, die sie auf die Idee zu dieser AG gebracht haben? Vielleicht kennt sie eine Kosmetikerin, die sie selbst oder die Erzieherin ansprechen könnte? Wenn sich weitere Mädchen (und auch Jungen) in der Gruppe für das Thema interessierten, könnte man sie auch dazu motivieren, die AG gemeinsam zu organisieren. Wichtig ist zu erkennen, wo die Kompetenz der Kinder endet bzw. wo sie die Unterstützung und die Fachkenntnis von Erwachsenen brauchen. Welche Freiräume sollten den Kindern eingeräumt werden: Wäre es zum Beispiel möglich, ihnen unter bestimmten Umständen zu erlauben, während der Betreuungszeit Geschäfte in der Nähe aufzusuchen oder in die Stadt- oder Uni-Bibliothek zu gehen? Dann sollte man allerdings mit ihnen gemeinsam entsprechende Regeln aufstellen: zum Beispiel, dass sie mindestens zu dritt sein müssen, wenn sie die Schule verlassen, und eventuell müsste die Erlaubnis von den Eltern eingeholt werden. Die erwarteten Bedenken der Eltern könnten dadurch zerstreut werden, dass man ihnen vor Augen führt, was die Kinder durch diese Freiräume alles lernen können, zum Beispiel wenn sie eigenverantwortlich eine AG in Gang setzen oder die Bildungs- und Informationsangebote im Umfeld der Schule nutzen. Durch frühzeitiges Einbeziehen der Kinder in die Gestaltung und Durchführung von Projekten können vielfältige Lerneffekte erzeugt werden. Die Kinder erfahren zum Beispiel etwas über Kommunikationsstrategien, wenn es um die Frage geht, wie andere Kinder für das Projekt interessiert werden könnten: Genügt es, einen Aushang am schwarzen Brett zu machen? Ist es besser, Flyer anzufertigen und sie in den Klassen zu verteilen? Sollte eine kleine Initiativgruppe in der Pause einen Infostand einrichten? Kann man das Internet zur Öffentlichkeitsarbeit nutzen? Gibt es einen Chatroom, in dem sich die Kinder der Schule „treffen" und Information austauschen können? Könnte dadurch möglicherweise eine weitere, von den Kindern selbst aufgebaute Internet- bzw. Computer-Arbeitsgemeinschaft angestoßen werden? Im Laufe der Diskussion machte es den beteiligen Erzieherinnen sichtlichen Spaß, an diesem spontanen Beispiel die Möglichkeiten – und Grenzen – von eigenständigen Kinderaktivitäten auszuloten.

Dieses Beispiel zeigt auch, wie die Ideen und Initiativen von Schülerinnen und Schülern von den Fachlehrkräften aufgegriffen und mit den geforderten Lehrplaninhalten verknüpft werden könnten: Beim Themenkomplex Kosmetika sind zum Beispiel die Fächer Chemie, Physik, Mathematik, Biologie (Tierversuche), Gesundheit, Geografie und Wirtschaftskunde, aber auch Deutsch und vielleicht auch Englisch tangiert. Doch es sollte auf jeden Fall vermieden werden, dass aus dem simplen Anliegen: „Ich will lernen, mich richtig zu schminken." plötzlich ein weitreichendes, leistungsrelevantes Unterrichtscurriculum wird.

Menschen von außen in die Schule holen

Ein Grundelement von Ganztagsschule ist es, außerschulische Partner zu gewinnen, die Kindern und Jugendlichen zusätzliche Bildungs- und Erfahrungsangebote bieten.

Außerschulische Experten und Expertinnen sind aus Schülersicht aus zwei Gründen interessant: Erstens erweitern deren Impulse das Bildungsspektrum. Vor allem Angebote, die außerhalb des klassischen Fächerkanons liegen und die neben Bewegung eigenständiges Erforschen, Entdecken, Erfinden, Konstruieren, Organisieren unterstützen oder die zu künstlerischem Ausdruck anregen, sind ein Gewinn für die Persönlichkeitsentwicklung von Kindern und Jugendlichen aller Altersstufen.

Zweitens kommen Kinder und Jugendliche dadurch mit Persönlichkeiten in Kontakt, die nicht direkt „erzieherische" oder gar „therapeutische" Ziele verfolgen. Solche „neutralen" Frauen und Männer werden für ältere Kinder und Jugendliche oft zu einer Art selbst gewählter Paten, denen sie sich anvertrauen. Von ihnen können sie häufig eher Ratschläge annehmen als von ihren Eltern oder pädagogisch geschulten „Kinder-Profis".

Im Folgenden sollen einige erprobte Beispiele für außerschulisches Knowhow in der Ganztagsschule aufgeführt werden.

Außerschulische Experten bieten inzwischen an vielen Ganztagsschulen AGs an, zum Beispiel in Sport und Musik. Darüber hinaus ist es zumindest in der Grundschule sinnvoll, externe Erwachsene für die Begleitung des Mittagessens und für die Anwesenheit in einer „freien Mittagspause" zu gewinnen. Denn die Essenssituation wird von vielen Beteiligten – auch und vor allem von den Kindern selbst – oft als unbefriedigend, hektisch, laut, gelegentlich sogar als unappetitlich erlebt. Kinder, die das Jugendalter noch nicht erreicht haben, sind auf Erwachsene angewiesen, die dafür sorgen, dass die Mahlzeit in einer angenehmen (Gesprächs-)Atmosphäre verläuft und alle gemeinsam mit Genuss und entspannt essen können. Das führt auch dazu, dass weniger Essen weggeworfen wird. In vielen Ländern werden zentrale Kulturtechniken über das Essen und bei den Mahlzeiten weitergegeben. Nicht nur die Qualität des Essens, auch die Gestaltung der Atmosphäre beim Essen sollte in Ganztagsangeboten im Interesse der Kinder einen hohen Stellenwert haben (vgl. dazu Enderlein u. a. 2008, S. 108 f.)

Außerdem sollte die Mittagspause mindestens 60, besser 90 Minuten lang sein, damit jedes Kind nach seinen individuellen Bedürfnissen Erholung bzw.

Ausgleich finden kann. Externe Personen können dabei einen wichtigen Beitrag leisten, indem sie an die Schule kommen und Anregungen geben, ohne dass sich die Schülerinnen und Schüler auf eine AG festlegen müssen: So könnten zum Beispiel Sportstudierende in der Turnhalle und auf dem Schulgelände Sportspiele anbieten, ein Musiker könnte an einem ruhigen, offenen Ort zur Gitarre singen, in der Bibliothek könnte vorgelesen werden, eine Fachkraft im Physikraum könnte Jungen und Mädchen zu eigenständigem Experimentieren anregen, in einer Werkstatt könnte jemand Fahrräder reparieren und sich dabei von Kindern helfen lassen ... Entscheidend ist, dass diese Erwachsenen regelmäßig anwesend und für die Jungen und Mädchen „da" sind, auf ihre Interessen eingehen und ihre Fantasie anregen, aber nichts von den Kindern „wollen" oder „fordern".

Nach diesem Prinzip könnte Schule auch in den übrigen unterrichtsfreien Zeiten (nach dem Ende des offiziellen Schultages, an Samstagen, in den Ferien) zu einem offenen und öffentlichen Ort der Begegnung, der Anregung, und des Austauschs innerhalb der Kommune werden. Auch über Projekte kann externes Wissen in den schulischen Unterricht geholt werden, sei es durch persönliche Kontakte oder durch ergänzende Internet- oder Literaturrecherche.

Lernen außerhalb der Schule

Bekanntlich wurde die Schulpflicht eingeführt, um allen Kindern eine gleiche Grundbildung zu ermöglichen. In ihren Anfängen beanspruchte die Schule nur den kleineren Teil im Leben der Kinder. Der größere Teil des kindlichen Lebens spielte sich im „realen Leben" ab. An der Seite der Erwachsenen waren viele Kinder in der Landwirtschaft, in Produktionsprozessen, im Dienstleistungsbereich und in der Familie tätig. Die Kinder wussten daher auch von klein an, welche Bedeutung Arbeit und Beruf im Leben haben. In der modernen Welt ist das Pendel in das andere Extrem ausgeschlagen: Das Leben von Kindern wird heute inhaltlich und zeitlich – direkt oder indirekt – in erheblichem Ausmaß durch Schule besetzt. Die aktive Teilhabe am „realen Leben", an Produktion, Konstruktion, Entwicklung, Dienstleistung, Verwaltung ist allenfalls auf ein paar Praktikumswochen während der Sekundarstufe zusammengeschrumpft.

Dabei haben Kinder ein natürliches und entwicklungsrelevantes Bedürfnis, als ernst zu nehmender Partner in die Erwachsenenwelt integriert zu werden und so zu erfahren, dass man im Prinzip auf eigenen Füßen stehen kann. Doch dieses Bedürfnis wird im schulischen Bildungsprozess so gut wie ignoriert. Mit etwa sechzehn Jahren ergreifen viele Jugendliche selbst die Initiative und suchen sich neben der Schule einen Job. Das tun auch Jugendliche, bei denen keine finanzielle Notwendigkeit besteht. Die Lehrerinnen und Lehrer sehen diese außerschulischen Aktivitäten ihrer Schülerinnen und Schüler meistens nicht gern, weil es aus ihrer Sicht zu Lasten der Schulleistungen geht. So, wie die schulische Bildung vor Einführung der allgemeinen Schulpflicht eine private Initiative von Eltern und (kirchlichen) Schulträgern war, so ist heute die private Initiative entscheidend, wenn Kindern Lebenserfahrungen und berufsrelevante Basiskompetenzen vermittelt werden, die im normalen Bildungskanon öffentlicher Schulen allenfalls am Rand vorkommen. Kinder, die „Ferien auf dem Bauernhof" machen können, erfahren zum Beispiel nicht nur etwas über naturwissenschaftliche Grundlagen, sondern sie sehen auch den Effekt zupackender praktischer Arbeit, erleben die Bedeutung von Zuverlässigkeit (für das Gedeihen von Tieren und Pflanzen) und spüren, wie wichtig im Erwachsenenleben Selbstbeherrschung, Kooperationsfähigkeit und andere Schlüsselqualifikationen sind. Manche Schulen in freier Trägerschaft legen mehr Wert auf praktische Arbeit und außerschulische Erfahrungen als öffentliche Schulen.[26]

Vor der Einführung des Abiturs nach zwölf Schuljahren („G8"), haben vor allem Jugendliche aus bildungsorientierten Elternhäusern – unabhängig von der Schulform – oft durch Auslandsaufenthalte oder durch ihr Engagement in ökologischen, sozialen, kulturellen, politischen Initiativen vorteilhafte Kompetenzen für den späteren Beruf erworben. Durch „G8" ohne gleichzeitige Entrümpelung der Lehrpläne bleibt aber leider kaum noch Zeit für solche außerschulischen Bildungserfahrungen.

Ganztagsschule ist eine große Chance, um das Pendel vom abstrakten Unterrichtslernen wieder zu mehr konkreter Welterfahrung zurückzuholen.

Welche Form von außerschulischem Lernen institutionalisiert werden sollte, hängt vom Alter, dem Entwicklungsstand, dem Wohnbezirk, den Interessen und den Kompetenzen bzw. Defiziten der Jungen und Mädchen ab. Zentrale Ziele sollten dabei sein:

- konkretes Erleben von Natur- bzw. Erdkunde,
- Gewinn von Menschenkenntnis und sozialer Kompetenz durch Erweiterung sozialer und kultureller Horizonte,
- Stärkung persönlicher Fertigkeiten und Fähigkeiten,
- Einblicke in die Berufs- und Arbeitswelt.

Wie könnten diese Ziele umgesetzt werden?

---

26 Neben den oft belächelten Handarbeits- und Handwerksunterrichten in der Unterstufe gehören beispielsweise in Waldorfschulen weitere praktische Erfahrungen zum Standardprogramm der Sekundarstufe, wie ein Landwirtschaftspraktikum, ein Landvermessungskurs, eine Astronomie-Klassenfahrt, ein Sozial- und ein Betriebspraktikum.

Außerschulische Bildungseinrichtungen:
Der Besuch von Museen, Ausstellungen, Messen, historischen Städten, technischen Denkmalen, Naturparks, Musik-, Theater-, Tanz-, Sportveranstaltungen und dergleichen sollte zum festen und regelmäßigen Bildungskonzept in allen Klassenstufen gehören.

Natur – Gelände – Landschaft – Kulturräume:
„Draußen-Tage" haben in allen Altersklassen vielfältige positive Effekte: Wenn Exkursionen mit fachlichem Überblick begleitet und moderiert werden, erwerben die Schülerinnen und Schüler durch die unmittelbare Begegnung mit Natur, Landschaft und Kultur eindrücklich Wissen aus mehreren Fachgebieten, zum Beispiel aus Biologie, Ökologie, Physik, Geometrie, Geografie, Wirtschaft, Soziologie, Geschichte. Körperliche Aktivität baut Stress ab und verbessert die Stimmung, Klassenkameraden kommen in anderer Weise als im Schulalltag miteinander in Kontakt und ins Gespräch. Lehrerinnen und Lehrer mit entsprechenden Erfahrungen berichten, dass solche „Draußen-Tage" ohne Fachunterricht dem Klassenklima gut tun und dass ihre Schülerinnen und Schüler bei Vergleichsarbeiten eher besser als schlechter abschneiden. Der Radius und die Inhalte dieser Exkursionen wachsen selbstverständlich mit dem Alter der Schülerinnen und Schüler. In den ersten beiden Schuljahren sollten Schulklassen mindestens einmal im Monat, besser alle 14 Tage an einen bestimmten Platz in der freien Natur der Umgebung gehen, etwa zu einem Waldspielplatz oder an ein Gewässer. In der Sekundarstufe 1 könnten zum Beispiel mehrtätige Wanderungen und Fahrradtouren in der heimatlichen Region, Geländespiele, Wasser- und Wintersport zum Schulprofil gehören. Auch Schullandheimaufenthalte ermöglichen nach wie vor wichtige Welt- und Lebenserfahrungen in dieser Altersstufe. Ab etwa der zehnten/elften Klasse entsprechen thematische Studienfahrten in entferntere Kulturlandschaften dem größer gewordenen Horizont der Jugendlichen. Das Geld, das Kommunen in solche Unternehmungen investieren sollten, ist auf lange Sicht und gesamtgesellschaftlich gesehen gut angelegt, denn der erweiterte geistige, kulturelle und soziale Horizont kommt den jungen Menschen im späteren Berufs- und Privatleben zugute.

„Community":
Das Bewusstsein, über die Familie und Schulklasse hinaus Teil einer größeren Gemeinschaft zu sein, entwickelt sich im Alter von etwa neun oder zehn Jahren. Deshalb sollten Ganztagangebote genutzt werden, um Kindern die Berufstätigkeiten von Erwachsenen und jene Institutionen vor Ort zu zeigen, die ihren Lebensalltag bestimmen: zum Beispiel die Fabrik oder das Unternehmen, in denen die Eltern von Schüler/innen arbeiten, einen landwirtschaftlichen Betrieb, eine

Großbäckerei, den Großmarkt, das Zentrallager der Supermarktkette, aber auch kommunale Einrichtungen wie Wasserwerk, Kläranlage, Müllentsorgung, Bauhof, Polizeizentrale, Krankenhaus, Feuerwehr, Tierheim und – warum nicht? – durchaus auch Friedhof und Friedhofsverwaltung. In der Oberstufe sollte Jugendlichen die Möglichkeit gegeben werden, durch ernst zu nehmende, selbst gestellte Projektaufgaben und durch außerschulisches Engagement ihre persönlichen Interessen und Kompetenzen weiter zu entwickeln: zum Beispiel durch Mitarbeit in Betrieben oder in Forschungs- und Entwicklungsinstituten (auch außerhalb der heimatlichen Region), durch Schülerfirmen, Service-Learning, Kulturproduktionen (Orchester, Theater, Tanz, Ausstellungen), durch Arbeit in sozialen Einrichtungen, aber auch beispielsweise als Berichterstatter/in für Zeitung oder Rundfunk, durch eine Sanitäts- oder Feuerwehrausbildung, durch das Engagement in Jugendparlamenten und anderen Beteiligungsprojekten der Kommune und auch durch Austauschprogramme.

Das Ziel von Austauschprogrammen ist die Erweiterung des sozial-kulturellen und damit auch des geistigen und emotionalen Horizontes junger Menschen. Warum sollte man diese Chance nicht auch in anderer Weise als durch Auslandsaufenthalte im Jugendalter nutzen? Auch innerhalb Deutschlands gibt es bekanntlich unterschiedliche Lebensformen und Kulturen. Ganztagsschulen könnten Gelegenheiten schaffen, damit Kinder schon früher mit Kindern zusammen treffen, die ihnen eher „fremd" sind. Wie wäre es zum Beispiel mit einer „Patenschaft" zwischen der Grundschule eines Alpendorfes und der Grundschule einer Inselortschaft? Was spricht dagegen, dass Schule die Begegnung von Kindern aus sozial gegensätzlichen Stadtbezirken oder Regionen organisiert und institutionalisiert? Sport-, Chor-Orchester- und Theatertreffen sind Beispiele für den Erfolg solcher Begegnungen. Wenn mehr Kinder pädagogisch klug angeleitet lernen, ohne Überheblichkeit oder Sozialneid mit Kindern aus anderen sozialen Schichten und Kulturen umzugehen, würden sie vielleicht eine tiefer verwurzelte Toleranz und „Weltoffenheit" entwickeln.

Was sollten die verantwortlichen Erwachsenen im Interesse der Kinder und Jugendlichen tun?

Das Entscheidende ist, dass die Menschen, die für das Leben und Lernen von Kindern und Jugendlichen verantwortlich sind, ihr Handeln immer auch aus deren Perspektive anschauen und kritisch reflektieren.
- Sie sollten ihren Blick nicht primär auf „Bildung, Betreuung und Erziehung", sondern auf „Entwicklungsförderung" lenken. Das bedeutet, dass sie

ihr Handeln und die Strukturen, die sie den Kindern und Jugendlichen vorgeben, in allen Bereichen in erster Linie an der Frage messen, ob und wie weit damit die körperliche, soziale, emotionale und kognitive Entwicklung der jungen Menschen gefördert oder behindert wird.

- Sie müssen erkennen und anerkennen, dass die Bildung von Kindern und Jugendlichen davon profitiert, wenn die Schülerinnen und Schüler nicht nur von Lehrkräften innerhalb eines Schulgeländes unterrichtet werden und im Wesentlichen nur für die Schule „lernen", sondern auch außerschulische Institutionen und Persönlichkeiten in Bildungsprozesse einbezogen werden.
- Alle beteiligten Erwachsenen sollten ihre Verantwortung für die „Pflege" der „Kulturlandschaft Bildung" wahrnehmen: Vor allem in der Sekundarstufe muss das Lernstoffdickicht ausgelichtet werden, um wieder markante Orientierungspunkte in der Bildungslandschaft freizulegen. Mit dem gewonnenen Überblick, Weitblick und Durchblick können dann fachübergreifende Beziehungen gesehen und Wege zu einer globalen inner- und außerschulischen Bildung gefunden und gegangen werden.

Im konkreten Fall können durchaus verschiedene Gruppen und Instanzen von Verantwortungsträgern angesprochen sein. Einige Beispiele sollen dies verdeutlichen:

Anerkennung außerschulischer Leistungen: Wenn Kinder und Jugendliche beispielsweise beim Musikwettbewerb „Jugend musiziert" ausgezeichnet werden, sich bei der Jugendfeuerwehr, als Sanitäter/in in einem ökologischen Projekt oder in der Kommune engagieren, ein Pferd pflegen, als Pfadfinder/in Fahrten organisieren und für jüngere Kinder Verantwortung übernehmen, in einer Sportgruppe aktiv sind, als Kinderreporter/in über Veranstaltungen berichten, aber auch wenn Jugendliche neben der Schule in Betrieben oder sozialen Einrichtungen arbeiten, sollten diese Leistungen und der damit verbundene Zuwachs an Wissen und Allgemeinbildung (endlich!) auch in den Zeugnissen gewürdigt werden. Selbstverständlich müssen dafür die Schule und die entsprechenden Institutionen – eventuell einschließlich der Eltern – miteinander in Kontakt stehen.

Stärkere Beteiligung von Kindern und Jugendlichen in der Kommunalpolitik: In Kooperation mit den Schulen und der Ämter untereinander sollten Jungen und Mädchen ernsthaft an Entscheidungen mitwirken können, die ihre Lebensqualität betreffen, zum Beispiel in Fragen von Schulstruktur, Schulpersonal, Schularchitektur, Lerninhalten, Freizeiteinrichtungen und -angeboten, Stadt-, Raum-, Straßen-, Wege-, und Nahverkehrsplanung, Öffnungszeiten von öffentlichen Einrichtungen etc.

Anpassen der Nahverkehrsverbindungen an die Belange der Ganztagsschüler/innen: In ländlichen Gebieten beklagen Mitarbeiter/innen von Ganztagangeboten immer wieder, dass unkoordinierte Busfahrpläne eine sinnvolle, konzentrierte und kontinuierliche Arbeit am Nachmittag konterkarieren, weil ständig Kinder zu unterschiedlichen Bussen geschickt werden müssen. (In manchen Ländern der Welt ist der Schülertransport vom öffentlichen Nahverkehr abgekoppelt und Fahrzeiten, Größe der Busse und Touren sind auf die Schulzeiten und die Wohnorte der Kinder abgestimmt).

Abstimmen der kommunalen Infrastruktur auf die Bedürfnisse vor allem der „Großen Kinder" (zwischen etwa 6 und 13 Jahren): Altersgerechte Aktions- und Rückzugsräume wirken sich unmittelbar auf das Wohlbefinden und Verhalten der Kinder und mittelbar auf deren Schulleistungen und die Schulatmosphäre aus (vgl. Blinkert 1996). Wenn zum Beispiel an Wochenenden Parkplätze und bestimmte Straßen für Autos gesperrt und für Skateboard-, Fahrradfahren und andere Bewegungs- und Geschicklichkeitsaktivitäten frei gehalten würden, könnte das dazu führen, dass so manches „Problemkind" weniger lang vor dem Computer- oder TV-Bildschirm sitzt und zumindest am Montag in vielen Schulklassen besser und konzentrierter gearbeitet werden könnte.

Einbeziehen professioneller Mittler für die Interessen der Kinder: Neben den Erwachsenen, die mit Kindern in Elternhaus und Schule leben und arbeiten, gibt es Personengruppen, die viel über Kinder erfahren, deren Wissen aber noch sehr wenig für die Konzeption und Umsetzung von Schule und einer kindgerechten Kommune genutzt wird. Das sind zum einen die Lehrkräfte und Trainer/innen von außerschulischen Bildungs- und Freizeitangeboten, zum Beispiel von Nachhilfeeinrichtungen, Musikschulen oder besonderen Sportangeboten. Die zweite Gruppe sind die Frauen und Männer, die sich um die körperlichen und seelischen Nöte von Kindern kümmern und die oft Zusammenhänge sehen, die für die Verantwortungsträger in Schule und Verwaltung wichtig sein können: Kinderärzte und -ärztinnen, Erziehungsberater/innen, verschiedene Therapeuten und Therapeutinnen. Es geht dabei nicht darum, die berufliche Schweigepflicht einzugrenzen, aber das dort gesammelte Wissen als Potenzial zu nutzen: Diese Personen erhalten eine Menge Hinweise auf Bereiche, in denen die Entwicklung von Kindern durch systemische und strukturelle Einengungen beeinträchtigt wird. Es sind nicht immer Eltern oder Lehrkräfte dafür verantwortlich, wenn Kinder Probleme haben und deshalb in der Familie, in der Schule oder außerhalb Schwierigkeiten machen.

In Anlehnung an die Grafik oben (vgl. Abbildung 1) könnten die Kriterien für eine entwicklungsfördernde Schulstruktur im Rahmen von Bildungslandschaften altersunabhängig in einer Übersicht zusammengefasst werden.

Abbildung 2: Entwicklungsfördernde Bildungslandschaft

Entwicklungsfördernde Bildungslandschaft

Strukturen in der Verantwortung der Erwachsenen

Raus gehen!
Begegnung mit und Bewegung in Natur, Gelände, Landschaft, Kulturraum

entdecken, erproben, erfinden, entwickeln, erforschen, organisieren, konstruieren

Zutrauen und Vertrauen
Herausforderung mit Unterstützung

Selbstwirksamkeit
Autonomie

Gemeinschaftserfahrungen
Begegnung und Austausch

Vorbilder als Wegweiser zum Wissen und Können

altersgerechte Grenzen <u>und</u> Freiräume

Beteiligung
Wertschätzung außerschulischer Leistung

Eigene Darstellung

Bildungslandschaften sind ein Gewinn für Mädchen und Jungen, wenn die Erwachsenen die Schule „auf-räumen": in altersgerechten räumlichen, kognitiven, sozialen und emotionalen „Bildungsgeländen" Raum schaffen für globales Lernen und entwicklungsfördernde Lebens- und Welterfahrungen. Wenn sich Schule von einer in sich abgeschlossenen „Anstalt" zu einer weltoffenen, aufgeschlossenen und sogar einladenden Einrichtung wandeln würde, kämen auch mehr Erwachsene häufiger mit Kindern in Kontakt. Und wenn Kinder präsenter wären, käme das vielleicht auch einer kinderfreundlicheren, toleranteren und lebendigeren Gesellschaft zugute. Das wäre mit großer Wahrscheinlichkeit letztendlich auch für die Erwachsenen ein Gewinn. Denn zum „Dorf" gehören alle.

Literatur

Bilz, Ludwig/Melzer, Wolfgang (2008): Schule, psychische Gesundheit und soziale Ungleichheit. In: Richter, Matthias u. a. (Hrsg.): Gesundheit, Ungleichheit und jugendliche Lebenswelten. Ergebnisse der zweiten internationalen Vergleichsstudie im Auftrag der WHO. Weinheim und München, S. 160–189.
Blinkert, Baldo (1996): Aktionsräume von Kindern in der Stadt. Schriftenreihe des Freiburger Instituts für angewandte Sozialwissenschaft e.V. Bd 2. Pfaffenweiler.

Bös, Klaus/Woll, Alexander/Worth, Annette (2007): Bundesweites Survey zur Fitness und Aktivität von Kindern und Jugendlichen – MoMo-Studie. Beitrag auf dem Kongress „Kinder bewegen – Energien nutzen" am 1. bis 3. März 2007 in Karlsruhe (http://www.sport.uni-karlsruhe.de/ifss/rd_download/HV__Kongress_Kinder_bewegen.pdf; 15.04.2009).

Bueb, Bernhard (2006): Lob der Disziplin: Eine Streitschrift. Berlin.

Bundesjugendkuratorium (2004): Positionspapier: Neue Bildungsorte für Kinder und Jugendliche. Bonn (http://www.bundesjugendkuratorium.de/pdf/2002-2005/bjk__2004_neue_bildungsorte_fuer_kinder_u_jugendliche.pdf; 15.04.2009).

Deutscher Städtetag (2007): Aachener Erklärung des Deutschen Städtetages anlässlich des Kongresses „Bildung in der Stadt" am 22./23. November 2007 (http://www.staedtetag.de/imperia/md/content/pressedien/2007/17.pdf; 16.04.2009).

Deutscher Verein für öffentliche und private Fürsorge e. V. (2007): Diskussionspapier des Deutschen Vereins zum Aufbau Kommunaler Bildungslandschaften. Berlin (http://www.jena.de/fm/41/bildungslandschaften.pdf; 15.04.2009).

Enderlein, Oggi (2005): Große Kinder – die aufregenden Jahre zwischen 7 und 13. München.

Enderlein, Oggi (2006): Was brauchen Kinder? Was kann Schule dazu tun? Impulsreferat im Rahmen des BLK-Programms „Lernen für den GanzTag" am 10./11.11.2006 in Berlin (http://ganztag-blk.de/ganztags-box/cms/upload/sicht_ad_kind/pdf/4__Anlage_Impulsreferat_Berlin_11.11.06.pdf; 15.04.2009).

Enderlein, Oggi (2007a): Die übersehenen Lebensbedürfnisse von Kindern. In: Overwien, Bernd/Prengel, Annedore (Hrsg.): Recht auf Bildung. Zum Besuch des Sonderberichterstatters der Vereinten Nationen in Deutschland. Opladen/Farmington Hills, S. 212–223.

Enderlein, Oggi (2007b): Ganztagsschule aus Sicht der Kinder: weniger oder mehr Lebensqualität? Deutsche Kinder- und Jugendstiftung (Hrsg.). Themenheft 08 der Publikationsreihe im Rahmen des Programms „Ideen für mehr! Ganztägig lernen." Berlin.

Enderlein, Oggi/Schattat, Nicole/Welsch, Marion (2008): Die Schule gesund machen! Eine Anregung zum Umdenken. Deutsche Kinder- und Jugendstiftung (Hrsg.). Themenheft 11 der Publikationsreihe im Rahmen des Programms „Ideen für mehr! Ganztägig lernen." Berlin.

Frey-Vor, Gerlinde/Schumacher, Gerlinde (2006): Kinder und Medien 2003/2004. Eine Studie der ARD/ZDF-Medienkommission. Baden-Baden.

Krappmann, Lothar/Enderlein, Oggi (o. J.): 23 Thesen für eine gute Ganztagsschule im Interesse der Kinder. Deutsche Kinder- und Jugendstiftung (Hrsg.). Berlin.

LBS-Initiative Junge Familie in Zusammenarbeit mit dem Deutschen Kinderschutzbund (DKSB) (Hrsg.): LBS-Kinderbarometer Deutschland 2007. Stimmungen, Meinungen, Trends von Kindern in sieben Bundesländern. Ergebnisse des Erhebungsjahres 2006/2007, durchgeführt von PROSOZ Herten ProKids-Institut (http://www.pro-soz.de/fileadmin/redaktion/prokids/pdf/KinderbarometerDeutschland2007.pdf; 15.04.2009).

Medienpädagogischer Forschungsverbund Südwest (Hrsg.) (2008): KIM-Studie 2008. Kinder und Medien, Computer und Internet. Basisuntersuchung zum Medienumgang 6- bis 13-Jähriger in Deutschland. Stuttgart (http://www.mpfs.de/fileadmin/KIM-pdf08/KIM08.pdf; 15.04.2009).

Ravens-Sieberer, Ulrike/Erhart, Michael (2008): Die Beziehung zwischen sozialer Ungleichheit und Gesundheit im Kindes- und Jugendalter. In: Richter, Matthias u. a. (Hrsg.): Gesundheit, Ungleichheit und jugendliche Lebenswelten. Ergebnisse der zweiten internationalen Vergleichsstudie im Auftrag der WHO. Weinheim und München, S. 38–62.

Schneider, Susanne (2005): Lernfreude und Schulangst. Wie es 8- bis 9-jährigen Kindern in der Grundschule geht. In: Alt, Christian (Hrsg.): Kinderleben – Aufwachsen zwischen Familie, Freunden und Institutionen, Band 2: Aufwachsen zwischen Freunden und Institutionen. Wiesbaden, S. 199–230.

Steinhübl, David (2005): Sag mir wo du wohnst ... Risiken und Ressourcen unterschiedlicher Räume für Kinder. In: Alt, Christian (Hrsg.): Kinderleben – Aufwachsen zwischen Familie, Freunden und Institutionen. Band 1: Aufwachsen in Familien. Wiesbaden, S. 239–276.

Wahl, Klaus (2005): Aggression bei Kindern. Emotionale und soziale Hintergründe. In: Alt, Christian (Hrsg.): Kinderleben – Aufwachsen zwischen Familie, Freunden und Institutionen, Band 1: Aufwachsen in Familien. Wiesbaden, S. 123–156.

Winterhoff, Michael (2008): Warum unsere Kinder Tyrannen werden, oder: Die Abschaffung der Kindheit. Gütersloh.

World Vision Deutschland e. V. (Hrsg.) (2007): Kinder in Deutschland 2007. 1. World Vision Kinderstudie. Frankfurt a. M.

Zerle, Claudia (2008): Lernort Freizeit. Die Aktivitäten von Kindern zwischen 5 und 13 Jahren. In: Alt, Christian (Hrsg.): Kinderleben – Individuelle Entwicklungen in sozialen Kontexten. Band 5: Persönlichkeitsstrukturen und ihre Folgen. Wiesbaden, S. 345–368.

„Um uns geht es ja eigentlich ..." – Bildungslandschaften als Beteiligungslandschaften

Jürgen Bosenius/Wolfgang Edelstein

Lokale Bildungslandschaften aus Sicht der Kinder und Jugendlichen, aus Sicht der Schülerinnen und Schüler? Die Quellenlage zu diesem Thema ist desolat, das Forschungsdesiderat schnell benannt: Wir wissen wenig darüber, wie und was Kinder und Jugendliche bislang dazu beitragen konnten, „Ganztagsbildung vor Ort" zu gestalten bzw. mitzugestalten. Zwar gibt es inzwischen schon viele Jahrzehnte lange Erfahrungen der Kinderbüros und Kiezquartiere bei der Befragung junger Menschen nach außerschulischen Bildungsorten mit gemeinsamen, oftmals spielerisch angelegten Sozialraumanalysen, etwa Stadtteildetektive oder regionale Bildungsatlanten. Doch bieten diese Untersuchungen keinen unmittelbaren Aufschluss darüber, wie Ganztagsschulen und außerschulische Einrichtungen besser miteinander verknüpft werden können. Vielfach ist das so gewonnene Wissen über das Schulumfeld nicht mit den Schulen rückgekoppelt worden und stellt nun – vereinzelt und separiert – einen Schatz dar, der noch gehoben werden müsste. Allerdings wissen wir dank der „Studie zur Entwicklung von Ganztagsschulen" (StEG), dass die Qualität der Kooperationen mit außerschulischen Partnern abnimmt – bei gleichzeitigem Anstieg der Kooperationsbeziehungen insgesamt (vgl. Klieme u. a. 2008; Deutsches Institut für Internationale Pädagogische Forschung u. a. 2008). Hinweise lassen vermuten, dass der Erfolg ganztägiger Angebote mit Blick auf die Öffnung von Schule ganz besonders auf die Zustimmung und Beteiligung der Schülerinnen und Schüler angewiesen ist (vgl. Schmidt 2008): Dies scheint für die Entwicklung der einzelnen Ganztagsschule wie für die Entwicklung einer Bildungslandschaft gleichermaßen zu gelten.

Werden Schülerinnen und Schüler dann doch einmal danach gefragt, was eine bzw. ihre lokale Bildungslandschaft ausmache, stellen sie ihrerseits zuerst Fragen – an sich selbst und an ihre erwachsenen Begleiter/innen gerichtet (vgl. Deutsche Kinder- und Jugendstiftung 2007, DVD), wie etwa:

- Was ist eine lokale Bildungslandschaft überhaupt? (Kann ich an diesem Aushandlungsprozess teilnehmen?)
- Welche Einrichtungen gibt es? (Bin ich gut informiert?)
- Welche Angebote halten diese Einrichtungen bereit? (Kann ich Anregungen geben, Wünsche äußern?)

- Gibt es Vernetzung? (Besteht die Möglichkeit, über meine Schule mit der Einrichtung in Kontakt zu kommen?)
- Haben alle Zugang zu den Einrichtungen? (Sind manche Angebote kostenpflichtig, andere nicht?)

Die Fragen zeigen an, dass das Beteiligungsthema im Zusammenhang mit regionaler Bildungsplanung auf die Tagesordnung zurückkehrt. Der vorliegende Artikel geht daher folgender These nach: Kinder und Jugendliche, Schülerinnen und Schüler sind als zentrale Akteure bei der Gestaltung ihrer lokalen Bildungslandschaft zu sehen. Sie haben ein Interesse daran, ihre Ideen, Gedanken und Vorstellungen in unterschiedlichen Gremien – etwa dem Klassenrat, der Schülerfirma, dem Kinder- und Jugendparlament der Stadt – vorzustellen und mit ihren erwachsenen Begleiter/innen auszuhandeln. Dabei sind Werte und Normen für sie von Bedeutung.

An dieser Stelle sei daran erinnert, dass Bildungslandschaften bereits Anfang der 1980er-Jahre – ohne dass der Begriff vor 30 Jahren schon so verwandt worden wäre – in der westdeutschen Debatte um die Öffnung von Schule eine wichtige Rolle gespielt haben. Noch immer sehr anregend ist in diesem Zusammenhang der von Dietrich Benner und Jörg Ramseger vorgelegte Erfahrungsbericht des Grundschulprojekts Münster-Gievenbeck, der unter dem Titel „Wenn die Schule sich öffnet" erschien (Benner/Ramseger 1981) und die Verknüpfung von schulischen und außerschulischen Erfahrungs- und Lernprozessen der Schüler/innen, aber auch der Lehrer/innen, der Eltern und der Partner im Schulumfeld beschreibt: Es kam darauf an, „Lernleistungen" der Kinder in den Blick zu nehmen, „die durch sie selbst erbracht werden müssen und als solche nicht schon in einer vorgegebenen Ordnung begründet sind" (Benner 1989, S. 51).

Folglich soll in diesem Artikel in einem ersten Schritt skizziert werden, welche Rechercheergebnisse Schülerinnen und Schüler erzielen, wenn sie sich selbst auf eine Entdeckungsreise in ihre Bildungslandschaft begeben. Anschließend sollen die Beteiligungsmöglichkeiten junger Menschen bei diesem Aushandlungsprozess knapp umrissen werden, um dann abschließend ausführlicher die besondere Bedeutung des Klassenrats vor dem Hintergrund lokaler Bildungslandschaften zu beschreiben.

Schülerinnen und Schüler entdecken ihre lokale Bildungslandschaft

Im Sommer 2007 wurde im Rahmen des Ganztagsschulprogramms „Ideen für mehr! Ganztägig lernen."[27] einer der wenigen kleinen Feldversuche unternommen, der mit authentischen Ergebnissen die Bedeutung von Bildungslandschaften aus der Perspektive von Schülerinnen und Schülern widerspiegelt. Neun

Jugendliche – sechs Schülerinnen und Schüler und drei Filmemacher – entwickelten die oben beschriebenen Fragen und kamen mit vielen unterschiedlichen Akteuren in ihrer Bildungslandschaft ins Gespräch. Ort des Geschehens war ihre Heimatstadt Düren in Nordrhein-Westfalen – eine Stadt mit 90.000 Einwohner/innen, 45 Kilometer südwestlich von Köln gelegen.

Bevor Gespräche vor laufender Kamera möglich waren, mussten zahlreiche informelle Gespräche geführt werden. Zuvor galt es, die Ansprechpartner/innen zu identifizieren, Termine festzulegen, Drehgenehmigungen zu erhalten. Die akribische Vorarbeit wurde belohnt: Die Ergebnisse der Dialoge – unter anderem mit Eltern, Lehrer/innen, Schulleiter/innen, Vertreter/innen der Stadtverwaltung, dem Bürgermeister, der Integrationsbeauftragten, dem Leiter der Musikschule, der Leiterin der Stadtbibliothek – waren eindrücklich und erhellend:

- Die beteiligten Akteure erfuhren von einem Projekt der Stadtbibliothek, das ihnen bis dahin unbekannt war: „Lesepaten für Kinder" an offenen Ganztagsgrundschulen. Die Leiterin der Stadtbibliothek regte an, über ein gemeinsames Projekt nachzudenken.
- Die Integrationsbeauftragte machte darauf aufmerksam, dass in Familien mit finanziellen Problemen große Hemmschwellen bestehen, an kostenpflichtigen Bildungsangeboten teilzunehmen.
- Der Bürgermeister machte deutlich, dass er die Öffnung der Schulen ins Schulumfeld unterstützt.
- Es zeigte sich aber auch, dass es an der Abstimmung zwischen den einzelnen Einrichtungen mangelt. Es ist zu vermuten, dass der Prozess der Weiterentwicklung einer Bildungslandschaft noch nicht im Bewusstsein der Akteure verankert ist. Offensichtlich werden deshalb auch keine finanzielle Ressourcen zur Verfügung gestellt, um diesen Prozess (extern) moderieren zu lassen.
- Die Jugendlichen erhielten dann noch die Möglichkeit, mit Armin Laschet, dem Minister für Generationen, Familie, Frauen und Integration in Nordrhein-Westfalen, ein Interview zu führen, Laschet überraschte mit einem Statement: „Ich muss für mich selbst sagen, ich habe auch vielleicht mehr für meine heutige Tätigkeit außerhalb der Schule gelernt – und nicht in der Schule." (Deutsche Kinder- und Jugendstiftung 2007, DVD)

---

27 „Ideen für mehr! Ganztägig lernen." ist ein Begleitprogramm zum „Investitionsprogramm Zukunft, Bildung und Betreuung" (IZBB) des Bundesministeriums für Bildung und Forschung. Es wurde 2003 aufgelegt und wird von der Deutschen Kinder- und Jugendstiftung (DKJS) verantwortet (vgl. http://www.ganztaegig-lernen.org).

Was aber bedeutet „lokale Bildungslandschaft" für die Mitschülerinnen und Mitschüler der jugendlichen Reporter/innen? Welche Elemente gehören für die Jugendlichen dazu? Einige Antworten seien hier im Original wiedergegeben (vgl. Deutsche Kinder- und Jugendstiftung 2007):

> „Eigentlich ist es ganz gut, dass hier so viele Bildungsmöglichkeiten sind in Düren. Die helfen natürlich auch bei der Berufsauswahl."

> „Ich war auch schon mal in Museen. Zwar nicht oft, aber das Papiermuseum haben wir schon einmal besucht. Ich meine, ein bisschen sollte man ja auch schon neben der Schule sich versuchen weiterzubilden."

> „Ich besuche in meiner Freizeit – wenn ich Freizeit habe – Jugendzentren oder Sportvereine."

> „Nee, wenn wir was mit der Klasse machen, dann gehen wir mal ins Museum – aber mehr auch nicht."

> „Eigentlich finde ich das immer noch zu wenig: Wir waren jetzt einmal da – das war das einzige Mal bisher."

> „Wir wurden bisher noch nie befragt, wie wir das finden, wenn Ganztagsschule ist. Da sollte man schon auf uns hören – zumindest mit auf uns hören – weil: um uns geht es ja eigentlich."

Die Schülerinnen und Schüler nehmen die außerschulischen Bildungsorte also durchaus wahr. Sie wünschen sich jedoch, dass die Schule diese Angebote viel stärker in den Blick nimmt, als sie es bislang offenbar tut. Auffällig ist, dass die Jugendlichen keine schulzentrierte Perspektive einnehmen, wenn sie über Bildung reflektieren: Bildung ist mehr als Schule. Das Netzwerk einer lokalen Bildungslandschaft ergibt für sie aber noch kein tragfähiges Bild.

Die jungen Reporterinnen und Reporter kommen zu einer kritischen Würdigung ihrer eigenen Recherche:

> „Ja natürlich, war schon ein bisschen Politiker-Blabla – wie die Menschen halt sind."

> „Ich fand es sehr interessant, mit den Leuten direkt zu reden. Das war eigentlich das Beste daran."

> „Gut, dass die Bildung (halt) nicht nur in der Schule stattfindet, sondern auch nach außen verlagert wird."

"Alle meine Freunde, die ich habe, die kennen das auch und nehmen auch sehr viel schon wahr. Die gehen in Vereine, aber denen ist wahrscheinlich die Bildungslandschaft nicht so bewusst – der Begriff."

"Ich finde schon toll, was in Düren alles angeboten wird. Man kennt hier die meisten Einrichtungen. Aber ich wusste zum Beispiel gar nicht, welche Projekte die eigentlich haben und was man da alles machen kann."

"Im Großen und Ganzen läuft es eigentlich gut. Nur das Problem ist: Es werden viel zu wenig Leute angesprochen. Kaum einer weiß, was ist in der Stadtbibliothek so richtig los. Da ist noch ein bisschen mehr Werbung nötig."

Das Resümee der Schülerinnen und Schüler macht drei Dinge deutlich. Die Jugendlichen wünschen sich

- einen unkomplizierten, niedrigschwelligen Informationsfluss zwischen ihnen selbst, den Schulen und den außerschulischen Partnern;
- mit den außerschulischen Partnern in einem kontinuierlichen Gespräch zu bleiben;
- gefragt zu sein und gefragt zu werden: „Da sollte man schon auf uns hören": „Um uns geht es ja eigentlich".

Beteiligungsmöglichkeiten von Schülerinnen und Schülern in Bildungslandschaften

Die Wünsche der Jugendlichen korrespondieren mit mittlerweile sehr konkret zu benennenden drei Elementen für eine beteiligungsfreundliche Ganztagsschule (vgl. Durdel/Bosenius 2008). Die genannten Aspekte sind auf eine beteiligungsfreundliche Bildungslandschaft übertragbar und werden im Folgenden kurz skizziert.

Transparente Kommunikation
Information darf nicht vorenthalten werden, es soll keine isolierten Wissens-Inseln innerhalb einer Bildungslandschaft geben. Zeitnaher Informationsfluss von der Steuerungsebene in die Fläche ist unabdingbare Voraussetzung für den Auf- und Ausbau einer lokalen Bildungslandschaft.

Belastbare Steuerinstrumente
Der „wertschätzende Dialog", die Planungsergebnisse eines Open Space, die Euphorie nach einer gemeinsamen Ideensammlung müssen für weitere Planungsschritte relevant sein, um kontraproduktive Wirkungen zu vermeiden.

„Partizipationsprozesse stehen und fallen mit ihren Produkten und mit deren Einbindung in Schulalltag und Schulkultur" (Durdel/Bosenius 2008) – sowie mit ihrer Integration in die lokale Bildungslandschaft.

Demokratische Alltagskultur
Die Gremien des gemeinsamen Austauschs müssen allen bekannt und von allen anerkannt sein – und auch von allen genutzt werden können. Nur so ist es möglich, miteinander im Gespräch zu bleiben und gemeinsam darüber zu verhandeln, wie die lokale Bildungslandschaft vor Ort gestaltet sein soll.

Diese drei Elemente können sich nach Dewey (1963) nur auf der Grundlage „existentieller und sozialer Erfahrung" entwickeln (vgl. Himmelmann 2007). Die Schule muss entgegenkommende Verhältnisse für ihre Entwicklung schaffen, die soziale Erfahrungsbasis einer partizipatorisch angelegten demokratischen Schulkultur. *Anerkennung* ist die existenzielle Erfahrung, die den Individuen aus Partizipation erwächst (vgl. Hafeneger u. a. 2002; Prengel 2002), die *Überzeugung eigener Wirksamkeit* wiederum die logische wie psychologische Folge der Anerkennung. *Verantwortungsübernahme* im Kontext partizipatorischen Handelns folgt aus der Verbindung individueller Selbstwirksamkeitsüberzeugung mit den sozialen Erfahrungen in den Handlungskontexten gelebter Demokratie in der Lebenswelt Schule.

Der Weg dorthin führt über Schulkonferenzen, Jahrgangsteams, gemeinsame Klassenführung; über Konferenzordnungen, Kommunikationspraxen, Schulentwicklungsformate; über die Gestaltung des Zeitregimes der Schule und dessen Modifikationen, über Entwicklungsformate und Aushandlungsprozeduren, Mitbestimmungsrechte und Kooperationsregeln; über Unterrichtsgestaltung und Verfahren der Leistungsbewertung; über Schul-, Unterrichts- und Elternfeedback. Diese Prozesse laufen an jeder Schule anders ab, sie sind ständig weiter zu entwickelnde Ergebnisse institutionalisierter Aushandlungsprozesse.

Ein Gremium demokratischer Alltagskultur, der Klassenrat, soll nun im dritten Schritt ausführlicher mit Blick auf seine Bedeutung in einer lokalen Bildungslandschaft beschrieben werden. Dass der Klassenrat – auf die einzelne Ganztagsschule bezogen – die Beteiligungsmöglichkeiten der Kinder und Jugendlichen bereits enorm bereichert, beweist die freie Ganztagsschule „Leonardo" im thüringischen Jena. Die Schule hat im Ganztagsschulwettbewerb „Zeigt her eure Schule!" 2009 einen Anerkennungspreis gewonnen: für die Beteiligung der Schülerinnen und Schüler im Klassenrat sowie die Qualitätssicherung durch den Klassenrat.

Aus der Projektbeschreibung der unveröffentlichten Wettbewerbsmappe (vgl. Lange 2009):

„Für unsere Schule soll es einen Erweiterungsbau geben. Der Architekt hat nicht mit uns Schülern zusammengearbeitet. Wir haben einen anderen Architekten, der sich mit der Arbeit mit Kindern auskannte, dazugeholt. Die Arbeit der Kinder wurde mit einbezogen. Mit den Lehrern haben wir dann in zwei Wochen unser Projekt ‚Schulbau' durchgeführt. Jede Gruppe hat sich um einen Bereich im neuen Schulgebäude gekümmert. Nach den zwei Wochen haben wir unsere Modelle den Architekten vorgestellt. Viele unserer Ideen haben die Architekten dann in den Bauplan gezeichnet. Nun ist der Bauplan für unsere Schule viel besser."

„Im Klassenrat haben wir diskutiert und den Beschluss gefasst, dass zwei Wochen für den Bau genommen werden."

Der Klassenrat kann also ein einflussreiches, belastbares Gremium darstellen, in dem die Schülerinnen und Schüler auch über die Qualität von Kooperationsbeziehungen Rückmeldungen geben und Planungsprozesse maßgeblich mitgestalten können – bis hin zur Revision falscher Entscheidungen.

Bedeutung des Klassenrats vor dem Hintergrund einer lokalen Bildungslandschaft

Der Weg zu einer demokratischen Lebensform führt indessen über die einzelne Schule hinaus. Wir sind es gewohnt, Schule als individuelle Institution und als singuläres Element eines hierarchisch gegliederten Systems zu betrachten. Viel zu selten sehen wir Schule als Kooperationspartner, als aktiven Teilnehmer einer Bildungslandschaft, als mitwirkenden Akteur in einem Schulnetzwerk, in dem gemeinsames Handeln gestaltet wird. Demokratische Schulen können ihre Handlungspotenziale und ihre Erziehungskompetenz aber auch aus der Wechselwirkung unterschiedlicher Ebenen gewinnen: aus der innerschulischen und institutionellen Praxis, aus der lokalen und zivilgesellschaftlichen Mobilisierung, aus der regionalen Verknüpfung in Bildungslandschaften sowie aus strukturbestimmenden Merkmalen des Systems, wenn dieses auf Kooperation und Interaktion angelegt wird.

An dieser Stelle soll uns vor allem der Beitrag der Handlungspraxis beschäftigen, den die einzelne Schule in diesen Wechselwirkungsprozess einbringt: Dabei ist die Ebene der Schulklasse mit dem Klassenrat als elementarem Forum schulisch gelebter Demokratie besonders bedeutsam für den Prozess der Demokratisierung der Schule (vgl. Blum/Blum 2006; Kiper 1997; Friedrichs 2009). Dieses innerschulisch orchestrierte Instrumentarium einer demokratischen Lebensform kann als Element und als Träger der Wechselwirkung unterschiedlicher Demokratiepotenziale auf den verschiedenen Ebenen schulischen Handelns und Wirkens begriffen werden. In seiner originären Form stellt der Klassenrat eine basisdemokratisch ausgelegte Struktur kommunikativer Selbstverwaltung dar. In der Funktion eines sozialen Entrepreneurs kann er soziale, kulturelle oder ökologische Projekte organisieren, Schülerfirmen gründen und zivilgesellschaftliches Handeln in der Gemeinde betreiben (vgl. Schirp, im Druck). In der Projektform des *„Lernens durch Engagement"* kann er soziales Lernen in Projekten mit der Analyse sozialer Probleme im Unterricht dafür geeigneter Fächer verbinden (vgl. Sliwka/Frank 2004). Schließlich kann er Modalitäten zivilgesellschaftlichen Handelns in der Schule als Formen einer *Bürgerbildung* entfalten, die von der Mobilisierung der Eltern für soziale und kulturelle Anliegen der Gruppe bis zu politischen Deliberationsforen unter Bürgerbeteiligung reichen (vgl. Sliwka 2008).

Im Prinzip und im günstigsten Fall sollten diese drei Formen jedoch miteinander verbunden und zu einer einheitsstiftenden Praxis verknüpft werden.

Auf einer bisher noch wenig explorierten Ebene kann der Klassenrat zur *Vernetzung von Schülern in Bildungslandschaften* eine neue konstruktive Aufgabe erfüllen. Damit könnte die innerschulische Funktion der kommunikativen Selbstverwaltung einer Gruppe in ein Netzwerk kooperativer Schülergemeinschaften eingebunden werden. Diese Schülergemeinschaften können der lokalen Schülerdemokratie eine interinstitutionell mobilisierende, gleichsam „politische" Aufgabe verleihen, zivilgesellschaftliche Wirksamkeit entfalten und kooperative Projektperspektiven im sozialen und kulturellen Bereich öffnen, die dem Erwerb sozialer Kompetenzen zum Erlernen bürgerschaftlichen Engagements in der jungen Generation eine Realisierungschance erschließen können.

Der Klassenrat orientiert sich an einem basisdemokratischem Ansatz, bei dem Schülerinnen und Schüler unter Mitwirkung, aber *nicht* unter der Leitung einer Lehrkraft gemeinsam Verantwortung für das Leben der Klasse übernehmen. Der Klassenrat, wie wir ihn hier beschreiben, unterscheidet sich von der häufig unterbestimmten Figur der Klassenorganisation, die es in manchen Schulen mit Verfügungsstunde und Lehrerkontrolle gibt, vielleicht auch als sozialkooperative Kommunikationsrunde, nicht jedoch, wie hier entworfen, als zentrale Organisationszelle der Selbstbestimmung und der schulischen Mitwirkung der Gruppe. Die Klasse befragt sich in regelmäßigen Abständen und zu festen, dafür vorgesehenen Zeiten im Stundenplan über ihr Handeln und ihr Verhalten, über Zufriedenheit und Ärger, über Probleme und Ansichten, über Pläne und Absichten, über Vorhaben und Projekte. Konsensuell, oder gegebenenfalls auch mit Mehrheit, entscheidet sie über die *Regeln*, die in der Klasse gelten sollen, über Pflichten und Arbeitsteilung, über Ämter und Aufgaben. Im Klassenrat werden Verantwortlichkeitsrollen eingeübt, Diskussionen geführt, Urteile abgestimmt, Konflikte verhandelt und Probleme gelöst. Der Klassenrat ist eine *basisdemokratische Institution*, eine Verantwortungsgemeinschaft sowie ein Handlungs- und Planungszentrum. Gemeinsam trägt die Gruppe Verantwortung nach außen, abwechselnd die einzelnen Mitglieder in den unterschiedlichen Ämtern Verantwortung nach innen. Es gibt gewählte Sprecher/innen, Beauftragte für gemeinsam beschlossene oder auch konventionell zu erfüllende Aufgaben (sog. „Chefs"), Protokollanten, Zeitnehmer usw. Die Klasse stellt den Wahlkörper für die Schülervertretung (SV), für Delegierte und Repräsentanten bei anderen Klassen, in Jahrgangsversammlungen oder im Schulparlament, in Vertretungen und in Projekten – eine Basis für die repräsentative Demokratie, deren Handeln sie legitimiert, aber auch kontrolliert, indem dies an die Basis zurückgemeldet und berichtet wird. Dabei ist jede Klasse anders und somit auch jeder Klassenrat, bei einigen grundlegenden Gemeinsamkeiten der Struktur, individuell ausgeprägt. Zu den Gemeinsamkeiten gehört, dass die von den Mitgliedern ausgeübten Funktionen wechseln, meist in einem festen Turnus; jeder soll die notwendige Erfahrung verschiedener Funktionen machen, ein Amt verwalten, konkrete Verantwortung tragen. In Protokollen werden die Beschlüsse festgehalten, sie erinnern an die gemeinsam festgelegten Regeln, mahnen deren Realisierung an und dokumentieren die Verantwortlichkeiten. Alle im Protokoll festgehaltenen Beschlüsse wurden gemeinsam ausgehandelt und werden nun von allen verantwortet; sie gelten als verbindliche Vereinbarungen bis auf einen wiederum gemeinsam verantworteten Widerruf. So entsteht eine Praxis gemeinsamer Verantwortung, eine in der Erfahrung gegründete Demokratie, eine solidarische Grundeinstellung, die mit der Zeit die gesamte Kultur der Schule durchdringen wird – als *demokratische Lebensform*.

Nun zum zweiten demokratiepädagogischen Projekt: *Lernen durch Engagement* bzw. Service Learning. Hier übernehmen Schülerinnen und Schüler Verantwortung für das Gemeinwohl, indem sie sich für die Bearbeitung eines Problems, für die Lösung einer Aufgabe, für die Antwort auf eine Herausforderung im Umfeld der Schule einsetzen, meist in der Heimatgemeinde. Im Modell des Service Learning beschäftigen sie sich mit dem Projektthema zugleich als unterrichtliche Aufgabe. So verbindet sich Verantwortungsübernahme im kommunalen Kontext mit sozialem Lernen, und gesellschaftsrelevantes Handeln mit unterrichtlicher Aufklärung über den Gegenstand des Handelns. In diesem Modell ist die Kooperation der Lehrperson ausschlaggebend. In dem weiter reichenden Modell des *Social Entrepreneurship* wird die innerschulische Teilhabe im Klassenrat mittels Service Learning durch eine aufgeklärte politische Partizipation im kommunalen Umfeld ergänzt. Damit kann sich durch die Praxis des Schülerhandelns ein kooperatives Verhältnis zwischen Schule und Gemeinde bilden – „Reziprozität in Dingen des Gemeinwohls" (Sliwka). Diese Reziprozität (Gegenseitigkeit) gründet auf der Überzeugung, dass Bürgerinnen und Bürger in einer freien Gesellschaft auf gegenseitige Übernahme von Verantwortung angewiesen sind: auf „strong reciprocity" im republikanischen Kontext der Schule als Polis.

Lernen durch Engagement wird in der Regel als eigenständiges Projekt beschrieben, unabhängig vom Klassenrat. Doch im Rahmen einer demokratischen Schulkultur tritt die mögliche Verbindung von Klassenrat und Service Learning-Projekten in den Vordergrund: Der Klassenrat als Social Entrepreneur, als partizipativ gestaltendes Kollektivorgan der gesamten Klasse, kann in Abstimmung mit dem Klassenlehrer oder der Klassenlehrerin bzw. interessierten Lehrpersonen über das Projekt entscheiden, es gemeinsam bzw. mittels eines Exekutivausschusses planen, arbeitsteilig durchführen, weitere Akteure aus der Schule oder auch aus der Gemeinde zur Kooperation gewinnen, über das Projekt diskutieren, berichten, es evaluieren, die Ergebnisse der Schule einer interessierten Öffentlichkeit präsentieren und im Sinne eines gemeindepolitischen Weckrufs auf wichtige Aspekte und Ziele aufmerksam machen.

Projekte des Lernens durch Engagement repräsentieren eine optimale Projektform, weil sie das Projekt mit dem Fachunterricht verbinden. Sie stellen eine besonders überzeugende Form integrativer Partizipation dar, da sie das Projekt mit dem Klassenrat, den Klassenrat und sein Projekt wiederum mit dem Unterricht verbinden. Dennoch ist diese Klammer nicht zwingend. Auch ohne Kombination mit dem Unterricht kann der Klassenrat mit eigenen Projekten sozial-entrepreneurial verantwortlich planen und exekutiv aktiv werden, die Gemeinde einbeziehen, Sponsoren und Unterstützer gewinnen, sozial und/oder ökologisch wirksam werden. Auch hier gilt: Die verschiedenen Formen stehen zur Verfügung, die Ausgestaltung in der Praxis bleibt individuell.

Damit sind wir bei der dritten Perspektive. Die Beteiligung zivilgesellschaftlicher Akteure an der Verantwortung für die Schule folgt in zwangloser Erweiterung und Vertiefung aus dem soeben dargestellten Prozess. Eine besondere und besonders aktuelle Funktion des Klassenrats kann (und sollte) im Rahmen der „Schulaußenpolitik" die Förderung des bürgerschaftlichen Engagements sein. Dafür hat die Ganztagsschule mit ihrer neuen zeitlichen Ordnung ein zukunftsträchtiges Reformfenster aufgestoßen! Das Lernen bürgerschaftlichen Engagements in der Schule geht in zwei Richtungen: Einmal geht es dabei um die Beschäftigung mit dem Thema und mit der konkreten Praxis eines spezifischen Engagements. Dies wird im Rahmen des Klassenrats, insbesondere in der Sekundarstufe, geschehen. Mit wachsender Reife zunehmend politisch-analytisch ausgerichtet, wird sich das Engagement den strukturellen Problemen des kommunalen Umfelds der Schule zuwenden, die kulturellen, ökologischen, sozialen Probleme der Gemeinde ins Visier nehmen, mögliche Handlungsstrategien zur Abhilfe bedenken, mit Interventionen in der Öffentlichkeit Aufmerksamkeit erregen. Der Klassenrat übernimmt damit eine Aufgabe der politischen Bildung zum bürgerschaftlichen Engagement, gegebenenfalls auch mit Formen einer gleichsam öffentlich durchgeführten problemanalytischen Deliberation.

Besonders interessant ist zum anderen die Erweiterung einer solchen Aktivierungsstrategie zur Mobilisierung des kommunalen Umfelds der Schule mit dem Ziel bürgerschaftlichen Engagements *an der Schule*. Das kann die Mobilisierung der Eltern zum Engagement in der Schulgemeinde sein oder, spezifischer, das Engagement ziviler Akteure, Experten und Expertinnen, Vertreter/innen der Wirtschaft, Sozialarbeiter/innen, Künstler/innen zur Mitwirkung an der Schule. Auf diese Weise wird die Schule für die engagierten Bürgerinnen und Bürger erst wirklich zu *ihrer* Schule. Durch das Engagement eröffnet sich die besondere Perspektive der interinstitutionellen Kooperation von Klassenräten über die einzelne Schule hinaus. Der Klassenrat stellt zunächst ein demokratiepädagogisch wirksames Entwicklungspotenzial innerhalb einer Schule dar: auf der Ebene des Jahrgangs, aber auch auf der Ebene der Gesamtinstitution Schule, durch die Regelung repräsentativer Vertretung auf den verschiedenen Ebenen der Schule, auf der Ebene legitimierter Mitwirkung an Organisation und Gestaltung des Schullebens, beim Aufbau einer demokratischen Schulkultur. All diese Aspekte sind zentrale Bestandteile einer lebendigen Schul-Innenpolitik.[28] Eine Erweiterung dieser Mitwirkungsperspektive öffnet sich auf der Ebene der „Schul-Außenpolitik". Hier haben Klassenräte und ihre Verbünde eine Chance, bürgerschaftliches Engagement ziviler Akteure für schulische Entwicklungsprozesse zu mobilisieren. Damit kann bei der Gestaltung lokaler oder regionaler Bildungslandschaften eine höhere Qualität und demokratische Legitimierung von Akteuren erreicht werden.

Die ersten Ansprechpartner des Klassenrats für Vorhaben des bürgerschaftlichen Engagements sind natürlich die Eltern. Deren Partizipation als zivilgesellschaftliche Akteure an einer Schule kann aus Eltern*vertretung* Eltern*beteiligung* und Eltern*mitwirkung* machen, kann die Eltern aus einer Haltung vorsichtiger Beobachtung und ängstlicher Wartestellung lösen, Angebote interkultureller Arbeit einbringen, Sozialarbeit für Marginalisierte organisieren, vielseitige und intensive Projektarbeit mobilisieren. Dabei kann es unterrichtliche Kooperationen zwischen zivilgesellschaftlichen Akteuren und Lehrpersonen geben – Kooperationen, die dazu beitragen können, die Isolation der Schule zu überwinden und, vielleicht noch eine eher ferne Vision, die Schule in den Mittelpunkt der Gemeinde zu rücken, aus der Schule ein lebendiges Aktivitätszentrum der Gemeinde zu machen. Die Ganztagsschule fordert zu solchen Entwicklungen heraus. Die verschiedensten zivilgesellschaftlichen Akteure können auf vielfältige Weise miteinander kooperieren, zum Beispiel Lernkontrakte und Tutorenverträge schließen oder Mentorenverhältnisse eingehen. Die Akteure können aus den Bereichen Sozialarbeit und Psychologie kommen, doch ebenso gut aus Wirtschaft und Gesellschaft, aus Kunst und Kultur. Sie alle haben spezifische Möglichkeiten, mit Klassenräten aus verschiedenen Altersgruppen oder auch mit Gruppen unterschiedlicher sozialer Herkunft zusammenzuarbeiten, in entwicklungsangemessener Form, fachlich differenziert, individuell, in kleinen oder größeren Gruppen, klassenspezifisch oder klassenübergreifend.

---

28 So Wolfgang Steiner, Leiter des Arbeitsbereichs Demokratie- und Projektlernen im Referat Gesellschaft des Landesinstituts für Lehrerbildung und Schulentwicklung in Hamburg. Informationen zum Arbeitsbereich unter http://www.blk-demokratie.de/laender/laender-hh.html.

So wie jede Einzelschule haben auch Schulnetzwerke und Schulverbünde die Chance, aus ihrer systemischen Isolierung ausbrechen, um zu Bildungslandschaften zusammenzuwachsen. Dabei können – wieder ganz anders als gewohnt und erwartet – Schülerinnen und Schüler eine aktive und aktivierende Rolle spielen, die in den diskursiven und organisatorischen Prozessen des Klassenrats gelernt und aus den Lernprozessen in die soziale und nachbarschaftspolitische Praxis der Aktivierung bürgerschaftlichen Engagements übertragen werden können. Demokratische Lebensformen, die Schulen nicht nur für sich, sondern in kooperativen Netzwerken entwickeln, können dazu beitragen, dass Kinder und Jugendliche soziale Kompetenzen für bürgerschaftliches Handeln entwickeln: So entstehen wahre Bildungslandschaften mit gesellschaftsveränderndem Potenzial.

Literatur

Benner, Dietrich (1989): Auf dem Weg zur Öffnung von Unterricht und Schule. Theoretische Grundlagen zur Weiterentwicklung der Schulpädagogik. In: Die Grundschulzeitschrift H. 27, S. 46–55.
Benner, Dietrich/Ramseger, Jörg (1981): Wenn die Schule sich öffnet. Erfahrungen aus dem Grundschulprojekt Gievenbeck. München: Juventa.
Blum, Eva/Blum, Hans-Joachim (2006): Der Klassenrat. Ziele, Vorteile, Organisation. Mühlheim an der Ruhr: Verlag an der Ruhr.
De Haan, Gerhard/Edelstein, Wolfgang/Eikel, Angelika (Hrsg.) (2007): Qualitätsrahmen Demokratiepädagogik. Weinheim und Basel: Beltz.
Deutsche Kinder- und Jugendstiftung (Hrsg.) (2007): Lernen von hier nach dort. Film von Lukas Hellbrügge, Judith Reuter, Daniel Sommerhoff (DVD). Berlin.
Deutsches Institut für Internationale Pädagogische Forschung, Deutsches Jugendinstitut, Institut für Schulentwicklungsforschung (2008): Presseinformation Studie zur Entwicklung von Ganztagsschulen. Pressekonferenz am 8. September 2008. Berlin (http://www.projekt-steg.de/files/pk080908/Presseerklaerung_Steg_2008_Langfassung.pdf; 04.05.2009).
Dewey, John (1963): Experience and education. New York: Collier Books.
Dewey, John (2000): Demokratie und Erziehung. Weinheim und Basel: Beltz.
Durdel, Anja/Bosenius, Jürgen (2008): Durchlässigkeit erhöht die Sauerstoffzufuhr. In: Ganztags Schule machen, H. 4, Velber, S. 4–7.
Eikel, Angelika/de Haan, Gerhard (Hrsg.) (2007): Demokratische Partizipation in der Schule. Schwalbach/Ts.: Wochenschau Verlag.
Friedrichs, Birte (2009): Praxisbuch Klassenrat. Gemeinschaft fördern, Konflikte lösen. Weinheim und Basel: Beltz.
Hafeneger, Benno/Henkenborg, Peter/Scherr, Albert (Hrsg.) (2002): Pädagogik der Anerkennung: Grundlagen, Konzepte, Praxisfelder. Schwalbach/Ts.: Wochenschau Verlag.
Himmelmann, Gerhard (3. Auflage 2007): Demokratie Lernen als Lebens-, Gesellschafts- und Herrschaftsform. Ein Lehr- und Arbeitsbuch. Schwalbach/Ts.: Wochenschau Verlag.

Klieme, Eckhard/Holtappels, Heinz Günter/Rauschenbach, Thomas/Stecher, Ludwig (2008): Zusammenfassung und Bilanz. In: Holtappels, Heinz Günter/Klieme, Eckhard/Rauschenbach, Thomas/Stecher, Ludwig (Hrsg.): Ganztagsschule in Deutschland. 2. überarbeitete Auflage, Weinheim und München, S. 353–381.

Kiper, Hanna (1997): Selbst- und Mitbestimmung in der Schule. Das Beispiel Klassenrat. Baltmannsweiler: Schneider Verlag Hohengehren.

Lange, Arno u. a. (Hrsg.) (2009): Zeigt her eure Schule. Qualität im Alltag. Berlin (unveröffentlicht).

Prengel, Annedore (2002). „Ohne Angst verschieden sein"? – Mehrperspektivische Anerkennung von Schulleistungen in einer Pädagogik der Vielfalt. In: Hafeneger, Benno/Henkenborg, Peter/Scherr, Albert (Hrsg.): Pädagogik der Anerkennung. Grundlagen, Konzepte, Praxisfelder, S. 203–221.

Schirp, Heinz (im Druck). Partizipation im schulischen Umfeld. In: Edelstein, Wolfgang/Frank, Susanne/Sliwka, Anne (Hrsg.): Praxisbuch Demokratiepädagogik. Weinheim: Beltz.

Schmidt, Volker (2008): Mit den Füßen abstimmen? In: Ganztags Schule machen, H. 4, Velber, S. 19–21.

Sliwka, Anne (2008): Bürgerbildung: Demokratie beginnt in der Schule. Weinheim und Basel: Beltz.

Sliwka, Anne/Frank, Susanne (2004): Service-Learning. Verantwortung in Schule und Gemeinde. Weinheim und Basel: Beltz.

Ein modernes Laboratorium in Berlin-Neukölln.
Der Lokale Bildungsverbund Reuterkiez in Kooperation mit dem Projekt „Ein Quadratkilometer Bildung"

Josef Kohorst

Bildung im Reuterquartier

Noch immer erfährt der Norden des Berliner Stadtteils Neukölln besondere öffentliche Aufmerksamkeit. Der berühmt gewordene „Brandbrief" der Rütli-Hauptschule scheint das auszudrücken, was viele über die Zustände im Neuköllner Norden denken: Hier herrschen Gewalt, Armut und Bildungsnotstand. In der Tat ist das Leben dort manchmal nicht ganz einfach. Es ist schwer, Arbeit zu finden, ein Großteil der Familien ist auf staatliche Unterstützungsleistungen angewiesen. Der Anteil der Bewohner/innen mit Migrationshintergrund ist sehr hoch und trägt zu einem bunten und vielfältigen Stadtbild bei. An den Schulen und in den Kindertagesstätten kommen teilweise 90 bis 100 Prozent der Kinder aus Familien mit nichtdeutscher Herkunftssprache.

Der Reuterkiez ist innerhalb des Neuköllner Nordens ein kleinräumiges Entwicklungsgebiet, in dem sich die sozialen Problemlagen und Risiken entsprechend widerspiegeln, und das deshalb auch im Rahmen des Programms „Soziale Stadt" seit 2003 als Quartiersmanagementgebiet ausgewiesen wurde. Hier leben etwa 19.000 Menschen. Die Arbeitslosenquote ist doppelt so hoch wie im Berliner Durchschnitt, 65 Prozent der Kinder leben in Familien, die Existenzsicherungsleistungen erhalten.[29]

Bildung erweist sich für den Reuterkiez als ein entscheidender Standortfaktor. In Situationen, die über die Bildung ihrer Kinder entscheiden, überlegen sich Eltern immer wieder, ob sie im Reuterquartier wohnen bleiben. Dabei stellen sie sich zahlreiche Fragen: Gibt es Kindertageseinrichtungen, in die ich mein Kind mit gutem Gewissen schicken kann und in denen es die Förderung erhält, die es braucht? Kann ich meinem Kind die vorgesehene Grundschule überhaupt zumuten oder erfährt mein Kind dort eher Respektlosigkeit und lernt nicht richtig Deutsch, weil fast alle Kinder aus Elternhäusern mit anderen Herkunftssprachen kommen? Hat mein Kind überhaupt Chancen auf einen anerkannten Schulabschluss, wenn ich es in die Oberschule im Kiez gehen lasse? Viele Eltern beantworten diese Fragen negativ und verlassen den Kiez. Nur die Hälfte der Kinder,

---

29 Vgl. die Website des Quartiersmanagement Reuterplatz: http://www.reuter-quartier.de/.

die im Gebiet aufwachsen, besuchen die lokalen Schulen. 70 Prozent der Schülerinnen und Schüler erreichen nur einen Hauptschulabschluss oder gar keinen Abschluss.

Dass sich inzwischen wichtige positive Veränderungen in Sachen Bildung im Stadtteil ergeben haben, wird allerdings noch nicht in ausreichendem Maße wahrgenommen. Dabei bewirken die Vorhaben „Campus Rütli CR^2", „Ein Quadratkilometer Bildung" und der Lokale Bildungsverbund Reuterkiez grundsätzliche strukturelle Weichenstellungen im Kiez: Es entsteht eine sozialräumlich vernetzte Bildungslandschaft, die die Stärken des Stadtteils aufgreift, die sich an der bildungsbiografischen Perspektive der Kinder und Jugendlichen orientiert und auf gemeinsame Verantwortung setzt, die Förderlücken wahrnimmt und schließt, die einen Dialog über die pädagogische Qualität mit allen an Bildung interessierten Einrichtungen führt und die vor allem ein hohes Maß an sozialem Vertrauen erzeugt.

Tatsächlich ist der Reuterkiez so etwas wie ein modernes Laboratorium. Hier werden Ideen erprobt, privates Engagement und private Finanzierung treffen auf öffentliche Förderung und tragen gemeinschaftlich langfristige Veränderungen. Dieser Weg ist allerdings nicht konfliktfrei. Die Veränderungen stoßen nicht nur auf begeisterte Zustimmung, sondern lösen auch Ängste aus oder werden als Belastung empfunden. Ingesamt aber begibt sich der Reuterkiez auf einen Weg, der möglicherweise Schule macht.

Wunsch und Realität – Der Sinn von Kooperation

Die Leiterin einer Kindertagesstätte beschreibt in einem persönlichen Gespräch den Sinn der Zusammenarbeit spontan so: „Das ist doch ganz klar, was ich mir wünsche! Ich möchte, dass die Kinder mit ihren Eltern möglichst früh in meine Einrichtung kommen, dass die Eltern sich an der Ausgestaltung des pädagogischen Alltags beteiligen und ein enger Kontakt zu den Erzieher/innen entsteht. Wenn die Kinder in die Schule wechseln müssen, dann möchte ich, dass sie diese schon vorher von innen gesehen haben, dass die Lehrer/innen uns vorher besucht haben und wir nach dem Wechsel die Kinder noch ein Stück begleiten können. Ich stelle mir vor, dass die ehemaligen Eltern und Kinder auch weiterhin zu unseren Festen kommen, dass ich ihnen bei verschiedenen Gelegenheiten im Kiez immer wieder begegne, dass einige ihr Schulpraktikum wiederum bei uns absolvieren oder später selber bei uns Erzieher oder Erzieherin werden oder ihre Kinder unserer Obhut anvertrauen."

Diese Aussage macht die Sehnsucht deutlich, Bildungserfolg als Früchte der eigenen Arbeit erleben zu können. Sie lässt aber auch erkennen, dass der Bildungserfolg nicht nur von der eigenen Anstrengung abhängt, dass Kinder es im Laufe ihres Heranwachsens mit vielen unterschiedlichen Menschen und Institutionen zu tun haben, ja dass sie sich selbst im Laufe eines einzigen Tages in vielfältigen Strukturen und Lebensbereichen bewegen. Damit sie dies erfolgreich tun können, müssen die unterschiedlichen Partner der Kinder kooperieren und ihre Aktivitäten so gestalten, dass die Kinder und Jugendlichen, aber auch deren Eltern, ein breites Angebot vielfältiger Bildungs- und Beteiligungsgelegenheiten erhalten. Erfolgserlebnisse und neues Wissen, aber auch Konflikte und Frust nehmen sie dabei von einer Station zur nächsten mit, aus dem Elternhaus in die Kindertagesstätte und die Schule, in die Jugendfreizeitstätte oder auf die Straße und wieder in die Familie. Deshalb ist der „biografische Blick" so wichtig. Eine zentrale Frage lautet: Schaffen wir es, unsere Bildungsangebote so zu gestalten, dass sie sich gegenseitig ergänzen und den Bedürfnissen der Kinder und Jugendlichen folgen? Oder machen wir solche Angebote, die ihnen ständige Umorientierungen abverlangen und eher den Organisations- und Profilierungsbedürfnissen der jeweiligen Einrichtungen entsprechen?

Als Beispiel mag hier die Sprachförderung gelten. Wie wissenschaftliche Untersuchungen zeigen, müssen verschiedene Bedingungen erfüllt sein, damit Sprachförderung gelingen kann: Die Förderung muss früh ansetzen (nicht erst im letzten Jahr vor Schuleintritt), sie muss die Eltern mit einbeziehen, sie muss mit der Förderung des logischen Denkens verknüpft sein, sie muss systematisch aufeinander aufbauen und fortgeführt werden usw. (vgl. Tracy 2007; Portmann-Tselikas 1998). Die Praxis sieht jedoch häufig anders aus. Im Reuterkiez gibt es rund zwanzig Kindertagesstätten und Elterninitiativ-Kitas. In allen Einrichtungen wird, wie vom Berliner Bildungsprogramm gefordert, Sprachförderung betrieben. Aber es gibt kaum zwei Einrichtungen, in denen nach dem gleichen Förderprogramm gearbeitet wird, zum Beispiel weil die Konkurrenz der Kitas untereinander über Alleinstellungsmerkmale funktioniert. Die Kinder dieser Einrichtungen werden aber später in einer Schule gemeinsam lernen. Zumindest ein Teil der Kinder kann dann erlerntes Wissen nicht weiterverwenden, weil es nicht abgefragt wird oder angewendet werden kann. Schon erreichte Fördereffekte gehen wieder verloren.

Die andere Praxis

Damit sich dies ändert – nicht nur im Hinblick auf die Sprachförderung, sondern generell bezogen auf den gesamten Bildungserfolg der in der Region lebenden Kinder und Jugendlichen –, wurde im April 2007 im Reuterkiez das Projekt „Ein

Quadratkilometer Bildung" gestartet, im September desselben Jahres der Lokale Bildungsverbund Reuterkiez.[30] Beide Verbünde arbeiten eng zusammen.

Kooperationspartner im „Quadratkilometer" sind drei Schulen, sieben Kindertagesstätten und drei Jugendhilfeeinrichtungen; zwei weitere Schulen und ein Förderzentrum werden punktuell mit einbezogen. Das Projekt arbeitet eng mit den Bildungs- und Stadtentwicklungsressorts zusammen und wird von der Senatsverwaltung für Bildung, Wissenschaft und Forschung, der Freudenberg Stiftung und der Groeben-Stiftung gefördert. Ein besonders herauszuhebendes Merkmal des Projekts ist dabei die langfristige Förderstrategie, die auf zehn Jahre angelegt ist.

Zur Mitarbeit im Lokalen Bildungsverbund Reuterkiez sind alle Bildungseinrichtungen des Reuterkiezes eingeladen, dazu gehören u. a. sechs Schulen, 18 Kindertageseinrichtungen, Jugendhilfeträger und Jugendfreizeitstätten, Migrantenvereine und Elterninitiativen. Weitere Kooperationspartner sind das Jugendamt, das Schulamt, die Schulpsychologie und die Präventionsbeauftragten der Polizei. Der Verbund wird aus Mitteln des Quartiersmanagements und durch den Deutschen Paritätischen Wohlfahrtsverband gefördert. Projektträger ist die „Jugendwohnen im Kiez – Jugendhilfe gGmbH". Alle Einrichtungen, die über den „Quadratkilometer" gefördert werden, beteiligen sich auch im Lokalen Bildungsverbund.

Aus der unterschiedlichen Finanzierung und der anderen Größenordnung ergeben sich verschiedene Förderstrategien, die sich in vielfältiger Weise ergänzen. Ein besonderer Vorteil für den Lokalen Bildungsverbund ist es dabei, auf Strategien, Beteiligungspraxiserfahrungen und Qualitätsentwicklungsvorhaben zurückgreifen zu können, die im „Quadratkilometer" in einem etwas kleineren Rahmen schon begonnen und teilweise erprobt worden sind. Insofern geht der „Quadratkilometer" mit gutem Beispiel voran und ermöglicht den Transfer von schon bewährter Praxis zu den übrigen Mitgliedern des Bildungsverbundes.

Kooperation zwischen zum Teil konkurrierenden Einrichtungen entsteht nicht von selbst. Es ist ein erheblicher Zeitaufwand nötig, um sie zu entwickeln. Es muss „Kümmerer" geben, die diese Entwicklung in die Wege leiten und aufrechterhalten. Nachhaltige Veränderungen, die wirklich eine neue Praxis etablieren, brauchen viel Zeit, um alle für diesen Prozess relevanten Menschen einzubinden. Es muss Vertrauen entstehen zwischen allen Beteiligten, die zu einer gelingenden Entwicklung eines Kindes beitragen können.

Voraussetzung dafür, dass die Bildungsbedürfnisse der Kinder und Jugendlichen die Richtung bestimmen, in die sich das Vorhaben entwickelt, ist der ge-

---

30 Weitere Informationen zu den beiden Projekten: http://www.reuter-quartier.de/Ein-Quadratkilometer-Bildung.1407.0.html; sowie http://www.reuter-quartier.de/Lokaler-Bildungsverbund-Reuterkiez.1405.0.html.

naue Blick dafür, an welcher Stelle Bildungsabbrüche geschehen. Hier hat der „Quadratkilometer" eine Diskussion über „Förderketten" in Gang gebracht, von der auch der Bildungsverbund profitiert. Wenn es so ist, wie oben beschrieben, dass zum Beispiel am Übergang von der Kindertagesstätte in die Grundschule für manche Kinder der Wechsel besonders schwer wird, weil die eingeübte Routine der Sprachbildung nicht weitergeführt wird, dann müssen sich die beteiligten Akteure zusammensetzen und zu einer gemeinsamen Verantwortungsübernahme kommen. In der Auseinandersetzung und in der Diskussion kann dann erarbeitet werden, welche gemeinsame Reaktion erfolgen soll. Grundlage dafür ist eine Verabredungskultur, die auf Anerkennung und Wertschätzung setzt.

Damit sich die Beteiligten auf einen solchen zeitaufwendigen und manchmal konflikthaften Weg einlassen, ist ein Anreiz- und Unterstützungssystem notwendig. Dies sieht im „Quadratkilometer" beispielhaft so aus, dass es mit einer „pädagogischen Werkstatt" einen Ort im Kiez gibt, an dem es Beratungsmöglichkeiten gibt, an dem Fortbildungen durchgeführt werden, an dem sich Elternrunden treffen oder Arbeitsgruppen zur Qualitätsentwicklung stattfinden. Gleichzeitig fördert der „Quadratkilometer" beispielsweise das „Rucksack"-Programm[31] als Modell der Sprachförderung und der Elternbeteiligung oder die Einrichtung von Lernwerkstätten in den Kindertagesstätten. Indem die Beteiligten in einen intensiven Diskussionsprozess eingebunden sind, beginnt die Institutionen übergreifende Annäherung und die Abstimmung der Konzepte aufeinander.

Durch den Lokalen Bildungsverbund und das Quartiersmanagement werden diese Entwicklungen im Sinne einer weiteren Vertrauensbildung untereinander ergänzend gefördert. Es werden vor allem solche Projekte vorangetrieben, die die Lebenswelt der Kinder und ihren Kiez berücksichtigen, die die Eltern mit einbeziehen und im Sinne einer übergreifenden Verantwortungsübernahme funktionieren. So hat eine Erhebung der Lernausgangslage aus dem Herbst 2008 an einer Schule des Bildungsverbundes deutlich gemacht, dass ein besonderer Förderbedarf im Lernfeld Mathematik und im Hinblick auf die motorischen und wahrnehmungsbezogenen Kompetenzen besteht.

Beispielhaft dafür, wie auf solche Förderbedarfe in gemeinsamer Verantwortung reagiert werden kann, steht ein Projekt, das an drei Grundschulen des Bildungsverbundes unter dem Titel „Schule im Wald" in Kooperation mit einer Revierförsterei durchgeführt wird.[32] Pro Schule kann eine Klasse ein Jahr lang

---

31 Näheres dazu auf der Website der Regionalen Arbeitsstellen zur Förderung von Kindern und Jugendlichen aus Zuwandererfamilien (RAA): www. raa.de/rucksack.html.
32 Weitere Informationen zum ersten Berliner Patenförsterprojekt „Schule im Wald" auf der Website des Ministeriums für Ländliche Entwicklung, Umwelt und Verbraucherschutz (MLUV) des Landes Brandenburg: http://www.mluv.brandenburg.de/cms/detail.php/bb2.c. 501650.de.

jeweils einmal im Monat den Wald besuchen. Zahlreiche natur- und erlebnispädagogische Methoden wie Forschen, Entdecken, Sinnes-, Aktions- und Wahrnehmungsspiele sowie kreative Elemente stärken die Beziehung der Kinder zur Umwelt und vertiefen ihre Sozialkompetenz. Die Kinder helfen zum Beispiel bei der Gehölzschnittentfernung oder leeren die Nistkästen der Vögel für das kommende Frühjahr. Sie lernen, verschiedene Laub- und Nadelbaumarten zu bestimmen und entdecken, wie viele verschiedene Säugetiere, Vögel und Insekten in einem Mischwald leben. Die Meinung der Kinder zu einem Projekttag gibt die folgende Äußerung wieder: „Ein extrem cooler Tag!"

Für viele Kinder aus dem dicht bebauten Reuterkiez ist dies die erste Erfahrung im Wald. Anfangs trauen sich die Kinder kaum, die Waldwege zu verlassen. Immer wieder macht die begleitende Sozial- und Naturpädagogin die Erfahrung, dass den Kindern selbst in einer dritten Klasse einfachstes Wissen fehlt. Kein einziges Kind der Klasse kannte die Jahreszeiten und konnte sie den Wachstumsprozessen der Natur zuordnen. Damit die Kinder überhaupt verstehen können, worum es geht, müssen einfachste Begriffe wie „Spaten", „Loch" oder „pflanzen" vorher eingeführt werden. Dem gegenüber steht der große Erfahrungshunger der Kinder. Sie nehmen das Projekt mit viel Enthusiasmus an und erweitern ihre Kenntnisse über die Natur vielfältig. Lehrkräfte und teilnehmende Eltern berichten begeistert über die Art und den Erfolg des erfahrungsgesättigten Lernens. Auf einem Fragebogen nutzen die Kinder zum Beispiel auch die Rückseite, weil der vorgesehene Platz für ihr neu erworbenes Wissen nicht mehr ausreicht. Ähnliches gilt für die Verbesserung der sozialen Kompetenzen. Schüler/innen mit Ausgrenzungserfahrungen übernehmen verantwortliche Aufgaben, das Projekt wird zur Initialzündung für Integration.

Anhand des Projektes lassen sich die Kooperationsgewinne, die Schüler/innen, Lehrer/innen und Eltern aus einer Zusammenarbeit in einem Bildungsverbund ziehen können, deutlich ersehen. Kinder erweitern ihren Horizont auf lustvolle Art, sie lernen einen neuen Lebensraum kennen, aber sie lernen auch gleichzeitig ihren Kiez besser kennen, indem sie auf Schülerinnen und Schüler der anderen beteiligten Schulen treffen, und sie erleben, dass sich ihre Eltern an ihrem Bildungsprozess beteiligen. Lehrerinnen und Lehrer, die sonst nur auf ihre eigene Schule blicken, kommen in einen Austausch miteinander. Sie profitieren voneinander und von der Zusammenarbeit mit Forstarbeiter/innen und Sozialarbeiter/innen. Es entsteht eine neue Lernkultur.

Gleichzeitig aber geraten auch die Rahmenbedingungen in den Blick, die eine solche projektorientierte Arbeit erfordert. Kooperationen müssen verabredet werden. Eltern müssen zur Mitarbeit eingeladen werden. Wenn die Schülerinnen und Schüler regelmäßig einen Tag im Monat nicht anwesend sind, gehen anderen Kollegen und Kolleginnen möglicherweise Unterrichtsstunden verloren, zum

Beispiel für den Kunstunterricht. Auch stellen Eltern aufgrund eines gewachsenen Vertrauens andere Ansprüche oder melden Kritik an.

Neben der Sprachförderung und der Gestaltung sanfter Übergänge zwischen Kita und Grundschule, Grundschule und Oberschule sowie in den Beruf gibt es weitere wichtige Themen, die im Lokalen Bildungsverbund Reuterkiez mit übergreifenden Projekten unterstützt werden. Dazu gehören die Gewaltprävention, die Elternaktivierung, die Berufsorientierung und die Partizipation. An ihnen entlang organisiert sich die Zusammenarbeit, wobei der bildungsbiografische Blick zu einer deutlichen Verbesserung im Hinblick auf eine vertrauensvolle Zusammenarbeit und gemeinsame Verantwortungsübernahme führt.

Dabei werden unterschiedliche Bedürfnisse und Dynamiken sichtbar. Auf langfristige Entwicklungen können Kinder und Jugendliche in einer aktuellen Notlage nicht warten. Ist beispielsweise absehbar, dass ein Kind seinen Schulabschluss voraussichtlich nicht schaffen wird, muss sofort gegengesteuert werden. Insofern braucht es eine Mischung von kurzfristigen Fördermöglichkeiten und langfristigen Veränderungsstrategien.

Prozessreflexion

Um den besonderen Bildungsanforderungen im Reuterkiez gerecht zu werden, müssen die eingeleiteten Veränderungen systematisch reflektiert und auf ihren Nutzen hin überprüft werden. Ist eine Förderlücke tatsächlich geschlossen worden? Haben die Beteiligten soviel gegenseitiges Vertrauen zueinander, dass sie auch die schwierigen Probleme angehen können?

Um diese und weitere Fragen beantworten zu können, wurden im „Quadratkilometer" ein Kriterienkatalog entwickelt und ein Selbstbewertungsverfahren eingeführt, mit denen die Entwicklungsfortschritte in den Blick genommen werden können. Anhand des Leitfadens werden in einen Selbstbewertungsworkshop zu acht Handlungsfeldern (Förderziele, Lernkultur, Kultur der Einrichtung, Elternbeteiligung, Kooperation und Vernetzung, Professionalisierung, Qualitätsentwicklung und Transfer) die Stärken und Schwächen der eigenen Einrichtung in den Blick genommen und Ziele und Maßnahmen für das kommende Jahr verabredet. Nach einem Jahr werden in einem nächsten Schritt die Entwicklungsfortschritte anhand der vorher definierten Ziele überprüft und gemeinsam mit externen Fachleuten reflektiert. Aufgabe der Externen ist es dabei, beratend zur Seite zu stehen und möglicherweise Empfehlungen für die weitere Entwicklung zu geben. Anschließend beginnt der Prozess auf der Basis der Auswertung von vorn.

Das gesamte Verfahren wurde zum großen Teil von den Beteiligten selbst entwickelt und befindet sich in einer spannenden Erprobungsphase. Die Beteiligten eignen sich das Instrument an, indem sie sich kritisch damit auseinandersetzen. Sie entdecken die Vorteile, die eine systematische und begleitete Auseinandersetzung mit der eigenen Praxis mit sich bringt und steigen in neue pädagogische Entwicklungsprozesse ein. An den Selbstbewertungsworkshops sind selbstverständlich alle wichtigen Akteure beteiligt: Schüler/innen, Eltern, Erzieher/innen, Lehrer/innen etc.

Vorgesehen ist, diese Praxis nach Möglichkeit als Instrument über den „Quadratkilometer" hinaus für den gesamten Lokalen Bildungsverbund Reuterkiez zu nutzen und so zu einer abgestimmten Entwicklung zu kommen.

Ein „Schlüsselfaktor für den Erfolg von bildungsbezogenem Wandel (ist) die Schaffung von sozialem Vertrauen innerhalb und zwischen Gruppen (…). Sehr erfolgreiche Schulen und Kitas haben ein hohes Niveau von sozialem Vertrauen, weniger erfolgreichen fehlt das. In erfolgreichen Schulen und Kitas werden Probleme, die entstehen, schnell identifiziert und unter Einbeziehung aller Beteiligten angesprochen. Informationen fließen schnell zwischen den Schlüsselfiguren – das sind Pädagoginnen und Pädagogen, Eltern und Partner aus dem Stadtteil – und spezifische und zielgerichtete Reaktionen folgen." So äußerte sich Professor Dennis Shirley von der Lynch School of Education anlässlich des 2. Jahresworkshops des Projekts „Ein Quadratkilometer Bildung" am 2. Oktober 2008 in Berlin-Neukölln. Seine Aussage spiegelt die Erfahrungen der Teilnehmer/innen dieses Workshops wider, die das gegenüber dem ersten Jahresworkshop deutlich gewachsene Vertrauen untereinander und die damit verbundene bessere Kommunikation positiv vermerkten.

Insofern sind die ersten Schritte in die richtige Richtung getan. Hoffnungsinseln sind entstanden, die zu weiteren Schritten motivieren und langfristig einen systematischen Veränderungsprozess nach sich ziehen können. Die notwendige Diskussion über die Qualität der Schulen und Kindertageseinrichtungen ist angestoßen und die Orientierung an der Bildungsbiografie der Kinder und Jugendlichen bildet das Zentrum der Diskussion und leitet die Entwicklung in beiden Verbundprojekten. Sie wird in der Praxis hoffentlich dahin führen, dass Eltern nicht mehr ihren Stadtteil wechseln aus Sorge, ihren Kindern am Ort keine zukunftsträchtige Bildung ermöglichen zu können.

Literatur

Portmann-Tselikas, Paul R. (1998): Sprachförderung im Unterricht. Handbuch für den Sach- und Sprachunterricht in mehrsprachigen Klassen. Zürich.
Tracy, Rosemarie (2007): Wie Kinder Sprachen lernen. Und wie wir sie dabei unterstützen können. Tübingen.

Teil 4
Steuerung lokaler Bildungslandschaften und Rollen relevanter Akteure

Netzwerkmanagement:
Steuerung in Bildungslandschaften

Mario Tibussek

Im Kontext des aktuellen Diskurses „Lokale/Regionale/Kommunale Bildungslandschaften" wurde die Bedeutung der Kommune als zentraler Akteur der Bildungsplanung bereits ausführlich beschrieben und argumentativ hergeleitet (vgl. z. B. die Beiträge von Hebborn und Schäfer in diesem Band). Im vorliegenden Text wird es also nicht um die Frage gehen, *ob* Bildungsplanung lokal verantwortet und gesteuert werden soll und kann, sondern welche Aspekte bei der Steuerung innerhalb dieser „neuen Form der kommunalen Bildungsplanung" (BMFSFJ 2005, S. 347) zu beachten sind.

Die geforderte neue Form der kommunalen Bildungsplanung, mit einer Vielfalt von Akteuren und ihren wechselseitigen Abhängigkeiten, zielt auf ein Steuerungsmodell aus der nachfolgend erläuterten Governance-Perspektive. Die angestrebte kommunale Gestaltung von Bildungslandschaften steht dabei im Kontext einer „Renaissance" der Region als gesellschaftlich relevante Handlungs- und Steuerungsebene, die sich in Theorie und Praxis als verstärkte Hinwendung zu Ansätzen der Regionalisierung zeigt (vgl. Mack in diesem Band). Die räumliche Eingrenzung der Bildungslandschaft in regional, kommunal und lokal ist vom jeweiligen Blickwinkel und dem Verwendungskontext abhängig, kann im begrenzten Rahmen dieses Textes aber nicht differenziert beschrieben werden. Der Einfachheit halber wird deshalb im Folgenden von kommunalen Bildungslandschaften gesprochen. Ähnlich dem Begriff der Bildungslandschaften ereilte auch den Governance-Begriff das Schicksal, mit zunehmender Verbreitung an Kontur zu verlieren. Deshalb soll zunächst die Verwendung dieses Begriffs im vorliegenden Text geklärt werden.

Die Enquete-Kommission des Deutschen Bundestages definierte 2002 Governance als „Gesamtheit der zahlreichen Wege, auf denen Individuen und öffentliche wie private Institutionen ihre gemeinsamen Angelegenheiten regeln" (Deutscher Bundestag 2002, S. 415). Enger gefasst steht Governance „(...) für eine Steuerungs- und Regelungsstruktur, die staatliche wie gesellschaftliche Akteure zusammenführt, formelle wie informelle Elemente beinhaltet und durch hierarchische, kompetitive und kooperative Akteursbeziehungen geprägt wird" (Benz 2001, S. 56). Wesentlich ist dabei die Erkenntnis, dass das Handeln vieler

Akteure im Raum auch dann Wirkungszusammenhänge aufweist, wenn es nicht ausdrücklich aufeinander bezogen ist. Die Steuerungslogik leitet sich aus der zielgerichteten Koordination der Aktivitäten im Sinne gemeinsamer Angelegenheiten ab, die in kaum zu überschätzender vereinter Anstrengung geschehen soll (vgl. Pfeiffer/Hall 2000, S. 226).

Im Kontext kommunaler Bildungslandschaften wird in der Regel der Begriff „Local Governance" verwendet. Bei dieser Steuerungsform versteht sich die Kommunalverwaltung als ein Akteur unter anderen. Sie übernimmt bei der Kooperation verschiedener Akteure nur eine planende und koordinierende Rolle – im Sinne einer partiellen Kommunalisierung bei Wahrung der wesentlichen Verantwortlichkeiten von Land und Bund –, aber gleichzeitig mehr Eigenverantwortung für die kommunale Entwicklung. Das Verb „to govern" beschreibt das Akteurshandeln, während sich der Begriff „governance" auf die Struktur bezieht, in die das Handeln eingebettet ist (vgl. Klenk/Nullmeier 2003, S. 18). Beide Aspekte sollen im vorliegenden Beitrag berücksichtigt werden.

Netzwerkkooperation in der Steuerung Kommunaler Bildungslandschaften

Die Steuerungslogik im Kontext der Local Governance reagiert auf einen bestehenden Widerspruch zwischen lebensweltlichen und kommunalen Strukturen: Auf der einen Seite steht die Lebenswelt als Erfahrungszusammenhang, auf der anderen Seite befinden sich die Organisationsstrukturen lokaler Politik und Verwaltung, die durch Funktions- und Hierarchiebarrieren operative Inseln bilden (vgl. Schubert 2008, S. 21). Im Unterschied zu bisherigen Steuerungsmodellen[33] verfolgen Local Governance-Konzepte als Bestandteil von Stadt- und Regionalentwicklung eine integrative Strategie in Form eines kommunikativen und kooperativen Planungsmodells (vgl. Tibussek 2008, S. 9).

Diese neue Perspektive wird aus dem Bildungsprozess abgeleitet. Das heißt, dass die Vernetzung verschiedener Akteure auf kommunaler Ebene keinen Selbstzweck verfolgt, sondern den verbesserten Aufwachsbedingungen von Kindern und Jugendlichen dient.

Gelingensbedingungen der Kooperation in kommunalen Bildungslandschaften

Die erste und oberste Gelingensbedingung für die Vernetzung zu einer kommunalen Bildungslandschaft ist somit schon benannt: Ziel und Zweck der Koopera-

---

33 Das traditionelle Modell war hierarchisch organisiert, lokal und erhaltend ausgerichtet, während das technologische Modell funktional-sektoral begrenzt und auf Wirtschafts- und Siedlungswachstum angelegt war.

tion in einem Verantwortungsnetzwerk, der sogenannten kommunalen Bildungslandschaft, ist die Verbesserung der Aufwachsbedingungen von Kindern und Jugendlichen. Unabhängig von der Netzwerkqualität kann eine kommunale Bildungslandschaft also erst dann als erfolgreich gelten, wenn sie dieses Ziel erreicht hat. Auf dem Weg dorthin müssen die Beteiligten zahlreiche Hürden überwinden, da zahlreiche Konfliktpotenziale bestehen:

- Unterschiedliche Bildungs- und Qualitätsverständnisse prallen aufeinander, was Koordination und Abstimmung erschwert.
- Teilweise müssen gegenläufige institutionelle Interessenlagen unter ein gemeinsames Dach gebracht werden.
- Die verschiedenen Institutionen streben auch in einem Netzwerk danach, ihre jeweiligen Identitäten zu behaupten.
- Durch Vernetzung erhoffte Synergiepotenziale lassen die Sorge einzelner Akteure – insbesondere kleiner Träger – wachsen, dass die Existenz ihrer Stelle oder gar der gesamten Institution in Gefahr ist.
- In einem Netzwerk bestehen trotz gemeinsamer Ziele Konkurrenzen zwischen den Akteuren.
- Für die beteiligten Akteure ändern sich die bisherigen Stellenprofile und erforderlichen fachlichen Qualifikationen bzw. es kommen neue hinzu, was mit neuen Anforderungen verbunden ist (z. B. Moderation, Interdisziplinarität, Projektmanagement).
- Die Projektziele müssen vorhandenen formalen Hierarchien untergeordnet werden (vgl. Lohre 2007, S. 47).
- Transparenz und Kommunikation im Netzwerk produzieren hohe Transaktionskosten.
- Die Akteure richten nicht nur eigene Erwartungen an die Kooperationspartner, sondern sie haben „auch mit den Zumutungen fertig zu werden, die andere ihnen selbst auferlegen" (Weyer 1993, S. 17).
- Die Handlungsspielräume der Beteiligten werden nicht nur erweitert, sondern auch eingeschränkt, „denn in sozialen Netzwerken entstehen Verhaltensregeln, die keiner der Mitspieler exklusiv kontrollieren kann, von deren Befolgung jedoch die Möglichkeit der Teilnahme am Netzwerk abhängt" (ebd.).
- Vormals hoheitliche Kompetenzen werden auf ein Beziehungsgeflecht mehrerer Einfluss nehmender Akteure verschoben, was zumindest in der Übergangsphase unklare Kompetenzen respektive Kompetenzstreitigkeiten zur Folge haben kann.
- Kooperationsnetzwerke integrieren nicht nur, sondern sie wirken zugunsten einer (mengenmäßig) handlungsfähigen Struktur ausgrenzend.

Sukzessiver Aufbau

Dass der Perspektivwechsel in der Steuerungslogik eine völlige Umkehrung der tradierten Denk- und Handlungsrichtung ist, verdeutlicht der Blick auf den Status Quo. Die traditionelle Bildungsplanung ist durch Sektor- und Hierarchiegrenzen fragmentiert; es zeigt sich eine „Verinselung" der Zuständigkeiten (vgl. Coelen in diesem Band). Hinter dieser Praxis steht eine Denkweise, die von institutionellen Zuständigkeiten ausgeht, oder die Daseinsvorsorge statt der Bedürfnisorientierung in den Mittelpunkt stellt (vgl. Hebborn in diesem Band). Diese Vorstellung gilt zwar als überkommen, ist aber noch immer vorherrschende Realität. Die Diskrepanz zwischen dieser Realität und dem breiten Konsens, dass Bildung aus der Governance-Perspektive geplant werden müsse, macht deutlich, wie schwierig die angestrebte Entwicklung zu verwirklichen ist. Empfehlenswert ist daher ein schrittweises Wachstum, um zu vermeiden, dass sich eine anfängliche Überforderung oder Resignation angesichts zu großer Herausforderungen einstellt. Ein möglicher Zyklus in einem derartigen Wachstumsprozess könnte in folgenden Schritten ablaufen:

- Initiierung des Netzwerks durch einen oder mehrere Promotor/en,
- Ermitteln von potenziellen Kooperationspartnern und Beziehungsoptionen,
- Aufnahme von Kooperationsverhandlungen mit potenziellen Partnern und Verfassen von gemeinsamen Absichtserklärungen,
- Schließen eines Kooperationsvertrags und Einrichtung des Netzwerks,
- Implementierung der Zielvereinbarungen und Umsetzungsschritte,
- Option, das Netzwerk aufzulösen oder für einen neuen Zyklus weiterzuentwickeln.

Begleitung und Befähigung

Der notwendige Perspektivwechsel in der Steuerungslogik ist nicht nur eine Umkehrung der bisher dominierenden Denk- und Handlungsrichtung, sondern auch der Denk- und Handlungsweisen. Die Arbeitsmethoden vorheriger Bildungsplanung unterscheiden sich stark von dem nun erforderlichen Netzwerkmanagement. Um ein Netzwerk aufzubauen und nachhaltig zu organisieren, ändert sich folgerichtig auch das Anforderungsprofil der Akteure in der Bildungsplanung (vgl. Tabelle 1).

Tabelle 1: Anforderungsprofil an Akteure einer vernetzten Bildungsplanung

Phase	Aufgabe	Notwendige Kompetenzen in Bezug auf Instrumente und Methoden
Orientierung: Einzelakteure	Orientierung und Reflexion der Akteure Analyse der Rahmenbedingungen Ermittlung des Bestands und des Bedarfs	z. B. SPUG- oder SWOT-Analyse[34] Bestands- und Bedarfsanalyse
Orientierung: Netzwerk	Diagnose der Vorvernetzungen und Eruierung weiterer zu beteiligender Akteure	Netzwerkanalyse Stakeholderanalyse[35]
Planung, Aufbau	Leitbildentwicklung Zielentwicklung Ablaufplanung Kooperationsvertrag Netzwerkarchitektur Analyse benötigter/einzubringender und vorhandener Ressourcen	Organisationsentwicklung Kontraktmanagement Netzwerkmanagement Projektmanagement Meilensteinplan Zielentwicklung (z. B. SMARTe Zielformulierung) Ressourcenmanagement
Realisierung	Koordination Controlling Dokumentation (Selbst-)Evaluation Kommunikation Netzwerkmarketing Bildungsmonitoring	Netzwerkmanagement Prozessmanagement Qualitätsmanagement Controlling (Selbst-)Evaluation Informations- und Wissensmanagement Öffentlichkeitsarbeit/Marketing Schnittstellenmanagement Datenverwaltung

Eigene Darstellung

Die neuen Denk- und Handlungsweisen erfordern von den Akteuren der Bildungsplanung somit vielfältige Instrumenten- und Methodenkompetenzen. Dabei wird deutlich, warum in der Einordnung aktueller Planungspraxis neben dem

---

34   Analyse der Stärken, Potenziale, Unzulänglichkeiten und Gefahren bzw. Strengths, Weaknesses, Opportunities und Threats.
35   Darunter versteht man eine Analyse der Personen und Institutionen im Projektumfeld, die ein berechtigtes Interesse an dem Projekt haben (sogenannte Stakeholder). Sie sind vom Projekt betroffen und/oder können auf dieses im Rahmen ihrer Rolle Einfluss nehmen.

Governance-Begriff auch auf den Begriff „Management" zurückgegriffen wird (vgl. Krüger 2007, S. 1): Zahlreiche Kompetenzen sind Managementtätigkeiten entlehnt. Daraus lassen sich weitere Gelingensbedingungen ableiten:

- Es kann davon ausgegangen werden, dass die meisten Akteure der Bildungsplanung sich ihren Beruf bewusst nach einem inhaltlichen Bezug ausgewählt haben. Deshalb muss den Beteiligten von Anfang deutlich gemacht werden, dass sich nicht in erster Linie der Arbeitsinhalt, sondern die Arbeitsweise ändert, um die Bereitschaft zur Mitarbeit zu sichern.
- Mit der Änderung eines Anforderungsprofils geht in der Übergangsphase eine Diskrepanz zwischen Soll und Ist einher. In der Ausbildung der meisten Akteure einer kommunalen Bildungslandschaft wurden die genannten Instrumente und Methoden nicht vermittelt. Nahezu zwangsläufig resultiert daraus das Gefühl einer Überforderung, mithin sogar die Sorge, mit dem vorhandenen Profil nicht mehr gebraucht zu werden. Daraus ergeben sich drei Handlungsnotwendigkeiten, zwei kurzfristige und eine langfristige:
  - Es bedarf einer professionellen Prozessbegleitung. Schon in der Orientierungsphase werden Kompetenzen verlangt, die im notwendigen Umfang vermutlich nicht vorhanden sind. Erste Erfahrungen in den Modellkommunen des Programms „Lebenswelt Schule"[36] haben zum Beispiel gezeigt, dass Prozessbegleiter/innen beim Aufbau einer kommunalen Bildungslandschaft sehr hilfreich sein können (exemplarisch zur Modellkommune Weinheim vgl. Süss/Harmand/Felger in diesem Band).
  - Um die Nachhaltigkeit des Prozesses zu sichern, müssen die Akteure hinsichtlich der benötigten Instrumente und Methoden qualifiziert werden. Dies muss von Anfang an geschehen.
  - Die Inhalte der Ausbildungsgänge im Bereich Bildung müssen an das neue Anforderungsprofil angepasst werden.
- Im Gegensatz zu professionellen Stakeholdern, an die solch hohe Ansprüche gestellt werden können, müssen ehrenamtlich Tätige anders integriert werden. Ehrenamtliches Engagement basiert auf Freiwilligkeit und ist in seinen Strukturen meist wenig organisiert und sehr pragmatisch. Das Netzwerkmanagement muss deshalb ein Engagement im Netzwerk niedrigschwellig gestalten, dabei jedoch im Auge behalten, dass die Qualität dadurch nicht eine Grenze unterschreitet, die für das Projekt nicht mehr tragbar wäre.

---

36 „Lebenswelt Schule" ist ein gemeinsames Programm der Deutschen Kinder- und Jugendstiftung und der Jacobs Foundation. Mit dem Programm werden ausgewählte Modellkommunen dabei unterstützt, durch die Vernetzung von Bildungsangeboten verschiedener Akteure lokale Bildungslandschaften aufzubauen (http://www.lebenswelt-schule.net/).

Motivation

Wie schon ausgeführt wurde, sind kommunale Bildungslandschaften hochkomplexe Konstrukte, die mit der bisherigen Steuerungskultur wenig gemein haben oder ihr sogar in einigen Aspekten radikal widersprechen. Aus politischer und wissenschaftlicher Sicht mag die Sinnhaftigkeit der Vernetzung zu kommunalen Bildungslandschaften zwar unbestritten sein. Doch die meisten Akteure vor Ort werden sich sicher die Frage stellen, warum sie sich überhaupt auf ein derart komplexes Kooperationsnetzwerk einlassen sollten. Zwar müssen Stakeholder nicht motiviert werden, da sie sich per definitionem schon durch Motivation auszeichnen. Doch auch sie engagieren sich nicht allein dann in einem Netzwerk, „wenn Individuen durch Kooperation die Erfolgswahrscheinlichkeit ihres Handelns zu erhöhen suchen" (Weyer 1993, S. 6), sondern vor allem dann, wenn der erhoffte Ertrag diese Herausforderungen und den zu erwartenden Mehraufwand rechtfertigt. Ein persönlicher und/oder institutioneller Gewinn muss also für alle Beteiligten zu erwarten sein.

Wenn mehrere Akteure einen Gewinn erzielen wollen, muss eine sogenannte Win-win-Situation geschaffen werden. Gewinn kann dabei durchaus ökonomisch als der Saldo aus Aufwand und Ertrag definiert werden. Der Preis der Kooperation (z. B. Transaktionskosten) darf folglich nicht zu hoch oder gar existenziell sein (Bedeutungsverlust der Institution oder Jobverlust) bzw. der Nutzen muss diesen Preis übersteigen. Von Anfang an ist es demnach unbedingter Bestandteil einer Planung im Sinne einer kommunalen Bildungslandschaft, die zu beteiligenden Akteure nicht nur über ihre Verantwortung anzusprechen, sondern auch über ihren individuellen und institutionellen Nutzen.

Ressourcenmanagement

Die Motivation zur Beteiligung an einer Bildungslandschaft wird beim Thema Ressourcen – insbesondere bei personeller und finanzieller Ausstattung – der schwierigsten Prüfung unterzogen. Vor allem in den ersten Monaten und Jahren bei der Entwicklung einer kommunalen Bildungslandschaft wird den Akteuren in diesem Bereich viel abverlangt. Besonders stark ausgeprägt ist diese Prüfung im ländlichen Raum, wo Kommunen ohnehin schon Schwierigkeiten haben, ihre Aufgabe der „Sicherung der Daseinsvorsorge in zumutbarer Nähe durch öffentliche und private Versorgungseinrichtungen" (Blotevogel 2006, S. 468) zu gewährleisten. Diese Tendenz verschärft sich noch im Rahmen des demografischen Wandels durch Kostenremanenz, also dadurch, dass die Kosten der Versorgung – relativ zur Summe der Nutzerinnen und Nutzer – weniger abnehmen (vgl. Tibussek 2008, S. 8).

Insbesondere in der Anfangszeit einer kommunalen Bildungslandschaft ist die Gefahr des sogenannten Netzwerkrauschens groß: Die Transaktionskosten des Netzwerks sind so hoch, dass das Verhältnis von Nutzen und Kosten darunter leidet (vgl. Schubert 2008, S. 72). Als Ergebnis eines solchen Missverhältnisses könnte die intrinsische Motivation der Akteure erheblich sinken. Dies gilt verstärkt dort, wo der Anteil ehrenamtlich engagierter Stakeholder im Netzwerk besonders hoch ist. Ehrenamtliche werden zumeist erst dann aktiv, wenn die hauptamtlichen Mitarbeiterinnen und Mitarbeiter ihren Arbeitstag beendet haben. Vor allem reicht häufig ihr Zeitbudget nicht aus, um an der sitzungsintensiven Netzwerkarbeit kontinuierlich teilzunehmen. Wie schon hinsichtlich des Anforderungsprofils ist auch in Bezug auf die Ressourcen darauf zu achten, dass die kommunale Bildungslandschaft niedrigschwellig gestaltet wird, ohne die Mindestanforderungen an ihre Qualität zu unterschreiten.

Zunächst ist es wichtig, ein Bewusstsein dafür zu schaffen, dass sich die Richtung ebenso wie die Art der Arbeit ändert. Netzwerkarbeit ist in erster Linie nicht als eine zusätzliche Aufgabe zum bestehenden Prozess zu verstehen, sondern als eine andere Ausübungsform der bisherigen Tätigkeiten (bzw. wenn der Aufwand zunimmt, muss für die benötigten Ressourcen eine dauerhafte Lösung gefunden werden). Nur wenn sich alle beteiligten Akteure darüber bewusst sind, können Überlastungen und (sich eventuell sogar zuwiderlaufende) Doppelarbeiten vermieden werden. Trotzdem sollte beachtet werden, dass die zentralen Akteure mindestens vorübergehend in kommunalen Bildungslandschaften tatsächlich einen Mehraufwand leisten müssen.

Im Rahmen der zunehmenden Aufgaben auf kommunaler Ebene müssen bei der Aufgabenübertragung auf die Kreise und Kommunen die erforderlichen Finanzmittel gemäß dem Konnexitätsprinzip im Umfang der übernommenen Aufgaben zur Verfügung gestellt werden. Die Mittel sind an jener Stelle bereitzustellen, an der gesteuert wird.

Eine bloße Umschichtung oder Bündelung von Ressourcen, zum Beispiel in kommunalen Bildungsfonds, reicht nicht aus, um eine kommunale Bildungslandschaft zu gestalten. Zumindest bedarf es Anschubfinanzierungen wie Prozessbegleitung und Qualifizierungsmaßnahmen. Im bildungspolitischen Feld kommen solche Anschubfinanzierungen häufig von außen – über (Modell-)Programme aus Bundes- bzw. Landesmitteln, aus Stiftungen und/oder aus der Wirtschaft. Ungelöst ist die Frage, wie strukturschwache Kommunen, die durch das Bewerbungsraster solcher Programme fallen und nicht auf potente Geber aus der Wirtschaft zurückgreifen können, diese Anstrengung im Rahmen ihrer Ressourcen leisten können.

Erstaunlicherweise weitgehend unbeachtet bleiben in Deutschland – nicht nur im Kontext der kommunalen Bildungslandschaften – die Möglichkeiten des partizipativen Bürgerhaushalts. Beispielhaft sei hier das noch junge Konzept des „participatory budgeting" in Großbritannien angeführt. Dort sind zwei Ausprägungen zu finden:

- Bestimmte Zielgruppen wie Kinder und Jugendliche sind aufgefordert, Projektideen zu entwickeln, diese in einer öffentlichen Versammlung vorzustellen und über die besten Projekte abzustimmen.
- Bei der Verwendung von laufenden Ausgaben können Bürgerinnen und Bürger, bezogen sowohl auf einzelne Fachdezernate als auch auf einzelne Stadtteile, Prioritäten setzen.

Besonders bekannt ist das Beispiel Newcastle: Im Haushaltsjahr 2008/09 sollen Kinder und Jugendliche darüber entscheiden, wie 2,2 Millionen Pfund für Projekte im Bereich Jugendarbeit ausgegeben werden sollen. Darüber hinaus sind Bürgerinnen und Bürger eingeladen, in fünf benachteiligten Stadtteilen über die Verwendung von jeweils 20.000 bis 45.000 Pfund für Verbesserungsmaßnahmen im Stadtteil abzustimmen. In Großbritannien wurden Pioniererfahrungen aus Lateinamerika sowie Spanien und Frankreich berücksichtigt (vgl. u. a. Barceló/ Pimentel 2002; Abers 2000; Sintomer/Gret 2005; Sintomer/Herzberg/Röcke 2006). Dort taten sich die Verantwortlichen mit dem Bürgerhaushalt zunächst schwer. Deshalb erhalten die Ratsmitglieder in vielen Kommunen ein kleines eigenes Budget, das sie nach Konsultation mit den Bürgerinnen und Bürgern ihres Wahlbezirks für die von ihnen priorisierten Zwecke einsetzen können. Dieses Verfahren wertet die Kommunalpolitiker/innen auf und sie erfahren ganz persönlich, wie ein Bürgerhaushalt im Kleinen funktioniert.

Nicht berücksichtigt wurde jedoch eine Lektion der Pioniere im brasilianischen Porto Alegre (vgl. Correa Gomes 2008): Die Beteiligung der Bürgerinnen und Bürger sollte sich nach Möglichkeit nicht nur darauf beschränken, über die Verwendung der Ausgaben mitbestimmen zu dürfen. Vielmehr muss auch die Einnahmenseite thematisiert werden, um alle Beteiligten für haushalterisches Denken zu sensibilisieren. Zudem könnte mit einem solchen Ansatz die Ownership der Stakeholder in kommunalen Bildungslandschaften deutlich erhöht werden.

Gebietsmanagement

Die interorganisatorische systematische Kooperation und Koordination verschiedener Akteure in kommunalen Bildungslandschaften verfolgt letztlich das Ziel, das zusammenzuführen, was zusammengehört. Dabei sollte nicht vergessen werden, dass auch kommunale Bildungsplanung in einem größeren Zusammenhang zu begreifen ist. Vielen Akteuren fällt es im integrativen Prozess der kommunalen Bildungslandschaften schwer, sich wiederum in den größeren Prozess von Regional-, Stadt- oder Quartiersentwicklung zu integrieren. Das hat vor allem zwei wesentliche Gründe:

- Zum einen gehen die Initiativen zu kommunalen Bildungslandschaften häufig von übergeordneten Personen oder Institutionen aus, die Bildung als Standortfaktor erkannt haben und nutzen möchten. Auch sind die Wünsche hinsichtlich einer Öffnung von Schule in vielen Fällen von außen an die Schulen herangetragen worden. Als Beispiele seien hier Versuche im Kontext des Programms „Soziale Stadt" genannt, in denen Mitarbeiterinnen und Mitarbeiter der Quartiersmanagements auf Schulen zugingen, da sie sowohl ihre Relevanz bei Quartiersentwicklung und Raumwirkung als auch ihre Bedeutung als „Türöffner" in puncto Elternbeteiligung erkannt hatten (vgl. Empirica 2003, S. 12 und S. 131; Bauministerkonferenz 2005, S. 8).
- Zum anderen ist – insbesondere im Bereich der Ganztagsschulentwicklung – die Anforderung einer Denk- und Arbeitsweise, die institutionelle Grenzen überschreitet und Interdisziplinarität praktiziert, noch ungewohnt. Auch die zunehmende Kooperation von Schule und Jugendhilfe konnte bisher nur partiell dazu beitragen, von dem etablierten Denken in fachlichen Grenzen und Zuständigkeiten Abstand zu nehmen.

Trotz aller Schwierigkeiten sollte kommunale Bildungsplanung in den Kontext von Regional-, Stadt- und Quartiersentwicklung integriert werden. Nur dann ist es möglich, durch das Verfolgen einer gemeinsamen Zielrichtung die Nachhaltigkeit der Vorhaben zu sichern und Synergien herzustellen. Dabei kann auf vorhandene intermediäre Akteure – wie Quartiersmanagement und Stadtteilforen – zurückgegriffen werden. Beste Voraussetzungen für ein Ausgangsprojekt zu einer kommunalen Bildungslandschaft haben diesbezüglich Vorhaben, die die konzeptionelle Entwicklung in den Zusammenhang eines Gebäudeneu- oder -umbaus stellen können. Ein äußerer Anlass kann dann dazu führen, Bildung im Kontext ihrer Raumwirksamkeit zu begreifen und darüber hinaus die angestrebten Änderungen im Gesamtkontext sicht- und erfahrbar zu machen. Beispielhaft sei hier der Salzlandkreis in Sachsen-Anhalt genannt. Im Rahmen des Programms „Lebenswelt Schule" wird – ausgehend von einem Projekt der kreisangehörigen Stadt Bernburg aus dem Kontext der Internationalen Bauausstellung IBA 2010 – eine Bildungslandschaft aufgebaut. Der Neubau einer Ganztagsschule wird mit der Neuentwicklung eines pädagogischen Konzepts kombiniert, alles geplant und umgesetzt in einem Governance-Ansatz. Dieses neue Konzept wiederum, das von einer Regionalentwicklungsperspektive aus gedacht wurde, wird räumlich spürbar durch ein „Treibhaus", mit dem sich die Schule öffnet und in das Stadtleben integriert.

Transparenz

Die Basis von Kooperationsverhältnissen ist Vertrauen, das nur mit Offenheit und Verlässlichkeit geschaffen werden kann. Die Qualität einer Kooperation hängt somit sehr stark von der Offenheit ab, mit der sich die Partnerinnen und Partner begegnen.

Da ohnehin davon auszugehen ist, dass alle Akteure, die sich für eine aktive Teilnahme an Netzwerkarbeit entscheiden, neben dem gemeinsamen Ziel auch ein Eigeninteresse verfolgen, kann und sollte der erwünschte Nutzen von jedem offengelegt werden.

Auch sollten die Rollen aller beteiligten Akteure klar definiert sein und jederzeit erkennbar bleiben. Ebenso müssen die Handlungsspielräume der Akteure bekannt sein. Im Zusammenspiel zwischen Rollen und Handlungsspielräumen liegt eine Herausforderung, denn die Handlungsspielräume mancher Akteure im Netzwerk sind – teilweise nicht deckungsgleich – durch normative Vorgaben limitiert.

Kooperation auf Augenhöhe sollte nicht suggeriert werden, wenn sie es de facto nicht ist. In der Regel sind Machtungleichgewichte vorhanden, die transparent gemacht werden sollten. Kommunikationsangebote können diese Machtungleichgewichte nicht aufheben, wohl aber geeignete Formen schaffen, um den Dialog zwischen ungleichen Beteiligten überhaupt erst zu ermöglichen.

Kommunikation

Kommunale Bildungslandschaften streben dezentrale Verantwortungsstrukturen an – anders als in zentralistischen Ansätzen, die auf die Bündelung von Ressourcen zielen. Mit dem Grad der Dezentralisierung steigt allerdings auch der Anspruch an die Kommunikation. Zudem kann ein Netzwerk ausgrenzende Wirkungen erzeugen, denen sensibel zu begegnen ist. Zwar müssen und können nicht alle in steuernden Gremien agieren. Doch auch Akteure, die nicht zum Innenkreis des Netzwerks gehören, haben Informationsrechte und das Recht auf Einblick in die Planungen. Das betrifft nicht nur jene Personen und Institutionen, die gemeinhin den eruierten Stakeholdern zugerechnet werden. Das Interesse und Informationsrecht an kommunalpolitischen und raumwirksamen Prozessen überschreitet den engeren Kreis der Betroffenen und Beteiligten meist erheblich.

Es sollten gezielte Kommunikationsstrategien entwickelt werden, die über die genannten Aspekte der Informationspolitik und Öffentlichkeitsarbeit weit hinausgehen:

- Ausgegrenzte Akteure müssen durch aktive Beiträge, Partizipationsveranstaltungen und Kommunikationsstrategien einbezogen werden.
- Auch sollte eine Anerkennungskultur etabliert werden: Wenn Akteure Herausragendes leisten, sollte dies auch entsprechend gewürdigt werden.
- Informations- und Wissensmanagement sind als geeignete Instrumente für Management- und Steuerungsprozesse anerkannt. Ihre Bedeutung steigt, je komplexer die Strukturen werden, in denen gesteuert werden muss. Um die bis dato verinselten Zuständigkeiten und Verantwortungen in einem übergreifenden Zusammenhang zu koordinieren, sind sie sogar zwingend erforderlich.
- Für eine strategische und operative Planung in Politik und Verwaltung haben kommunale Daten mit Raumbezug eine hohe Relevanz. Genannt sei zudem das Bildungsmonitoring, das in den letzten Jahren an Bedeutung gewonnen hat, wenngleich es den Rahmen klassischer Kommunikationsstrategien sprengt.

Nicht nur im Kontext der Kommunikationsstrategien, sondern auch aus den Prozessmodellen insgesamt ergeben sich fachliche Anforderungen an den Bereich der Informationstechnologie (IT). Die Komplexität kommunaler Bildungslandschaften spiegelt sich in den neuen Anforderungen wider: Es sind Informationssysteme in Einklang zu bringen – auf Prozess-, Applikations- und Infrastrukturebene, die heterogen bzw. nicht unbedingt kompatibel sind und unterschiedlichen rechtlichen, finanziellen und organisatorischen Rahmenbedingungen unterliegen. Einige Aspekte seien an dieser Stelle beispielhaft genannt:

- bessere Vernetzung von Behörden (über WAN),
- Interoperabilität, also die Vereinbarkeit von Hard- und Software,
- Standardisierungserfordernisse (bezüglich Dateiformaten),
- Generierung von interinstitutionellen Prozessen bei Wissensplattformen,
- zentrale Datenhaltung,
- Gewährleistung der Sicherheit und des Datenschutzes,
- Zugriffsregelungen.

Qualitätsmanagement

Methoden und Instrumente der Kommunikation können auch für das Qualitätsmanagement genutzt werden. Zwei Elemente sind dabei für die Qualitätssicherung von besonderem Belang: die Selbstevaluation und die Dokumentation.

Die Selbstevaluation dient der Reflexion. Um die Zielerreichungsgrade messen und Nachsteuerungsbedarfe frühzeitig erkennen zu können, müssen bereits im Rahmen der Zieldefinition und bei der Festlegung des Meilensteinplans Indikatoren für die Selbstevaluation definiert werden. Die Dokumentation zielt letztlich auf Lerneffekte. Dadurch sollen Best Practice-Modelle wiederholbar und Fehler möglichst vermieden werden.

Das Konzept des Qualitätsmanagements soll – wie auch das Gesamtkonzept der kommunalen Bildungslandschaft – ziel- und anwendungsorientiert erstellt werden. Das heißt, dass im Rahmen aufzubringender Kapazitäten und Qualifikationen nicht mehr als der genannte Zweck erreicht werden soll.

Steuerungsmodelle

Das Netzwerk einer kommunalen Bildungslandschaft lässt sich modellhaft in drei Ebenen einteilen (nach Schubert 2008, vgl. Grafik 1): der normativen Ebene, der strategischen Ebene und der operativen Ebene. Gemäß dem Subsidiaritätsprinzip – nach dem eine staatliche Aufgabe soweit wie möglich von der jeweils kleineren Einheit wahrgenommen werden soll – kommt jeder Ebene eine bestimmte Verantwortung zu.

- Auf der normativen Ebene werden Leitziele konkretisiert und die generellen Zielrichtungen programmatisch festgelegt. Der Stadt- oder Gemeinderat sichert die dezentralen Strukturen normativ ab.
- Auf der strategischen Ebene, den Fachbereichen der Kommunalverwaltung, werden die Kategorien Input (Ressourcen), Output (Produkte) und Outcome (Wirkungen) vereinbart.
- Auf der operativen Ebene, dezentral vor Ort, werden kleine Handlungsnetze sowie die Produkt- und Ergebnisverantwortung angesiedelt.

Sowohl Steuerungsmodi der hierarchischen Koordination als auch der Selbstorganisation sind in kommunalen Bildungslandschaften möglich. Folgende Steuerungsmodelle bieten sich an:

- *Integriertes Amt bzw. Fachbereich*: Hier werden Kompetenzen konzentriert. Dies ist jedoch einer ressortübergreifenden oder gar dezentralen Steuerung abträglich.
- *Federführendes Amt bzw. Fachbereich*: Ein solches Amt kann nur koordinieren, nicht steuern.
- *Querschnittsamt*: Ein solches Amt kann nur koordinieren, nicht steuern.

- *Stabsabteilung*: Diese Abteilung agiert Ressort übergreifend; es fehlt aber ein bürokratischer Unterbau.
- *Neue Querschnittsgremien, Steuerungs- oder Lenkungsgruppen*: Diese Gremien agieren Ressort übergreifend; es handelt sich hierbei um die einzige Möglichkeit, nicht amtliche Stakeholder zu integrieren. Dem gegenüber stehen die Herausforderungen von mangelnder bzw. schwieriger Budgetverantwortung und Netzwerkrauschen.

Welches Modell auch immer unter den jeweiligen gegebenen (und gestaltbaren) Bedingungen am besten erscheint – in jedem Fall muss die Steuerungsstruktur nachhaltig organisatorisch in die Kommunalverwaltung integriert bzw. mit ihr verknüpft werden. Additive Parallelstrukturen sorgen für Netzwerkrauschen, denn zusätzliche Strukturen sorgen auch für zusätzlichen Arbeitsaufwand.

Bei der Netzwerkkooperation müssen alle Steuerungsebenen komplementär zusammenwirken. Daraus leiten sich sowohl horizontale als auch vertikale Koordinationsaufgaben ab (vgl. Grafik 1).

Grafik 1: Komplementäres Zusammenwirken der Steuerungsebenen

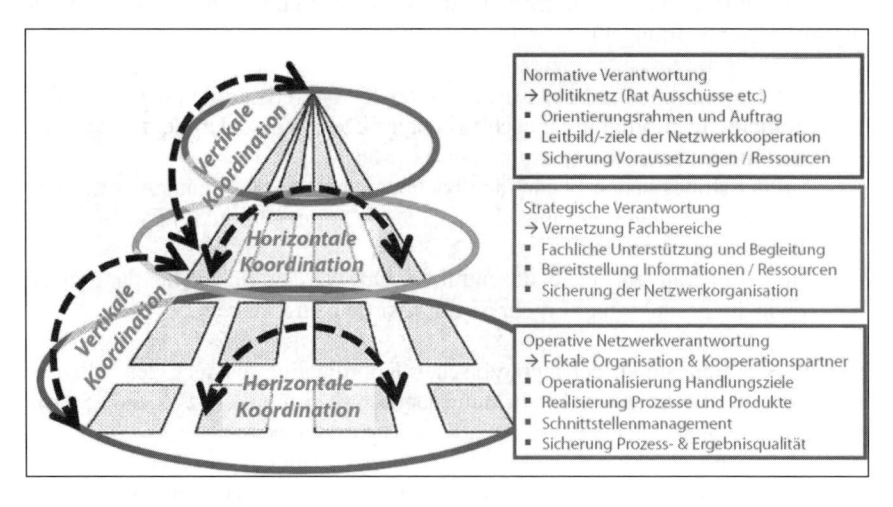

Quelle: Schubert 2008, S. 51

Fazit

Die Liste der vielen möglichen Steuerungsmodelle sowie die erwähnten Gelingensbedingungen verdeutlichen die hohen Ansprüche an Struktur und Steuerung der Netzwerke im ohnehin komplexen Ansatz der kommunalen Bildungslandschaften. Erste modellhafte Erfahrungen zeigen aber, dass dieser Weg erfolgreich beschritten werden kann. Beispielhaft sei hier auf die Erfolge aus den in diesem Band vorgestellten Programmen verwiesen.

Der Verweis auf das Gebietsmanagement illustriert, dass bei Bildungslandschaften nicht nur eine Säule kommunaler Planung verändert werden soll – es also nicht nur um die eingangs erwähnte „neue Form der kommunalen Bildungsplanung" geht –, sondern dass kommunale Bildungslandschaften ein Teil einer ganzheitlichen kommunalen Entwicklungsplanung sind. Gerade deshalb kann also durchaus auf die langjährigen Erfahrungen mit Steuerungsansätzen aus netzwerk- und governance-orientierten Stadt- und Regionalentwicklungskonzepten wie Soziale Stadt (vgl. Difu 2003) und Ländliche Regionalentwicklung (vgl. Rauch/Bartels/Engel 2001) zurückgegriffen werden.

Wesentlich für den Erfolg auf dem Weg zu einer solchen ganzheitlichen Praxis einer integrierten lokalen/regionalen/kommunalen Bildungslandschaft ist eine schrittweise Entwicklung in Prozesszyklen.

Literatur

Abers, Rebecca (2000): Inventing local democracy: grassroots politics in Brazil. Boulder/London.

Altrock, Uwe (2008): Neue Steuerungsformen in der Bestandsentwicklung: Interessengeleitete Durchsetzung, integrative Begleitung oder kreative Gestaltung von Schrumpfungsprozessen? In: Schmitt, Gisela/Selle, Klaus (Hrsg.): Bestand? Perspektiven für das Wohnen in der Stadt. Detmold, S. 638–653.

Barceló, Sara/Pimentel, Zainer (2002): Radicalizar la democracia: Porto Alegre, un modelo de municipio participativo. Madrid.

Bauministerkonferenz (Konferenz der für Städtebau, Bau- und Wohnungswesen zuständigen Minister und Senatoren der Länder, ARGEBAU) (2005): Leitfaden zur Ausgestaltung der Gemeinschaftsinitiative „Soziale Stadt". Dritte Fassung vom 29.08.2005 (http://www.sozialestadt.de/programm/grundlagen/DF10023.pdf; 01.04.2009).

Benz, Arthur (2001): Vom Stadt-Umland-Verband zu „regional governance" in Stadtregionen. In: Deutsche Zeitschrift für Kommunalwissenschaften, Jg. 40, H. 2, S. 55–71.

Blotevogel, Hans Heinrich (2006): Neuorientierung der Raumordnungspolitik? Die neuen „Leitbilder und Handlungsstrategien für die Raumentwicklung in Deutschland" in der Diskussion. In: Raumforschung und Raumordnung, Jg. 64, H. 6, S. 460–472.

Bolay, Eberhard/Herrmann, Franz (Hrsg.) (1995): Jugendhilfeplanung als politischer Prozess. Beiträge zu einer Theorie sozialer Planung im kommunalen Raum. Neuwied.
BMFSFJ – Bundesministerium für Familie, Senioren, Frauen und Jugend (Hrsg.) (2005): Zwölfter Kinder- und Jugendbericht. Bericht über die Lebenssituation junger Menschen und die Leistungen der Kinder- und Jugendhilfe in Deutschland. Berlin.
Correa Gomes, Ricardo (2008): Interviews with Assis Brasil Olegario Filho and Andre Passos Cordeiro of the City of Porto Alegre (http://www.govint.org/english/interview 13.html; 07.04.2009).
Deutscher Bundestag (2002): Schlussbericht der Enquete-Kommission: Globalisierung der Weltwirtschaft – Herausforderungen und Antworten. Bundestagsdrucksache 14/9200. Berlin.
Deutscher Landkreistag (2006): Diskussionsbeitrag: Kommunale Verantwortung für Schulen. Berlin.
Deutscher Städtetag (2005): Die Zukunft liegt in den Städten. 33. ordentliche Hauptversammlung des Deutschen Städtetages in Berlin. Berlin.
Deutscher Städtetag (2007): Aachener Erklärung anlässlich des Kongresses „Bildung in der Stadt" am 22./23. November 2007 (http://www.staedtetag.de/imperia/md/content/veranstalt/2007/58.pdf; 07.04.2009).
Difu – Deutsches Institut für Urbanistik (2003): Strategien für die Soziale Stadt. Erfahrungen und Perspektiven – Umsetzung des Bund-Länder-Programms „Stadtteile mit besonderem Entwicklungsbedarf – die soziale Stadt". Bericht der Programmleitung, im Auftrag des BMVBS – Bundesministeriums für Verkehr, Bau und Wohnungswesen. Berlin.
Empirica Wirtschaftsforschung und Beratung GmbH (2003): Evaluation des Berliner Quartiermanagements in der Pilotphase 1999–2002. Studie im Auftrag der Senatsverwaltung für Stadtentwicklung, Berlin. Band 1. Berlin (http://www.sozialestadt.de/gebiete/dokumente/DF8436.phtml; 01.04.2009).
Klenk, Tanja/Nullmeier, Frank (2003): Public Governance als Reformstrategie (Edition der Hans-Böckler-Stiftung). Düsseldorf.
Krüger, Thomas (2007): Alles Governance? Anregungen aus der Management-Forschung für die Planungstheorie. In: RaumPlanung, H. 132/133, S. 73–78.
Löffler, Elke (2008): Von der freiwilligen Feuerwehr zum Bürgerhaushalt. In: Biwald, Peter/Dearing, Elisabeth/Weninger, Thomas: Innovation im öffentlichen Sektor. Festschrift für Helfried Bauer. Wien/Graz, S. 352–362.
Lohre, Wilfried (2007): Über das Netzwerk hinaus – Entwicklung und Steuerung regionaler Bildungslandschaften. In: Solzbacher, Claudia/Minderop, Dorothea (Hrsg.): Bildungsnetzwerke und Regionale Bildungslandschaften. München, S. 43–50.
Olk, Thomas (2008): Kommunale Bildungsplanung. In: Coelen, Thomas/Otto, Hans-Uwe: Grundbegriffe Ganztagsbildung. Das Handbuch. Wiesbaden, S. 949–957.
Pfeiffer, Ulrich/Hall, Peter (2000): Urban 21– Expertenbericht zur Zukunft der Städte. München.
Rauch, Theo/Bartels, Matthias/Engel, Albert (2001): Regional Rural Development. A regional response to rural poverty. Wiesbaden.
Rüdiger, Andrea (2004): Die Aufgabe der Selbstverwaltung in Klein- und Mittelstädten. In: Baumgart, S./Flacke, J./Grüger, C./Lütke, P./Rüdiger, A. (Hrsg): Klein- und Mit-

telstädte – Verkleinerte Blaupausen der Großstadt? Dokumentation des Expertenkolloquiums am 29. April 2004 in Dortmund (SRPapers), H. 1, Dortmund, S. 41–46 (http://www.raumplanung.uni-dortmund.de/srp/web/dokumente/downloads/64_SRPapers%20Nr.1.pdf; 07.04.2009).

Schubert, Herbert (2008): Netzwerkkooperation – Organisation und Koordination von professionellen Vernetzungen. In: ders. (Hrsg.): Netzwerkmanagement. Koordination von professionellen Vernetzungen – Grundlagen und Praxisbeispiele. München, S. 7–105.

Sintomer, Yves/Gret, Marion (2005): The Porto Alegre Experiment: Learning Lessons for a Better Democracy. London.

Sintomer, Yves/Herzberg, Carsten/Röcke, Anja (2006): Participatory Budgets in Europe. Between Civic Participation and Modernisation of Public Administration: Some comparative elements. Publikation der Hans Boeckler Stiftung (http://www.buerger-haushalt-europa.de/documents/Results_25.pdf; 22.04.2009).

Tibussek, Mario (2008): Bildung als Standortfaktor – Kommunale Bildungslandschaften als Beitrag zur nachhaltigen Regionalentwicklung. In: Ländlicher Raum (Zeitschrift der Agrarsozialen Gesellschaft e.V. Göttingen), Doppelausgabe H. 3/4, S. 7–11.

Weyer, Johannes (1993): System und Akteur. Zum Nutzen zweier soziologischer Paradigmen bei der Erklärung erfolgreichen Scheiterns. In: Kölner Zeitschrift für Soziologie und Sozialpsychologie. Jg. 45, H. 1. S. 1–22.

Bildung in der Stadt: Bildungspolitik als kommunales Handlungsfeld

Klaus Hebborn

Kommunale Verantwortung in der Bildung

Die internationalen PISA-Studien haben dem deutschen Bildungssystem neben Qualitätsmängeln auch eine hohe Selektionswirkung bescheinigt: In Deutschland sind die Bildungschancen von Kindern und Jugendlichen in hohem Maße von der sozialen Herkunft abhängig und es zeigen sich besondere Benachteiligungen bei Schülerinnen und Schülern mit Migrationshintergrund. Seit der Veröffentlichung dieser Ergebnisse, die den Zielen der demokratischen Teilhabe und Chancengleichheit widersprechen, wird eine breite öffentliche Debatte über Bildungsreformen geführt. In diesem Kontext werden auch Handlungsmöglichkeiten und Entwicklungsperspektiven der Kommunen diskutiert. Dabei spielt das Konzept der „Kommunalen Bildungslandschaft" eine zentrale Rolle.

Bildung und Erziehung von Kindern und Jugendlichen sind zentrale Gestaltungsaufgaben zukunftsorientierter Kommunalpolitik: In einer Stadt oder Gemeinde, im Stadtteil bzw. im unmittelbaren Wohnumfeld können Probleme und Bedarfe besser identifiziert sowie passende Lösungsstrategien entwickelt und zielgenau umgesetzt werden. Auch vor dem Hintergrund des sich wandelnden Bildungssystems – wie der Öffnung der Ganztagsschule in das gesellschaftliche Umfeld – kommt der Kommune als bildungspolitischem Akteur künftig immer größere Bedeutung zu.

In öffentlichen Diskussionen über Bildung stehen meist die Aufgaben der Länder im Fokus, während die Zuständigkeiten der Kommunen kaum thematisiert werden. Doch Städte und Gemeinden übernehmen wichtige Aufgaben im Bereich der Bildung:

- Förderung von Kindern in Tageseinrichtungen und Kindergärten (vorschulische Bildung)
- Unterstützung der Jugendarbeit (außerschulische Jugendbildung)
- Trägerschaft von allgemeinen und beruflichen Schulen
- Trägerschaft oder maßgebliche Finanzierung von Volkshochschulen (Weiterbildung)
- Förderung von weiteren Bildungseinrichtungen bzw. bildungsnaher Einrichtungen, wie beispielsweise öffentliche Bibliotheken, Musikschulen, Jugend-

kunstschulen, Beratungsdienste in der Weiterbildung, Schulpsychologische Dienste.

Wandel des kommunalen Aufgabenverständnisses

Seit Beginn der 1990er-Jahre hat sich in Deutschland das kommunale Rollenverständnis im Bereich der Bildung verändert. Diese Entwicklung steht in Zusammenhang mit der Verwaltungsmodernisierung in den Kommunen, die auf mehr Effizienz, Bürgernähe und Qualitätsverbesserung zielt. Ausgehend vom Bereich der Schule hat sich in vielen Städten ein Perspektivwechsel vollzogen: Das Umfeld bzw. vielfältige Kooperationspartner werden verstärkt in die schulische Arbeit einbezogen, gleichzeitig wird durch die wachsende Selbstständigkeit der Schulen die Steuerung zunehmend dezentraler. Durch diese Öffnung und Autonomisierung von Schule ist auch die Kommune als Schulträger stark in die innere Schulentwicklung involviert. Lange Zeit stand die „Sachaufwandsträgerschaft" an erster Stelle, also die Finanzierung und der Unterhalt von Gebäuden und ihrer Ausstattung. Nun setzen viele Kommunen andere Prioritäten, indem sie versuchen, auf eine zukunftsfähige Schulentwicklung vor Ort und eine verbesserte Qualität der Schulen hinzuwirken. Hierfür hat sich der Begriff der „erweiterten Schulträgerschaft" etabliert, die sich an einer ganzheitlichen Sichtweise von Schul- und Bildungspolitik orientiert.

Der Wandel des kommunalen Aufgabenverständnisses in der Bildung ist nicht nur die Folge einer sich verändernden Rolle des Staates im Bereich der kommunalen Daseinsvorsorge. Hinzu kommen weitere Ursachen: Es hat sich die Erkenntnis durchgesetzt, dass ein modernes und funktionierendes Bildungswesen sowie entsprechend qualifizierte Bürgerinnen und Bürger von zentraler Bedeutung für die örtliche Struktur- und Wirtschaftsentwicklung sind. Zudem ist die kommunale Ebene Ausgangspunkt aller Bildungsprozesse: Hier entscheidet sich Erfolg oder Misserfolg von Bildung, werden die Grundlagen für berufliche Perspektiven und gesellschaftliche Teilhabe eines Individuums gelegt. Zugleich liegt in der Bildung ein entscheidender Schlüssel für die Zukunftsfähigkeit einer Region, weshalb die Städte Bildung als zentrales Feld der Daseinsvorsorge erkennen und ihre Gestaltungsmöglichkeiten nutzen sollten. Schließlich ist eine neue Form der Zusammenarbeit von Ländern und Kommunen insbesondere auf der örtlichen Ebene notwendig, um Aufgaben und Anforderungen in der Bildung zukunftsorientiert bewältigen zu können.

Vor diesem Hintergrund haben viele Städte ihr Engagement im Bildungswesen insgesamt neu definiert. Im Zentrum stehen zwei Aspekte: der Gestaltungsauftrag und der Vernetzungsgedanke.

Komplexe Problemlagen als Herausforderung

Die Forderungen nach systematischer Zusammenarbeit aller beteiligten Akteure und einer „Vernetzung" der unterschiedlichen Bildungsbereiche werden vielfältig begründet. Wichtige Argumente sind, dass die verschiedenen staatlichen Leistungen für Kinder und Jugendliche dadurch koordiniert und die Potenziale der jeweiligen Professionen besser genutzt werden können. Zudem wird erwartet, dass sich Effizienz und Effektivität beim Einsatz der knappen öffentlichen Ressourcen deutlich erhöhen.

Im Kern sind es vor allem die immer komplexeren Problemlagen und Anforderungen im Bereich Bildung, die ein koordiniertes bzw. „vernetztes" Zusammenwirken der verschiedenen Akteure erfordern. In diesem Kontext sind vor allem zwei Veränderungen notwendig: Zum einen sollte sich öffentliches Handeln in der Bildungspolitik viel stärker als bisher an den Bedürfnissen der Kinder und Jugendlichen ausrichten. Zum anderen sind die gegenwärtigen Herausforderungen nicht mehr mit einem versäulten Bildungssystem zu bewältigen, in dem die einzelnen Akteure weitgehend isoliert und ohne gegenseitigen Bezug handeln. Insbesondere der Ausbau von Ganztagsschulen erfordert aufgrund der komplexen Aufgaben und Ziele – wie zum Beispiel individuelle Förderung, Vielfalt der Angebotsstruktur, integrativer Ansatz – das Zusammenwirken unterschiedlichster Akteure, insbesondere der Schulen, Jugendhilfeeinrichtungen, Beratungsdienste oder des Allgemeinen sozialen Dienstes. Nur die Zusammenführung vielfältiger Professionalitäten und Ressourcen bietet die Chance, wirksame Lösungen für komplexe Probleme zu finden und gemeinsam umzusetzen. Nur dann können die notwendigen Voraussetzungen für die Bildungserfolge möglichst vieler Menschen geschaffen werden.

Leitbild „Kommunale Bildungslandschaft"

Die in den Ländern eingeleiteten Reformen in Schule und Bildung gehen bereits in die richtige Richtung: Bundesweite Bildungsstandards, Lernstandserhebungen und zentrale Prüfungen sichern Vergleichbarkeit und Qualität von Leistung, ermöglichen Wettbewerb und die notwendige Mobilität der Schülerinnen und Schüler. Gleichwohl darf nicht aus dem Blick geraten, dass ein ganzheitliches Bildungsverständnis die Grundlage aller Reformbemühungen sein sollte: Bildung ist mehr als Schule. Kognitives, soziales und emotionales Lernen müssen miteinander verbunden und in verbindliche Vernetzungsstrukturen einbezogen werden. Die kulturelle Bildung, die kognitives Lernen ergänzt, Kreativität fördert und Integration unterstützt, ist in ein Gesamtkonzept umfassender Bildung zu integrieren. Von großer Bedeutung ist dabei das Leitbild der „kommunalen Bildungslandschaft" im Sinne eines vernetzten Systems von Erziehung, Bildung und Betreuung. Dieses Thema wurde auf dem Kongress des Deutschen Städtetags im Herbst 2007 in Aachen unter dem Motto „Bildung in der Stadt" von über 1.000 Teilnehmerinnen und Teilnehmern intensiv diskutiert. Die dort verabschiedete „Aachener Erklärung" (Deutscher Städtetag 2007) verdeutlicht, dass sich die Städte nicht nur als Betroffene der Fehlentwicklungen im deutschen Bildungssystem sehen. Vielmehr prägen sie mit ihren vielfältigen Einrichtungen die Bildungslandschaft und sind sehr daran interessiert, sich aktiv an der Umsetzung von Reformmaßnahmen zu beteiligen. Folgende Hauptmerkmale der kommunalen Bildungslandschaft wurden in der Erklärung genannt:

- „Individuelle Potenziale des Individuums und deren Förderung in der Lebensperspektive sind Ausgangspunkt für die Organisation von Bildungs- und Lernprozessen. Kein Kind, kein Jugendlicher darf verloren gehen.
- Die für Bildung zuständigen Akteure arbeiten auf der Basis verbindlicher Strukturen zusammen: Familie, Kinder- und Jugendhilfe, Schule, Kultur, Sport, Wirtschaft etc.
- Eltern bzw. Familien werden als zentrale Bildungspartner einbezogen.
- Übergänge werden nach dem Prinzip „Anschlüsse statt Ausschlüsse" ermöglicht und gestaltet.
- Die kulturelle Bildung wird als wichtiger Teil ganzheitlicher Bildung einbezogen.

Den Städten kommt in der kommunalen Bildungslandschaft eine zentrale Rolle bei der Steuerung und Moderation der zielorientierten Zusammenarbeit zu. Als Grundlage für regionale Steuerung und Qualitätssicherung sollte ein umfassendes Bildungsmonitoring als integriertes Berichtswesen von Bildungsverläufen vor Ort gemeinsam von Kommunen und Ländern entwickelt werden." (Deutscher Städtetag 2007, S. 2)

Ansätze kommunaler Bildungslandschaften in der Praxis

Gegenwärtig wird das Konzept der kommunalen Bildungslandschaft bereits in einigen Kommunen in Deutschland umgesetzt, zum Beispiel unter Begriffen wie „Bildungsregion" oder „Bildungsnetzwerk". Im Kern verfolgen alle Ansätze das gleiche Ziel: Es geht darum, die Kooperation der Bildungsinstitutionen übergreifend zu koordinieren und zu verstetigen. Durch Vernetzung soll ein lokales „Bildungssystem" mit verbindlichen und auf Dauer angelegten Strukturen entstehen. Zwei Beispiele sind in diesem Zusammenhang hervorzuheben:

- In Nordrhein-Westfalen haben die Landesregierung und 20 kreisfreie Städte und Kreise im Sommer 2008 Kooperationsvereinbarungen zur Errichtung „Regionaler Bildungsnetzwerke" abgeschlossen (vgl. Ministerium für Schule und Weiterbildung des Landes Nordrhein-Westfalen 2008). Vorangegangen war das sechsjährige Modellprojekt „Selbstständige Schule". Die in diesem Rahmen begründeten Kooperationsprojekte von Schulaufsicht und Schulträgern, Schule und Jugendhilfe, aber auch anderer Akteure (z. B. aus Wirtschaft, Kultur, Sport) wurden nun zu einem kommunalen Gesamtkonzept weiterentwickelt. Die Einrichtung lokaler Bildungskommissionen und Lenkungsgremien soll dafür sorgen, dass sich die verschiedenen Bildungspartner auf gemeinsame Ziele verständigen und bildungspolitische Steuerungsmaßnahmen aufeinander abstimmen können. Auch wurden regionale Bildungsbüros geschaffen, die für die Organisation und das Management der Zusammenarbeit zuständig sind.
- In Freiburg entsteht im Rahmen eines Projektes der Bertelsmann Stiftung die „Bildungsregion Freiburg" (vgl. Ministerium für Kultus, Jugend und Sport Baden-Württemberg/Bertelsmann Stiftung/Stadt Freiburg i. Br. 2008). Auch hier wurden ähnliche Kooperationsstrukturen wie in Nordrhein-Westfalen etabliert. Themenschwerpunkte der Bildungsregion sind berufliche Orientierung, kulturelle Bildung sowie die Zusammenarbeit von Schule und Jugendhilfe.

Wenngleich die meisten bisherigen Ansätze noch stark auf den Schulbereich ausgerichtet sind, strahlt ihre Wirkung zunehmend auf die anderen Bildungsbereiche aus. Mittelfristig erscheint es im Sinne eines ganzheitlichen Ansatzes notwendig, auch die frühkindliche Bildung und die Volkshochschulen bzw. den Weiterbildungsbereich einzubeziehen.

Gelingensbedingungen und Handlungsansätze einer kommunalen Bildungspolitik

Die Umsetzung des Leitbildes der „Kommunalen Bildungslandschaft" in der Praxis erfordert, Schul- und Bildungspolitik als Querschnittsaufgabe und übergreifenden Reformansatz aufzufassen, der unter Beteiligung aller gesellschaftlichen Akteure diskutiert und mit den notwendigen inhaltlichen und finanziellen Entscheidungen versehen wird.

Entwicklung von Leitbildern
Das kommunale bildungspolitische Engagement braucht einen Gestaltungsrahmen zur Orientierung. Dafür müssen bildungspolitische Leitbilder entwickelt und verabschiedet werden, in denen die grundlegenden Zielvorstellungen und darauf aufbauend konkrete Handlungsmöglichkeiten und -spielräume formuliert sind. Einige Städte wie zum Beispiel Mannheim und Essen (vgl. Stadt Essen 1999) haben inzwischen solche Leitbilder festgelegt.

Initiierung eines Diskussionsprozesses vor Ort
Nahezu ebenso wichtig ist die Initiierung eines öffentlichen und fortlaufenden Diskussionsprozesses vor Ort, in dem sich die Stadt – also Kommunalpolitik und Verwaltung – und die bildungspolitisch relevanten Akteure der Region über die zukünftige Gestaltung der Bildungsinfrastruktur und Bildungsschwerpunkte gemeinsam verständigen. In diesem Kontext ist es auch möglich, bürgerschaftliches Engagement zu mobilisieren.

Aufbau von Kooperations- und Vernetzungsstrukturen
Notwendig sind institutionalisierte Formen der Kooperation: Alle beteiligten Institutionen und Organisationen müssen verbindliche Vereinbarungen treffen und eine gemeinsame „Kooperationskultur" entwickeln. In diesem Zusammenhang haben die Städte wichtige Moderations- und Koordinationsfunktionen. Es sollte eine tragfähige Struktur geschaffen werden, die eine Abstimmung aller Prozesse der Erziehung, Bildung und Betreuung auf kommunaler Ebene ermöglicht. Wichtige Elemente einer solchen Struktur sind lokale Bildungskommissionen, in denen alle relevanten Bildungsakteure vertreten sind, Lenkungsgremien zur Steuerung der Zusammenarbeit sowie Bildungsbüros als „Geschäftsführung" und damit Verantwortliche für die Organisation und Koordination der Zusammenarbeit.

Zusammenführung bildungsrelevanter Fachbereiche
In der kommunalen Verwaltung sollte eine Zusammenführung der bildungsrelevanten Fachbereiche geprüft werden, insbesondere bei der Schul- und Jugendverwaltung. Auch könnten die Zuständigkeiten in einem gemeinsamen kommunalen Fachausschuss konzentriert werden. Bei der Zusammenführung von Fachbereichen sind die spezifischen Organisationsstrukturen und die Größe der jeweiligen Kommune zu beachten. So kann zum Beispiel die Zusammenfassung von Schul- und Jugendämtern in sehr großen Städten dazu führen, dass kaum noch steuerbare Organisationseinheiten mit mehreren tausend Mitarbeitern entstehen. Dagegen kann dieser Weg für mittlere und kleinere Städte durchaus geeignet und praktikabel sein, weshalb sich einige Städte dieser Größenordnungen – wie bei-

spielweise Aachen, Mülheim a.d. Ruhr oder Flensburg – für ein solches Modell entschieden haben. Andere Städte wie zum Beispiel Mannheim haben die Zuständigkeiten für bildungsrelevante Bereiche, also Schulen, Musikschulen, Bibliotheken oder Institute und Hochschuleinrichtungen, in einem Fachbereich „Bildung" zusammengefasst. Insgesamt können durch die Zusammenführung Vernetzung und Zusammenarbeit sowie Synergien auf der Ebene der Kommunalverwaltung gefördert werden.

Integrierte Planung und Bildungsberichterstattung
In einer kommunalen Bildungslandschaft müssen die Schulentwicklungsplanung des Schulträgers und die Jugendhilfeplanung systematisch integriert werden. Darüber hinaus sind sie mit weiteren Planungsbereichen (Soziales, Kultur, Weiterbildung, Stadtentwicklung) abzustimmen. Dies erscheint aus zwei Gründen wichtig: Bildung kann dadurch qualitativ weiterentwickelt werden und es ist möglich, die vorhandenen Ressourcen effizient und gezielt einzusetzen. Ein Beispiel ist die 1. Integrierte Jugendhilfe- und Schulentwicklungsplanung der Stadt Düsseldorf (vgl. Landeshauptstadt Düsseldorf 2008).

Als Grundlage der Planungen sowie von Struktur- und Finanzentscheidungen sollte mittelfristig eine kontinuierliche und kleinräumig orientierte Bildungsberichterstattung als Datenbasis und Steuerungsgrundlage etabliert werden. Auf dieser Basis könnten dann gemeinsame Ziele entwickelt und Verabredungen im Rahmen des bildungspolitischen Gesamtkonzeptes zwischen den Akteuren getroffen werden. In einigen Städten sind Bildungsindikatoren festgelegt worden, anhand derer die kommunale Schul- und Bildungspolitik gesteuert und der Grad der Zielerreichung gemessen werden kann. Einige Städte wie zum Beispiel München, Dortmund oder Offenbach haben bereits kommunale Bildungsberichte veröffentlicht (vgl. Stadt Dortmund 2008). Mit Blick auf Vergleichbarkeit und den Aufwand in den Kommunen erscheint es wichtig, einen allgemein verbindlichen Indikatorenkatalog relevanter Bildungsdaten gemeinsam mit den statistischen Ämtern der Städte zu erstellen.

Förderung von Kooperationen
Die Zusammenarbeit der verschiedenen Akteure vor Ort ist ein zentrales Element bei der Realisierung der kommunalen Bildungslandschaft. Sie bildet gewissermaßen das Gerüst des gesamten Systems. Die Städte können Kooperationen initiieren, fördern und systematisieren. Dabei erscheint es sinnvoll, sich zunächst auf die in kommunaler Zuständigkeit befindlichen Einrichtungen zu konzentrieren. So fördern viele Städte bereits die Zusammenarbeit von Kindergärten und Grundschulen, etwa durch eine gemeinsame Entwicklung von Bildungsplänen oder durch die Bündelung von Ressourcen für gemeinsame Maßnahmen wie zum Bei-

spiel frühkindliche Sprachdiagnostik und Sprachförderung. Ein weiteres Feld ist die Zusammenarbeit von Jugendhilfe und Schule, um Kinder und Jugendliche mit Lernproblemen und sozialer Benachteiligung zu unterstützen, etwa durch kombinierte Maßnahmen bei Hilfen zur Erziehung, durch Sozialarbeit an Schulen oder die gemeinsame Gestaltung des Übergangs zwischen Schule und Beruf. Gefördert werden können aber auch organisatorische und konzeptionelle Kooperationen von Schulen und freien Trägern beim Auf- bzw. Ausbau des Ganztagsbetriebes oder die Zusammenarbeit der Schulen mit Kultureinrichtungen.

Unterstützung der Bildungseinrichtungen
Eine wichtige Aufgabe der Städte besteht schließlich in der Unterstützung und Förderung der Bildungseinrichtungen vor Ort im Sinne von Qualitätsentwicklung und Innovation. Hinsichtlich der konkreten Unterstützungsleistungen und -strukturen insbesondere für die Schulen wird auf ein ausführliches Papier des Deutschen Städtetages zum Thema „Schule als kommunale Gestaltungsaufgabe" (vgl. Deutscher Städtetag 2002) verwiesen.

Stärkung der Kommunen als bildungspolitische Akteure

In den vergangenen Jahren hat in den Städten das kommunale Engagement in der Bildung deutlich zugenommen. Zunehmend hat sich die Erkenntnis durchgesetzt, dass durch ein strukturiertes Zusammenwirken aller Beteiligten auf der Grundlage eines bildungspolitischen Gesamtkonzeptes eine qualitative Weiterentwicklung der Bildung möglich ist. Allerdings stößt das kommunale Engagement im Schulbereich angesichts des Dualismus der Zuständigkeiten von Kommunen und Ländern an seine Grenzen. Insbesondere die Trennung in innere und äußere Angelegenheiten im Schulbereich führt in der Praxis seit langem zu erheblichen Problemen und erschwert den konsequenten Aufbau eines bildungspolitischen Gesamtkonzeptes. Von Seiten der Kommunalpolitik wird daher immer stärker kritisiert, dass die Kommunen zwar erhebliche Leistungen für die Schulen erbringen, aber nur unzureichend auf die Entwicklung und die Qualität von Schulen Einfluss nehmen können. Entsprechend fordern Politiker und Spitzenverbände auf kommunaler Ebene seit Jahren eine deutliche Stärkung der Stellung des Schulträgers, die mit größeren Einflussmöglichkeiten einhergehen sollte.

Zudem ist im Schulbereich mehr Dezentralisierung bzw. eine Abkehr von der bisherigen zentralen Steuerung des Schulwesens notwendig, wenn die Ziele der Verwaltungsmodernisierung erreicht werden sollen. Dazu gehört nicht nur, die Selbstständigkeit der Schulen weiter auszubauen. Vielmehr müssen die Beziehungen zwischen Ländern und Kommunen neu geregelt werden: Den kommunalen Schulträgern sollten mehr Kompetenzen bei der Gestaltung des Schulwesens vor Ort und Mitwirkungsmöglichkeiten eingeräumt werden. Insbesondere müssten die Rechte des Schulträgers bei der Organisation der örtlichen Schullandschaft erweitert werden. Konkret geht es vor allem um flexible Handlungsmöglichkeiten bei der Bildung von Verbundschulen sowie bei der Gestaltung der jeweils bedarfsgerechten Schulstruktur, bei der Entwicklung von Kooperationsprojekten zwischen Schule und Jugendhilfe, Kultur oder Sport, aber auch um eine verbesserte Mitwirkung bei der Besetzung von Leitungsstellen an Schulen. Angesichts enger finanzieller Spielräume auf allen staatlichen Ebenen sind erweiterte Kompetenzen der Städte in diesen Bereichen dringend notwendig, um ein leistungsfähiges, bedarfsgerechtes und wohnungsnahes Schulangebot langfristig zu erhalten und im Rahmen der kommunalen Bildungslandschaft weiterzuentwickeln.

Das bestehende Schulfinanzierungssystem bedarf ebenfalls einer grundlegenden Überarbeitung und Neujustierung entsprechend den veränderten Anforderungen an Schule. Dies gilt insbesondere für den Bereich des schulischen Ergänzungspersonals an der Schnittstelle zwischen lehrendem und verwaltendem Personal (z.B. Sozialpädagogen und -pädagoginnen, Betreuungsfachkräfte, Pflegepersonal bei integrativem Unterricht). Hinsichtlich der Kostenträgerschaft dieses Personals gibt es in den meisten Bundesländern keine klaren Regelungen. Vielfach werden Entscheidungen über die Zuständigkeit durch die obersten Gerichte getroffen. Für die Schulen und die betroffenen Eltern ist diese Situation unzumutbar.

Kommunalisierung des Schulwesens?

Angesichts der gesplitteten Zuständigkeiten und der sich daraus ergebenden Probleme gibt es in einigen Landesverbänden des Deutschen Städtetages und auch in einer Reihe von Städten Überlegungen in Richtung einer teilweisen oder vollständigen Kommunalisierung der Schulen.

Zunächst kann festgestellt werden, dass mit einer weit gehenden Übertragung des Schulwesens in die kommunale Zuständigkeit durchaus Vorteile verbunden wären, vor allem bei der Steuerung von Schule, beim Ressourceneinsatz oder bei der Vernetzung der Schulen mit ihrem kommunalen Umfeld. Bisher festgestellte Reibungsverluste aufgrund geteilter Verantwortlichkeiten, die sich negativ auf die schulische Qualität auswirken, könnten dadurch vermindert, wenn nicht gar beseitigt werden. Die sach- und praxisfremde Unterscheidung in innere und äußere Schulangelegenheiten könnte durch eine Zusammenführung der Zuständigkeiten beendet werden. Die Vernetzung könnte zu wichtigen Synergieeffekten führen („Schule aus einer Hand"). Insgesamt würden sich dadurch auch die Einfluss- und Gestaltungsmöglichkeiten der Kommunen auf Schule erheblich verbessern. Gleichwohl blieben bei einer Kommunalisierung des Schulwesens grundlegende Strukturprobleme weiterhin bestehen: Zum einen wäre für die Kommunen damit keine Verbesserung der finanziellen Ressourcen verbunden. Somit müsste zunächst das Problem der sehr unterschiedlichen Haushaltssituationen der Kommunen gelöst werden, um damit Chancengleichheit im Hinblick auf Gestaltungsspielräume und damit annähernd gleichwertig Bildungsverhältnisse im Land herzustellen. Zum anderen verbliebe die Zuständigkeit für die Festlegung von Standards im Schulwesen, insbesondere der Lehrerstellen und der finanziellen Rahmenbedingungen (Schüler-Lehrer-Relation), bei den Ländern. Die Kommunen wären somit vollständig davon abhängig, dass die Länder den Kommunen die notwendigen Ressourcen zur Verfügung stellen. Angesichts der Erfahrungen mit Landeszuweisungen in der Vergangenheit (z. B. bei der Weiterbildung) wäre jedoch zu befürchten, dass die finanzielle Ausstattung der Kommunen durch das Land unzureichend bliebe, sie aber für die Qualität der Bildung verantwortlich gemacht würden. Bei einem Übergang der Dienstherrneigenschaft für die Lehrerinnen und Lehrer müsste im Übrigen das sich verschärfende Problem der Pensionslasten gelöst werden, das die Finanzkraft der Kommunen weit übersteigt.

In der Abwägung zwischen Vorteilen und Risiken ist eine Kommunalisierung der Schulen kritisch zu bewerten. Aus kommunaler Sicht erscheint sie ungeeignet, die gegenwärtigen Probleme des Schulwesens zu lösen.

Ein Erfolg versprechender Weg ist vielmehr, die Einflussmöglichkeiten der Kommunen auf die Organisation und die Gestaltung des Schulwesens vor Ort zu verbessern. Ziel sollte es sein, die notwendigen Rahmenbedingungen für ein erweitertes kommunales Engagement in der Bildung zu schaffen und die Schulfinanzierung grundlegend neu zu regeln. Den Kommunen geht es dabei jedoch um substanzielle Rechte und nicht vorrangig um eine Dezentralisierung von Bürokratie.

Ausblick

Klar erkennbar ist eine Tendenz der Kommunen, sich stärker in der Bildung zu engagieren und diese vor Ort zu gestalten. Dieser Prozess ist in den Städten unterschiedlich weit fortgeschritten und wird auch mit verschiedenen Schwerpunktsetzungen versehen. Häufig sind die großen Städte Vorreiter, aber auch viele kleinere und mittlere Städte haben entsprechende Entwicklungen in Gang gesetzt. Dabei geht es – über den Aspekt der kommunalen Daseinsvorsorge hinaus – um die Weiterentwicklung und Qualitätssteigerung von Bildung, um eine Verbesserung der Chancengleichheit im Bildungssystem und standortpolitische Überlegungen.

Der „Mehrwert" des kommunalen Engagements besteht vor allem darin, Einrichtungen und Akteure vor Ort im Sinne eines Gesamtsystems zu vernetzen, die Zusammenarbeit der handelnden Akteure zu fördern und zu koordinieren, Übergänge und Anschlüsse zu ermöglichen und dadurch einen Beitrag zu mehr Bildungschancen für alle zu eröffnen. Ziel sollte es sein, eine gleichberechtigte Zusammenarbeit von Ländern und Kommunen sowie der bildungspolitisch relevanten Akteure auf örtlicher Ebene dauerhaft zu etablieren.

Literatur

Deutscher Städtetag (2007): Aachener Erklärung anlässlich des Kongresses „Bildung in der Stadt" am 22./23. November 2007 (http://www.staedtetag.de/imperia/md/content/veranstalt/2007/58.pdf; 09.03.2009).

Deutscher Städtetag (2002): Schule als kommunale Gestaltungsaufgabe. Positionspapier des Schulausschusses des Deutschen Städtetages (http://www.medienberatung.nrw.de/FachThema/Schultraeger/beratung/postitionspapierstaedtetag.pdf; 09.03.2009)

Landeshauptstadt Düsseldorf (2008): 1. Integrierte Jugendhilfe- und Schulentwicklungsplanung. Hauptband, 2 Anlagenbände (www.duesseldorf.de).

Ministerium für Kultus, Jugend und Sport Baden-Württemberg/Bertelsmann Stiftung/ Stadt Freiburg i. Br. (2008): Leitbild und Ziele Projekt Bildungsregion Freiburg (http://www.stadtverwaltung.freiburg.de/servlet/PB/menu/1144174_11/index.htm; 09.03.2009).

Ministerium für Schule und Weiterbildung des Landes Nordrhein-Westfalen (2008): Regionale Bildungsnetzwerke: Gemeinsam für eine gute Schule (Presseinformation). Düsseldorf (http://www.schulministerium.nrw.de/BP/Presse/Meldungen/PM_2008/pm_23_06_2008.html; 09.03.2009).

Stadt Dortmund (2008): Erster kommunaler Bildungsbericht für die Schulstadt Dortmund. Münster.

Stadt Essen. Dezernat für Bildung, Kultur und Wirtschaft (1999): Die bildungspolitischen Leitlinien der Stadt Essen (www.essen.de).

Herausforderungen bei der Gestaltung kommunaler Bildungslandschaften

Klaus Schäfer

Hintergrund und aktuelle Situation

Mit dem Ziel, kommunale Bildungslandschaften zu schaffen, haben sich in jüngster Zeit zahlreiche Kommunen befasst. Viele von ihnen haben sich zudem auf den Weg gemacht, bildungspolitische Verantwortung zu übernehmen und die unterschiedlichen Bildungsorte miteinander zu verbinden. Diese Entwicklung zeigt, dass sich die Tendenz einer strategischen Öffnung der unterschiedlichen Bildungsorte und einer systematischeren Bündelung von Kooperationsbeziehungen in einer „Gesamtstruktur" mehr und mehr durchsetzt. Dabei verändert sich auch das bisherige Verständnis von „Bildung als eine monokulturelle Veranstaltung von speziellen Bildungsinstitutionen" (Mack 2008, S. 741) zu Gunsten eines sozial-räumlichen Verständnisses.

Die Herausbildung kommunaler Bildungslandschaften ist im Kern Ausfluss der Debatten um die Ergebnisse internationaler Vergleichsstudien, insbesondere der PISA-Studie (vgl. Baumert u. a. 2001). Kommunen versuchen, über eine engere Vernetzung der Systeme von Bildung und Erziehung neue Impulse für die individuelle Bildungsförderung zu entwickeln und dabei alle Partner einzubeziehen. Die bisher eingeschlagenen Wege, solche Bildungslandschaften zu etablieren, sind vor allem vom Experimentieren geprägt. Denn die gewachsenen Strukturen und viele ihrer Akteure sind zu sehr in ihrem eigenen Selbstverständnis verhaftet, als das sie sich von heute auf morgen in eine andere, den eigenen Bildungsort übergreifende Strategie verbindlich einbinden ließen. Doch die Schritte zu realen Konstruktionen neuer Bildungsverbünde werden größer und schneller.

Die (Wieder-)Entdeckung außerschulischer Bildungsorte

Eine Schlüsselrolle bei der Schaffung von Bildungslandschaften nimmt das Verhältnis von Schule und Jugendhilfe ein. Gerade Angebote in klassischen Feldern, wie z. B. in der Jugendarbeit und der frühkindlichen Bildung, haben in den letzten Jahren immer wieder auf die Bedeutung von Bildungsprozessen in der Kinder- und Jugendhilfe aufmerksam gemacht. Bereits der Achte Jugendbericht (vgl. BMJFFG 1990) hatte auf neue Paradigmen der Kinder- und Jugendhilfe – insbesondere auf das Paradigma „Lebensweltorientierung" – hingewiesen und damit den hohen Stellenwert der Kinder- und Jugendhilfe bei der Bewältigung von Alltagskonflikten und für ein gelingendes Aufwachsen von Kindern und Jugendlichen betont. Die Kinder- und Jugendhilfe leistet im Bereich der Bildung einen wesentlichen Beitrag im Prozess des Aufwachsens, auch wenn sie häufig nur bei der Lösung sozialer Konflikte oder zur Bearbeitung von Problemfällen hinzugezogen wird. Nicht zuletzt wird ihr Bildungsverständnis durch die im Kinder- und Jugendhilfegesetz (SGBVIII) verankerten Ziele normiert, so zum Beispiel ausdrücklich die außerschulische Jugendbildung für die Bereiche der Kinder- und Jugendarbeit (§ 11), für die Jugendsozialarbeit (§ 13) und für die Tageseinrichtungen für Kinder (§ 24). Auch für die erzieherischen Hilfen gilt dies beispielsweise für stationäre Hilfen, in denen neue Lern- und Bildungsprozesse ermöglicht werden.

Es ist daher nur folgerichtig, dass sich die außerschulischen Bildungspartner nicht mit dem Hinweis „Bildung machen wir schon immer" zurücklehnen, sondern sich aktiv an einer weiterführenden Diskussion über ihre tatsächlichen Bildungsleistungen und -Bildungserfolge beteiligen. Denn es kommt darauf an, sich in einer Bildungslandschaft zu verorten und seinen Standort zu finden. Dies funktioniert nicht ohne eine neue inhaltliche Strategie. Denn Bildungslandschaften sind deutlich umfassender als Kooperationsbeziehungen. Sie greifen auch in bestehende Strukturen ein – jedenfalls dann, wenn sie erfolgreich wirken wollen. Hinter Begriffen wie zum Beispiel Vernetzung von Schule und Jugendhilfe, Ganztagsschule, Ganztagsbildung, Sozialraumorientierung von Schule, kommunale Bildungslandschaften, regionale Netzwerke der Bildung, verbergen sich zwei Entwicklungen: Zum einen zeigt sich, dass Schule als zentraler Ort formaler Bildung sich an andere Lern- und Bildungsorte mit ihren besonderen Kompetenzen strukturell annähert. Zum anderen steht zunehmend das Ziel im Mittelpunkt, die Vielzahl von unterschiedlichen Bildungsgelegenheiten aufeinander zu beziehen und miteinander zu verbinden, um so ein kohärentes System der Bildungsförderung zu entwickeln.

Kommunale Bildungslandschaften - eine Struktur gewinnt Profil

Eine Bündelung von Bildungsaktivitäten vor Ort ist im Prinzip nichts Neues. Bereits seit vielen Jahren betrachten Kommunen sowie Schulen und Träger außerschulischer Angebote es als eine wichtige Aufgabe, engere Kooperationsbeziehungen herzustellen und ihre Angebote miteinander in Beziehung zu setzen (vgl. BMFSFJ 2005, S. 303 ff.; Deinet/Icking 2006). Das findet aber in vielen Fällen eher „zufällig" und ohne große Nachhaltigkeit statt. Zudem wird dieser

Prozess von vielen Faktoren beeinflusst, wie beispielsweise von vorhandenen Ressourcen oder persönlichen Einstellungen. Insofern sollte es künftig darum gehen, den lokalen Raum als einen zentralen Ort von Bildung zu verstehen und die in ihm handelnde Akteure der Bildung und Erziehung strukturell miteinander zu verzahnen. Zahlreiche Kommunen haben das erkannt und entwickeln nun Bildungslandschaften, die ihrer spezifischen Situation und den jeweiligen Rahmenbedingungen entsprechen. Unterstützt werden sie dabei vom Deutschen Städtetag, der in seiner Aachener Erklärung ausdrücklich hervorhebt, dass „Ausgangspunkt für Bildungsprozesse in den verschiedenen Lebensphasen die „kommunale Ebene" ist: „Hier entscheidet sich Erfolg oder Misserfolg von Bildung, werden die Grundlagen für berufliche Perspektiven, gesellschaftliche Teilhabe und gleichzeitig Zukunftsfähigkeit einer Region gelegt" (Aachener Erklärung des Deutschen Städtetags 2007). Diese Feststellung gilt gleichermaßen für die Kreise und die kreisangehörigen Gemeinden, wenngleich es in den strukturellen Rahmenbedingungen zum Teil deutliche Unterschiede zwischen den Gebietskörperschaften gibt. Die Entwicklung einer Bildungslandschaft dürfte in einer Großstadt leichter sein als in einem großen Landkreis, in dem die Verantwortungsebenen für schulische und außerschulische Bildungsorte sehr unterschiedlich sind.

Wollte man das Konzept einer Bildungslandschaft auf eine Definition abstellen, so könnte diese wohl kaum alle einzubeziehenden Bedingungen umfassen. Denn es sind unterschiedliche Bedeutungsebenen zu berücksichtigen, etwa die bildungstheoretische, sozialräumliche und auch architektonische Dimension. Auch hat eine Bildungslandschaft eine geografische und eine raumbezogene Ebene (vgl. Mack 2008). Der Deutsche Verein für öffentliche und private Fürsorge definiert eine kommunale Bildungslandschaft als die Zusammenführung der "Gesamtheit aller auf kommunaler Ebene vorhandenen Institutionen und Organisationen der Bildung, Erziehung und Betreuung, eingefügt in ein Gesamtkonzept der individuellen Bildungsförderung in Federführung eines kommunalen Verantwortungsträgers. Diese Struktur, ihre Mitwirkenden und ihre fachlichen Beiträge zielen darauf ab – unter Berücksichtigung der jeweiligen sozialen Situation von Kindern und Jugendlichen – die individuelle Förderung so zu gestalten, dass alle beteiligten Bereiche ihre Kompetenzen ganzheitlich darauf ausrichten, einen strukturierten und kontinuierlichen Bildungs- und Förderverlauf sicherzustellen" (Deutscher Verein 2007, S. 8). Im Kern gehören zu dieser Struktur insbesondere Familien, Schulen, Kindertageseinrichtungen, Einrichtungen der Familienbildung, Orte der Jugendarbeit und Jugendsozialarbeit, Sportvereine, Angebote der beruflichen Bildung, Träger und Einrichtungen kultureller Angebote, Volkshochschulen, Einrichtungen der Weiterbildung etc.

Kommunale Bildungslandschaften sind aber auch dadurch geprägt, dass sich ihr Gestaltungsanspruch vor allem auf das pädagogische Fundament bezieht, denn dieses „ist die Basis für die Entwicklung eines Raumprogramms mit Blick auf das Gebäude (Architektur) und auf den Stadtteil (Städtebau und soziale Stadtentwicklung)" (Burgdorff u. a. 2008, S. 9 ff.). Die „Architektur des Raumes", die vor allem auf eine bauliche Verbindung zwischen den Institutionen abzielt und zugleich auch eine neue Lernatmosphäre schaffen will (ebd.) lässt sich durchaus auf solche Bildungslandschaften übertragen, die nicht eine räumliche Zusammenführung anstreben (können), sondern allein auf ein systematischeres Zusammenwirken und ein Abstimmen der Bildungsorte untereinander bei weiterhin gegebener räumlicher Trennung abzielen. Denn der Anspruch auf eine gegenseitige Öffnung der Bildungsorte und ihren Bezug auf das Gemeinwesen und den sozialen Raum ist grundsätzliches Prinzip einer Bildungslandschaft. Unverzichtbar ist zunächst der Blick auf die unterschiedlichen Wirkungsfaktoren und die jeweiligen Bedingungen sowie die Bildungsprozesse und Bildungswirkungen, die in den Lebenswelten junger Menschen vorhanden sind. Erst dann ist es möglich, den Blick von der eigenen Institution zu lösen und stattdessen den Blick auf das Kind in seinen sozialen und kulturellen Bezügen in den Mittelpunkt zu stellen.

Beteiligte Akteure erkennen Vorteile und Chancen

Ein wichtiger Motor für diese Entwicklung war und ist die Schaffung von Ganztagsschulen in allen Schulformen. Vor allem in den Ländern, in denen eher ein offenes Konzept von Ganztagsschulen überwiegt, sind bestehende Hürden einer verbindlicheren Form des Zusammenwirkens schneller angegangen worden. Dort zeichnen sich neue Arrangements in der Verbindung von unterrichtsbezogenem und außerunterrichtlichem Lernen, zwischen Bildungsprozessen und Erziehungsprozessen sowie in einer gemeinsamen Verständigung zwischen den professionellen Akteuren ab (vgl. Beher u. a. 2007; Holtappels u. a. 2008). Dabei zeigt sich, dass für alle Beteiligen sogenannte Win-win-Situationen entstehen, je mehr sie gemeinsam gestalten, neue Impulse zulassen und nicht am Bestehenden festhalten. Die Experimentierfreudigkeit wächst und vieles, was vorher unmöglich erschien, wird nun möglich. „Bildung in Bewegung" wäre demnach das passende Motto für eine Ganztagsschule, die sich in das soziale und kulturelle Milieu vor Ort einpasst, die in ihrem pädagogischen Konzept die unterschiedlichen Lebenswelten der Kinder und Jugendlichen aufgreift, die dem Primat der Kooperation und Abstimmung folgt und sich aktiv in die lokalen Bezüge der unterschiedlichen Partner und ihrer professionellen Kompetenzen einbringt.

Es sind zumeist die beteiligten Akteure vor Ort, die Verbundlösungen fordern und die kommunale Politik, aber auch die Landespolitik herausfordern. Denn sie haben erkannt, dass es zahlreiche Vorteile und Chancen gibt, wenn sie sich auf ein verbindliches Miteinander, zum Beispiel in Form von Netzwerken, einlassen. Das gilt im Übrigen nicht allein für die Schule. Vielmehr haben auch die Akteure der sozialen Arbeit und der Kinder- und Jugendpolitik hinzugelernt und ihre Sperren und Vorbehalte gegenüber Schule abgelegt. Verknüpfungen finden in zahlreichen Feldern statt, vor allem bei kultureller und sportlicher Jugendarbeit, Nachmittagsbetreuung, besonderen Angeboten präventiver sozialer Arbeit, Hausaufgabengestaltung, Medienerziehung, Kinder- und Jugendschutz, musischer Bildung, Partizipationsprojekten, der Arbeit mit besonderen Zielgruppen, interkultureller Arbeit etc.

Schaffen einer Bildungslandschaft als kommunale Aufgabe

Kommunale Bildungslandschaften entstehen nicht von selbst. Es ist wenig Erfolg versprechend, dabei auf einen naturwüchsigen Prozess zu setzen – mit dem Tenor: „Die Beteiligten werden es schon machen, wenn sie den Bedarf sehen." Die Erfahrungen zeigen, dass bei den bestehenden Verbünden die Initiative in der Regel von einzelnen engagierten Personen ausging und der weitere Prozess dann nachhaltig von ihnen getragen wurde. Das wird auch weiterhin so sein. Damit ist jedoch ein Problem mangelnder Kontinuität verbunden: Eine personenbezogene Ausrichtung der Kooperation löst sich häufig dann auf, wenn die handelnden Personen wechseln. Allerdings können Bildungslandschaften nicht per Erlass „von oben" errichtet werden. Sie sind nur schrittweise von den beteiligten Akteuren durch einen dialogischen Prozess zu entwickeln, wenn diese Struktur nachhaltig etabliert werden soll. Allerdings ist es wichtig, dass dieser Prozess von einem Akteur verantwortlich gestaltet wird und darüber hinaus eine öffentliche Verantwortung für das Aufwachsen von Kindern und Jugendlichen durch die Gebietskörperschaft gegeben ist. Eine zentrale Gelingensbedingung ist somit, dass eine Bildungslandschaft kommunalpolitisch gewollt sein muss. Die Kommune hat dabei nicht nur eine Moderatorenfunktion, sondern auch eine Steuerungsverantwortung, da sie ein entscheidender Akteur der Bildungsgestaltung vor Ort ist.

Es ist daher schon ein wesentlicher Schritt, wenn eine Kommune sich als verantwortlicher Partner in diesem Prozess sieht – unabhängig davon, dass für einen wesentlichen Bereich der Bildung, nämlich die Schule, die Zuständigkeit bei den Ländern liegt und das Verhältnis von Land und Kommune weiterhin durch die Trennung von inneren und äußeren Schulangelegenheiten geprägt ist.

Wenn auch kaum zu erwarten ist, dass die Forderung der Kommunen nach mehr Verantwortung in der Bildung und einem entsprechenden finanziellen Ausgleich (vgl. Aachener Erklärung des Deutschen Städtetages 2007) in nächster Zeit realisiert wird, so bedeutet dies nicht, dass der Gestaltungsspielraum einer Kommune in der Bildungsförderung gering ist. Gerade ein erweitertes Bildungsverständnis und eine Orientierung hin zu mehr „Ganztagsbildung" (Coelen/Otto 2008) oder „zeitgemäßer Bildung" (Otto/Oelkers 2006), aber auch die wachsende Zahl selbstständiger Schulen eröffnen einer Kommune zahlreiche Gestaltungsmöglichkeiten, die sie nutzen kann und auch nutzen sollte. Zudem verfügt sie in Feldern der außerschulischen Bildungsangebote über eine entscheidende Kompetenz, die sie gerade in einer Bildungslandschaft gewinnbringend einsetzen kann.

Um einen Prozess hin zu einer lokalen Bildungslandschaft realisieren zu können, bedarf es zentraler Grundbedingungen. Im Folgenden sollen einige dieser Gelingensbedingungen beispielhaft benannt werden (orientiert am Deutschen Verein 2007).

Entwicklung eines Gesamtkonzeptes
Ein Gesamtkonzept umfasst die zentralen Bereiche einer Bildungsförderung. Es enthält die Zielvorgaben und eine Darstellung der strukturellen Rahmenbedingungen. Damit ein solches Konzept Wirkung entfalten kann, muss es von allen Beteiligten mitgetragen werden und alle Bildungsfelder gleichermaßen einbeziehen. So ist die Schule zwar ein zentraler Ort von Bildung, aber dennoch ein Akteur unter anderen: Kindertageseinrichtungen, Orte der Kinder- und Jugendarbeit, Familienbildungsstätten, Volkshochschulen, Einrichtungen kultureller Bildung, Jugendkunstschulen, Bibliotheken, Sportvereine etc. sind außerschulische, aber gleich wichtige Partner im Bildungsprozess von Kindern und Jugendlichen.

Gleichberechtigte Partizipation
Ein bedeutendes Steuerungsinstrument ist die gleichberechtigte Partizipation aller Beteiligten. Dabei ist es wichtig, die spezifischen Kompetenzen der verschiedenen Akteure zu berücksichtigen. Gleich zu Beginn des Umsetzungsprozesses muss überlegt werden, wie die Träger und Einrichtungen, die Lernenden und die Eltern am besten einbezogen werden können. Auch sollte deutlich werden, welche Vorstellungen die einzelnen Akteure von der Bildungsförderung der Kinder und Jugendlichen haben. Diese Teilhabe bedarf eines Partizipationsverständnisses, das auf Dialog setzt. Nur so können neue Ideen entstehen und in die Gestaltung der Bildungslandschaft eingebracht werden – eventuell auftretende Fragen und Zweifel bzw. Unsicherheiten können schnell geklärt werden. Diese Form der Partizipation eröffnet zugleich die Möglichkeit, eine Bildungslandschaft „von unten" zu realisieren.

Verständigung auf übergreifende Ziele und Aufgaben

In einer Bildungslandschaft kommt es darauf an, sich auf übergreifende Ziele und Aufgaben zu verständigen. Solche Ziele können zum Beispiel sein: ein gemeinsames Bildungsverständnis, individuelle Förderung der Kinder und Jugendlichen, Betonung jeweils spezifischer Bildungsbereiche, hoher Stellenwert des sozialen Raums, kindgerechte Gestaltung der Übergänge zwischen den Bildungsbereichen, Sicherung der Bildungs- und Erziehungsqualität, Lösung sozialer und individueller Konflikte, Förderung von besonderen Zielgruppen.

Herstellen von Beziehungen zwischen den Institutionen

Es muss sichergestellt werden, dass die einzelnen Bildungsstufen und Bildungsorte in Beziehung zueinander stehen und nicht isoliert voneinander tätig sind. Schließlich geht es nicht nur um eine Organisation unterschiedlicher Bildungsleistungen, sondern auch darum, die unterschiedlichen Bildungskompetenzen in einer sinnvollen Struktur zusammenzuführen und die Potenziale der verschiedenen Bildungsorte zu nutzen. So wäre es beispielsweise sinnvoll, eine Bildungs-, Erziehungs- und Betreuungskette vom Kindergarten bis zum Ende der Sekundarstufe I von allen Beteiligten konzeptionell gemeinsam zu gestalten. Dadurch lassen sich insbesondere die Übergänge zwischen den verschiedenen Bildungsorten als Stufen nachvollziehen, die miteinander in Verbindung stehen – also dass sie nicht bloß additiv und nebeneinander her agieren, sondern integrativ miteinander verbunden sind.

Entwicklung neuer Handlungsansätze des Lernens

Zudem ist es notwendig, den bislang eher ausgrenzend wirkenden Strukturen und Mechanismen im Bildungssystem entgegenzuwirken. Dazu bedarf es neuer Handlungsansätze, die von allen Partnern gemeinsam entwickelt werden. Wenn jedes Kind die Chance erhalten soll, den Leistungsanforderungen der Schule entsprechen zu können, dann müssen die Potenziale der außerschulischen Förderbereiche genutzt werden. Natürlich hat die Schule ihre spezifischen Kompetenzen im Umgang mit sozialen Problemen, und sie hat auch den Auftrag, soziale Unterschiede auszugleichen und Chancengerechtigkeit zu erreichen. Sie kann sich nicht auf die Position zurückziehen, sie sei nicht in der Lage, gesellschaftlich verursachte Defizite zu kompensieren. Vielmehr muss sie alle Möglichkeiten ausschöpfen und kooperativ mitwirken, wenn außerschulische Einrichtungen fehlende Kompetenzen einbringen können.

Verknüpfung der Planungsinstrumente
Die verschiedenen Instrumente, Programme und Konzepte müssen enger verknüpft werden. So ist es längst überfällig, die Jugendhilfe- und die Schulentwicklungsplanung zu einem Instrument zu verschmelzen. Hier hat die Kommune eine originäre Zuständigkeit. Das Kinder- und Jugendhilfegesetz gibt die normativen Bedingungen für die Jugendhilfeplanung vor (§ 80 SGB VIII): Sie hat demnach lebensweltorientiert zu sein und die Belange der Kinder und Jugendlichen sowie ihrer Eltern einzubeziehen. Dabei geht es darum, die Gestaltung der Angebote und die Bedürfnisse der Adressaten in eine Balance zueinander zu bringen. Schulentwicklungsplanung ist im Kern eine rein quantitative Planung zur räumlichen Entwicklung der Schulen und der Standorte. Eine Zusammenführung der beiden Planungsinstrumente würde die Lebenswelten und sich daraus ableitende Handlungsansätze für die Bildungsförderung von Kindern innerhalb und im Umfeld von Schule stärker miteinander verbinden.

Abstimmung der fachlichen Programmatik
Ein zentraler Aspekt ist die programmatische Abstimmung zwischen allen Beteiligten. Dies ist oftmals die eigentliche Bewährungsprobe. Dazu gehört vor allem die Abstimmung darüber, wie die unterschiedlichen Ansätze, Inhalte, Zielsetzungen und auch Professionsverständnisse miteinander in eine inhaltliche Beziehung zueinander gesetzt werden können. Denn die jeweiligen Bildungsangebote müssen aufeinander zugeschnitten sein, wenn eine ganzheitliche Förderung erreicht werden soll. Hierzu gehört auch, die Unterschiedlichkeiten in den Aufgaben der Partner zu akzeptieren und die fachliche Vielfalt für den Gesamtprozess nutzbar zu machen. Die Lösung liegt nicht einfach auf der Hand, sie muss in einem längeren – und manchmal auch mühsamen – Prozess von den Beteiligten erarbeitet werden. Dabei werden häufig Spannungen deutlich, die verschiedene Ursachen haben können: ein anderes Verständnis von Kooperation, unterschiedliche rechtliche Zwänge und Vorgaben, fachliche Prioritäten, die Autonomie der Träger der Jugendhilfe, zeitliche Rahmenbedingungen etc. Auch ist die Suche nach einer Lösung und damit nach einem Gesamtkonzept von der Unsicherheit begleitet, ob tatsächlich strukturell verbindende und stabile Beziehungen zwischen den Partnern entstehen werden.

Schaffung von Verbindlichkeit
Verbindlichkeit ist eine wesentliche Voraussetzung dafür, dass die Akteure einer Bildungslandschaft wirksam agieren können. Daher kommt es darauf an, Verlässlichkeit in den Beziehungen der Institutionen zu erreichen. Nur so kann verhindert werden, dass bei personellen Veränderungen die erforderlichen Beziehungen und Strukturen verloren gehen und wieder von Neuem geschaffen wer-

den müssen. Diese Kontinuität kann über verschiedene Mittel erreicht werden: durch Kooperationsverträge, Arbeitsgemeinschaften, enge und verbindliche Absprachen auch über gemeinsame Ziele, Aufgaben und Verfahren. Die Kommune ist für die Steuerung des Entwicklungsprozesses verantwortlich und hat die Aufgabe, die verschiedenen Akteure der Bildungslandschaft zusammenzuhalten und dadurch die gewünschte Nachhaltigkeit zu erreichen. Denn wenn es zu einer dauerhaften Fluktuation von Beteiligten kommt, wird sich dies negativ auf den Bildungsförderung der Kinder und Jugendlichen auswirken. Eine Moderation dieses Prozesses ist sinnvoll und manchmal – vor allem dann, wenn es bisher keine oder nur geringe Beziehungen zwischen den zu beteiligenden Akteuren gab – sogar zwingend.

Bildungslandschaften brauchen Ressourcen

Das Zusammenführen der verschiedenen Bildungsbereiche erfordert geeignete Rahmenbedingungen, die es ermöglichen, dass sich die Partner neben ihren originären Aufgaben auch an inhaltlichen Abstimmungsprozessen beteiligen und engere Kooperationsbeziehungen aufbauen können. Neben den genannten strukturellen Voraussetzungen bedarf es vor allem materieller und personeller Ressourcen. Ohne entsprechende Ausstattung bzw. Handlungsmöglichkeiten werden die Schulen und die außerschulischen Träger es schwer haben, die Aufgaben, die mit einer Bildungslandschaft verbunden sind, dauerhaft zu bewältigen. Denn die zahlreichen Prozesse der Abstimmung, der gemeinsamen Fortbildung, der fachlichen Ausgestaltung von Netzwerken etc. erfordert viel Zeit und professionelle Fachkompetenzen. Deshalb ist nicht davon auszugehen, dass diese Anforderungen per se mit den vorhandenen Ressourcen erfüllt werden können.

Ressourcensicherung bedeutet häufig zusätzliche Mittel und mehr personelle Kapazitäten – aber eben nicht immer. Zusätzliche Mittel werden vor allem dort erforderlich sein, wo es an einer Grundstruktur der Vernetzung fehlt und Kooperationen ganz neu entwickelt und aufgebaut werden müssen. In zahlreichen Kommunen sind in den letzten Jahren aber schon neue Ansätze des Zusammenwirkens verschiedener Partner im Bildungsbereich entstanden, teilweise gibt es bereits Ansätze kommunaler Bildungslandschaften. In diesem Prozess entstand immer wieder die Notwendigkeit, die finanziellen Ressourcen aufzustocken. Auch Forderungen nach mehr Personal sind immer wieder laut geworden. Das mag für den Einzelfall auch zutreffend sein. Beispiele zeigen aber auch, dass es ebenso möglich ist, dass die Partner auf bereits vorhandene materielle und personelle Ressourcen zurückgreifen und in den Prozess einbringen. Wenn die kommunalpolitischen Gestaltungsmöglichkeiten in der Bildungsförderung erweitert und gestärkt werden sollen, wird es vor allem darauf ankommen, trotz unterschiedlicher Finanzierungsstrukturen und Förderbedingungen einen übergreifenden Ressourcenansatz zu erreichen. Finanzielle Ressourcen können zum Beispiel auch durch den demografischen Wandel erschlossen werden: Angesichts rückläufiger Kinderzahlen werden bereits zahlreiche Schulen geschlossen. Die dadurch freiwerdenden Mittel sollten im Bildungssystem belassen und dort gezielt eingesetzt werden. Dadurch könnten auch neue Impulse auf lokaler Ebene gesetzt werden.

Die Sicherung von Ressourcen erweist sich zweifelsohne als der schwierigste Teil einer kommunalen Bildungslandschaft. Was bei baulichen Investitionen noch leichter möglich sein dürfte, ist bei Personal- und Sachkosten vielfach mit Schwierigkeiten verbunden. Auch machen es die unterschiedlichen Finanzierungsbedingungen von Schule, außerschulischen Partnern und Institutionen der Erziehung und Bildung sehr schwer, bei gemeinsamen Projekten die vorhandenen Mittel zu kombinieren. Grenzen ergeben sich zudem dadurch, dass jeder Bildungsort seine eigene gesetzliche Grundlage hat und die Fördergrundlagen und die Verteilungssystematik seit langem gewachsen sind. Das macht sie schwer veränderbar und flexibel einsetzbar. Dabei stehen auch neue Überlegungen im Raum, die auf eine stärkere kommunale Verantwortung für den Schulbereich abzielen. In diesem Zusammenhang gibt der Deutsche Städtetag zu bedenken, dass es völlig offen ist, ob eine Stärkung kommunaler Bildungsverantwortung etwa durch eine „grundlegende Überarbeitung und Neujustierung" des bestehenden Schulfinanzierungssystems erreichbar sein wird (Hebborn 2008, S. 964).

Bei der Frage nach den Ressourcen müssen auch die strukturellen Ausgangsbedingungen der Partner berücksichtigt werden, da diese unterschiedlich stabil und verbindlich sind. Die stabilste finanzielle Grundlage haben die Schulen und die Tageseinrichtungen für Kinder. Angesichts des eindeutig pflichtigen Charakters (z. B. durch Schulpflicht und durch den Rechtsanspruch auf einen Kindergartenplatz) der Förderung bzw. Finanzierung und einer angemessenen und fachlich erforderlichen Ausstattung, können sie im Rahmen lokaler Bildungsstrukturen langfristig planen. Über eine eher instabile finanzielle Basis verfügen die Partner aus den Bereichen Kinder- und Jugendhilfe, Kultur und Sport, da diese – trotz einer gewissen Strukturförderung – eher als freiwillige Aufgabe gesehen werden und deshalb häufig nur zeitlich begrenzte Projektförderung erhalten. Immer wieder muss um die Fortführung bzw. Finanzierung solcher Projekte gerungen werden. Auch hinsichtlich der personellen Situation zeigen sich Probleme. So haben sich zum Beispiel in der Personalentwicklung der offenen Kinder- und Jugendarbeit die personellen Ressourcen in den letzten Jahren erkennbar reduziert (vgl. KomDat 01 und 02/08), was einen offensiven Prozess der Bildungsplanung behindern kann. Hier fehlt es oftmals an dem klaren Bekenntnis einer Kommune, die erforderliche Stabilität durch eine kontinuierliche und dauerhafte Förderung sicherzustellen. Vor allem für Kommunen ohne einen ausgeglichenen Haushalt wird es besonders schwierig sein, finanzielle Verbindlichkeiten einzugehen.

Um die Stabilität der Ressourcen zu gewährleisten, ist es zudem notwendig, dass in der Kommune bereits frühzeitig Abstimmungsprozesse zwischen den politischen Entscheidungsgremien in Gang gesetzt werden. Gemeinsames Handeln ist hier zwingend erforderlich. Die positiven Effekte eines solchen Vorgehens zeigen sich in Kommunen, in denen zum Beispiel der Schulausschuss mit dem Jugendhilfeausschuss zusammenwirkt und auch auf der Ämterebene ein Miteinander sichergestellt ist: Die Planungsprozesse können dann synchronisiert und vorhandene Ressourcen gemeinsam eingebracht werden.

Bei der gemeinsamen Planung ergeben sich zwangsläufig zentrale Fragen, die direkt mit der Ressourcenbildung zusammenhängen und gemeinsam angegangen werden müssen, zum Beispiel:

- Können die finanziellen Grundlagen bestimmter Bildungsbereiche auch für die Entwicklung von Bildungslandschaften genutzt werden?
- Kann ein Finanzpool gebildet werden, etwa für Maßnahmen von Sonderförderungen?
- Was ist den einzelnen Beteiligten an Belastungen zuzumuten?
- Welche Ressourcen können Schulen einbringen?
- Können Schulsozialarbeiter/innen an Schulen auch in außerschulischen Feldern eingebunden werden?
- Wie können die jeweils spezifischen Kompetenzen – zum Beispiel für Elternberatung, Elternbildung, Angebote der Jugendsozialarbeit usw. – auch für den schulischen Raum genutzt werden?
- Wie können Brücken zwischen den Übergängen der Bildungsorte gebaut werden?

Die Auseinandersetzung mit diesen Fragen setzt die Bereitschaft aller Akteure voraus, sich in einen Verbund der Bildungsförderung einzubringen und für „ihre" Institution daraus einen Nutzen ziehen zu wollen.

Allerdings sind die gegebenen Möglichkeiten des Zusammenspiels der verschiedenen Finanzierungsstrukturen eher noch gering ausgeprägt. Deshalb reicht es nicht aus, nur Mut zu haben, sondern man muss Entwicklungspotenziale erkennen und auch ausschöpfen. Kommunale Bildungslandschaften machen es zwingend erforderlich, dass die Ressourcenfrage nicht isoliert für jede beteiligte Organisation allein, sondern im Kontext aller Akteure betrachtet wird. Es muss möglich sein, Mittel der Kommune und auch des Landes für außerschulische

Partner so einzusetzen, dass sie den Ansprüchen eines Bildungsnetzwerkes genügen. Ohne eine übergreifende Verbindung zwischen den vorhandenen materiellen und personellen Ressourcen wird es kaum eine nachhaltige Entwicklung von Netzwerken geben können.

Ein Beispiel für eine sinnvolle Bündelung von Ressourcen wäre etwa, dass die Bildungs-, Erziehungs- und Betreuungsinstitutionen eines Stadtteils (Ganztagsschulen, Tageseinrichtungen für Kinder, Horte, Einrichtungen der Kinder- und Jugendarbeit etc.) ihre verfügbaren Mittel und Personen auf die Aufgabe konzentrieren, sozial benachteiligte Kinder intensiver zu fördern – und somit entsprechende Maßnahmen aus ihren bestehenden Mitteln finanzieren. In Betracht kämen hier unter anderem Projekte der offenen Jugendarbeit in Zusammenarbeit mit den Schulen, besondere Angebote der Familienberatung und Familienbildung, sportliche Beiträge für Bewegungsförderung, Angebote der kulturellen Jugendbildung wie zum Beispiel Jugendkunstschulen. Es wäre aber auch denkbar, bestehende Projekte der Partner so umzugestalten, dass sie einen wichtigen Beitrag zu einer Bildungslandschaft leisten können, etwa durch erweiterte Partizipationsmöglichkeiten für Kinder und Jugendliche.

Ein weiteres Beispiel ist die Gestaltung der Bildung, Erziehung und Betreuung von Kindern in den Ferienzeiten. Gerade in der unterrichtsfreien Zeit können Jugendverbände, Jugendzentren und Sportvereine ihre Angebote auf die Kinder zielgenauer ausrichten und auch Teile der Finanzierung übernehmen. Denkbar wären beispielsweise Angebote der ökologischen Bildung, des Theaterspielens, des Entdeckens von Museen über reine Freizeitmaßnahmen bis hin zur Bewegungs- und Ernährungsförderung. Dabei könnten sowohl die sachlichen, räumlichen, personellen wie auch die finanziellen Ressourcen der beteiligten Akteure genutzt werden.

Eine weitere Möglichkeit könnte sein, im Rahmen einer Arbeitsgemeinschaft (nach § 78 SGB VIII) gemeinsame Planungskonferenzen zu gestalten und die Träger der freien Jugendhilfe dafür zu gewinnen, die Steuerung verantwortlich und in Partnerschaft mit den Schulen zu übernehmen. Der zusätzliche Ressourcenaufwand wäre eher geringer und dementsprechend auch vertretbar.

Auch wäre es durchaus sinnvoll, vorhandene Parallelstrukturen bisheriger Angebote aufzulösen und sich auf eine Angebotsform zu konzentrieren, die ein Zusammenwirken der Bildungsakteure befördern kann. So sind zum Beispiel in Nordrhein-Westfalen Betreuungsangebote für Kinder im schulpflichtigen Alter in der offenen Ganztagsgrundschule heute schon die Regel und der Hort bzw. das Schulkinderhaus nur noch in Ausnahmen vorhanden. Das Land und die Kommunen haben hieraus die Konsequenzen gezogen und die Mittel für den Hort in die offene Ganztagsgrundschule umgeleitet. Dadurch konnte das Angebot an Fördermöglichkeiten erheblich erweitert werden: Während den Hort nur etwa 30.000

Kinder besuchen konnten, gehen heute etwa 205.000 Kinder in die offene Ganztagsgrundschule. Kommunen haben den Wert dieses Modells erkannt und teilweise zusätzlich zu den Landesmitteln kommunale Zuschüsse eingebracht. Zugleich konnten damit die Möglichkeiten eines Zusammenwirkens zwischen Schule und den Partnern der Jugendhilfe deutlich verbessert werden. Es wurden Planungsprozesse initiiert, die ein Abstimmen der Akteure auf lokaler Ebene erforderlich machen. Auch in anderen Bundesländern sind im Rahmen der Gründung neuer Ganztagsschulen bereits Erfolge in der Ressourcensicherung erzielt worden, insbesondere bei der Zusammenführung von Schule und außerschulischen Partnern im Bereich der Betreuung am Nachmittag (z. B. in Rheinland-Pfalz).

Bildungslandschaften leben davon, dass die verschiedenen Professionen miteinander kommunizieren, sich gegenseitig informieren und sich auch gemeinsam fortbilden. Deshalb wäre es sinnvoll, von den Möglichkeiten gemeinsamer Finanzierung mehr Gebrauch zu machen, etwa durch die Schaffung eines Fortbildungspools zu spezifischen Fragen der Durchführung und Gestaltung einer Bildungslandschaft. Spricht nicht vieles dafür, die bestehenden Finanzierungsmöglichkeiten der Fortbildung von Fachkräften für diese Zwecke zusammenzuführen? Dadurch wären zahlreiche Synergieeffekte zu erreichen, so zum Beispiel eine Stärkung des gemeinsamen Handelns oder ein intensivierter Austausch über grundlegende fachliche Aspekte.

Die Beteiligten werden allerdings nur dann bereit sein, eigene Ressourcen in einen gemeinsamen Pool einzubringen, wenn die Kommune ebenfalls Ressourcen beisteuert. Diese können beispielsweise die Einbeziehung der in den Jugendämtern vorhandenen personellen Ressourcen sein. Dies wäre besonders dann wichtig, wenn eine Moderation und Gestaltung des Prozesses notwendig ist. So sollte die Kommune die personelle Basis für die Steuerung einer Bildungslandschaft sichern, entweder in eigener Verantwortung oder durch die Beauftragung eines anderen Trägers. Eine solche „Kümmerer-Funktion" oder „Kooperationsagentur" (Specht-Schäfer 2008) ist sehr wichtig, um die kommunikative Grundstruktur einer Bildungslandschaft zu gewährleisten und eine Anlaufstelle zu haben, die eine übergreifende Verantwortung und Steuerung wahrnehmen kann.

Eine kommunale Bildungslandschaft verursacht aber nicht nur Kosten. Vielmehr sind mit funktionierenden Bildungslandschaften auch zahlreiche positive Wirkungen verbunden und „Gewinne" zu erwarten. Diese können zum Beispiel Einsparungen in anderen Feldern kommunalen Handelns sein. Wenn es auch an entsprechenden empirischen Ergebnissen fehlt, so ist doch anzunehmen, dass eine systematische ganzheitliche Bildungsförderung durch ein Zusammenwirken aller Bildungsorte hinsichtlich der präventiven Wirkung und der sozialen Integration von Kindern zu Erfolgen führt. Beispiele in dem Bereich der frühen

Prävention bestätigen entsprechende Annahmen (z. B. Projekt der Stadt Monheim für Kids http://www.monheim.de/moki/).

Wenn zum Beispiel möglichst viele Kinder den Schulabschluss erreichen, dann wirkt sich das in den vorhandenen Systemen der Bildung und Erziehung Kosten reduzierend aus. Nicht nur die Schule bzw. das jeweilige Land profitiert davon, es zeigen sich auch oftmals Einspareffekte in anderen Bereichen, etwa bei der Finanzierung der Hilfen zur Erziehung und ähnlichen Unterstützungssystemen. Natürlich besteht hier kein Automatismus – die Annahme, diese Effekte würden unmittelbar und zwangsläufig eintreten, wäre naiv. Die Zusammenhänge sind komplex und können nur über Studien der Wirkungsforschung erschlossen werden. So zeigen zum Beispiel Berechnungen der Stadt Zürich (Schweiz), dass ein Franken, der in die frühe Bildung investiert wird, im wirtschaftlichen Sinn sieben Franken Gewinn erzeugt. Angesichts der Diskussion um die Wirkung präventiver Konzepte und dem wachsenden Legitimationsdruck zum Erhalt öffentlicher Mittel wird die Frage, welche positiven (auch finanziellen) Effekte Bildungslandschaften haben könnten, künftig immer bedeutsamer werden.

Gegenwärtig müssen enorme Kosten für soziale Unterstützungssysteme verausgabt werden. Deshalb lohnt sich ein genauerer Blick auf entsprechende „Gewinne" präventiver Arbeit. Leider geschieht dies momentan noch zu selten. Es ist jedoch festzustellen, dass die Sensibilität für diese Sichtweise zunehmend wächst. Viele Wirtschaftsunternehmen betrachten heute eine gute Bildungsförderung und Bildungsstruktur als wichtigen wirtschaftlichen Standortvorteil. Auch eine Kommune sollte darüber nachdenken, welche Effekte durch eine Bildungslandschaft im Sinne von „Einsparungen" mittelfristiger Art zu erzielen sind.

Die Bildungsförderung zu verbessern und eine Gesamtstruktur vor Ort zu schaffen, dürfte aber kaum ohne finanzielle Beteiligung der Länder möglich sein. Schließlich obliegt den Ländern die Zuständigkeit für die personelle Ausgestaltung der Schulen und sie tragen auch die inhaltliche Verantwortung für die Lehrpläne. Vor allem in der Schulpolitik und in der Kinder- und Jugendhilfe haben sie eine wichtige Förder- und Gestaltungskompetenz. Aber auch andere Bereiche, wie beispielsweise die Sportförderung und die Kulturförderung, verfügen über finanzielle Möglichkeiten, etwa durch Projektmittel.

Für den außerschulischen Bereich der Kinder- und Jugendhilfe bietet das Kinder- und Jugendhilfegesetz die entsprechende gesetzliche Grundlage. Demnach haben die Länder in diesen Feldern die Aufgabe, „die Tätigkeit der Träger der öffentlichen und freien Jugendhilfe und die Weiterentwicklung der Jugendhilfe anzuregen und zu fördern" und auf einen „gleichmäßigen Ausbau der Einrichtungen und Angebote hinzuwirken und die Jugendämter und Landesjugendämter bei der Wahrnehmung ihrer Aufgaben zu unterstützen" (§ 82 Abs. 1 und 2). Gesetzliche Grundlagen der Förderung außerschulischer Jugendarbeit und dem Elementarbereich sind in den meisten Ländern auch durch Ausführungsgesetze zum Sozialgesetzbuch (SGB) VIII gegeben. Landesjugendpläne, Rahmenpläne für die Förderung kultureller Aktivitäten oder die Förderung des Sports sind Beispiele für eine landespolitische Verantwortung bei der Finanzierung. Gleiches gilt für die Förderung des frühkindlichen Bereiches sowie der Ganztagsschulen, insbesondere bei der Zusammenarbeit mit außerschulischen Partnern. Durch die finanzielle Förderung von entsprechenden Modellprojekten könnten wichtige Impulse für die Schaffung kommunaler Bildungslandschaften gegeben werden.

Ausblick

Inzwischen haben sich in vielen Kommunen Verbindungen zwischen den verschiedenen Bildungsorten herausgebildet und im lokalen Raum entsteht das Bewusstsein für ein „Gesamtsystem" der Bildung und Erziehung. Im Laufe dieser Entwicklung werden schon erste Erfolge sichtbar. Sogar vom *Leitbild „Kommunale Bildungslandschaft"* wird bereits gesprochen (Hebborn 2008, S. 963). Doch die Schritte zur Realisierung lokaler Bildungslandschaften müssen deutlich beschleunigt werden, da die Zeit drängt. Kinder und Jugendliche brauchen eine individuelle Bildungsförderung, die allen den Zugang zu mehr Bildung eröffnet.

Es gibt kein allgemeingültiges Rezept zur Gestaltung einer kommunalen Bildungslandschaft. Die Möglichkeiten zur ihrer Schaffung sind vielfältig und in den Wegen der Umsetzung zum Teil auch sehr unterschiedlich. Ganz entscheidend sind dabei die örtlichen und regionalen Bedingungen. So zeigen Entwicklungen in einigen Kommunen, dass durch eine engere Verzahnung der verschiedenen Bildungsakteure auch neue Impulse in der Bildungsförderung gesetzt werden konnten (exemplarisch Mack u. a. 2006) Wichtige Schritte auf dem Weg zu einem „Gesamtsystem" einer kommunalen Bildungslandschaft sind zum Beispiel der Ausbau der Ganztagsschulen, die Entwicklung einer „Kette" der Bildung, Erziehung und Betreuung, die frühe Sprachstandsfeststellung in den Tageseinrichtungen für Kinder, die zahlreichen Initiativen „Kultur in die Schule". Das Konzept einer kommunalen Bildungslandschaft öffnet den Blick dafür, über die einzelne Bildungsinstitution hinaus zu denken und Bildungsprozesse so zu strukturieren, dass alle Bildungsorte und Bildungsmöglichkeiten vor Ort als Gesamtheit betrachtet werden und die dort stattfindenden Bildungsprozesse ganzheitlich gesehen und gestaltet werden.

Literatur

Autorengruppe Bildungsberichterstattung (Hrsg.) (2008): Bildung in Deutschland 2008. Ein indikatorengestützter Bericht mit einer Analyse zu Übergängen im Anschluss an den Sekundarbereich I, im Auftrag der Ständigen Konferenz der Kultusminister der Länder in der Bundesrepublik Deutschland und des Bundesministeriums für Bildung und Forschung. Bielefeld (http://www.bildungsbericht.de/daten2008/bb_2008.pdf; 09.04.2009).

Baumert, Jürgen/Klieme, Eckhard/Neubrand, Michael/Prenzel, Manfred/Schiefele, Ulrich/Schneider, Wolfgang/Stanat, Petra/Tillmann, Klaus-Jürgen/Weiß, Manfred (Hrsg.) (2001): PISA 2000. Basiskompetenzen von Schülerinnen und Schülern im internationalen Vergleich. Opladen.

Beher, Karin/Haenisch, Hans/Hermens, Claudia/Liebig, Reinhard/Nordt, Gabriele/Schulz, Uwe (2005): Offene Ganztagsschule im Primarbereich. Begleitstudie zu Einführung, Zielsetzungen und Umsetzungsprozessen in Nordrhein-Westfalen. Weinheim.

Beher, Karin/Haenisch, Hans/Hermens, Claudia/Nordt, Claudia/Prein, Gerald/Schulz, Uwe (2007): Die offene Ganztagsschule in der Entwicklung. Empirische Befunde zum Primarbereich in Nordrhein-Westfalen. Weinheim.

Bundesjugendkuratorium/Sachverständigenkommission für den Elften Kinder- und Jugendbericht/Arbeitsgemeinschaft für Kinder- und Jugendhilfe (2002): Leipziger Thesen (http://www.bmfsfj.de/Kategorien/aktuelles,did=5420,render=renderPrint.html; 09.04.2009)

Bundesministerium für Bildung und Forschung (Hrsg.) (2004): Konzeptionelle Grundlagen für einen Nationalen Bildungsbericht. Non-formale und informelle Bildung im Kindes- und Jugendalter. Berlin (http://www.bmbf.de/pub/nonformale_und_informelle_bildung_kindes_u_jugendalter.pdf; 09.04.2009).

Bundesministerium für Jugend, Familie, Frauen und Gesundheit (1990): Achter Jugendbericht. Bericht über die Lebenssituation junger Menschen und Leistungen der Kinder- und Jugendhilfe in Deutschland. Bonn.

Bundesministerium für Familie, Senioren, Frauen und Jugend (Hrsg.) (2002): Elfter Kinder- und Jugendbericht. Bericht über die Lebenssituation junger Menschen und Leistungen der Kinder- und Jugendhilfe in Deutschland. Bonn.

Bundesministerium für Familie, Senioren, Frauen und Jugend (Hrsg.) (2005): Zwölfter Kinder- und Jugendbericht. Bericht über die Lebenssituation junger Menschen und die Leistungen der Kinder- und Jugendhilfe in Deutschland. Berlin.

Burgdorff, Frauke/Gräbener, Michael/Imhäuser, Karl-Heinz/Jülich, Ralf/Zierold, Bettina (2008): Bildungslandschaften gemeinsam gestalten. In: Landesjugendamt Rheinland (Hrsg.): inform 1/2008, S. 9 ff.

Coelen, Thomas/Otto, Hans-Uwe (Hrsg.) (2008): Grundbegriffe der Ganztagsbildung. Das Handbuch. Wiesbaden.

Deinet, Ulrich/Icking, Maria (Hrsg.) (2006): Jugendhilfe und Schule. Felder – Themen – Strukturen. Leverkusen-Opladen.

Deutscher Städtetag (2007): Aachener Erklärung anlässlich des Kongresses „Bildung in der Stadt" am 22./23. November 2007 (http://www.staedtetag.de/imperia/md/content/pressedien/2007/17.pdf; 09.04.2009)

Deutscher Verein für öffentliche und private Fürsorge (2007): Diskussionspapier zum Aufbau kommunaler Bildungslandschaften (Beschluss des Vorstandes Juni 2007) (http://www.deutscher-verein.de/05-empfehlungen/empfehlungen2007/juni/Diskussionspapier_des_Deutschen_Vereins_zum_Aufbau_Kommunaler_Bildungslandschaften/; 09.04.2009)

Hebborn, Klaus (2008): Städtische Bildungspolitik. In: Coelen, T./Otto, H.-U. (Hrsg.): Grundbegriffe der Ganztagsbildung. Das Handbuch. Wiesbaden, S. 958–967.

Holtappels, Heinz-Günter/Klieme, Eckhard/Rauschenbach, Thomas/Stecher, Ludwig (Hrsg.) (2007): Ganztagsschule in Deutschland. Ergebnisse der Ausgangserhebung der „Studie zur Entwicklung von Ganztagsschulen" (StEG). Weinheim.

KomDat 01 und 02/08 – Kommentierte Daten der Kinder- und Jugendhilfe (2008): Informationsdienst der Arbeitsstelle Kinder- und Jugendhilfestatistik Juni 2008, H. 01 und 02.

Konsortium Bildungsberichterstattung (Hrsg.) (2006): Bildung in Deutschland. Ein indikatorengestützter Bericht mit einer Analyse zu Bildung und Migration, im Auftrag der Ständigen Konferenz der Kultusminister der Länder in der Bundesrepublik Deutschland und des Bundesministeriums für Bildung und Forschung. Bielefeld (http://www.bildungsbericht.de/daten/gesamtbericht.pdf; 09.04.2009).

Mack, Wolfgang (2008): Bildungslandschaften. In: Coelen, T./Otto, H.-U. (Hrsg.): Grundbegriffe der Ganztagsbildung. Das Handbuch. Wiesbaden, S. 741–754.

Mack, Wolfgang/Harder, Anna/Kelö, Judith/Wach, Katharina (2006): Lokale Bildungslandschaften. Projektbericht Deutsches Jugendinstitut e. V. München (http://www.dji.de/bibs/Projektbericht_Bildungslandschaften_Mack.pdf; 22.04.2009)

Müller Kucera, K./Bauer, T. (2000): Volkswirtschaftlicher Nutzen von Kindertageseinrichtungen. Welchen Nutzen lösen die privaten und städtischen Kindertagesstätten der Stadt Zürich aus? Schlussbericht zuhänden des Sozialdepartements der Stadt Zürich, Bern.

Otto, Hans-Uwe/Rauschenbach, Thomas (Hrsg.) (2004): Die andere Seite der Bildung. Zum Verhältnis von formellen und informellen Bildungsprozessen. Wiesbaden.

Otto, Hans-Uwe/Oelkers, Jürgen (Hrsg.) (2006): Zeitgemäße Bildung – Herausforderung für Erziehungswissenschaft und Bildungspolitik. München.

Specht-Schäfer, Christiane (2008): Agenturen für Ganztagsbildung. In: Coelen,T./Otto, H.-U. (Hrsg.): Grundbegriffe der Ganztagsbildung. Das Handbuch. Wiesbaden, S. 645–651.

Bildungslandschaften und Zivilgesellschaft – ein stiftungspolitischer Exkurs

Heike Kahl

> „... Cäsar schlug die Gallier.
> Hatte er nicht wenigstens einen Koch bei sich? ..."
> (Bertolt Brecht, Fragen eines lesenden Arbeiters, 1935)

Bildungslandschaften bleiben ohne Zivilgesellschaft Fragment

Der Begriff der Bildungslandschaft wird zwar viel gebraucht, ist aber eher schillernd und in seiner Bildhaftigkeit euphemistisch. Er ist positiv besetzt und weckt Assoziationen, die mit aktiver Gestaltung, Kultur, Buntheit und Weite verbunden sind. Das ist schon einmal gut in einer pädagogischen Reflexionswelt, die von Defizitbeschreibungen dominiert wird. Um diesen Begriff für die Praxis nutzbar zu machen, muss jedoch genau definiert werden, was damit im Kontext der Lern- und Aufwachsbedingungen von Kindern und Jugendlichen gemeint ist, also auf struktureller, strategischer, gesellschaftspolitischer, operativer Ebene etc. Der vorliegende Beitrag richtet seinen Fokus darauf, dieses Phänomen aus Stiftungssicht zu betrachten.

Oft nähert man sich dem Thema Bildungslandschaften im Kontext institutioneller Zusammenhänge und reflektiert es in erster Linie mit Blick auf die Kooperation zwischen staatlichen Einrichtungen bzw. Organisationsformen der öffentlichen Hand. In der Regel geht es darum, ein aufeinander abgestimmtes Bildungssetting zu organisieren, das sich am biografischen Verlauf der Entwicklung eines Kindes oder Jugendlichen orientiert. Es wird die Frage gestellt, wie die einzelnen staatlichen Institutionen zusammenarbeiten müssen, um eine Verantwortungsgemeinschaft zu bilden. Mit einem solchen Ansatz soll das vorhandene Verantwortungsvakuum überwunden werden, das immer dann entsteht, wenn zu arbeitsteilig und spezialisiert von den Zuständigkeiten der Institutionen her gedacht wird – und nicht von der Verantwortung jedes einzelnen Akteurs aus.

Allerdings steckt im beschriebenen Verantwortungsvakuum auch – und das ist noch relevanter – ein Gerechtigkeitsvakuum. Denn das Denken in Zuständigkeitssparten lässt insbesondere diejenigen Kinder und Jugendlichen scheitern, die an den Übergängen von einer Institution in eine andere verloren gehen. Gerade die Naht- und Bruchstellen, aber auch die Innovationskerne, die an solchen strategischen Nadelöhren entstehen, sind wichtige Prüfpunkte für die Frage, ob tatsächlich eine Bildungslandschaft entsteht. In diesem Beitrag wird die These vertreten, dass die Zivilgesellschaft als Mitgestalterin lokaler Bildungslandschaften stärker als bisher mitgedacht werden muss. Anders gesagt: Wenn wir unter dem Wort „Bildungslandschaften" nur die Neustrukturierung von Verwaltungsabläufen im öffentlichen Sektor verstehen wollen, dann gehen große Chancen verloren. Nur wenn sich die Zivilgesellschaft[37] aktiv an der Gestaltung einer Bildungslandschaft beteiligt, entsteht zum einen das erforderliche Innovationspotenzial und zum anderen die Art der Verantwortungsgemeinschaft, die Kinder und Jugendliche in diesem Land brauchen. In diesem Prozess können Stiftungen wichtige Gestaltungsakteure sein.

Im lokalen Kontext einer Bildungslandschaft müssen sich daher das Selbstverständnis der Zivilgesellschaft und ihre Wahrnehmung durch die staatlichen Akteure beweisen: Wird die Zivilgesellschaft von den Handelnden als schmückendes Beiwerk betrachtet – der Publizist Warnfried Dettling spricht von einem homöopathischen Verständnis (Dettling 2007, S. 8) – und somit auf einen „informellen Sektor" reduziert, der in erster Linie Ehrenamt meint? Oder wird sie als etwas verstanden, das die gesamte Gesellschaft erfasst und sich auf alle öffentlichen Angelegenheiten bezieht? Hier kommt den Stiftungen die wichtige Aufgabe zu, private Verantwortung für öffentliche Belange zu übernehmen. Es geht um nichts weniger als um Partizipation all derer, die für das bestmögliche Aufwachsen von Kindern und Jugendlichen verantwortlich sind. Ein Verständnis, in dem die Akteure der Zivilgesellschaft sich selbstbewusst als gleichberechtigter Teil im Dreiklang von Staat, Wirtschaft und Gesellschaft verstehen, verändert die Auffassung von Staat und Politik grundsätzlich und elementar. Wesentliche Aufgabe ist dabei, Demokratie nicht nur als Staatsform, sondern als Lebensform zu realisieren. Diese selbstbewusste Sicht auf zivilgesellschaftliche Verantwortung korrespondiert mit einem modernen Staatsverständnis. Auf allen Ebenen des staatlichen Handelns wächst bei vielen Akteuren die Erkenntnis, dass der Staat seiner übergreifenden Verantwortung besser gerecht werden kann, wenn er sich ernsthaft auf einen Dialog mit zivilgesellschaftlichen Partnern einlässt.

In diesem Beitrag wird die Perspektive gewechselt: Der Blick richtet sich nicht aus den Institutionen heraus in Richtung Zivilgesellschaft, sondern von „außen" in die Institutionen hinein. Dies soll am Beispiel von Stiftungshandeln als einem aktiven und mobilisierenden Teil der Zivilgesellschaft dargestellt werden.

---

37 Zivilgesellschaft dient hier als Sammelbegriff für sämtliche zivilgesellschaftlichen Akteure, wie Organisationen und Unternehmen, Eltern, einzelne Bürgerinnen und Bürger etc.

Bildungslandschaften als Ausdruck eines neuen Staatsverständnisses

Im Mai 2008 hat die Deutsche Kinder- und Jugendstiftung gemeinsam mit der Robert Bosch Stiftung, der Deutsche Telekom Stiftung und den Ländern Hessen und Brandenburg eine Veranstaltung durchgeführt, die sich mit den Bedingungen zur Kooperation zwischen Staat und Stiftungen auseinandergesetzt hat (vgl. Deutsche Kinder- und Jugendstiftung 2008; sowie „Staat und Stiftungen"). Diese Veranstaltung ist nicht nur auf ein großes Interesse gestoßen, sondern hat nachhaltige Wirkung gezeitigt: Viele Teilnehmerinnen und Teilnehmer äußerten nachdrücklich, sich mit diesem Thema weiter befassen zu wollen. Diese positive Resonanz ist ermutigend und hat verschiedene Gründe: Erstens wird zunehmend ein ganzheitlicher Anspruch an Bildung formuliert, in dem auch zivilgesellschaftliches Engagement eine Rolle spielt. Zweitens kann dieses verstärkte Interesse als Reaktion auf knapper werdende staatliche Ressourcen interpretiert werden. Drittens wurde in unterschiedlicher Klarheit und Intensität deutlich, dass weniger ein strukturelles als vielmehr ein politisches Handlungsmuster auf dem Prüfstand steht, wenn nach dem Verhältnis von Staat und Stiftungen gefragt wird. Im Zentrum steht nämlich die Frage, wie der Staat seine Aufgaben definiert: ob er positiv honoriert, dass die Bürgerinnen und Bürger wichtige Handlungsfelder im öffentlichen Raum zurückgewinnen wollen, oder ob er diese Form des Engagements als Gefahr und Bedrohung wahrnimmt. Bildungslandschaften sind hierfür ein wichtiges Prüfungsfeld.

Auf beiden Seiten von Staat und Zivilgesellschaft – bei den staatlichen Verwaltungen und den zivilgesellschaftlichen Akteuren – muss das Vertrauen in die Zusammenarbeit wachsen, und es ist notwendig, die Vorteile einer systematisch aufgebauten Kooperation wahrzunehmen und zu nutzen. Auf der oben beschriebenen Veranstaltung wurde sehr deutlich: Um dieses Ziel zu erreichen, ist Wissen über die jeweilige Rolle, über Möglichkeiten, Optionen und Grenzen dieser Zusammenarbeit eine zentrale Voraussetzung. Dieses Wissen wird nicht zufällig erworben, sondern muss bewusst hergestellt und gesichert werden. Und das ist nicht nur eine Aufgabe der staatlichen Verwaltung, sondern sämtlicher beteiligter Akteure.

Von entscheidender Bedeutung ist, dass die Akteure der Zivilgesellschaft nicht auf das Feld ehrenamtlicher Tätigkeit eingegrenzt werden, sondern als Mitgestalter aller relevanten öffentlichen Belange wirken. Ein solch grundlegender Paradigmenwechsel ereignet sich nicht in kleinen Schritten im angenehmen Dreivierteltakt, sondern bedarf eines grundsätzlich neuen Politikverständnisses. Dieser Wandel geschieht nicht im Selbstlauf, sondern nur, indem die Akteure der Zivilgesellschaft ihren Anspruch deutlich artikulieren, und zwar auf der Basis von Wissen, Kompetenz und dem Willen, auch Verantwortung für Entwicklungsprozesse übernehmen zu wollen. In diesem Zusammenhang wird auch von

Selbstmarginalisierung gesprochen – der Bescheidenheit insbesondere kleiner Organisationen hinsichtlich des Anspruchs und Durchsetzungsvermögens eigener Ambitionen –, sowie von Fremdmarginalisierung, wenn seitens des Staates bzw. der Verwaltungen eher systematisch gegen einen bürgerschaftlichen Mitgestaltungsanspruch gearbeitet wird (Dettling 2007, S. 7). Hier ist ein aufgeklärter, kritischer und ernsthafter Dialog zwischen Staat und Zivilgesellschaft unverzichtbar. In solch einer kritischen Auseinandersetzung haben Stiftungen eine besondere Verantwortung. Wie eine Kooperation produktiv gestaltet werden kann, lernen Staat und Stiftungen gerade gegenseitig im Programm „Lernen vor Ort", das weiter unten genauer beschrieben wird. Und es gibt weitere ermutigende Beispiele. So hat die Bildungsverwaltung eines Bundeslandes selbstbewusst davon gesprochen, dass sie mit der Deutschen Kinder- und Jugendstiftung insbesondere dann gern zusammenarbeitet, wenn es schwer wird und Lösungen für ein Problem nicht auf der Hand liegen oder nicht aus der Verwaltung heraus entwickelt werden können.

Im Alltag sieht die Beziehungsarbeit zwischen Akteuren des Staates und der Zivilgesellschaft jedoch anders aus – nicht nur, aber gerade auch auf lokaler Ebene. Das Verhältnis zwischen Staat und Trägern aus dem sogenannten dritten Sektor ist unter anderem im Zuwendungsrecht und durch Zuwendungsverträge geregelt. Diese Regelungen entsprechen bei ihrer Anwendung in der Praxis aber nicht mehr den veränderten gesellschaftlichen Gegebenheiten und Herausforderungen. Allein der Sinn des Begriffs „Zuwendung" ist verräterisch. Verbindet sich damit eine Gnade, eine Gunst, eine Gewährung durch eine höhere Instanz, den Staat? Das ist gewiss keine produktive Haltung, um eine blühende Bildungslandschaft aufzubauen, in der Initiativen der Zivilgesellschaft eine unverzichtbare Aufgabe übernehmen. Das Zuwendungsrecht bildet strukturell nicht mehr ab, was erforderlich ist, um moderne, ineinandergreifende und ganzheitlich gedachte Entwicklungsprozesse zu steuern.

Ein kleiner Exkurs möge dies illustrieren: Dem Buchstaben des Gesetzes nach wird mit dem Förderinstrument des Zuwendungsvertrags eine Initiative gefördert oder ein Vorhaben unterstützt, das von einer Organisation beantragt wird und von dieser – im Falle eines positiven Bescheids – nach ihren Vorstellungen verwirklicht werden kann. Doch im Stillen hat sich der Charakter einer Zuwendung allmählich verändert. Der Name ist zwar gleich geblieben, aber die Regularien sind meist so eng gefasst und die zu leistenden Aufgaben oft so präzise festgelegt, dass von einer eigenständigen Umsetzung kaum noch die Rede sein kann. Eher müsste man von einem versteckten Auftrag sprechen. Woraus resultiert diese Verengung? Wäre es angesichts der zu bewältigenden gesellschaftlichen Herausforderungen nicht angesagt, in Partnerschaft und auf Augenhöhe gemeinsame Aufgaben zu lösen? Mag sein, dass dies eine rhetorische Frage ist. Denn das Bedürfnis nach Kontrolle und Steuerung durch den Staat verhindert einerseits eine größere Offenheit und Eigenverantwortung, andererseits leistet eine oftmals fehlende Professionalität aufseiten der zivilgesellschaftlichen Initiativen einem staatlichen Kontrollbedürfnis Vorschub. In diesem Widerspruch deutet sich ein Transformationsprozess an, der zwar begonnen hat, aber noch nicht vollzogen ist: von der Mentalität einer Ressourcennutzung hin zu einer Mentalität, gemeinsame Potenziale zu erkennen und zu entwickeln.

Auf lokaler Ebene besteht nun eine besondere Chance, mit einem solchen Prozess, an dem sich Staat und Zivilgesellschaft in gemeinsamer Verantwortung beteiligen, Erfahrungen zu sammeln. In diesem Verständnis ist es nicht die Kommune allein, die als zentraler staatlicher Akteur auf lokaler Ebene die Bildungslandschaft gestaltet. Sie braucht als Gegenüber zivilgesellschaftliche Partner: auch, aber nicht nur, um Kindern und Jugendlichen das ganze Spektrum informeller Lernangebote im kulturellen, sportlichen und weltanschaulichen Bereich bieten zu können – also in jenen Bildungsbereichen, an die häufig zuerst gedacht wird, wenn es um Zivilgesellschaft im Kontext von Bildung geht. Darüber hinaus wird das Ziel verfolgt, das System der Bildungslandschaft vor Ort zum Gegenstand des Dialogs und eines gemeinsamen Entwicklungsprozesses zu machen und so den vielfach geforderten Synergien von Bildung, Erziehung und Betreuung ein Stück näherzukommen. Viele bekommen es bei einem so weitreichenden Anspruch mit der Angst zu tun, weil damit Schulentwicklung zum Diskussionsgegenstand einer lokalen Öffentlichkeit werden kann: Wird damit nicht der Anspruch von Chancengleichheit für alle Kinder und Jugendlichen aufgegeben? Schließlich ist die Zivilgesellschaft vielgestaltig und in Ort A vielleicht engagierter oder professioneller als in Ort B. Könnten die Kinder und Jugendlichen nicht unter dieser Ungleichbehandlung leiden? Wird dadurch nicht der Staat aus seiner Verantwortung entlassen? Bei näherer Betrachtung wird klar, dass solche Befürchtungen im Kern unbegründet sind: Natürlich trägt der Staat auch weiterhin die Verantwortung für die Einhaltung von Qualitätsstandards, die in der Praxis aber fast immer den Charakter von Mindeststandards haben. Dass sich zivilgesellschaftliche Akteure mit ihrem Engagement für das Unterschreiten solcher Standards einsetzen, ist kaum vorstellbar. Vielmehr können sie dazu beitragen, die vielgestaltigen Bildungs- und Erziehungsprozesse anzureichern, lebensnäher zu gestalten und damit Kindern und Jugendlichen ein ganzes Bündel von Lebenskompetenzen zu vermitteln, die nicht durch Schulbücher allein erworben werden können, allen voran demokratische Handlungskompetenzen.

Auch im Kontext lokaler Bildungslandschaften können Stiftungen wichtige Vermittlungs-, Mobilisierungs- und Aufklärungsleistungen vollbringen. Stiftungen mit ihrer Kraft, ihrer Professionalität und ihrem fachlichen Know-how haben das Potenzial, Grenzen von Kooperation sichtbar zu machen und dazu beizutragen, sie zu verschieben bzw. zu erweitern. Dies geschieht dadurch, dass sie deutlicher – als es kleinen freien Trägern vor Ort möglich ist – Ansprüche artikulieren, Öffentlichkeit herstellen, ihre Expertise einbringen und neue Handlungsoptionen geltend machen können. Stiftungen können Prozesse zwischen Staat und Zivilgesellschaft moderieren und zwischen unterschiedlichen Zuständigkeiten und Positionen vermitteln, weil sie nicht den verwalterischen Gesetzmäßigkeiten von Verteilungsgerechtigkeit und staatlichen Regelungsroutinen unterliegen. In der Regel sind sie in der Lage, schnell zu reagieren, unkonventionelle Wege zu gehen, risikovoll und mit größerer Gestaltungsfreiheit zu handeln. Die Erfahrungen aus dem Stiftungsprogramm „Lebenswelt Schule" der Deutschen Kinder- und Jugendstiftung und der Jacobs Foundation zeigen, dass die Beteiligung von Stiftungen dabei helfen kann, staatliches Handeln auf lokaler Ebene transparenter zu gestalten, stärker auf eine Beteiligung der Bürgerschaft hin zu orientieren und, nicht zuletzt, externe Expertise in den Prozess einzubringen, die von allen Seiten respektiert wird. Diese unabhängige Expertise schafft einen wichtigen Referenzpunkt außerhalb des kommunalen Systems, auf den sich alle beziehen können – natürlich immer unter der Voraussetzung, dass diese als für den lokalen Kontext nützlich und gewinnbringend wahrgenommen wird. Mehr noch: In diesem Programm tragen die initiierenden Stiftungen mit ihren Möglichkeiten dazu bei, dass in den beteiligten Kommunen Orte des Dialogs und der gemeinsamen Entwicklungsarbeit zwischen unterschiedlichen staatlichen Akteuren und der lokalen Zivilgesellschaft entstehen. Diese Prozesse werden in diesem Buch an Entwicklungsprojekten in Weinheim exemplarisch vorgestellt (vgl. Süss u. a. in diesem Band).

In der englischen Sprache existiert ein etymologischer Zusammenhang zwischen Vertrauen „trust" und Wahrheit „truth". Wenn ich einen Wunsch frei hätte, würde ich mir einen Siebenmeilenschritt wünschen, weg von einer Kultur gegenseitigen Misstrauens hin zu einer Kultur des Vertrauens zwischen staatlichen Institutionen und zivilgesellschaftlichen Initiativen. Doch ist kein Siebenmeilenschritt zu erwarten, sondern ein längerer Veränderungsprozess, der auch einer Begleitung bedarf. Mit Blick auf die Frage, an welchen strategischen Stellen Stiftungen als aktiver Teil der Zivilgesellschaft unverzichtbar sind, dann genau hier: bei der Steuerung, Beratung und Vermittlung zwischen noch widerstreitenden Interessen und konträren Rollenbildern. Stiftungen stehen aufgrund ihrer Unabhängigkeit in der Verantwortung, einen öffentlichen Diskurs anzuregen, der darauf abzielen sollte, ein umfassendes und vielschichtiges Verständnis von Kooperation zu etablieren: Erstens sollten nicht nur staatliche Organisationen im Fokus stehen, sondern zivilgesellschaftliche Initiativen als konstitutives Element von „Demokratie als Lebensform" wertgeschätzt und systematisch in die praktische Umsetzung von Bildungsinnovationen einbezogen werden. Zweitens sind Lernprozesse auf beiden Seiten in Gang zu setzen, aus denen Wissen entsteht, quasi als Rüstzeug für Mündigkeit und damit auch für die Änderung überholter staatlicher Routinen. So sollte ein Bewusstsein darüber erzeugt werden, dass Outsourcing auf staatlicher Seite nicht zwangsläufig mit der Teilhabe des zivilgesellschaftlichen Sektors gleichzusetzen ist. Vielmehr braucht man Wissen, um fundiert entscheiden zu können, wer warum welche Aufgabe übernehmen soll. Die bürgerschaftlichen Akteure sollten zum Beispiel wissen, ob eine Aufgabe, die sie als Dienstleistung für den Staat übernehmen, ihre zivilgesellschaftliche Rolle eher infrage stellt oder befördert.

Die Deutsche Kinder- und Jugendstiftung als Beispiel

Welches sind nun aber konkrete Möglichkeiten, um eine Kultur des Vertrauens zwischen staatlichen und zivilgesellschaftlichen Akteuren aufzubauen, die eine Voraussetzung für erfolgreiche Bildungslandschaften ist? Die Arbeit der Deutschen Kinder- und Jugendstiftung (DKJS) bietet dafür einige produktive Ansätze.

Die Stiftung wird häufig als „untypische Stiftung" bezeichnet. Und das ist richtig, wenn man bedenkt, dass sie nicht in traditioneller Weise von einem Stifter gegründet wurde. Stattdessen haben verschiedene Stiftungen und Repräsentanten aus allen gesellschaftlichen Bereichen 1994 eine moderne Institution als Interventions- und Gestaltungsinstrument für die Lösung wichtiger gesellschaftlicher Aufgaben geschaffen. Diese Konstruktion der Stiftung spiegelt in ihrer Struktur den stiftungspolitischen Auftrag wider: Sie wirkt als „Gemeinschaftsaktion", in der alle Kräfte, die Verantwortung für Bildung übernehmen wollen, einen Ort haben und sich gegenseitig verstärken können. Zugleich gebietet dieser Aufbau, Kooperation als Prinzip zu verfolgen. Und genau in diesem Bereich ist die Deutsche Kinder- und Jugendstiftung sehr erfolgreich. Warum gelingt ihr das?

In einem ersten Schritt hat die Stiftung aus ihrer Kooperationspraxis heraus die Bedingungen geprüft, unter denen Zusammenarbeit am besten gedeiht. Die dabei gewonnenen Erkenntnisse wurden in einem Schaubild visualisiert: Das Verhältnis der beteiligten Akteure wird in Form eines Zielgruppendreiecks mit drei gleich langen Schenkeln beschrieben.

Abbildung 1: Handlungsdreieck der DKJS

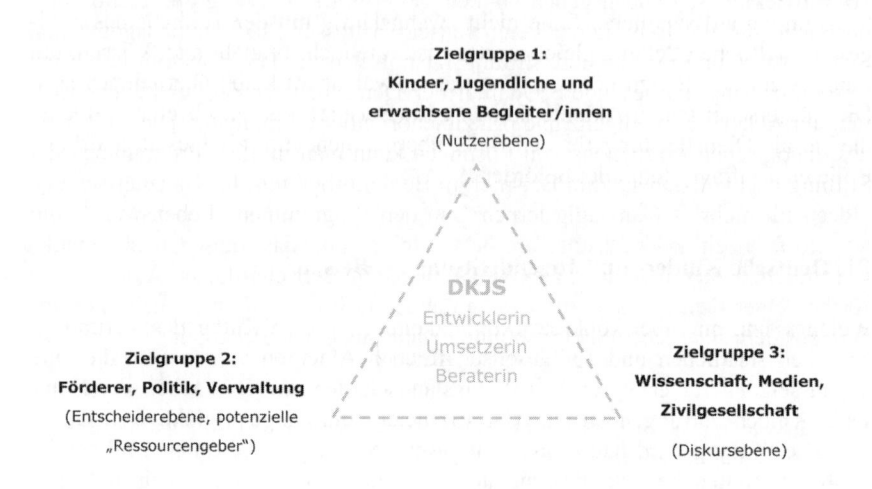

Zielgruppe 1:
Kinder, Jugendliche und
erwachsene Begleiter/innen
(Nutzerebene)

Zielgruppe 2:
Förderer, Politik, Verwaltung
(Entscheiderebene, potenzielle
„Ressourcengeber")

DKJS
Entwicklerin
Umsetzerin
Beraterin

Zielgruppe 3:
Wissenschaft, Medien,
Zivilgesellschaft
(Diskursebene)

Zielgruppe 1 sind die Kinder und Jugendlichen und ihre erwachsenen Begleiterinnen und Begleiter; es ist deshalb die erste Zielgruppe, weil sich das gesamte Stiftungshandeln auf die Verbesserung der Aufwachsbedingungen von Kindern und Jugendlichen richtet. Dieses Ziel kann allerdings nur erreicht werden, wenn Zielgruppe 3 – die Akteure aus Wissenschaft, Medien und Zivilgesellschaft – genauso ernst genommen wird. Denn ohne kritische Reflexion, Wissenstransfer und die Aufnahme neuen Wissens aus Theorie und Praxis, bleibt das Bemühen für Kinder und Jugendliche selektiv und unwirksam. Genauso verhält es sich mit Zielgruppe 2 – den Gesellschaftern, Partnern, Förderern aus dem staatlichen Sektor sowie aus der Stiftungswelt und Unternehmen. Letztgenannte Kooperationsbeziehung ist für unsere Fragestellung von besonderer Bedeutung. Ein produktiver Dialog kommt nur zustande, wenn die Intentionen, Motive, Kompetenzen und Zwänge der Partner genauso ernst genommen werden wie das gemeinsame Ziel, etwas für Kinder und Jugendliche zu tun. Nur im produktiven Zusammenspiel aller drei Zielgruppen kann im Zentrum des Dreiecks ein Innovationskern entstehen, aus dem sich tatsächliche und praktisch wahrnehmbare Entwicklungsmöglichkeiten für den einzelnen Akteur oder das gesamte System ergeben. Dieser Prozess erfolgt in der DKJS dialogisch. Die Stiftung gibt keine fertigen Antworten auf Fragen, von denen sie glaubt, dass sie gestellt worden sind. Sie agiert bedarfs- und problembezogen und zugleich zielorientiert und kooperativ. Gemeinsam mit den Förderern, Verwaltungen und Partnern entwickelt sie maßgeschneiderte Programme, die Antworten auf tatsächlich anstehende Entwicklungsaufgaben geben können. So ergibt sich eine große Identifikationsfläche für alle Beteiligten. Peter Fauser, Professor für Schulpädagogik und Schulentwicklung in Jena und Stiftungsratsmitglied der DKJS, betont in diesem Zusammenhang als besondere Qualität der Deutschen Kinder- und Jugendstiftung ihre adaptive Intelligenz und prinzipienorientierte Pragmatik. Dieses Prinzip des dialogischen Erarbeitens von Lösungen kann man in allen Programmen der Stiftung nachvollziehen, zum Beispiel im Begleitprogramm für Ganztagsschulen „Ideen für mehr! – Ganztägig lernen.", in den Programmen „Lebenswelt Schule", „Reformzeit" oder „Primarforscher".[38] Ich glaube, dass diese Charakteristika wesentlich dafür sind, dass die DKJS als zivilgesellschaftlicher Akteur beim Aufbau einer Kultur des Vertrauens mit anderen Stiftungen, aber auch mit Partnern aus dem staatlichen Sektor so gute Erfahrungen machen konnte.

Lernen vor Ort – eine Chance und eine Herausforderung für das Werden von Bildungslandschaften

Die Initiative „Lernen vor Ort" ist als Idee im Innovationskreis Weiterbildung des Bundesministeriums für Bildung und Forschung (BMBF) entstanden. Letztlich ist daraus eine gemeinsame Initiative des BMBF mit deutschen Stiftungen geworden, die seitens des Bundes und aus Brüssel mit ca. 60 Mio. Euro unterstützt wird. Ziel dieser Initiative ist es, Kreise und kreisfreie Städte zu ermutigen und sie dabei zu unterstützen, „ein kohärentes Bildungsmanagement vor Ort zu entwickeln oder weiter zu entwickeln und dabei mit Schlüsselakteuren der Bildung zu kooperieren"[39]. Grundlage hierfür ist eine Ausschreibung in einem zweistufigen Verfahren. Eine Jury wird nach einem Auswahlprozess entscheiden, welche etwa 30 Kommunen über drei Jahre gefördert werden. Mindestens jeweils eine Stiftung wird den Kommunen als Partner und Pate für die Umsetzung vor Ort zur Verfügung stehen; entweder im Rahmen einer „Grundpatenschaft", bei der die Stiftung das Gesamtvorhaben unterstützt, oder im Kontext einer „Themenpatenschaft", bei der es um die Vermittlung von Know-how innerhalb eines Themenfeldes geht. In vielen Fällen werden auch lokale Stiftungsnetzwerke geschaffen, die ihre Kompetenzen bündeln und gemeinsam eine Kommune auf ihrem Weg begleiten.

Das Projekt „Lernen vor Ort" ist ein bemerkenswertes Beispiel dafür, *wie* es gelingen kann, dass Staat und Zivilgesellschaft die Entwicklung von Bildungs-

---

38 Ausführliche Informationen zu allen Programmen der DKJS sind unter www.dkjs.de zu finden.
39 So der Wortlaut im internen Positionspapier des Stiftungsverbundes zum Programm „Lernen vor Ort" vom 25. Mai 2008.

landschaften als gemeinsame Aufgabe verstehen und ihre Gestaltung zusammen angehen. Dieser Ansatz ist etwas besonderes, und zwar vor allem aus drei Gründen. Erstens hat es bisher nur wenige ähnliche Vorhaben gegeben, bei denen ein Bundesministerium Stiftungen systematisch an der Entwicklung und Verwirklichung eines Programms beteiligt hat. Zweitens ist es ein Novum, die Partizipation von Stiftungen mit ihren unterschiedlichen Kompetenzen und Wirkungsfeldern als verbindliches Element eines Entwicklungsprozesses zu definieren – und damit die Potenziale, die durch eine solche Verbindung erschlossen werden, zu würdigen und für notwendig zu erachten. Drittens arbeiten die beteiligten Stiftungen in einem Stiftungsverbund zusammen und stimmen Denkrichtungen und gemeinsames Handeln miteinander ab. Auch dieser Abstimmungsprozess ist keineswegs selbstverständlich. Positiv zu bewerten ist auch, dass der Bund für die Arbeit des Stiftungsverbundes eine Geschäftsstelle finanziert, von der aus die Aktivitäten koordiniert und gesteuert werden. Diese Unterstützung ist Ausdruck einer Wertschätzung der gemeinsamen Arbeit und ein deutliches Zeichen für die Akzeptanz der Tatsache, dass Stiftungen auf dem Weg zu Bildungslandschaften eine wichtige Rolle spielen.

Der klaren Zielformulierung für das Programm ist ein gemeinsamer Lernprozess zwischen dem Bund und interessierten Stiftungen vorausgegangen. Es war für beide Seiten mit ihren unterschiedlichen Handlungskulturen eine Herausforderung und zugleich ein Lernfeld, auf diese Weise mehr über das andere Rollen- und Selbstverständnis sowie die jeweiligen Strukturen zu erfahren. Solch eine systematische Kooperation hat es bisher noch nicht gegeben – weder wurde so explizit wie hier zwischen einem Netzwerk von Stiftungen, dem Bundesbildungsministerium und den Kommunen vor Ort eine Kooperation verabredet, noch wurde eine ähnlich vielschichtige Kooperation aufgebaut, die auch den beteiligten Stiftungen ein hohes Maß an Abstimmungsbereitschaft abverlangt.

Die beteiligten Stiftungen können erprobtes Wissen und Modelle einbringen und sie haben die Chance, gemeinsam mit den Kommunen einen Transfer dieser Modelle in die Breite und in die Tiefe zu erreichen. Im internen Positionspapier der Stiftungen heißt es hierzu: „Hier kann ein Bildungsnetzwerk entstehen, das erprobte Lösungen zu einer Vielzahl von zentralen Bildungsthemen anbieten kann und dadurch eine neuartige Schubkraft für Innovation gewinnt, die die einzelnen Stiftungen nicht entfalten." Das ist die Sicht aus dem Stiftungsverbund heraus. Doch die breite positive Resonanz der Kommunen zeigt auch, wie sinnvoll es ist, die Stiftungen in die kommunale Arbeit einzubinden und ihr Wissen stärker zu nutzen. Aus den Anträgen der Kommunen, die mit der DKJS zusammenarbeiten wollen, können vor allem drei Erwartungen identifiziert werden. Erstens: Innovation braucht Vermittlung und Begleitung. Stiftungen können diese Aufgaben wegen ihrer Unabhängigkeit und ihres Know-hows oftmals leichter übernehmen, als das aus eigener Kraft vor Ort möglich ist. Zweitens: Lernprozesse brauchen Moderation und Unterstützung, wenn unterschiedliche Haltungen, Zuständigkeiten und Positionen aufeinanderprallen. Auch hier können Stiftungen hilfreich sein. Und drittens: Eines der wichtigsten Anliegen ist es, vor Ort die Zivilgesellschaft selbst zu mobilisieren und dafür geeignete Instrumente und Wege zu finden. Denn wie gesagt: Bildungslandschaften bleiben ohne Zivilgesellschaft Fragmente.

Wollen – Können – Müssen

Das Konzept Bildungslandschaften bezieht sich nicht nur darauf, dass vielfältige Akteure verschiedener Einrichtungen durch systematische Kooperation Synergien schaffen, Übergänge verbessern und Brüche minimieren können. Bildungslandschaften – verstanden als lokale Netzwerke aus Staat und Zivilgesellschaft – können ebenso Motoren für Bildungsinnovation sein. Wenn man sich Bildungslandschaften als nachhaltige Struktur vorstellt, sind die Partner aus Staat und Zivilgesellschaft die einander bedingenden Faktoren hierfür. Im guten Zusammenspiel beider Seiten besteht die Chance, dass nicht bei jeder einzelnen Innovation, die aus der Arbeitspraxis mannigfaltiger Initiativen entsteht, um Nachhaltigkeit und Transfer gerungen werden muss – völlig isoliert von anderen Aktivitäten und quasi als „Zusatzbelastung". Im Gegenteil: Die Struktur bzw. das Netzwerk, woran Neues angedockt werden kann, wäre schon da und würde sich ein ums andere Mal als Träger neuer Ideen bewähren, bewähren müssen. Neue Herausforderungen müssten dann entweder dadurch bewältigt werden, dass neue Partner im Netzwerk hinzugezogen werden, oder es müssten die bisherigen Verabredungen modifiziert und verändert werden. Dass ein solches Verfahren gelingen kann, war die Ausgangsthese des gemeinsamen Kooperationsprojektes „Lebenswelt Schule" der Jacobs Foundation und der DKJS. Akteure, die sich über eine neue Aufgabe kennengelernt haben und Vertrauen gefasst haben, stellen sich innerhalb des Prozesses und nach Programmabschluss leichter den sich ergebenden Herausforderungen.

Bei der Diskussion um die Frage, wie Schulinnovation entsteht, hat Anton Strittmatter auf ein zentrales Bedingungsgefüge verwiesen, das in der Diskussion um Bildungslandschaften ebenfalls ausgesprochen hilfreich und anregend sein kann: das Verhältnis von Können, Müssen und Wollen (vgl. Strittmatter 2001, S. 58ff.). Strittmatter wird mit seiner Kräftefeldanalyse, die auf Ansätze des Psychologen Kurt Lewin aufbaut, der Tatsache gerecht, dass Entwicklungs- und Innovationsprozesse ausgesprochen komplexer Natur sind. Man solle sich darüber bewusst sein, dass jeder der drei Faktoren unverzichtbar ist: „Ist ein Faktor

Null, dann wird das Ganze Null." (Strittmatter 2001, S. 59) Diese grundsätzliche Aussage bekommt im Zusammenspiel von Staat und Zivilgesellschaft eine besondere Relevanz. Denn die staatlichen Akteure im Netzwerk aus Land und Kommune müssen eher der Kategorie des „Müssen" zugeordnet werden, während die zivilgesellschaftlichen Partner von Hause aus stärker vom „Wollen" leben. Beide, und insbesondere Stiftungen, können zusätzlich das „Können" verbessern. Schließlich – und hierauf hat Professor Herbert Altrichter vom Institut für Pädagogik und Psychologie an der Johannes Kepler Universität in Linz in einem Workshop in der DKJS (vgl. Altrichter 2009) hingewiesen – müssten alle Beteiligten gemeinsam für alle drei Bestandteile Verantwortung übernehmen. Das würde so aussehen: Zivilgesellschaftliche Akteure wissen um die „Müssen"-Rolle des Staats und helfen ihm dabei, diese Rolle qualifiziert und zielorientiert zu spielen; umgekehrt greift der Staat die Erfahrungen und Kompetenzen der Zivilgesellschaft bei der Mobilisierung von Engagement im Sinne von „Wollen" auf. Würde eine der beiden Seiten fehlen, wäre das Potenzial für nachhaltige Bildungsinnovation geringer, und man müsste konstatieren, dass Bildungslandschaften mit solchen Akteuren nicht als Rahmen für Bildungsinnovation taugen. Der Zugewinn besteht eben darin, dass Bildungslandschaften auf allen drei Ebenen stark sind und deswegen Innovationsmotoren sein können. Bildungslandschaften in diesem Sinne sind selbst Instrument für gutes Innovationsmanagement und lebendiges Gegenbild zu „inszenierter" Innovation.

Alle Ambitionen und Ziele eines Akteurs, so sinnvoll und gut sie auch sein mögen, werden ohne ein produktives Verhältnis der Kategorien Müssen, Wollen und Können also nicht fruchten, sind vielleicht sogar zum Scheitern verurteilt. Genauso verhält es sich, wenn der Druck von außen auf das System (Institution, Kommune, Akteursgruppe oder auch einzelne Personen) oder der Druck von innen zu groß wird, sodass Abwehr entsteht, oder wenn die Kompetenzen der Akteure über- oder unterschätzt werden. Die nachfolgende Grafik soll diese Zusammenhänge verdeutlichen.

Diagramm

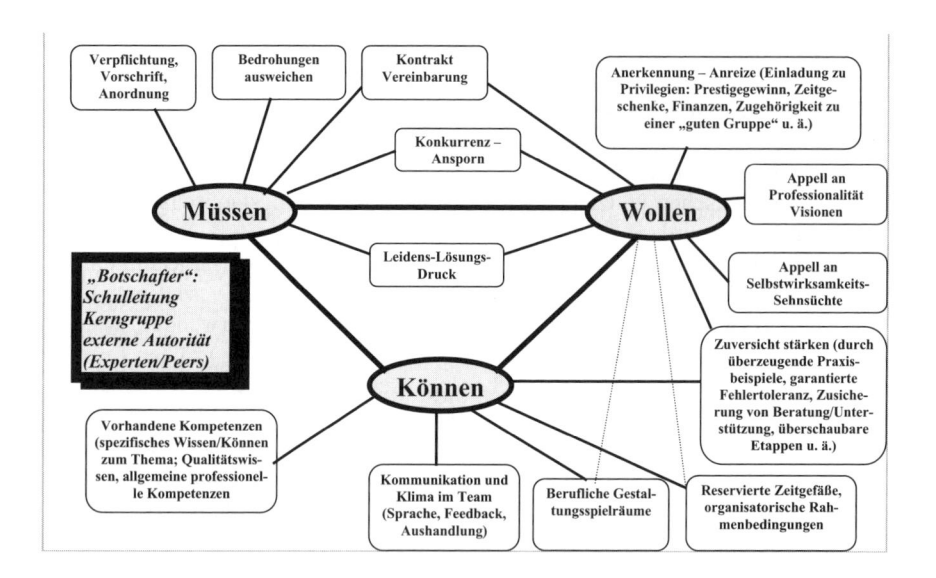

- Verpflichtung, Vorschrift, Anordnung
- Bedrohungen ausweichen
- Kontrakt Vereinbarung
- Konkurrenz – Ansporn
- Anerkennung – Anreize (Einladung zu Privilegien: Prestigegewinn, Zeitgeschenke, Finanzen, Zugehörigkeit zu einer „guten Gruppe" u. ä.)
- **Müssen**
- **Wollen**
- Appell an Professionalität Visionen
- *„Botschafter":* Schulleitung Kerngruppe externe Autorität (Experten/Peers)
- Leidens-Lösungs-Druck
- Appell an Selbstwirksamkeits-Sehnsüchte
- Vorhandene Kompetenzen (spezifisches Wissen/Können zum Thema; Qualitätswissen, allgemeine professionelle Kompetenzen
- **Können**
- Zuversicht stärken (durch überzeugende Praxisbeispiele, garantierte Fehlertoleranz, Zusicherung von Beratung/Unterstützung, überschaubare Etappen u. ä.)
- Kommunikation und Klima im Team (Sprache, Feedback, Aushandlung)
- Berufliche Gestaltungsspielräume
- Reservierte Zeitgefäße, organisatorische Rahmenbedingungen

Bildungslandschaften als Praxisfeld für ein neues Sinnverständnis – statt einer Zusammenfassung

Der Aspekt eines neuen Sinnverständnisses mag dem Leser oder der Leserin auf den ersten Blick nicht einleuchten oder als ein Gedanke gesehen werden, der das Thema Bildungslandschaften überlastet. Die Tatsache, dass gerade jetzt mit den Bildungslandschaften die Entwicklung jedes einzelnen Kindes in den Blick genommen wird, legt meines Erachtens die Frage nahe, um welches individuelle und gemeinschaftliche Wohlergehen es sich dabei handelt und ob dies nicht in einen größeren Zusammenhang gesellschaftlicher Entwicklung gestellt werden muss. Es geht darum, wie eigentlich Lebenssinn hergestellt wird, wenn das Prinzip „schneller, weiter, besser, höher" nicht mehr im Vordergrund steht und vielleicht nicht mehr genug Arbeit für alle vorhanden ist. Wie kann man zufrieden leben, wenn die natürlichen Ressourcen eine objektive Grenze setzen, wenn Entwicklungsprozesse immer internationaler und globaler werden?

Das „Denkwerk Zukunft – Stiftung kulturelle Erneuerung" macht es sich zur Aufgabe, ein neues Kulturverständnis zu etablieren, das nicht mehr allein auf Mehrung des materiellen Wohlstands und Wirtschaftswachstums beruht. In der Präambel zur Gründung beschreibt der Vorstandsvorsitzende Meinhard Miegel die Zielrichtung der Stiftungsarbeit: „Die Elemente jeder Kultur wie Kunst, Politik, Religion, Wirtschaft, Wissenschaft befinden sich nicht mehr in Balance und werden deshalb nur unzureichend wirksam. Diese Balance muss wieder hergestellt werden. Insbesondere müssen gesellschaftliches Miteinander, gegenseitige Hilfe, Verantwortung, Zuneigung bei abnehmendem Wirtschaftswachstum" neu entdeckt und Ziel eines veränderten Kulturbegriffs werden (Miegel o. J.) Dabei wird deutlich gemacht, dass sich dieser Wandel nur in den konkreten Lebensräumen der Menschen vollziehen kann und auch in Bildungslandschaften seinen Ausdruck finden wird.

Das wesentliche Ziel der Bildungslandschaften besteht darin, jedem einzelnen Kind die besten Entwicklungschancen zu ermöglichen. Diese Vorstellung liegt nah am Begriff der Freiheit, wie ihn Lord Dahrendorf verwendet, wenn er danach fragt, was das Ziel einer „Politik der Freiheit" ist: „Die größten Lebenschancen der größten Zahl (...). Lebenschancen sind zunächst Wahlchancen, Optionen." (Dahrendorf 2003, S. 44). Aber es geht nicht um Wahlchancen an sich, sondern um „tiefe Bindungen", die nötig sind, um den theoretisch bestehenden Wahlmöglichkeiten einen Sinn zu geben: „Von allen sozialen Bindungen, die den Optionen der modernen Wirtschaftsgesellschaft die nötigen Ligaturen hinzufügen, ist die Bürgergesellschaft die wichtigste." (ebd., S. 51) Hier sind Stiftungen in Zukunft zunehmend gefordert. Und sie werden mit ihrem Wirken auf vielfältige Weise in der Gesellschaft verortet sein: manchmal als Humus, manchmal als Herausforderung, manchmal als Bindemittel, manchmal als Vorreiter und manchmal als Reflexionsraum.

Literatur

Altrichter, Herbert (2009): Vortrag auf einem Workshop der Deutschen Kinder- und Jugendstiftung (DKJS) am Februar 2009. Berlin (unveröffentlicht).
Dahrendorf, Ralf (2003): Auf der Suche nach einer neuen Ordnung. München.
Dettling, Warnfried (2007): Vom Rand in die Mitte? Perspektiven der Bürgergesellschaft. In: Forschungsjournal Neue Soziale Bewegungen, Jg. 20, H. 2, S. 7–14.
Deutsche Kinder- und Jugendstiftung (Hrsg.) (2008): Staat und Stiftungen in Kooperation. Impulse und Ergebnisse. Dokumentation der Arbeitstagung vom 23. Mai 2008 in der Hessischen Landesvertretung in Berlin. Berlin (http://www.dkjs.de/uploads/ tx_spdkjspublications/Dokumentation_Staat_und_Stiftungen_final.pdf; 25.03.2009).
Miegel, Meinhard (o. J.): Denkwerk Zukunft (www.denkwerk.zukunft.de).
Strittmatter, Anton (2001): Bedingungen für die nachhaltige Aufnahme von Neuerungen an Schulen. In: Journal für Schulentwicklung, 5. Jg. H. 4, S. 58–66.

Auf dem Weg zur lokalen Bildungslandschaft.
Integriertes Bildungsmanagement in Weinheim

Ulrike Süss/Carmen Harmand/Susanne Felger

Das Modell der Weinheimer Bildungskette

Die Stadt Weinheim, an der badischen Bergstraße gelegen und dem Landkreis Rhein-Neckar angehörig, wurde Anfang 2008 als eine von vier Modellkommunen in der Bundesrepublik in das Programm „Lebenswelt Schule" der Deutschen Kinder- und Jugendstiftung (DKJS) und der Jacobs Foundation (JF) aufgenommen. Das Programm unterstützt asgewählte Kommunen auf dem Weg zu lokalen Bildungslandschaften mit dem Ziel, durch eine Vernetzung kommunaler Bildungsangebote die Kinder und Jugendlichen vor Ort bestmöglich zu fördern: „Lebenswelt Schule setzt auf einen Perspektivwechsel: Statt bei der Betreuung und Ausbildung von jungen Menschen in geteilten Zuständigkeiten zu denken, werden Möglichkeiten entwickelt und erprobt, die eine gemeinsame Verantwortungsübernahme zulassen."[40]

Mit dem folgendem Beitrag aus der Praxis einer baden-württembergischen Kommune wollen wir transparent machen, was Stiftungsengagement und Stiftungskooperation zusammen mit einer selbstbewussten und erfahrenen kommunalen Verantwortungsgemeinschaft beim Aufbau von Bildungslandschaften leisten kann. Wir gönnen uns die Freude über die „Früchte" und die interessanten Perspektiven des Programms „Lebenswelt Schule", die schon jetzt sichtbar werden.

Zugleich wollen wir darauf aufmerksam machen, dass Strukturen notwendig weiterentwickelt werden müssen, wenn eine Bildungslandschaft entstehen soll: Die gezielte Steuerung der Schnittstellen zwischen den Akteuren aus der Kommune, der staatlichen Schulaufsicht und der Zivilgesellschaft braucht unterstützende Strukturen. Es bedarf eines Schnittstellenmanagements auf lokaler Ebene, das die Vielfalt von Bedürfnis- und Interessenlagen sowie unterschiedliche Rahmenvorgaben, Steuerungslogiken und Steuerungsinstanzen im Politikfeld (berufliche) Bildung und Erziehung berücksichtigt und in den einzelnen Entwicklungsprozessen soweit wie möglich ressourcenorientiert integriert. Dies schließt eine kritische Betrachtung der Grenzen kommunaler Steuerung mit ein.

---

40 Auf der Website des Programms http://www.lebenswelt-schule.net/.

In Weinheim wurden im letzten Jahr zahlreiche Entwicklungsprozesse im Bereich (berufliche) Bildung und Erziehung in Gang gesetzt: Die Gesamtheit all dieser Elemente zur Gestaltung einer lokalen Bildungslandschaft wird als „Weinheimer Bildungskette" bezeichnet.

Im Modell der Weinheimer Bildungskette sollen in den einzelnen Entwicklungsprozessen und im übergreifenden kommunalen Bildungs- und Erziehungsmanagement schrittweise drei aufeinander folgende Handlungsebenen in den Blick genommen und zielführend integriert werden:[41]

- die Ebene der Kulturen und Werthaltungen der Akteure,
- die Ebene der Steuerungs- und Kooperationsstrukturen, der dazugehörigen Rahmenbedingungen, der strukturellen Lösungsansätze und politischen Strategien,
- die operative Ebene der Handlungsansätze und Methoden, das kooperative Handeln im Prozess und das Systemlernen.

Wichtig ist, dass es sich dabei um eine analytische Trennung handelt – in der Praxis gehen die drei Ebenen ineinander über. Im vorliegenden Beitrag liegt der Fokus auf der Ebene der Steuerungs- und Kooperationsstrukturen in der Kommune.

Ein zentrales Element der Weinheimer Bildungskette ist das 2008 gestartete Projekt „Individuelle Lernweggestaltung am Übergang Kita-Grundschule" im Rahmen des Programms „Lebenswelt Schule" der DKJS und der Jacobs Foundation. Hier sollen Kinder beim Übergang von der Kita in die Grundschule möglichst individuell gefördert werden. Am Beispiel dieses Projekts wird nun skizziert, wie die verschiedenen Bildungsakteure und die drei Handlungsebenen – die Ebene der Werthaltungen sowie die strategische und operative Ebene – integriert gesteuert werden können.

Die Vorgeschichte: Zur Entstehung und Gestaltung von Entwicklungsprojekten in der Weinheimer Bildungskette

Die Weinheimer Bildungskette hat eine längere lokale Vorgeschichte. Am Anfang stand ein großes Interesse der Stadt an (beruflicher) Erziehung und Bildung.

---

41 Diese Ebenen wurden von Ulrike Süss aus Modellen der St. Gallener Managementlehre hergeleitet – eine Lehre, die eine systemisch und sozialökonomisch ausgerichtete Managementlogik begründete. Wichtige Vertreter/innen sind beispielsweise Peter Ulrich/Edgar Flury (1995) oder Fredmund Malik (1992). Im Projekt „Individuelle Lernweggestaltung am Übergang Kita-Grundschule", das in Weinheim im Rahmen des Programms Lebenswelt Schule der DKJS und JF entwickelt wird, sollen soweit wie möglich alle drei Ebenen berücksichtigt werden.

Eine wichtige Rolle spielte die Weinheimer Jugendagentur Job Central, die als regionale Koordinierungsstelle zwei Zielsetzungen verfolgt: zum einen die Jugendlichen der Region bei Berufsorientierung und -integration zu unterstützen, zum anderen eine „lokale bzw. regionale Berufsintegrationspolitik in Form eines kommunal gestalteten und koordinierten Übergangsmanagements zwischen Schule und Beruf" zu erreichen.[42] Die Jugendagentur feiert 2009 ihr 10-jähriges Jubiläum und ist Ausdruck eines kontinuierlichen und verlässlichen Engagements der Freudenberg Stiftung in Weinheim. Der Oberbürgermeister der Stadt, Heiner Bernhard, hat diese Form des zivilgesellschaftlichen Engagements sehr treffend mit „Steilvorlagen liefern" (Gemeindetag Baden-Württemberg 2008, S. 871) beschrieben.

Diese „Steilvorlagen" können jedoch mit einzelnen Rahmenbedingungen und Standards kommunaler Haushaltsentscheidungen in Widerspruch geraten. Deshalb müssen Politik und Verwaltung in der Kommune im Einzelnen sorgfältig prüfen, welche Ideen und Initiativen realisiert werden können.

Innovative Entwicklungsprozesse am Übergang von Schule und Beruf werden in Weinheim traditionell von der Koordinierungsstelle Job Central „betreut". Für frühere biografische Phasen der Kinder nimmt diese Rolle seit 2007 die Koordinierungsstelle Integration Central wahr. Ihr operativer Aufgabenschwerpunkt liegt auf der Umsetzung und Weiterentwicklung des „Rucksack"-Programms, das auf Sprachförderung von Kindern in Kita und Grundschule in Verbindung mit einer kompetenzorientierten Beteiligung ihrer Eltern zielt.[43] Eltern mit (zunächst) großer Distanz zur Schule werden an den Lernprozessen ihrer Kinder beteiligt und für deren gesamte sprachliche Entwicklung und Lernfortschritte sowie deren Kompetenzen – zum Beispiel Mehrsprachigkeit – und jeweils aktuellen Förderbedarfe sensibilisiert. Im Mittelpunkt des kooperativen Handelns und der Erziehungs- und Bildungspartnerschaft steht das Kind, für dessen Lern- und Entwicklungswege wir gemeinsam einen fördernden Kontext gestalten wollen.

Ein fördernder Kontext für das Kind, das ist neben einem sprachpädagogisch fundierten Förderprozess und einer entsprechenden Unterrichtsorganisation vor allem auch das Miteinander von Elternhaus und Schule, die Fokussierung auf die individuellen Stärken und Interessen der Kinder und eine Kultur der Schule, in der individuelle Entwicklungsprozesse und Verschiedenheit Wertschätzung erfahren. Davon ausgehend wollen Weinheimer Grundschulen zusammen mit

---

42 Vgl. http://www.jobcentral.de. Die Jugendagentur wird gefördert von der Stadt Weinheim, dem Europäischen Sozialfonds (ESF), der Freudenberg Stiftung und dem Kultusministerium Baden-Württemberg.

43 Das Programm wurde von der Hauptstelle RAA (Regionale Arbeitsstellen zur Förderung von Kindern und Jugendlichen aus Zuwandererfamilien) in Nordrhein-Westfalen entwickelt und von der Freudenberg Stiftung auf die Modellkommune Weinheim übertragen. Vgl. http://www.raa.de/fileadmin/dateien/pdf/produkte/Info_Rucksack.pdf; 21.03.2009).

der Koordinierungsstelle Integration Central im Weinheimer Modell gleichermaßen an den Stärken der *Eltern* ansetzen. Diese sollen ermutigt und befähigt werden, die Lern- und Bildungswege ihrer Kinder mit ihren eigenen Kompetenzen – zum Beispiel ihrer Muttersprache – zu unterstützen (vgl. Koordinierungsstelle Integration Central 2009). Eltern „in Rucksack" beschäftigen sich in ihrer Elterngruppe in der Kita und Grundschule unter der Moderation einer mehrsprachigen Elternbegleiterin und mit Hilfe eines eigens dafür entwickelten „Rucksack-Materials" mit denselben Themen, die auch bei ihren Kindern in der Bildungsinstitution gerade aktuell sind. Das Rucksack-Material haben die Grundschulen zusammen mit Integration Central auf der Basis des Bildungsplans für die Baden-Württembergischen Grundschulen entwickelt. Die Eltern können es – quasi „im Rucksack", daher der Name – mit nach Hause nehmen und die Themen dort „by the way" mit ihren Kindern im Familienalltag und in ihrer Familiensprache gemeinsam „bearbeiten".

Eine zentrale Funktion in diesem Entwicklungsprozess haben Elternbegleiterinnen, die die Elterngruppen in den verschiedenen Institutionen moderieren und den Eltern und Fach- bzw. Lehrkräften als mehrsprachige „Kommunikationsbrücken" zur Verfügung stehen. In der Koordinierungsstelle werden sie für diese Aufgaben gecoacht und qualifiziert. Dieser operative Schwerpunkt der Koordinierungsstelle wird aktuell im Sinne der Weinheimer Bildungskette auch für die unter Dreijährigen im Krippenalter[44] sowie im Rahmen des städtischen Übergangsmanagements Schule-Beruf[45] für das Handlungsfeld „Hauptschule/Werkrealschule" aufbereitet.

Die Bildungs- und Lernprozesse eines Kindes sollen schon in frühen biografischen Phasen unter Berücksichtigung aktueller Forschungserkenntnisse unterstützt und begleitend gestaltet werden. So soll erreicht werden, dass kein Kind an kritischen Übergängen seiner Bildungsbiografie – zwischen Kita und Grundschule, zwischen Grundschule und weiterführender Schule, zwischen Schule und Beruf – „verloren geht".

Der Weinheimer Oberbürgermeister Heiner Bernhard hat darauf hingewiesen, dass der Aufbau einer solchen Bildungskette prozesshaft organisiert sein muss und eines starken Engagements der Stadt bedarf. Eine wichtige Aufgabe der beiden Koordinierungsstellen – Integration Central und Job Central – sei daher auch, bei den Kommunalpolitikern das Bewusstsein dafür zu schärfen, dass dieser integrative Ansatz sinnvoll und Erfolg versprechend ist. Im Umsetzungsprozess müsse an bereits vorhandene Institutionen und Strukturen angeknüpft werden: „Sie müssen schauen, welche Netzwerke es in den Bereichen Soziales, Kinder- und Jugendhilfe,

---

44 Diese Entwicklungsprozesse werden im Projekt „Griffbereit" gestaltet; weitere Erläuterungen zu diesem Projekt unter www.integrationcentral.de.
45 Weitere Erläuterungen dazu unter www.uebma-weinheim.de.

Schule, Wirtschaft und Zivilgesellschaft schon gibt. Eine gewachsene und belastbare Infrastruktur und eine Vertrauensbasis muss schon vorhanden sein, sonst überheben sich die Kommunalpolitiker. Wichtig ist eben auch die Struktur *außerhalb* der Verwaltung. Bei uns in Weinheim gibt es über 350 Vereine, und 40 davon mit einer sozialen Aufgabenstellung. Viele engagieren sich für Bildung und Integration, die wir ansprechen können. Auszugsweise können hier neben der Freudenberg Stiftung auch der Weinheimer Unterstützerkreis Berufsstart, die Bürgerstiftung Weinheim, die Weinheimer Service-Clubs wie beispielsweise der Lions-Club, die Migrationsorganisationen, der Stadtseniorenrat, der Verein Soziale Vielfalt oder die Agenda-Gruppe Weinheim für das breite Engagement außerhalb der Verwaltung genannt werden." (vgl. Gemeindetag Baden-Württemberg 2008, S. 872). An diesen Strukturen können die für Bildungs- und Erziehungsfragen zuständigen städtischen Ämter und die beiden Koordinierungsstellen ansetzen und das Engagement der verschiedenen Akteure für neue Entwicklungsvorhaben zusammenbringen. Auf diese Weise können „Gemeinschaftswerke" entstehen, an denen im besten Fall möglichst viele kommunale Persönlichkeiten und Gruppen produktiv beteiligt sind.

Im Jahr 2007 gab die Freudenberg Stiftung zusammen mit weiteren Stiftungen, engagierten Kommunen, Expertinnen und Experten aus diesem Politikfeld sowie weiteren Einzelpersönlichkeiten erneut eine „Steilvorlage". Ziel sollte es sein, die Strategien und Strukturen am Übergang zwischen Schule und Beruf bzw. Ausbildung bundesweit weiterzuentwickeln. Im Juli 2007 verabschiedeten die Akteure in Weinheim eine Öffentliche Erklärung, die siebzig Verantwortliche aus Kommunen, Praxis, Wissenschaft, Stiftungen und Wirtschaft unterzeichneten.[46] Mit der „Weinheimer Initiative 2007" soll die Verantwortung der Städte und Gemeinden für Bildung und Ausbildung gestärkt werden. In der Präambel der Erklärung wird aus einem Memorandum zitiert, das vom Forum „Jugend. Bildung. Arbeit" bereits 1998 vorgelegt worden war: „Jugendprobleme sind Schlüsselprobleme der Gesellschaft. Ausbildungs- und Chancenlosigkeit für junge Menschen darf es nicht geben und braucht es in einer entwickelten Gesellschaft nicht zu geben. Die öffentliche Verantwortung für die nachwachsende Generation hat Priorität." (Flitner/Petry/Richter 1998, S. 17).

Die Unterzeichner/innen[47] der Weinheimer Initiative fordern, dass Kommunen ein Übergangssystem mit einem entsprechenden Management schaffen, das jedem Jugendlichen einen perspektivenreichen Weg in betriebliche oder schuli-

---

46 Vgl. dazu die Erläuterungen der Freudenberg Stiftung http://www.freudenbergstiftung.de/index.php?id=494.
47 In Baden-Württemberg haben neben Oberbürgermeister Heiner Bernhard aus Weinheim auch die Oberbürgermeister der beiden größten Kommunen, Dr. Wolfgang Schuster aus Stuttgart und Dr. Peter Kurz aus Mannheim, die Erklärung unterzeichnet.

sche Ausbildung, weiterführende allgemeine Bildung oder andere Formen von Qualifizierung eröffnet.

Die Weinheimer Initiative begründet das gemeinsame Engagement mit folgendem Aufgabenverständnis von Kommunen:

„Die Kommunen sind nach Art. 28 II Grundgesetz für alle Angelegenheiten der örtlichen Gemeinschaft zuständig. Daraus ergibt sich eine grundsätzliche (Mit-) Verantwortung für die Sicherung der Berufs- und Lebensperspektiven der nachwachsenden Generationen. Dies ist zugleich ein zentraler Beitrag für die wirtschaftliche, soziale und kulturelle Zukunft der eigenen Stadt oder Region. Sinnvollerweise erfüllen die Kommunen diese Aufgabe insbesondere durch kommunale Koordinierung aller Aktivitäten und Akteure, die am Übergang von der Schule in die Arbeitswelt und das Erwachsenenleben mitwirken. Sie schaffen auf diese Weise ein Übergangssystem mit einem entsprechenden „Management", das jedem Jugendlichen einen perspektivreichen Weg in betriebliche oder schulische Ausbildung, weiterführende allgemeine Bildung oder andere Formen von Qualifizierung eröffnet..." (Weinheimer Initiative 2007, S. 2 f.).

Weinheim greift mit seinem Konzept der Bildungskette dieses Selbstverständnis auf. In einer Vorlage, die im Jugendhilfeausschuss der Stadt zustimmend beraten wurde, wird dazu ausgeführt:

„Bildung und berufliche Integration wird als Basis von sozialer Integration und Inklusion gewertet. Eine misslungene Integration bzw. soziale Ausgrenzung fällt der kommunalen Gemeinschaft in vielfältiger Weise wieder auf die Füße...".

Aus dem Impuls der Weinheimer Initiative ist noch ein weiteres Projekt entstanden, das am wichtigen biografischen Übergang von Schule und Beruf ansetzt: Weinheim nimmt am Programm „Perspektive Berufsabschluss jetzt: Regionales Übergangsmanagement" des Bundesministeriums für Bildung und Forschung teil und steuert seit Sommer 2008 Strukturen und Entwicklungsprozesse im „Städtischen Übergangsmanagement Schule-Beruf" (ÜbMa Weinheim).

Steuerungsstrukturen für (berufliche) Bildung und Erziehung in Weinheim: Chancen, Grenzen und Perspektiven

Das zivilgesellschaftliche Engagement – die „Steilvorlagen" – und das eben beschriebene Selbstverständnis der Kommune brauchen jedoch solide Anschlusspunkte im lokalen Steuerungssystem und in der Verwaltung, wenn die „Gemeinschaftswerke" tragfähig und nachhaltig werden sollen.

Die Stadt Weinheim ist als eine von ganz wenigen kreis*angehörigen* Städten in der Bundesrepublik Träger der öffentlichen Kinder- und Jugendhilfe nach dem Kinder- und Jugendhilfegesetz (SGB VIII). Es besteht eine Zweigliedrigkeit des Jugendamtes, das sich in Verwaltung und Jugendhilfeausschuss aufteilt. In den Jugendhilfeausschuss werden auf Vorschlag der Vertretungskörperschaft sachkundige Frauen und Männer berufen, die dort ihr Stimmrecht ausüben können. Diese Struktur schafft günstige Ausgangsbedingungen für Bürgerbeteiligung und die Partizipation junger Menschen und ihrer Verbände.

Um die oben beschriebenen „Gemeinschaftswerke" und die institutionellen Übergänge der Kinder und Jugendlichen im Bildungs- und Erziehungssystem besser steuern zu können, hat die Stadt Weinheim in 2008 auch ihre Ämterstruktur an diese Ziele angepasst: Die Aufgaben zur Förderung der Kinder in Krippen- und Tageseinrichtungen (nach SGB VIII) wurden zusammen mit den Aufgaben der kommunalen Schulträgerschaft – mit dem Ziel einer aktiven Schulträgerschaft – beim Amt für Bildung, Sport und Bäder angesiedelt. Die weiteren zentralen Aufgaben nach SGB VIII, wie beispielsweise die Hilfen zur Erziehung, übernimmt weiterhin das Amt für Jugend und Soziales. Die Aufgaben der Jugendberufshilfe hat die Stadt Weinheim seit dessen Bestehen auf Job Central e. V. übertragen, die Aufgaben der Jugendarbeit auf den Stadtjugendring e. V. Darüber hinaus wird der öffentliche Träger bei der Wahrnehmung seiner Aufgaben in vielfältiger Weise von verschiedenen Akteuren unterstützt: von Trägern der freien Wohlfahrtspflege, der Arbeiterwohlfahrt, dem Caritasverband und der Diakonie sowie von den Kirchengemeinden und dem schon beschriebenen vielgestaltigen zivilgesellschaftlichen Engagement.

Der Jugendhilfeausschuss der Stadt Weinheim hat aufgrund der gesetzlichen Vorgaben zur Zweigliedrigkeit des Jugendamtes und seiner Gesamtverantwortung für die Jugendhilfeplanung ein breites Aufgabenspektrum zu erfüllen. Er ist für die Steuerung der Ziele und Aufgaben des SGB VIII aus *beiden* Verwaltungsbereichen und derer in sogenannter freigemeinnütziger Trägerschaft – wie zum Beispiel die Aufgaben des Stadtjugendrings in der offenen Jugendarbeit oder die Koordinierungsstelle Job Central in der Jugendberufshilfe – verantwortlich. Im Rahmen der Etatberatungen beschließt er in dieser Funktion auch über Zuteilungen von Ressourcen aus dem städtischen Haushalt für diese Ziele und Aufgaben aus beiden Bereichen.

Die kreisangehörige Stadt Weinheim hat noch weitere strukturelle Veränderungen vorgenommen, um eine zielführende integrierte Steuerung ihrer Bildungs- und Erziehungslandschaft umsetzen zu können: Dazu gehörte die Einrichtung eines „eigenen" Jugendamtes einschließlich des Jugendhilfeausschusses, eine entsprechende Verwaltungsorganisation sowie die Entwicklung von Kulturen, Strategien und Umsetzungsprozessen im Rahmen der Weinheimer Bildungskette. Dabei hat die Kommune ihre Handlungsmöglichkeiten weitgehend genutzt. Doch zeigen sich deutliche Probleme an den Schnittstellen zwischen kommunaler Steuerung und der Steuerung durch die staatliche Schulaufsicht.

Es gibt bereits unterschiedliche Ansätze, um die Probleme an den Schnittstellen konstruktiv zu bearbeiten. So haben die Modellregionen Freiburg und Ravensburg gemeinsam mit der Bertelsmann Stiftung unter den Rahmenbedingungen des Landes Baden-Württemberg das Programm „Bildungsregionen"[48] erfolgreich erprobt. Die Versuche zeigen weitergehende Lösungswege auf, wie staatlich-kommunale Verantwortungsgemeinschaften für eine durchgängige, biografiebegleitende und horizontal vernetzte Bildungslandschaft geschaffen werden können. Das Programm will die Verbindlichkeit und Verlässlichkeit der Kooperation von kommunaler Kinder- und Jugendhilfe und Schulträgerschaft einerseits und staatlicher Schulaufsicht und Schulentwicklung andererseits qualitativ weiterentwickeln.

„Regionale Bildungsbüros" sollen in enger Kooperation mit kommunalen Fachkräften der Bildungs- und Jugendhilfeplanung sowie abgeordneten Fachkräften aus dem Schulsystem die Zusammenarbeit zwischen verschiedenen Trägern und Persönlichkeiten von Bildungs- und Erziehungsarbeit für die *gesamte* Bildungslandschaft der Kommune koordinieren. Die horizontale Vernetzung korrespondiert mit dem Gedanken einer durchgängigen vertikalen Vernetzungsaufgabe des Bildungsbüros entlang individueller Bildungsbiografien. Dadurch sollen gelingende Übergänge der Kinder und Jugendlichen im Bildungs- und Erziehungssystem gefördert werden.

In Weinheim wurde mit dem Projekt „Individuelle Lernweggestaltung am Übergang Kita-Grundschule" der Versuch gemacht, sich in einem ersten Schritt auf einen Teilbereich der Bildungslandschaft zu konzentrieren und gezielt Verbesserungen an dieser Stelle zu erreichen. So soll zum Beispiel die Zusammenarbeit von kommunalen Entscheidungsträgern und staatlicher Schulaufsicht in einer Lenkungsgruppe deutliche Fortschritte bringen.

Das Projekt „Individuelle Lernweggestaltung am Übergang Kita-Grundschule" im Programm Lebenswelt Schule

Die übergreifenden Leitgedanken, auf denen die Weinheimer Bildungskette basiert, korrespondieren sehr eng mit dem Konzept und den Inhalten des Programms „Lebenswelt Schule" der Deutschen Kinder- und Jugendstiftung und der Jacobs Foundation. Aus Sicht der kommunalen Akteure hat dieses Programm die Optionen für nächste sinnvolle Entwicklungsschritte im Weinheimer System sehr deutlich gemacht.

---

48 Nähere Informationen finden sich unter http://www.schulentwicklung-bw.de/bildungsregionen/ sowie bei Stern u. a. 2008.

In Weinheim umfasst die Strategie zur Umsetzung des Projekts fünf zentrale Bausteine:

1. Kita-Fachkräfte und Grundschullehrer/innen sollen im Handlungsfeld „Bildung und Erziehung" übereinstimmende Werthaltungen und Handlungsstrategien entwickeln. Um dies zu erreichen, finden gemeinsame Fortbildungen zum methodischen Ansatz, gemeinsames Lernen und gemeinsame Projekte statt. Auf diese Weise kann auch die *institutionelle* Kooperation zwischen Kitas und Grundschulen verbessert werden.
2. Es werden Qualitätszirkel eingerichtet, in denen Kita-Fachkräfte, Grundschullehrer/innen und Fachkräfte der Koordinierungsstelle Integration Central ihre Lernerfahrungen und jeweiligen fachlichen Sichtweisen einbringen und systematisch reflektieren können.
3. Alle beteiligten Institutionen erhalten bei der Einführung des neuen Handlungsansatzes eine individuelle, am Bedarf der *einzelnen* Organisationseinheit orientierte Beratung.
4. Dezentrale Kooperationsknotenpunkte zwischen den – Kinder aufnehmenden – Grundschulen und den – Kinder „abgebenden" – Kitas dienen den Akteuren dazu, die „Knackpunkte" der Kooperation sichtbar zu machen und mit Hilfe einer externen Moderation Lösungsstrategien auszuhandeln.
5. Es werden klare Steuerungs- und Aushandlungsstrukturen geschaffen, um der hohen Komplexität und Dynamik der Entwicklungsprozesse am Übergang zwischen Kita und Grundschule gerecht zu werden. Die unterschiedlichen (teilweise auch konfligierenden) Entwicklungsgeschichten und Werthaltungen, Bedürfnis- und Interessenlagen, Rahmenvorgaben und Dienstherrenfunktionen der beiden Institutionen müssen berücksichtigt werden. Der erfolgreiche Aufbau solcher Steuerungsstrukturen im einzelnen Projekt kann sich positiv auf die Etablierung übergreifender Steuerungsstrukturen für die gesamte Weinheimer Bildungskette auswirken. Auf diese Weise wird es möglich, das kommunale Gesamtsystem von Bildung und Erziehung weiterzuentwickeln.

Mit dieser Projektstrategie und den beschriebenen Bausteinen sollen alle drei Handlungsebenen integriert „gemanagt" werden: die Ebene der Kulturen und Werthaltungen der Akteure, die Ebene der Steuerungs- und Kooperationsstrukturen, der dazugehörigen Rahmenbedingungen, der strukturellen Lösungsansätze und politischen Strategien, sowie die operative Ebene der Handlungsansätze und Methoden, des kooperativen Handelns im Prozess und des Systemlernens.

Anfang 2008 wurde bei der Umsetzung des Projekts „Individuelle Lernweggestaltung am Übergang Kita-Grundschule" mit der Ebene der Werthaltungen begonnen. Bei Kita-Fachkäften und Grundschullehrer/innen sollte sich eine gemeinsame Sicht auf Kompetenzen und Entwicklungspotenziale von Kindern am Übergang von Kita und Grundschule in der Weinheimer Kernstadt herausbilden. Dieser Prozess wurde auf der operativen Ebene durch die Einführung des Handlungsansatzes der Bildungs- und Lerngeschichten unterstützt. Der Ansatz geht auf das Konzept der „learning stories" zurück, das in Neuseeland von Margaret Carr (vgl. Carr 1998) entwickelt wurde. Das Deutsche Jugendinstitut hat dieses Konzept für Kinder im Kita-Alter aufbereitet und entwickelt es gegenwärtig für Kinder im Grundschulalter weiter.

Für das Kita-Alter stehen fünf sogenannte Lerndispositionen im Zentrum. Sie gelten als Kernkompetenzen eines Kindes für lebenslanges Lernen: „interessiert sein", „engagiert sein", „standhalten können", „sich ausdrücken können" und „in einer Lerngemeinschaft kooperieren können". Lerndispositionen kommen permanent in den vielfältigen Aktivitäten von Kindern zum Ausdruck, wenn die Kinder sich zugehörig, wohl und ich-stark fühlen, wenn man ihnen Gehör schenkt und sie auf ihre Weise kommunizieren lässt, wenn sie Verantwortung übernehmen und partizipieren dürfen (vgl. Leu u. a. 2007, S. 50).

Die Metapher der Eisberge nach M. Carr
- Gemeinsam Bedingungen für lebenslanges Lernen schaffen -

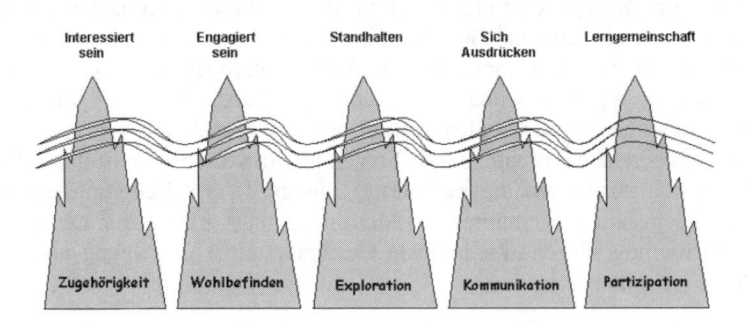

| Interessiert sein | Engagiert sein | Standhalten | Sich Ausdrücken | Lerngemeinschaft |

| Zugehörigkeit | Wohlbefinden | Exploration | Kommunikation | Partizipation |

Die wichtigsten Beteiligten am Lern- und Entwicklungsprozess eines Kindes – die Kinder selbst, ihre Eltern und die pädagogischen Fachkräfte – sollen sich der vielfältigen Lernoptionen im gemeinsamen Alltagshandeln bewusst werden. Es geht darum, die individuellen Lerngeschichten zu erkennen, zu reflektieren und zu dokumentieren. Das Kind soll in der Kita seine eigenen Lerngeschichten wahrnehmen lernen und diese selbstbewusst in die Grundschule mitnehmen. „Aus der Perspektive der Schule bedeutet dies, den Blick mehr und mehr auch darauf zu richten, was ein Kind *überhaupt* kann, als nur darauf, was es gemessen an den curricularen Anforderungen der Schule kann" (Leu 2008).

Umsetzungsschritte

Zunächst wurden die Grundschulen der Weinheimer Kernstadt und die in ihrem Einzugsbereich liegenden 16 Kitas in städtischer, konfessioneller oder freier Trägerschaft über das Programm „Lebenswelt Schule" informiert. Anschließend konnten sie die Aufnahme in das Projekt „beantragen". Elf dieser Kitas und vier Grundschulen entschieden sich daraufhin für eine Bewerbung und verpflichteten sich damit auf die Ziele des Projekts „Individuelle Lernweggestaltung am Übergang Kita-Grundschule".

Die Fachkräfte der teilnehmenden Kitas mussten im Handlungsansatz der Bildungs- und Lerngeschichten fortgebildet werden. Diese Aufgabe übernahm eine Prozessbegleiterin, die als Expertin für dieses Konzept das notwendige Wissen und die erforderlichen Kompetenzen vermitteln kann. Sie begleitet auch die Fachkräfte der Grundschulen bei der Auseinandersetzung mit den Grundprinzipien dieses Ansatzes und bei der Aneignung und Weiterentwicklung der Instrumente. Anfang 2009 wurde ein Qualitätszirkel eingerichtet, der ebenfalls von der Prozessbegleiterin moderiert wird. Er gibt den beteiligten Akteuren die Möglichkeit, ihre Erfahrungen aus den Fortbildungen zu reflektieren und die Methodik entsprechend weiterzuentwickeln. Die beteiligten Kitas und Grundschulen werden von der Prozessbegleiterin im weiteren Umsetzungsprozess auch individuell bei der Einführung des Handlungsansatzes in ihre Organisation beraten.

Die Weinheimer Kooperationspartner verfolgen zudem das Ziel, den Ansatz der Bildungs- und Lerngeschichten konzeptionell mit dem bereits beschriebenen „Rucksack"-Programm in Kitas und Grundschulen zu verbinden. So wäre es zum Beispiel möglich, erfahrene Elternbegleiterinnen aus diesem Programm entsprechend fortzubilden. Diese könnten dann gleichzeitig ihre Sichtweisen und Erfahrungen aus der Partizipation von Eltern mit und ohne Migrationshintergrund einbringen.

Im Mittelpunkt steht der Gedanke, die Erziehungs- und Bildungspartnerschaft von Eltern und Institutionen über die kooperative Beteiligung an den Lern- und Entwicklungsprozessen des Kindes herzustellen. Die Hauptmotivation für die Partnerschaft liegt im gemeinsamen Interesse an einer gelingenden Entwicklung des Kindes. Und genau mit diesem Ansatz des Lernens kann die Partnerschaft konkret und praktisch – etwa über das gemeinsame Medium „Lerntagebuch" – in Alltagshandeln umgesetzt werden.

Die gemeinsame Fokussierung von Eltern und Institutionen auf die Lern- und Entwicklungswege eines Kindes mit Hilfe der Bildungs- und Lerngeschichten könnte auch günstige Voraussetzungen dafür schaffen, kulturelle und sprachliche Grenzen zu überwinden. Um das Interesse am Kind lebendig werden zu lassen und bei der Dokumentation der Bildungs- und Lerngeschichten handlungsfähig zu werden, müssen die Beteiligten ihr Denken und Handeln aufeinander abstimmen. Dadurch wird die gemeinsame Kommunikation und Verständigung quasi für alle Seiten zwingend.

Rahmenvorgaben für den Entwicklungsprozess

Beim Aufbau einer geeigneten Struktur zur Umsetzung dieser Projektziele und -aufgaben wurden zunächst die Ausgangsbedingungen erfasst. Auf dieser Basis konnten dann die notwendigen Veränderungen festgelegt werden, um die neuen Entwicklungsprozesse steuern zu können. Wichtig sind dabei unterstützende Strukturen für eine aktive Kinder- und Jugendhilfe und für eine aktive Schulträgerschaft der Kommune.

Die Bestandsaufnahme machte deutlich: Am Übergang von Kita zur Grundschule findet sich eine Vielfalt von Steuerungshoheiten und Dienstherrenfunktionen für die einzelnen Institutionen und Akteure.

Die Tagesbetreuung in Kitas liegt in der Zuständigkeit der Kommune. Als gemeinsame fachpolitische Vorgabe gilt hier das Kinder- und Jugendhilfegesetz (SGB VIII) sowie der neue Orientierungsplan für Bildung und Erziehung in den baden-württembergischen Kindergärten, der auch Vorgaben für den Übergang in die Grundschule enthält.

Für die Grundschulen ist das Amt für Schulaufsicht und Schulentwicklung zuständig, das als untere Schulaufsichtsbehörde dem Regierungspräsidium Karlsruhe untersteht. Seit 2009 nimmt das Amt seine Aufgaben wieder zentralisiert für einen großflächigen Einzugsbereich wahr.

In der Unterrichtsgestaltung folgen die Grundschulen dem Bildungsplan aus dem Kultusministerium Baden-Württemberg.

Um ein überzeugendes Konzept und geeignete Strategien für den Übergang zwischen Kita und Grundschule entwickeln zu können, wurde deshalb zunächst sorgfältig der in Baden-Württemberg bestehende fachpolitische Rahmen und die darin enthaltenen Vorgaben recherchiert. Dabei handelte es sich um den Orientierungsplan für die Kitas und den Bildungsplan für die Grundschulen. Beide Pläne wurden schließlich von den Initiatoren des Weinheimer Projekts als Ressourcen für die angestrebten Ziele wahrgenommen.

Die Integration aller drei Handlungsebenen bedeutet auch, schon in der Anlage des Projekts auf eine wertschätzende Betrachtung der kulturellen und historischen Unterschiede sowie der „Knackpunkte" der institutionellen Kooperation zu achten. Diese Perspektive führte dazu, dass im Kontext der „Lebenswelt Schule"-Prozesse Konsens- und Dialogorientierung, Wertschätzungskultur sowie transparente Entscheidungs- und Beteiligungsstrukturen und Rollen- und Aufgabenklarheit an den Schnittstellen von Schule und Kommune von besonderer Bedeutung waren. Diese Prinzipien finden sich auch in den Prozessstrukturen der Weinheimer „Lebenswelt Schule" wieder.

Die Prozessstrukturen von „Lebenswelt Schule" in Weinheim

Zunächst wurde eine Struktur aufgebaut, die den Entwicklungsprozess in Weinheim möglichst gut unterstützen sollte. Die beiden Prozessbegleiter/innen sprachen in diesem Zusammenhang von einer „kaskadenförmigen Prozessarchitektur": Die Konstruktion wurde so gewählt, dass der Entwicklungsprozess in einer Art Stufenaufbau vom inneren Kreis des Projektteams ausgehend zu den weiteren Handlungsebenen hin moderiert wird.

Das Projektteam besteht aus der Fachberaterin der städtischen Kitas, der Leiterin der kommunalen Koordinierungsstelle Integration Central, der geschäftsführenden Rektorin der Weinheimer Grund-, Haupt-, Real- und Sonderschulen, einer Vertreterin der Freudenberg Stiftung, einer Mitarbeiterin des Rucksack-Programms sowie den beiden Prozessbegleiter/innen. Die Akteure dieses Teams setzen die strategischen Vorgaben aus dem Jugendhilfeausschuss und der eigens dafür eingerichteten Lenkungsgruppe Weinheimer Bildungskette operativ um. In umgekehrter Richtung werden hier die Vorlagen für die Lenkungsebene entwickelt sowie Bericht erstattet.

Die Erziehungs- und Bildungspartnerschaft mit den Eltern auf der Basis der Bildungs- und Lerngeschichten findet vor Ort in den elf Kitas und vier Grundschulen statt. Hier sollen die Lerngeschichten des Kindes in Einzelgesprächen, im Elterncafé, in der Rucksack-Elterngruppe oder in neuen Kommunikationsformen zwischen Fachkräften, Eltern und Kindern reflektiert werden. Die Ausgestaltung dieser Partnerschaft ist nach dem baden-württembergischen Orientierungsplan Aufgabe der jeweiligen Institutionen. In Weinheim können sie bei Bedarf von den Fachkräften und Elternbegleiterinnen aus dem Rucksack-Programm unterstützt werden.

Der Ansatz der Bildungs- und Lerngeschichten soll die Kinder als Subjekte und „Eigentümer" ihrer eigenen Bildungs- und Lernbiografie stärken. Die erwachsenen Bildungs- und Erziehungspartner/innen sollen sich dadurch mehr und mehr dafür verantwortlich fühlen, in den beteiligten Institutionen und Familien einen Kontext zu schaffen, der das Lernen fördert: Angestrebt wird, dass die Kinder ihre individuellen Lerngeschichten achtsam und interessiert wahrnehmen und dokumentieren. Im Qualitätszirkel können Erfahrungen mit dem Handlungsansatz der Bildungs- und Lerngeschichten und weitergehende fachliche Fragen kontinuierlich reflektiert werden.

Die Kooperation zwischen Kitas und Grundschulen, die perspektivisch auch für besonders interessierte Eltern, Elternbegleiterinnen aus dem Rucksack-Programm oder ehrenamtliche Kita- und Grundschulpaten geöffnet werden kann, soll im weiteren Prozess in *dezentralen* Kooperationsknotenpunkten „vor Ort" zwischen der einzelnen Grundschule im Stadtteil und „ihren" Kinder „abgebenden" Kitas organisiert werden. Dezentrale Aushandlungsorte sollen die Akteure dabei unterstützen, die konstruktiven und kritischen Themen der Kooperation und vorhandene gute Praxis sichtbar zu machen. Für die kritischen Themen sollen Lösungsstrategien ausgehandelt und bei Bedarf weitere Gemeinschaftsprojekte initiiert werden. Das neue Gemeinschaftsprojekt Kita- und Grundschulpaten[49] zeigt mögliche Wege in diese Richtung auf. Der Aufbau dieser dezentralen Struktur soll durch eine externe Moderation begleitet werden. Auch dieses Vorhaben ist als ergebnisoffener Entwicklungsprozess konzipiert, in dem sich Strukturen durch gute Praxis und die Erfahrungen der Beteiligten generieren sollen.

Die Lenkungsgruppe Weinheimer Bildungskette

Die Lenkungsgruppe Weinheimer Bildungskette, die mit der „Weinheimer Lebenswelt Schule" initiiert wurde, fungiert als übergreifendes kommunales Beratungsgremium für die Politik und den Gemeinderat. Im Zuge des Projektmanagements fungiert sie auch als Steuerungsgruppe für die beschriebenen Entwicklungsprozesse und formuliert die bildungspolitischen Aufträge für das Projektteam, den Qualitätszirkel und perspektivisch auch für die dezentralen Kooperationsknotenpunkte.

Gleichzeitig ist die Lenkungsgruppe selbst Gegenstand des Entwicklungsprozesses. Die Fragestellung, inwieweit und in welcher konkreten Form sie perspektivisch mit der Berufsintegrationskommission am Übergang zwischen Schule und Beruf zusammenwachsen kann oder weitergehend in der Struktur einer Bildungsregion – analog den Baden-Württembergischen Modellregionen Freiburg und Ravensburg – aufgehen kann, soll durch die Prozesserfahrung und die dabei sicht-

---

49 Aus dem ursprünglichen Patenschaftsprojekt mit dem Lions-Club, das nur auf die Kita im Mehrgenerationenhaus Weinheim bezogen war, hat sich mittlerweile ein Gemeinschaftsprojekt zwischen der Kita, der Albert-Schweitzer-Grundschule und der Koordinierungsstelle Integration Central entwickelt. Die Kinder sollen an ihrem Übergang von der Kita in die Grundschule ihre vertrauten Lesepaten wiederfinden. Auf diese Weise erzeugen die beiden Programme „Mehrgenerationenhaus" und „Lebenswelt Schule" gegenseitige Synergieeffekte in der Weinheimer Bildungslandschaft.

bar werdenden Bedarfe beantwortet werden. Diese Herangehensweise orientiert sich an der Handlungslogik „form follows function – structure follows objectives": Die Form folgt der Funktion – die Struktur folgt den Zielen und Aufgaben.

In der Lenkungsgruppe arbeiten die Akteure die Vorgaben für die operative Umsetzung auf den verschiedenen Ebenen aus und stimmen sich im Dialog darüber ab, was als fachpolitische Empfehlung an die jeweils formal zuständigen Entscheidungsgremien gehen soll. Die Lenkungsgruppe setzt sich zusammen aus Vertreter/innen der Stadt und des Amtes für Schulaufsicht und Schulentwicklung, der geschäftsführenden Rektorin der Weinheimer Schulen, Elternbeiräten aus der Kita und der Grundschule, Vertreter/innen von Migrantenorganisationen, der Freudenberg Stiftung, den beiden Koordinierungsstellen Integration Central und Job Central, weiteren zivilgesellschaftlichen Persönlichkeiten und Fachvertreter/innen sowie den beiden Prozessbegleiter/innen.

Um die Nachhaltigkeit dieser Struktur und deren Entwicklungsoptionen zu sichern, wurde die Führungsebene der Lenkungsgruppe mit drei Personen besetzt: Der Vorsitz liegt beim Weinheimer Oberbürgermeister Heiner Bernhard, die Geschäftsführung hat die Leiterin des städtischen Amtes für Bildung, Sport und Bäder zusammen mit der Leiterin der Koordinierungsstelle Integration Central übernommen.

Die Struktur der Bildungslandschaft am Übergang von Kita zu Grundschule kann mit folgendem Schaubild veranschaulicht werden

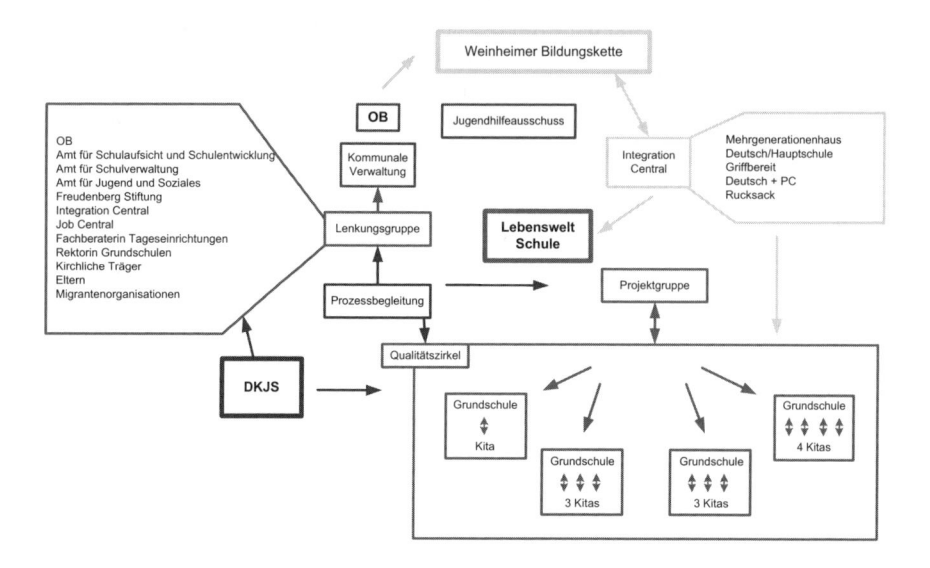

In welche Richtung steuern wir? – Maximen der Weinheimer Bildungskette

Das Bild der „Weinheimer Bildungskette" steht für das Prinzip der lokalen Verantwortungsgemeinschaft und Erziehungspartnerschaft für gelingende Biografien und Lernwege der Kinder und Jugendlichen, auf denen sie ihre eigenen Stärken, Interessen und Sichtweisen, Erfahrungen, Ziele und lebensweltlichen Fähigkeiten und Fertigkeiten entfalten können. Es steht für Zugehörigkeit, Integration und für eine gleichberechtigte Teilhabe an den kommunalen Bildungsressourcen, mithin auch für Chancengleichheit und angemessene Beteiligung an den kommunalen Mitteln. Kinder und Jugendliche sollen bei Bedarf frühzeitig und in allen Entwicklungsphasen – vor allem an ihren kritischen biografischen Übergängen – durch unterschiedlichste Partnerinnen und Partner in der kommunalen Verantwortungsgemeinschaft Unterstützung finden, um ihre individuellen Potenziale ausbilden zu können, Heterogenität positiv zu erleben, kulturelle Unterschiede zu respektieren, Diskriminierung abzuwehren, Wertkonflikte zu regeln und diese produktiv für den Aufbau der eigenen Identität und der individuellen Lern- und Lebensbiografie zu nutzen.

Diese Maximen bilden zugleich die Leitgedanken für die jeweiligen Handlungsebenen. Sie dienen als „Prüfsteine" für die einzelnen Entwicklungsprozesse *und* für die übergreifende Steuerung der Weinheimer Bildungskette. Die praktische, lebensnahe Auseinandersetzung mit den damit verbundenen Werten, ihre Übersetzung in das Alltagshandeln und in innere Haltungen der Akteure vor Ort ist dabei selbst Gegenstand der Projekte, wie am Beispiel des Projekts „Individuelle Lernweggestaltung am Übergang Kita-Grundschule" deutlich wird. Dieses Vorhaben, das von der DKJS und JF im Rahmen des Programms „Lebenswelt Schule" gefördert wird, spielt gleichzeitig als Motor für die Weiterentwicklung kommunaler Strukturen eine wesentliche Rolle.

Von großer Bedeutung ist dabei ein ressourcen- und beteiligungsorientiertes Grundverständnis von Prozessmanagement: Entwicklungsprozesse werden nicht „von oben" von den kommunalen Entscheidungsträgern verordnet, sondern entstehen zum einen aus der guten kommunalen Praxis, durch das gelungene Beispiel vorangegangener Entwicklungsprozesse in Weinheim, an die angedockt werden kann, und zum andern durch gelungene überregionale Referenzmodelle und externe Expertise. Wichtige Träger solcher Expertise sind die beiden Prozessbegleiter/innen, die ein zentrales Unterstützungsangebot im Programm „Lebenswelt Schule" darstellen. Beide beraten im Team die Weinheimer Projektverantwortlichen bei der Gestaltung des lokalen Prozesses; dabei fließen beispielsweise aktuelle Erkenntnisse und Erfahrungen aus der Bildungs-, Transitions- und Resilienzforschung (vgl. z. B. Kebbe 2007 und 2009; Brunner/Häcker/Winter 2006) sowie Kenntnisse aus den Bereichen Selbstevaluation und Monitoring systematisch in die

Arbeit ein (vgl. Brülle/Wende 2008). Ein weiteres Beispiel ist eine die Kindersicht berücksichtigende Befragungsmethodik bei der Analyse des IST-Stands am Weinheimer Übergang der Kinder von der Kita in die Grundschule, aus der wesentliche Handlungsimpulse abgeleitet werden (vgl. Weltzien 2008).

Initiatoren *neuer* Entwicklungsprozesse sind schließlich jene Akteure, die an ein vorangegangenes Projekt oder ein Beispiel aus der guten Praxis anknüpfen und motiviert durch ihre Erkenntnisse und Erfahrungen einen innovativen Entwicklungsweg beschreiten – und bereit sind, den nächsten Schritt zu machen. Deren Initiative und Gestaltungswille muss jedoch an einer objektiven Interessenlage der Kommune anschließen, damit aus subjektiven Intentionen und Ideen ein konkretes Projekt werden kann.

Das von der Deutschen Kinder- und Jugendstiftung, der Jacobs Foundation und der Freudenberg Stiftung geförderte Projekt am Übergang der Kinder von der Kita in die Grundschule hat mit der Einrichtung einer Lenkungsgruppe und weiterer „tragender Säulen" in der Architektur des Entwicklungsprozesses für einen Teilbereich der Weinheimer Bildungslandschaft nicht nur neue Steuerungs- und Kooperationsstrukturen initiiert, sondern auch weitere notwendige Entwicklungen auf dieser Ebene sichtbar werden lassen.

Nun kommt es darauf an, die Erfahrungen aus den einzelnen Entwicklungsprozessen für den Aufbau einer durchgängigen staatlich-kommunalen Verantwortungsgemeinschaft produktiv werden zu lassen.

Literatur

Baden-Württemberg, Ministerium für Kultus, Jugend und Sport (Hrsg.) (2004): Bildungsplan Grundschule. Stuttgart.

Baden-Württemberg, Ministerium für Kultus, Jugend und Sport (Hrsg.) (2007): Orientierungsplan für Kindertageseinrichtungen in Baden-Württemberg. Stuttgart.

Bleicher, Knut (1992): Das Konzept Integriertes Management. Das St. Gallener Management-Konzept. Frankfurt a. M./New York.

Bourdieu, Pierre (1983): Ökonomisches Kapital, kulturelles Kapital, soziales Kapital. In: Kreckel, R. (Hrsg.): Soziale Ungleichheiten. Sonderband 2: Soziale Welt. Göttingen, S. 183–198.

Bronfenbrenner, Uri (1976): Ökologische Sozialisationsforschung – ein Bezugsrahmen. In: Lüscher, K. (Hrsg.): Ökologische Sozialforschung. Stuttgart, S. 199–220.

Brülle, Heiner/Wende, Lutz (2008): Monitoring und Evaluation „Übergangsmanagement Schule – Beruf". Präsentation beim Workshop der interkommunalen AG der Weinheimer Initiative „Lokale Verantwortung für Bildung und Ausbildung" am 13./14. August 2008 in Nürnberg.

Brunner, Ilse/Häcker, Thomas/Winter, Felix (Hrsg.) (2006): Das Handbuch Portfolioarbeit. Konzepte. Anregungen Erfahrungen aus Schule und Lehrerbildung. Seelze/Velber.

Carr, Margaret (1998): Assessing children's learning in early childhood settings. A professional development programme for discussion and reflection. Support booklet an videos. New Zealand Council for Educational Research (NZCER). Wellington and Auckland.
Dietrich, Ingrid/Selke, Sylvia (2007): Begleiten statt ausgrenzen. Heidelberg.
Flitner, Andreas/Petry, Christian/Richter, Ingo (Hrsg.) (1998): Wege aus der Ausbildungskrise. Memorandum des Forums „Jugend. Bildung. Arbeit". Opladen.
Gemeindetag Baden-Württemberg (2008): BWGZ 22/2008: Bildungslandschaft Baden-Württemberg (daraus vor allem die Artikel: „Bildungskette fördert die Integration" und „In Verantwortlichkeiten denken, nicht in Zuständigkeiten – Interview mit Weinheims Oberbürgermeister Heiner Bernhard"). Stuttgart, S. 869–872.
Gewerkschaft Erziehung und Wissenschaft (Hrsg.) (2006): Bildung sichtbar machen. Von der Dokumentation zum Bildungsbuch. Weimar/Berlin.
Griebel, Wilfried/Renate Niesel (2004): Transitionen. Fähigkeit von Kindern in Kindertageseinrichtungen fördern, Veränderungen erfolgreich zu bewältigen. Weinheim und Basel.
Gudjons, Herbert/Pieper, Marianne/Wagener, Birgit (1999): Auf meinen Spuren. Das Entdecken der eigenen Lebensgeschichte. Hamburg.
Kade, Jochen/Seitter, Wolfgang (1996): Lebenslanges Lernen. Mögliche Bildungswelten. Studien zur Erziehungswissenschaft und Bildungsforschung 10. Opladen.
Kebbe, Anne (2007): Beobachtungsbeauftragte: eine neue Rolle im Team. Qualitätsentwicklung, Fortbildung und Beratung. In: Lipp-Peetz, Christine (Hrsg): Praxis Beobachtung. Auf dem Weg zu individuellen Bildungs- und Erziehungsplänen. Mannheim, S. 236–241.
Kebbe, Anne (2009): Stärken wahrnehmen und stärken. In: Viernickel, Susanne (Hrsg.): Beobachtung und Erziehungspartnerschaft. Pädagogische Ansätze. Offensive Bildung. Mannheim (im Druck).
Kohli, Martin (1991): Lebenslauftheoretische Ansätze in der Sozialisationsforschung. In: Hurrelmann, Klaus/Ulich, Dieter: Neues Handbuch der Sozialisationsforschung. Weinheim und Basel, S. 303–317.
Koordinierungsstelle für Sprache, Bildung und Interkulturelle Verständigung „Integration Central" (2009): Bericht zur Elternbeteiligung an Grundschulen an das Kultusministerium Baden-Württemberg im Rahmen des Abschlussberichts zum Projekt „Weinheimer Modell zur Sprachförderung und Elternbeteiligung – Rucksack Grundschule" (www.integrationcentral.de; 21.04.2009).
Kronberger Kreis für Qualitätsentwicklung in Kindertageseinrichtungen (1998): Qualität im Dialog entwickeln. Wie Kindertageseinrichtungen besser werden. Seelze.
Leu, Hans Rudolf/Flämig, Katja /Frankenstein,Yvonne/Koch, Sandra/Pack, Irene/Schneider, Kornelia/Schweiger, Martina (2007): Bildungs- und Lerngeschichten, Weimar/Berlin.
Leu, Hans Rudolf (2008): Mündlicher Diskussionsbeitrag auf dem Podium der Fachveranstaltung „Lokale Verantwortungsgemeinschaften für Bildung" am 18.11.2008 in Berlin, im Rahmen von „Lebenswelt Schule", einem Programm der Jacobs Foundation und der Deutschen Kinder- und Jugendstiftung.
Malik, Fredmund (1992): Strategie des Managements komplexer Systeme. Ein Beitrag zur Management-Kybernetik evolutionärer Systeme. Bern/Stuttgart/Wien.

Mayer, Karl Ulrich (1988): Lebensverlauf. In: Schäfers, B./Zapf, W. (Hrsg.): Handwörterbuch zur Gesellschaft Deutschlands. Opladen, S. 438–451.
Probst, Gilbert/Gomez, Peter (1991): Vernetztes Denken. Ganzheitliches Führen in der Praxis. Wiesbaden.
Ramseger, Jörg/Hoffsommer, Jens (Hrsg.) (2008): ponte. Kindergärten und Grundschulen auf neuen Wegen. Weimar und Berlin.
Schlösser, Elke (2004): Zusammenarbeit mit Eltern – interkulturell. Informationen und Methoden zur Kooperation mit deutschen und zugewanderten Eltern in Kindergarten, Grundschule und Familienbildung. Münster.
Solga, Heike/Powell, Justin/Berger, Peter A. (Hrsg.) (2009): Soziale Ungleichheit. Klassische Texte zur Sozialstrukturanalyse. Frankfurt a. M./New York
Sparrer, Insa (2006): Systemische Strukturaufstellungen. Theorie und Praxis. Heidelberg.
Spitzer, Manfred (2002): Lernen. Gehirnforschung und die Schule des Lebens. Heidelberg/Berlin.
Stern, Carola/Ebel, Christian/Schönstein,Veronika/Vorndran, Oliver (Hrsg.) (2008): Bildungsregionen gemeinsam gestalten. Erfahrungen, Erfolge, Chancen. Gütersloh.
Süss, Ulrike/Aumüller, Isolde (2007): Berufliche Orientierung als Laufbahnselbstmanagement. Methoden und Materialien für Lehrkräfte am Übergang Hauptschule-Beruf. Publikation des Bildungszentrums Voerde, IB GmbH, im Rahmen des Programms STARegio des Bundesministeriums für Bildung und Forschung. Voerde.
Tracy, Rosemarie (2008): Wie Kinder Sprachen lernen. Und wie wir sie dabei unterstützen können. Mannheim.
Ulrich, Peter/Fluri, Edgar (1995): Management. Eine konzentrierte Einführung. Bern/Stuttgart/Wien.
Ulrich, Peter (2008): Integrative Wirtschaftsethik: Grundlagen einer lebensdienlichen Ökonomie. Bern/Stuttgart/Wien.
Varga von Kibed, Matthias/Sparrer, Insa (2002): Ganz im Gegenteil. Für Querdenker und solche, die es werden wollen. Heidelberg.
Viernickel, Susanne (Hrsg.) (2009): Beobachtung und Erziehungspartnerschaft. Pädagogische Ansätze. Offensive Bildung. Mannheim (im Druck).
Weinheimer Initiative (2007): Lokale Verantwortung für Bildung und Ausbildung. Eine öffentliche Erklärung. Weinheim (http://www.freudenbergstiftung.de/fileadmin/user_upload/WEINHEIMER_INITIATIVE_2007.doc; 21.04.2009).
Weltzien, Dörte (2008): Lebenswelt Schule: Übergang Kindergarten – Grundschule. IST-Standserhebung. Weinheim.
Wiedemann, Petra/Strätz, Rainer/Fuchs, Ragnhild (2009): KiTa und Familienzentrum unter einem Dach? In: Kindergarten heute. Fachzeitschrift für Erziehung, Bildung und Betreuung von Kindern. H. 4, S. 8–20.

Resümee: Vom gesellschaftlichen Wert zielgerichteten Netzwerkens

Peter Bleckmann/Anja Durdel

„Nicht jeder Konsens ist ein Indiz für Wahrheit; aber man nimmt an, dass die Wahrheit einer Aussage unweigerlich den Konsens hervorruft." (Jean-François Lyotard 1994, S. 78)

Im vorliegenden Band sind verschiedene Perspektiven auf Bildungsnetzwerke vorgetragen worden: Zum Teil zueinander kontrovers, zum Teil mehr fragend und Zwischenstände darstellend als Ergebnisse referierend, zum Teil provokant und zum Teil einfach in Berichtsform, die davon zeugt, dass gute pädagogische Netzwerke in Deutschland bereits zu finden sind. Fast immer haben die Autorinnen und Autoren auch die anstehenden Aufgaben benannt, die es mit Blick auf eine bessere Verzahnung von Bildungs-, Erziehungs- und Betreuungsangeboten zu lösen gilt. Dabei wurde deutlich, dass der gegenwärtige Ausbau von Ganztagsschulen in Deutschland ein guter gesellschaftlicher Anlass ist, die vorherrschende Segmentierung von Verantwortlichkeiten für Kinder und Jugendliche zu hinterfragen und dabei auch darüber zu diskutieren, in welchen Bereichen und wofür – mit welcher Ausrichtung, welcher Qualität, welchem Ziel, welchem angestrebten Erfolg – es sich lohnt, zusammenzuarbeiten. Diese Renaissance von Normativität, die entsteht, wenn man einen Konsens sucht, ist eine gute Nachricht. Denn einen „gemeinsamen Strang" zu haben, an dem man zieht, erhöht in der Regel die Vitalität und Zielgerichtetheit von Bildungsangeboten: Die so entstehende Qualität kommt den Kindern und Jugendlichen zugute.

Die verschiedenen Erkenntnisse und Perspektiven, die in diesem Buch dargestellt wurden, sollen abschließend thesenartig zusammengefasst werden. Damit ist auch die Hoffnung verbunden, jenen Akteuren, die als Verantwortungsträger im Bildungsbereich lokale Bildungslandschaften mitgestalten, Orientierung zu bieten und die wichtigsten Handlungsanforderungen zu benennen.

These 1

Lokale Bildungslandschaften können sinnvoll nur aus der Perspektive derer entwickelt werden, für die sie gemacht werden – also in der Regel „vom Kind aus".

Bestmögliche Aufwachs- und Lernbedingungen für Kinder und Jugendliche schaffen: Dieses Ziel sollte für Akteure in Bildungslandschaften immer an erster

Stelle stehen (Enderlein, Tibussek, Kohorst). Allerdings ist genau zu analysieren, was „bestmöglich" in lokalen Vernetzungsprozessen heißt. Klar ist: Kinder und Jugendliche können meist selbst genau benennen, was für sie gut ist. Deshalb müssen sie zwingend und in angemessener Form in Planungs-, Entscheidungs- und Gestaltungsprozesse eingebunden werden. Zu den Wünschen, die sie dann formulieren werden, wird sicher auch gehören, ausreichend Freiräume in Bildungseinrichtungen und im kommunalen Raum zu erhalten. Denn Kinder und Jugendliche wollen sich selbst als handelnd und gestaltend erleben und sich im eigenen Tempo und entsprechend ihrer individuellen Stärken und Interessen entwickeln können.

Zweitens ist es notwendig, entwicklungspsychologische Erkenntnisse heranzuziehen und zu nutzen, um die Bedürfnisse von Menschen unterschiedlicher Altersstufen im Gesamtgefüge der Kommune angemessen berücksichtigen zu können (Vreugdenhil). Nicht nur die Generationen, sondern beispielsweise auch kleine und große Kinder haben unterschiedliche Ansprüche an den sozialen Nahraum, an seine Transparenz, seinen Herausforderungscharakter oder etwa an Kontaktmöglichkeiten mit unterschiedlichsten Menschen. Diese Unterschiede gilt es zu berücksichtigen, wenn städtische Räume nicht nur von Erwachsenen für diese gestaltet werden sollen (Mack).

Und drittens ist es schon wegen der Heterogenität der Kinder und Jugendlichen notwendig, auf eine möglichst große Vielfalt an Bildungsangeboten (formal, nonformal) und -möglichkeiten (informell) hinzuarbeiten. Man denke zum Beispiel an verschiedene kulturelle und soziale Hintergründe junger Menschen (Süssmuth), aber auch an Kinder, die selten draußen sind oder sich nicht unbeaufsichtigt bewegen dürfen. Sie alle haben unterschiedliche Präferenzen, wie und wohin sie sich im Sozialraum bewegen möchten und welche Sicherheiten und Unterstützung sie dabei benötigen. Dass es dann möglich ist, das Bekannte zu verlassen, Neues auszuprobieren und dabei zu wachsen, ist eine Chance in guten Bildungslandschaften. In ihnen gibt es zum Beispiel zielgerichtete Anstrengungen, die Kluft zwischen Schule und Lebenswelt kleiner zu machen (Bleckmann, Vreugdenhil), Schule, Jugendhilfe und Angebote von Sport- und Jugendpolitik miteinander zu verknüpfen (Schäfer), aber auch „Förderketten" und Möglichkeiten des Erfahrungslernens zu schaffen (Kohorst). Das viel zitierte Dorf, dass man brauche, um ein Kind zu erziehen, wird mit einem „Bildungslandschaftsblick" zu einem Dorf mit verschiedenen Menschen und diversesten Entwicklungsherausforderungen für Kinder, die groß werden wollen (Enderlein).

Bei jeder Umschichtung kommunaler Haushalte, bei Planungskonferenzen oder Datenkonzepten ist deshalb immer danach zu fragen, was konkrete Kinder und Jugendliche von diesem Schritt haben. Ein solches Vorgehen schützt auch davor, unrealistische Ziele zu verfolgen, wie zum Beispiel das „perfekte System" zu bauen. Die Perspektive „vom Kind aus" begründet alle weiteren Schritte: Eine Bildungsreform oder auch eine Bildungslandschaft, die aus Sicht des Kindes bzw. Jugendlichen keine Verbesserungen bringt, verliert ihre Berechtigung.

These 2

Der Weg zu einer lokalen Bildungslandschaft wird getragen von Aushandlungsprozessen zwischen unterschiedlichen staatlichen und zivilgesellschaftlichen Akteuren. Die Auseinandersetzung darüber, in welcher Umgebung und mit welcher Unterstützung junge Menschen aufwachsen sollen, stärkt die Demokratie und fördert Gerechtigkeit zwischen den Generationen.

Wenn Schäfer in diesem Buch darauf verweist, dass es bei der Entwicklung von Bildungslandschaften einen Gestaltungsanspruch gibt, der sich auf das „pädagogische Fundament" bezieht, wird deutlich, dass umfangreiche Klärungsprozesse in Gang gesetzt werden müssen. Im Mittelpunkt steht dabei die Frage, in welcher Gesellschaft wir leben möchten und wie wir Kinder und Jugendliche auf ihrem Weg zu handlungskompetenten Bürgerinnen und Bürgern begleiten und unterstützen können. Maykus definiert in seinem Beitrag „gemeinsame Leitziele" als erste „Stellschraube" auf dem Weg guten Netzwerkhandelns. Er macht klar, dass auch im „Netzwerkhandwerk" der Diskurs im Zentrum steht. Wenn Coelen in seinem Beitrag auf die Habermassche Idee der „kommunikativen Gegenmacht" als Reaktion auf etablierte Systemlogiken zurückgreift, betont er die große Kraft, die hinter Aushandlungsprozessen für die Gestaltung von Gesellschaft liegt. Und schließlich: Süss, Harmand und Felger beschreiben in ihrem Artikel über die „Weinheimer Bildungskette", dass eine zentrale Handlungsebene die „Kulturen und Werthaltungen der Akteure" betrifft. Somit zeigt sich: Bei Bildungslandschaften geht es nicht (nur) um geeignete und effektive Steuerungsprozesse, sondern im Kern auch um ethische Fragen und gesellschaftlichen Zusammenhalt.

„Lokale Bildungslandschaft" ist ein anderes Wort dafür, dass sich die Gesellschaft insgesamt der Aufgabe stellt, für ein gutes Aufwachsen von Kindern und Jugendlichen zu sorgen. Dialektisch ist dabei der Zusammenhang, sich als (erwachsener) Akteur einerseits dafür einzusetzen, dass junge Menschen demokratische Verhaltensweisen erlernen und gerechte Zugangsbedingungen zu Bildung erhalten (Bosenius/Edelstein), und andererseits selbst in „kooperativen Kontakten" (Coelen nach Schäfer/Six) demokratisches Handeln notwendig vorzuleben. Dass dabei auch die Form, wie staatliche Strukturen zivilgesellschaftliche Partner einbinden (und umgekehrt), zu einem Prüfstein des wertegeleiteten Handelns in Bildungslandschaften wird, darüber berichtet Kahl in ihrem Beitrag mit Blick auf Stiftungshandeln.

Zu den zentralen Herausforderungen, denen sich Akteure in lokalen Bildungslandschaften stellen, gehören viele Faktoren, insbesondere die individuelle Förderung aller Kinder und Jugendlichen, das Erlernen demokratischer Verhaltensweisen und die soziale Integration aller Kinder und Jugendlichen – egal, aus welchen sozial-kulturellen Milieus sie stammen. Auch an (Ganztags-)Schulen, die aktive Partner in Bildungslandschaften sind, finden diese Themen in Kooperationsprozessen zunehmend stärkere Beachtung oder sie fungieren sogar als Auslöser, sich in diesem Bereich zu engagieren. Bei ihrer Qualitätsentwicklung brauchen alle Ganztagsschulen Unterstützung. Denn ihnen kommt eine Schlüsselfunktion zu, wenn angestrebt wird, „Bildung und soziale Integration" (Baumheier/Warsewa) angemessen aufeinander zu beziehen.

These 3

Ganztagsschulen nutzen bereits viele Möglichkeiten der Kooperation mit dem Umfeld. Diese Kooperation muss auf eine neue qualitative Stufe gestellt und zu einem integrierten Netzwerk aus Schulen und anderen Akteuren weiterentwickelt werden.

Der Ausbau von Ganztagsschulen, der durch die Bundesregierung als Reaktion auf die PISA-Ergebnisse 2000 initiiert wurde, ist mit der Hoffnung verbunden, dass Ganztagsschulen Kinder besser individuell fördern können, und zwar vor allem aus zwei Gründen: Es steht mehr Bildungszeit zur Verfügung und die Chance, außerunterrichtliche Experten und Expertinnen einzubinden, ist deutlich höher als in Halbtagsschulen. Ganztagsschulen haben somit das Potenzial, mehr Bildungsgerechtigkeit zu schaffen und Segregationstendenzen entgegenzuwirken.

Dass für Ganztagsschulen in Deutschland die Kooperation mit außerschulischen Partnern zu einer Selbstverständlichkeit geworden ist, zeigt die „Studie zur Entwicklung von Ganztagsschulen" (Klieme u. a. 2008). Allerdings wurde dabei auch deutlich, dass diese Kooperationen häufig noch zu stark additiv sind und zu wenig auf den Mehrwert systematisch aufeinander bezogenen Handelns zielen. Dabei müssen sich Ganztagsschulen zwangsläufig in den Sozialraum öffnen und mit Partnern aus dem kommunalen Umfeld kooperieren: Ohne außerschulische Partner, die vor allem die verlängerten Bildungs- und Betreuungszeiten absichern, ist die deutsche und europäische Ganztagsschule nicht denkbar (Coelen). Eine wichtige Entwicklungsaufgabe ist deshalb, als Schule zu erkennen, dass man eine „erweiterte Schule" ist, die nicht allein arbeiten kann – und auch nicht muss (Baumheier/Warsewa). Auf schulischer Seite zeigt sich diese Tatsache unter anderem in einer engen Einbindung in den Stadtteil und der Mitarbeit von Schulleiter/innen oder Lehrkräften in Stadtteilgremien (z. B. Tuschner). Vertreter/innen von Ganztagsschulen sind zu dieser Verantwortungsausweitung auch durchaus bereit, wenn es entsprechende Gremien gibt (vgl. Arnoldt 2008). Dies zeigt, wie wichtig die Rolle der Kommunen dabei ist, kooperative Kontakte zwischen verschiedenen Akteuren anzubahnen und die Prozessqualität der Entwicklung zu unterstützen (z. B. Durdel, Schäfer).

Die Akteure in und um Ganztagsschulen – sowohl Lehrkräfte wie auch Vertreter/innen der Jugendhilfe und Partner/innen etwa aus Kunst oder Sport – erwarten einen erkennbaren Mehrwert, wenn sie Kooperationen eingehen (z. B. Durdel, Tuschner). Diesen Mehrwert gilt es als Grundlage der Kooperationsbeziehung herauszuarbeiten, indem Erwartungen abgeglichen werden. Damit sich die Katze nicht in den Schwanz beißt, ist ein weiterer Aspekt von Bedeutung: Im Bereich der Aus- und Fortbildung muss man sich darauf einstellen, dass Akteure aus Schule und Jugendhilfe neben fachlichen Kompetenzen überfachliche oder „interprofessionelle Kompetenzen" (Coelen) benötigen, die teamorientiertes und ergänzendes Handeln erst ermöglichen. Studien zeigen, dass Aus- und Fortbildungssysteme dabei noch am Anfang stehen. Eine wichtige Vorreiterrolle hat hier das Programm „Ideen für mehr! Ganztägig lernen" der Deutschen Kinder- und Jugendstiftung, das als Unterstützungssystem für Ganztagsschulen auf multiprofessionelle Kooperation angelegt ist; darauf wird an verschiedenen Stellen des Buches verwiesen (z. B. Bosenius, Kahl, Süssmuth, Tuschner).

Wenn sich Ganztagsschulen zwangsläufig als Kooperationsschulen verstehen müssen, ist nicht nur die Frage wichtig, wie die handelnden Akteure für die damit verbundenen Aufgaben professionalisiert werden können. Die Gretchenfrage ist vor allem, wie Ganztagsschulen durch verwalterisches Handeln unterstützt und welche Konzepte der Bildungsplanung zugrunde gelegt werden sollten. Wird beispielsweise das Kooperationsgeflecht rund um Einzelschulen entwickelt oder wird von vornherein angestrebt, Schulen als *einen* Lernort unter vielen anderen in der Kommune zu betrachten und darauf zu verpflichten, in gezielter wechselseitiger Ergänzung zu kooperieren? Dieser Frage widmen sich Stolz und Coelen in ihren Beiträgen. Und nicht zuletzt: Auf den unterschiedlichen Steuerungsebenen im Bildungswesen – von der Länder-, Kreis- und kommunalen Ebene – ist zu klären, wie die Rollen und Aufgaben von Schule und Jugendhilfe besser aufeinander bezogen werden können. Dazu muss alles, was rund um Ganztagsschulen erwartet wird – gemeinsames planungsbasiertes Handeln zum Wohle des Kindes bzw. Jugendlichen –, strukturell verankert und auch auf Verwaltungsebene etabliert werden (v. a. Maykus).

These 4

Um eine lokale Bildungslandschaft zu strukturieren, ist professionelles Netzwerkmanagement notwendig.

Auf absehbare Zeit ist nicht damit zu rechnen, dass sämtliche Ressourcen und sämtliche Zuständigkeiten für Bildung, Betreuung und Erziehung in einem kommunalen Bildungsamt gebündelt werden. Auch der Verbandsvertreter Hebborn sieht diese Möglichkeit in naher Zukunft nicht; und selbst wenn es ein solches Amt gäbe, so müsste auch dieses sich mit anderen Akteuren abstimmen, die für das Aufwachsen von Kindern und Jugendlichen Verantwortung tragen: mit weiteren Fachämtern für Stadt- und Regionalentwicklung, aber auch mit nichtstaatlichen Akteuren aus der Zivilgesellschaft und schließlich mit den Kindern und Jugendlichen selbst sowie ihren Familien.

Das heißt: Mit den Mitteln einer versäulten Verwaltungsstruktur allein ist dem komplexen Thema Bildung nicht beizukommen. Es zeichnet sich ab, dass nur ein professionelles Netzwerkmanagement die notwendigen Instrumente liefert, diese höchst unterschiedlichen Akteursgruppen in einen Gesamtprozess einzubeziehen (Maykus, Tibussek). Ein solches Netzwerk agiert auf mehreren Ebenen (operativ, strategisch, normativ); dabei bestehen zwischen den Ebenen wie auch zwischen den Akteuren einer Ebene jeweils Netzwerkknoten.

Beim Aufbau einer solchen Struktur wiederum können – und müssen – Kommunen eine zentrale Rolle spielen (Süss/Harmand/Felger). Wenn sie als Verantwortungsträger und Impulsgeber den Prozess voranbringen, hat er eine große Chance auf Nachhaltigkeit. Durch ein geschicktes Netzwerkmanagement können Kommunen auch ohne formale Zuständigkeit für innere Schulangelegenheiten viel dazu beitragen, dass eine Kooperationskultur entsteht; sie haben dann große Einflussmöglichkeiten auch auf die Inhalte der Arbeit der einzelnen Institutionen.

Die Frage ist: Wie nehmen die Kommunen ihre Rolle wahr? Einige der in diesem Buch reflektierten Beispiele wie auch die fachlichen Reflexionen zeigen, dass sich ein modernes Konzept staatlichen Handelns auch auf kommunaler Ebene durchzusetzen beginnt. Dabei verschwindet allmählich das Bild eines hierarchischen Durchregierens und die kommunalpolitischen Akteure agieren zunehmend als Netzwerker, Ermutiger, Ermöglicher und Visionäre. Dass dies in vielen Kommunen einen längeren Prozess erfordert, ist klar; aber es zeigt sich auch: Überall dort, wo Kommunen in diesem Sinne agieren, entstehen nachhaltige Innovationsimpulse, die zu besseren Bildungsangeboten für Kinder und Jugendliche führen können.

Es ist also gut und richtig, wenn Kommunen für das Thema Bildung verstärkt Verantwortung übernehmen. Aber: Bildung ist auch ein Thema für jeden

Einzelnen, ist eine zivilgesellschaftliche Gestaltungsaufgabe für alle Bürgerinnen und Bürger. Weder Kommunen noch andere staatliche Akteure können Bildung „verordnen" – sie können nur die Rahmenbedingungen verbessern. Es geht also um den Aufbau von Verantwortungsgemeinschaften, die nicht allein vom Staat, sondern auch von der Zivilgesellschaft getragen werden. Damit dieses anspruchsvolle Ziel erreicht werden kann, ist Aufmerksamkeit auf beiden Seiten gefragt: Einerseits braucht es eine aktive Zivilgesellschaft, die sich selbstbewusst Kompetenz erwirbt und ihre Rolle erkämpft – und andererseits staatliche Akteure, die Beteiligung für einen positiven Wert halten und wertschätzen, und darüber hinaus für Rahmenbedingungen sorgen, die zivilgesellschaftliches Engagement unterstützen und ermutigen (Kahl).

These 5

Lokale Bildungslandschaften haben das Zeug zu Innovationsmotoren.

Die Herausgeber meinen: Die Summe der Beiträge in diesem Band verdeutlichen die hohen Potenziale, die Bildungslandschaften für ein in demokratischer Weise breit getragenes Bildungssystem haben, in dem der Wertekontext für ein gutes Aufwachsen von Kindern und Jugendlichen und die jeweiligen Aufgaben der Akteure vor Ort verhandelt werden. „Wahrheit", wie im Eingangszitat angedeutet, entsteht in Aushandlungs- und Konsensprozessen vor Ort, wodurch in der Anonymität der Weltgesellschaft jede und jeder seinen Platz finden kann.

Besonders der visionäre Artikel von Kahl zeigt auf, wie die Kräfte von Staat und Zivilgesellschaft – klug miteinander gekoppelt – den für Innovationen immer nötigen Dreiklang von „wollen, können, müssen" abdecken, also Motivationen, Kompetenzen und normative Rahmen vereinen und wechselseitig verstärken können. Häufig fehlt in reformerischen Prozessen einer dieser Aspekte, ist der Atem nicht lang genug, das Handwerkszeug mangelhaft oder der erste Schritt wird auf entmutigende Weise durch ein Verbot gestoppt. Wenn die Spielkarten aber offengelegt und neu gemischt, die Spielregeln neu verhandelt werden, wird etwas Wichtiges deutlich: Alle erforderlichen Rollen und Ressourcen für gelingende Bildungsprozesse sind in der Regel bereits vor Ort vorhanden oder können geschaffen werden: Möglichkeitssinn und Handlungsmut werden größer.

Der Ausbau der Ganztagsschulen und Programme wie „Lernen vor Ort" oder „Lebenswelt Schule" bieten äußere Anlässe, mit der Ausgestaltung von Bildungslandschaften zu beginnen. Wenn diese Anlässe von „oben", also von Steuerungs- und Verwaltungsseite, und/oder von „unten", also von Akteuren vor Ort, klug genutzt, mit Diskursbereitschaft und einer Professionalisierung für Kooperation und Projektplanung verknüpft werden, besteht eine gute Chance, ein leistungsfähigeres und gleichzeitig gerechteres Bildungssystem zu gestalten (Bleckmann). Entscheidend dafür, dass der Innovationsmotor anlaufen kann und dann auch dauerhaft belastbar ist, sind engagierte Verantwortungsträger in den Kommune (Hebborn, Schäfer). Ihnen wünschen wir Kreativität, Gestaltungskraft und viele Verbündete auf kommunaler, Kreis-, Landes- und Bundesebene: Weil es wahr ist, dass gute Kommunen solche sind, in denen die Aufwachs- und Lernbedingungen für Kinder und Jugendliche bestmöglich sind.

Literatur

Arnoldt, Bettina (2008): Öffnung von Ganztagsschule. In: Holtappels, Heinz Günter/Klieme, Eckhard/Rauschenbach, Thomas/Stecher, Ludwig (Hrsg.): Ganztagsschule in Deutschland. Weinheim und München. 2. überarbeitete Auflage, S. 86–105.

Klieme, Eckhard/Holtappels, Heinz Günter/Rauschenbach, Thomas/Stecher, Ludwig (2008): Zusammenfassung und Bilanz. In: Holtappels, Heinz Günter; Klieme, Eckhard; Rauschenbach, Thomas; Stecher, Ludwig (Hrsg.): Ganztagsschule in Deutschland. Weinheim und München. 2. überarbeitete Auflage, S. 353–381.

Lyotard, Jean-François (1994): Das postmoderne Wissen. Wien.

Die Autorinnen und Autoren

Dr. Ulrike Baumheier
Diplom-Verwaltungswissenschaftlerin; wissenschaftliche Mitarbeiterin am Institut Arbeit und Wirtschaft (IAW) an der Universität Bremen in der Forschungseinheit „Strukturwandel in Stadt, Region und öffentlichem Sektor". Arbeitsschwerpunkte: Stadt(teil)entwicklung, kommunale Bildungs- und Sozialpolitik, Ganztagsschule.

Peter Bleckmann
Diplompädagoge; Leiter des Programmbereichs „Bildungspartner vernetzen" bei der Deutschen Kinder- und Jugendstiftung (DKJS). Arbeitsschwerpunkte: Kommunale Bildungslandschaften, Interkulturelle Bildung und Erziehung, (Ganztags-)Schulentwicklung an der Schnittstelle zwischen Praxis, Bildungspolitik und Theorie.

Jürgen Bosenius
Journalist; als Programmleiter bei der Deutschen Kinder- und Jugendstiftung verantwortlich für die Schüler- und Elternbeteiligung im Programm „Ideen für mehr! Ganztägig lernen." Arbeitsschwerpunkte: Partizipation, Demokratiepädagogik, Schul- und Unterrichtsentwicklung.

PD Dr. Thomas Coelen
Vertretungsprofessor für „Sozialisation – Jugendbildung – Lebenslauf" an der Universität Siegen am Fachbereich Erziehungswissenschaft/Psychologie; Arbeitsschwerpunkte: Ganztagsbildung (im internationalen Vergleich), schulbezogene Jugendhilfe, Demokratiepädagogik, Sozialraumforschung.

Dr. Anja Durdel
Erziehungswissenschaftlerin; seit 2001 Leiterin der Programmabteilung der Deutschen Kinder- und Jugendstiftung und seit 2004 Leiterin des bundesweiten Ganztagsschulprogramms „Ideen für mehr. Ganztägig lernen." Arbeitsschwerpunkte: Bildungstheorie, stärkerorientierte Pädagogik, Bildungssystem.

Prof. Dr. Dr. h.c. Wolfgang Edelstein
Ehemaliger Direktor am Max-Planck-Institut für Bildungsforschung und Honorarprofessor für Erziehungswissenschaft an der Freien Universität Berlin und der Universität Potsdam. Forschungsschwerpunkte: Sozialkognitive und moralische Entwicklung, Schul- und Unterrichtsforschung, Schulentwicklung und Schulreform. Vorsitzender der Deutschen Gesellschaft für Demokratiepädagogik (DeGeDe).

Oggi Enderlein
Diplompsychologin, Schwerpunkt Kinder- und Jugendpsychologie; Supervisorin im Berufsverband Deutscher Psychologinnen und Psychologen (BDP), Projektleiterin der Werkstatt „Schule wird Lebenswelt" im Programm „Ideen für mehr! Ganztägig lernen." der DKJS und des BMBF; Mitbegründerin und Vorstand der „Initiative für Große Kinder e.V."

Dr. Susanne Felger
Berufspädagogin; Leiterin der kommunalen Koordinierungsstelle Übergangsmanagement Schule-Beruf der Stadt Weinheim sowie des Weinheimer Entwicklungsprojekts im BMBF-Programm „Perspektive Berufsabschluss"; Geschäftsführerin der Jugendagentur Job Central.

Carmen Harmand
Verwaltungswissenschaftlerin; Leiterin des städtischen Amts für Bildung, Sport und Bäder in Weinheim; Geschäftsführerin der Lenkungsgruppe Weinheimer Bildungskette.

Klaus Hebborn
Lehrer, Sportwissenschaftler, Beigeordneter, Leiter des Dezernates Bildung, Kultur und Sport des Deutschen Städtetages.

Dr. Heike Kahl
Germanistin; nach der Promotion wissenschaftliche Mitarbeiterin an der Akademie der Künste in Ostberlin und Schulentwicklungsplanerin beim Berliner Senat für Schule, Berufsausbildung und Sport; seit 1994 Geschäftsführerin der Deutschen Kinder- und Jugendstiftung; Mitglied des Vorstands beim Bundesverband Deutscher Stiftungen.

Dr. Josef Kohorst
Sozialwissenschaftler und Pädagoge; Koordinator des „Lokalen Bildungsverbundes Reuterkiez" in Neukölln-Nord, Berlin.

Prof. Dr. Wolfgang Mack
Juniorprofessor für Sonderpädagogische Erwachsenen- und Berufsbildung an der Pädagogischen Hochschule Ludwigsburg, Fakultät für Sonderpädagogik in Reutlingen; Arbeitsschwerpunkte: Bildungsforschung, sozialpädagogische Theorie der Lebensbewältigung, Benachteiligtenförderung, Kooperation Jugendhilfe und Schule.

Prof. Dr. Stephan Maykus
Professor für Methoden und Konzepte der Sozialen Arbeit an der Fakultät Wirtschafts- und Sozialwissenschaften der Fachhochschule Osnabrück. Arbeitsschwerpunkte: Kinder- und Jugendhilfe, Methodisches Handeln, Planung und Management in der Sozialen Arbeit.

Prof. Klaus Schäfer
Sozialarbeiter/Diplompädagoge; Leiter der Abteilung „Jugend und Kinder" im Ministerium für Generationen, Familie, Frauen und Integration (MGFFI) Nordrhein-Westfalen. Arbeitsschwerpunkte: Förderung der frühen Bildung, Kommunale Bildungslandschaften, Kinder- und Jugendarbeit, Kooperation Jugendhilfe und Schule; Mitglied im Kuratorium des Deutschen Jugendinstituts.

Dr. Heinz-Jürgen Stolz
Soziologe; Wissenschaftlicher Referent beim Deutschen Jugendinstitut e. V. in München. Derzeitige Arbeitsschwerpunkte: Lokale Bildungslandschaften, Kooperation von Jugendhilfe und Schule, Ganztagsschulbegleitforschung.

Ulrike Süss
Erziehungswissenschaftlerin, Betriebswirtin, Systemische Beraterin; Leiterin der Weinheimer Koordinierungsstelle Integration Central und Geschäftsführerin der Lenkungsgruppe Weinheimer Bildungskette.

Prof. Dr. Rita Süssmuth
Ehemalige Hochschulprofessorin für International Vergleichende Erziehungswissenschaft und Präsidentin des Deutschen Bundestags. Unter anderem Vorsitzende des Sachverständigenrats für Zuwanderung und Integration (2002–2004) und Mitglied in der Global Commission on International Migration (2004), Vorsitzende der „EU Hochrangigen Beratergruppe (High Level Group) für Integration von benachteiligten ethnischen Minderheiten in die Gesellschaft und den Arbeitsmarkt" sowie Mitglied im Kuratorium des OECD Entwicklungszentrumprojekts „Bereicherung durch Migration".

Mario Tibussek
Lateinamerikanist und Geograf, M. A.; Programmleiter bei der Deutschen Kinder- und Jugendstiftung. Arbeitsschwerpunkte: Kommunale Bildungslandschaften, Bildung im Raum, Netzwerkmanagement.

Gerald Tuschner
Schulleiter des Ostseegymnasiums Rostock mit dem Arbeitsschwerpunkt Gymnasium und Ganztagsschule; Lehrkraft für das Fach Physik in der gymnasialen Oberstufe; Zusatzqualifikation Schulmanagement.

Dr. Kees Vreugdenhil
Ehemaliger Direktor des niederländischen Institutes für Schulentwicklung und Unterrichtsverbesserung in Utrecht; heute Leiter des Consulting-Büros „Onderwijsontwikkeling" (Schul- und Unterrichtsentwicklung); Forschungsschwerpunkte: Bildungskonzepte, kompetenzorientiertes Lehren und Lernen, Lernprozesse von Lehrkräften.

Dr. Günter Warsewa
Diplom-Sozialwirt; Universität Bremen/Institut Arbeit und Wirtschaft (IAW), Leiter der Forschungseinheit „Strukturwandel in Stadt, Region und öffentlichem Sektor". Arbeitsschwerpunkte: Stadt- und Regionalforschung und -politik, Arbeits- und Industriesoziologie, sozialwissenschaftliche Umweltforschung, politische Ökologie.